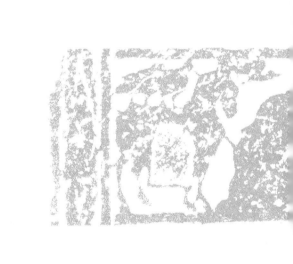

中国礼制变迁及其现代价值研究

·西北卷·

汤勤福　陈峰　主编

上海三联书店

目　录

礼乐兴衰与中国古代相人术之流变　　　　　　　　晁天义　1

"尊尊"阐义　　　　　　　　　　　　刘　舫　陈居渊　22

东周淫祀探析　　　　　　　　　　　　　　　曹建墩　41

《月令》祛疑　　　　　　　　　　　　　　　汤勤福　58

跪拜礼与汉代以礼养官　　　　　　　　　　　梁满仓　83

从魏晋时期心丧制度的确立看礼制与时代之关系　张焕君　107

两晋南朝迎气祭祀礼考　　　　　　　　　　　张鹤泉　128

北朝士族音韵著作与南北交聘　　　　　　　　史　睿　145

试析唐高宗朝的礼法编纂与武周革命　　　　　吴丽娱　161

书仪——中古时代简便实用的"礼经"　　　　赵和平　190

唐宋时期地方社稷与城隍神之间纠葛探析　　　王美华　199

北宋太常礼院及礼仪院探究　　　　　　张志云　汤勤福　214

由外向内：宋代礼制发展趋势新说　　　　　　王志跃　229

论永嘉礼学　　　　　　　　　　　　　　　　刘丰　242

试论朱熹的祭祀思想　　　　　　　　　　　　沈叶露　268

生命彩装：辽宋夏金人生礼仪述略　　　　　　王善军　282

制度、礼仪与意义：明代文官恤典中的遣官谕祭　赵克生　宋继刚　294

论明末清初天主教传教士对中国道教信仰的认知　李　媛　312

清代经筵仪制的嬗变看理学的复兴　　　　　　陈居渊　323

试论近代国家制礼机构及其现代价值　　　　张涛　汤勤福　333

后记　　　　　　　　　　　　　　　　　　　　　　343

礼乐兴衰与中国古代相人术之流变

晁天义

　　人类的相貌仪态不仅秉承了生物遗传的因素，更是个体接受文化习染、实现社会化的自然结果，所以它除了具有生理学内涵之外，也代表了一定的文化意义。在人类早期历史上，不少理论家、实践者就试图通过个体相貌仪态的观察判断性格品质、预测吉凶休咎，从而形成相人术的前身①。关于中国古代相人术的发展过程、阶段特征以及基本内容，国内不少学者已经进行了扎实细致的梳理研究②。不少学者正确地指出，古代相人术出现于东周时期，战国秦汉之后出现理论化的趋势，并逐渐走向成熟。有学者试图从认识论角度揭示相人术兴起的原因，即认为早期人类缺乏征服和解释自然的足够能力，因而相信一切均由"命定"，遂试图从相貌仪态等因素窥测"天命"，解释和把握现实。这种解释糅合了西方古典进化论和心理学理论在内，对于我们理解人类文化的共性无疑具有一定参考价值，但在分析具体文化案例时还需结合特定的文化背景加以考量，否则有关结论就可能背离中国历史的实际。比如说，在人类认识能力相对低下的夏商西周时期，我们几乎看不到相人术的踪影（其中当然不排除有文献不足等因素的影响）；相反在天命思想并不浓厚的东周社会，却开始普遍出现相术人。再比如，秦汉之后民众的天命观念未必日渐强烈，但相人术却获得了日盛一日的重要发展。凡此种种，均表明要正确理解古代相人术的发展演变规则，就不能仅仅依据人类学的进化理论本身，而应深入中国文化的内部寻

---

① 公元前 4 世纪，希腊哲学家亚里士多德曾撰写过一篇《形象学》，讲述如何从人的相貌、体型、姿态、手型、头发颜色等特征推断人的性格。中国流传至今的最早一部相人术著作《相书》是汉代相术家许负的作品，这部书的内容涉及从头到脚的看相方法，从中可以看到古人基本的相术理论。

② 参见陈兴仁：《神秘的相术——中国古代体相法研究与批判》，南宁：广西人民出版社，2004 年；杨树喆、徐赣丽、海力波：《神秘方术面面观》，济南：齐鲁书社，2001 年；卫绍生：《神秘与迷惘：中国古代方术阐释》，郑州：河南人民出版社，2001 年；张明喜：《神秘的命运密码——中国相术与命学》，上海：上海三联书店，1992 年。

找答案。

在研习先秦史料的过程中,笔者初步意识到:中国上古时期的相人术酝酿于三代礼乐文化的大背景之下,而在礼乐文化衰落的情况下才获得实质性发展;相人术与礼乐文化之间存在着密切的联系,割裂或无视这种联系的话,上古相人术的来源及本质等问题就难以得到正解。本文试图从《仪礼》《左传》等古史材料入手,列举其中有关礼乐文化与相人术同步变化的种种证据,以便揭示礼乐兴衰与中国上古相人术流变间的因果联系。

一、礼乐文化与礼容训练

与世界其他国家和地区早期文明强调宗教或法治的重要性有所不同,礼乐(或礼制)文化在中国古代尤其是夏商周历史上曾长期占据主导地位。按照春秋时期人们的一般看法,三代礼乐在内容和特点方面虽然存在"损益"关系,但其重要性和本质却并无不同。《论语·为政》孔子曰:"殷因于夏礼,所损益,可知也;周因于殷礼,所损益,可知也。其或继周者,虽百世可知也。"在礼乐文化的承袭演变方面,殷商继承于夏礼,姬周继承于殷商,其中礼乐的精神一以贯之。类似的言论也出现在《礼记·礼器》中:"三代之礼,一也。民共由之,或素或青,夏造殷因。"近代以来,礼乐在三代社会与文化史上的统治性地位也得到不少学者的肯定,这就是不少学者都将夏商周文化的基本特征概括为"礼乐文明"、"礼乐文化"或"礼乐制度"的原因[①]。

礼乐之所以能够在较长历史时期内有效维系和协调着社会秩序的正常运行,与其自身结构及运行机制相关。从结构上而言,典型意义上的礼乐由权利、道德、仪节三项因素构成,其中权利和道德是礼乐的内容,仪节是礼乐的表现形式。礼乐文化的运作机制,在于以车马器服、仪仗容貌、进退揖让、举手投足等仪节为标识而区分不同的权利阶层,并将它们与行礼者个体的道德修养建立一一对应关系。按照礼乐文化的逻辑,仪节可以反映出个体的道德素养,而道德素养是一个人享有政治权利的必要条件。关

---

① 相关著作包括杨向奎:《宗周社会与礼乐文明》,北京:人民出版社,1992年;谢谦:《中国古代宗教与礼乐文化》,成都:四川人民出版社,1996年;杨华:《先秦礼乐文化》,武汉:湖北教育出版社,1996年;张岩:《从部落文明到礼乐制度》,上海:上海三联书店,2004年。

于这个道路,儒家后学有十分精辟的论述。如《荀子·富国》说:"礼者,贵贱有等,长幼有差,贫富轻重皆有称者也……德必称位,位必称禄,禄必称用。"《礼记·中庸》也说:"子曰:'虽有其位,苟无其德,不敢作礼乐焉;虽有其德,苟无其位,亦不敢作礼乐焉。'"可见在古人看来,一个人的仪节、道德与权利之间具有应该具有对应和制约关系。

礼容是人们在行礼过程中所表现出的种种肢体动作和语言行为,也是仪节的重要构成部分。按照《礼记》的说法,礼容又可细化为"行容"、"足容"、"手容"、"目容"、"口容"、"声容"、"头容"、"气容"、"立容"、"色容"等"十容"[①]。礼容并不纯粹由先天而来,也不像车马器服由他人馈赠赏赐,而是需通过后天的特殊训练才能养成。在礼乐文明政治体制下,理想化的优秀统治者必须具备良好的道德修养,而这又需通过他的礼容加以鉴别和制约[②]。《诗·墉风·相鼠》云:"相鼠有皮,人而无仪。人而无仪。不死何为。相鼠有齿,人而无止。人而无止,不死何俟。相鼠有体,人而无礼。人而无礼,胡不遄死。"礼乐教化的本质,就在于通过贯彻终身的礼容训练和行礼实践提升人们的道德修养,强化人们尊崇道德权利的价值观念,进而约束每个行礼者的行为。

上引《礼记》"十容"之说是战国秦汉时期的礼学家对三代礼乐进行理论化总结的成果,涉及行、足、手、目、口、声、头、气、立、色诸项,举凡个体的周旋揖让、坐立俯仰、面容神态、言语声音等均属此类,可谓不胜其繁。为尽可能简单地说明古人如何从细节上着手培养人们的行礼习惯,本文将礼容概括为举止、面容及语言三项略加考述[③]。

礼乐文化意义下的举止,包括站、坐、行、卧等行为仪态。《礼记》:"坐如尸,立如齐。""坐必安。"是说坐者应正襟危坐,如祭祀时的尸主;立者应肃穆庄严,如斋戒者。"为人子者,居不主奥,坐不中席,行不中道,立不中

---

① 《礼记·玉藻》:"凡行容惕惕,庙中齐齐,朝庭济济翔翔。君子之容舒迟,见所尊者齐遬。足容重,手容恭,目容端,口容止,声容静,头容直,气容肃,立容德,色容庄,坐如尸。燕居告温温。"子曰:"君子不失足于人,不失色于人,不失口于人,是故君子貌足畏也,色足惮也,言足信也。"

② 三代贤明大多被塑造为具有形象光辉和高尚道德者,应是受礼乐文化这一观念影响的结果。如《礼记·中庸》孔子曰:"舜其大孝也与! 德为圣人,尊为天子,富有四海之内,宗庙飨之,子孙保之。故大德必得其位,必得其禄,必得其名,必得其寿。故天之生物,必因其材而笃焉。故栽者培之,倾者覆之。《诗》曰:'嘉乐君子,宪宪令德。宜民宜人,受禄于天。保佑命之,自天申之。'"

③ 《礼记·冠义》:"礼义之始,在于正容体、齐颜色、顺辞令。容体正、颜色齐、辞令顺,而后礼义备,以正君臣、亲父子、和长幼。"是将礼容区分为容体、颜色、辞令三者,本文所谓举止、面容、语言略与三者相当。

门。"这是因为家庭中有父母等尊长,尊贵之处应由尊长居之,子女在日常生活中要避开这些地方,以体现孝道。"孝子如执玉,如奉盈,洞洞属属然如弗胜,如将失之。严威俨恪,非所以事亲也,成人之道也。""登城不指。""车上不广咳,不妄指。"《论语·乡党》:"车中……不亲指。"盖无端手指,容易引发他人的误解或不安。在堂上所处位置不同、行为不同,则仪节有别:"帷薄之外不趋,堂上不趋,执玉不趋。堂上接武,堂下布武。堂中不翔。并坐不横肱。授立不跪,授坐不立。"《论语·乡党》:"寝不尸,居不客。"清洁室内卫生时,要注意敬重长者:"凡为长者粪之礼:必加帚箕上,以袂拘而退,其尘不及长者;以箕自乡而扱之。"在父母舅姑之所,子女儿媳要特别留意自己的行为,"进退周旋慎齐,升降出入揖游,不敢哕噫、嚏咳、欠伸、跛倚……不敢唾涕,寒不敢袭,痒不敢搔,不有敬事,不敢袒裼,不涉不撅,亵衣衾不见里。"(《内则》)侍坐于所尊敬者,如何就位、何时起身,均有规定:"侍坐于所尊敬,毋余席,见同等不起。烛至,起,食至,起;上客,起。烛不见跋。""侍坐于长者,屦不上于堂,解屦不敢当阶。就屦,跪而举之,屏于侧。乡长者而屦,跪而迁屦,俯而纳屦。离坐离立,毋往参焉;离立者,不出中间。"与他人交往,在倾听、应对、坐立等方面,也须多加留意:"毋侧听,毋噭应……毋怠荒。游毋倨,立毋跛,坐毋箕,寝毋伏。敛发毋髢,冠毋免,劳毋袒,暑毋褰裳。"遭遇非常状态(如亲人、君主疾病或丧事)时,仪态当哀伤肃穆:"父母有疾,冠者不栉,行不翔……琴瑟御,食肉不至变味……疾止复故。有忧者侧席而坐,有丧者专席而坐。"有忧者是指父母患病者。据《礼记·乐记》,亲人去世与既殡后,仪态均以悲哀为主,但细节略有不同:"始死,充充如有穷;既殡,瞿瞿有望而弗至。联而慨然,祥而廓然。"客人的仪态,要以谦恭为主:"入户……毋践屦,毋踖席,抠衣趋隅。必慎唯诺。""主人与客让登,主人先登。客从之。""若非饮食之客人,则布席,席间函丈。主人跪正席,客跪抚席而辞。客彻重席,主人固辞。客践席,乃坐。主人不问,客不先举。将即席,客毋作。"祭祀之日,"孝子……行必恐,如惧不及爱然。"行为戒惧者,唯恐于礼疏忽。对于受教者而言,也要以特定的举止侍奉先生:"童子……立必正方,不倾听。长者与之提携,则两手奉长者之手。""遭先生于道,趋而进,正立拱手。""先生书策琴瑟在前,坐而迁之,戒勿越。"在不同场合下,应以不同方式携带物体,以代表不同的文化内涵:"执天子之器,则上衡;国君,则平衡;大夫,则绥之;士则提之。凡执主器,执轻如不克。执主器,操币圭璧,则尚左手。行不举足,车轮曳踵,立则磬折,垂佩。主佩倚,则臣佩垂;主佩垂,则臣佩委。执玉,其有藉者则裼,无藉者袭。""执玉、执龟筴不趋,堂上不趋,城上不趋。武车不式。介者不拜。"（《少仪》）另外，身份不同，仪态也应有别："天子穆穆，诸侯皇皇，大夫济济，士跄跄，庶人僬僬。"（《曲礼下》）君主面前，贵族的仪态尤须讲究："凡侍于君，绅垂，足如履齐，颐霤垂拱。""士夫出入君门，由闑右，不践阈。""君与尸行接武，大夫继武，士中武，徐趋皆是。疾趋则欲发而手足毋移。圈豚行不举足，齐如流，席上亦然。端行，颐霤如矢；弁行，剡剡起屦；执龟玉，举前曳踵，踖踖如也。"《论语·乡党》："君在，踧踖如也，与与如也。"《论语·乡党》："君召使摈……足躩如也……趋进，翼如也。""入公门，鞠躬如也，如不容。立不中门，行不履阈。"

在礼乐文化的社会背景下，行礼者目、口、气、色的状态也被赋予丰富的文化内涵，人们的一颦一笑均有深意存焉，这是因为不恰当的神情轻则被责以不识礼数，重则会引起他人的鄙夷唾弃。孟子认为君子所贵者三，其中即有"动容貌"、"正颜色"。《论语·乡党》："君召使摈，色勃如也。"《论语·乡党》："有盛馔，必变色而作。迅雷风烈必变。""车中，不内顾，不疾言。"《礼记·曲礼上》："为人子者……不苟訾，不苟笑。"是说为人子者不能在人后诋毁贤者、不能随意发笑，以免因自己的行为而给父母带来侮辱。"毋不敬，俨若思。"神态要恭敬严肃、沉静安详，就像陷入沉思一样。"听必恭。"倾听他人说话时，态度要恭敬。"从长者而上丘陵，则必乡长者所视。"随长者出行时应以长者为主，以表示对长辈的尊重。"城上不呼。"以防止引起不必要的误解。在祭祀、居丧、军事等不同场合，参与者的面容神态往往俨然有别："凡祭，容貌颜色如见所祭者。丧容累累，色容颠颠，视容瞿瞿梅梅，言容茧茧。戎容暨暨，言语谘谘，色容厉肃，视容清明。立容辨卑，毋谄，头颈必中。山立，时行，盛气颠实，扬休，玉色。"（《玉藻》）参加丧礼者同样需要遵守严格的规定："临丧不笑。揖人必违其位。望柩不歌。入临不翔。当食不叹。""临丧则必有哀色，执绋不笑。临乐不叹。介胄则有不可犯之色。故君子戒慎，不失色于人。"父母有疾，"饮酒不至变貌，笑不至矧"，饮酒失态，笑露齿龈，均有悖丧礼规定。这方面的例证有高子皋："高子皋之执亲之丧也，泣血三年，未尝见齿，君子以为难。"（《檀弓下》）祭礼在周礼中属吉礼，行礼者的面部仪态应恭敬温婉："孝子之祭……已撤而退，敬齐之色不绝于面……孝子之有深爱者……必有愉色……必有婉容。""孝子……及祭之日，颜色必温……其奠之也，容貌必温。"（《祭义》第二十四）日常居处，君子要"执尔颜"，"正尔容"，即注意面部表情。再看目光：在父母公婆的居处，子女儿媳不得"睇视"，郑玄注："睇，倾视也。"这是因为斜视带有不恭的意味，有悖孝道。乘车时，"立视五巂，式视马尾，顾不过毂。""将入户，视必下。入户奉扃，视瞻毋回。"此即《论语·颜渊》所谓

"非礼勿视"。《礼记》:"毋淫视。"(《曲礼上》)眼光应有所专注,而不能游移不定。拜见不同级别的贵族时,目光所及范围高度各不相同:"天子视不上于袷,不下于带。国君绥视。大夫衡视。士视五步。"((《檀弓上》))"凡侍于君……视下而听上,视带以及袷,听乡任左。"这是由于身份尊卑所致。

在礼乐社会中,言谈的方式、内容、时机把握等也成为关系礼仪得失的大事。《荀子·大略》说:"言语之美,穆穆皇皇。"是说言谈的优美,在于谦恭、和气、文雅。《礼记》:"安定辞。"是说言谈用辞要审慎和气,从容不迫。孟子认为君子所贵者三,其中就包括"出辞气",即讲究言辞语调。在父母、先生等长者之前,言谈要有节制,不能率尔操之:"在父母舅姑之所,有命之,应唯,敬对。"听到父亲的召唤,应迅速恭敬地响应,不能懈怠:"父召,无诺;先生召,无诺。唯而起。"晚辈不能打断长者的谈话,贸然抢言:"长者不及,毋儳言。""侍坐于先生,先生问焉,终则对。"也不能剿袭他人言论以为己有:"毋剿说,毋雷同,必则古昔,称先王。"以上几点与《论语·季氏》所载相同:"侍坐于君子有三愆:言未及之而言谓之躁,言及之而不言谓之隐,未见颜色而言谓之瞽。"《论语·乡党》:"食不语,寝不言。"父母遭遇疾病时,子女言论不能怠惰,生气时不能责骂他人:"父母有疾,言不惰……怒不至詈。"跟随先生出行时,言论也有一定规范:"从于先生,不越路而与人言。""遭先生于道……先生与之言,则对,不与之言,则趋而退。"《仪礼·士相见礼》:"与君言,言使臣;与大夫言,言事君;与老者言,言使弟子;与幼者言,言孝弟于父兄;与众言,言忠信慈祥;与居官者言,言忠信。"春秋时期,礼乐虽然已经出现衰落迹象,但不少贵族仍十分重视辞令在交际活动中的作用。《周语·国语下》说晋悼公:"言敬必及天,言忠必及意,言信必及身,言仁必及人,言义必及利,言智必及事,言勇必及制,言教必及辩,言孝必及神,言惠必及和,言让必及敌。"是说悼公言论处处符合礼的要求。《论语·里仁》:"古者言之不出,耻躬之不逮也。""君子欲讷于言而敏于行。"《论语·八佾》说孔子入太庙,每事问,或曰:"孰谓鄹人之子知礼乎? 入太庙,每事问。"子闻之,曰:"是礼也。"盖宗庙之礼不能自专,每事必问是表示谦恭,自然更符合礼的要求。《论语·乡党》:"孔子于乡党,恂恂如也,似不能言者;其在宗庙朝廷,便便言,唯谨尔;朝,与下大夫烟,侃侃如也;与上大夫言,訚訚如也。"《论语·乡党》:"入公门……过位……其言似不足者。"这是说在不同的场合中,针对不同的谈话对象,行礼者发表言论的态度和方式自应有所差异,否则便为失礼。宗庙之上,不能礼容给古人带来的影响是实实在在的,而并未流于表面。《礼记·檀弓下》记载说,季孙之母死,哀公前来吊唁,孔子的弟子曾子和子贡也来吊唁。由于国君在内,守门人不让二人进门,"曾子与子贡入于其厩而修容焉。子贡先入……曾子后入,阍人辟之。涉内霤,卿大夫皆辟位,公降一等而揖之。"君子评论这件事说:"尽饰之道,斯其行者远矣。"恰当的仪容足以为当事人赢得尊严和荣耀,相反,不恰当的仪容则会带来相反的后果。《左传》载昭公十六年二月,晋韩起聘于郑,郑伯享之。子产戒曰:"苟有位于朝,无有不共恪。"孔张后到,站在客人中间,典礼者挡住他,孔张又到客人后边,典礼者又挡住他,他只好到悬挂乐器的间隙中待着。客人因此而笑他失礼。典礼结束后,富子批评子产说:"夫大国之人,不可不慎也,几为之笑而不陵我? 我皆有礼,夫犹鄙我。国而无礼,何以求荣? 孔张失位,吾子之耻也。"这是礼容不当几乎给国家外交带来严重不良影响的一个生动案例。

二、礼坏乐崩与相人术之兴起

(一) 礼坏乐崩引起礼容的工具化

东周时期,伴随日渐剧烈的政治军事斗争,统治阶层内部的权利分配发生了显著变化,旧贵族逐渐衰落、新贵族相应兴起,成为普遍现象;另一方面,失势的旧贵族在礼乐活动方面也渐渐失去原有的严肃性,以至在物质条件方面捉襟见肘、难以为继,不能应付庞大的礼乐活动开支;新贵族中的情形则恰恰相反。正因为如此,春秋时期的礼乐文化进入一个新阶段,人们政治、社会生活的各个领域出现礼乐遭遇破坏的现象,这就是东周时期所谓的"礼坏乐崩"。礼坏乐崩不是礼乐文化的局部调适或变化,它意味着一种社会秩序的崩溃,它给东周时期的人们带来深刻而重要的影响。《左传》昭公三年叔向与晏婴论晋齐之季世:

> 叔向曰:"齐其何如?"晏子曰:"……齐其为陈氏矣! 公弃其民,而归于陈氏……箕伯、直柄、虞遂、伯戏,其相胡公、大姬,已在齐矣。"叔向曰:"然。虽吾公室,今亦季世也。戎马不驾,卿无军行,公乘无人,卒列无长……栾、郤、胥、原、狐、续、庆、伯,降在皂隶……以乐慆忧。公室之卑,其何日之有? ……"……叔向曰:"晋之公族尽矣……肸之宗十一族,唯羊舌氏在而已……公室无度,幸而得死,岂其获祀?"

原先享有尊贵礼乐仪节的贵族渐渐丧失以往与之相称的富贵尊严,"降在皂隶"者不在少数。这种情况不仅存在于齐国、晋两国,在"礼仪之邦"的鲁国也极为典型。《左传》昭公三十二年载鲁昭公被大夫季氏驱逐出国,死在国外,晋赵简子问史墨:"季氏出其君,而民服焉?"史墨说:"鲁君世从其失,季氏世其勤,民忘君矣,虽死于外,其谁矜之? 社稷无常奉,君臣无常位,自古以然。故《诗》曰:'高岸为谷,深谷为陵。'三后之姓,于今为庶。"历史上曾盛极一时的诸多政治群体在权力斗争中败下阵来,丧失昔日的荣光,而在时人的心目中,地位升降已成天经地义,权力移易也不再被认为石破天惊的大事。

政治、经济实力的升降自然而然地折射到了礼乐领域。春秋时期的旧贵族多疏于礼乐修养,包括国君、大夫在内的许多贵族不了解礼乐的精髓,原有仪节的维持已变得越来越困难,礼乐也随之流于形式。《左传》昭公五年载昭公自郊劳至赠贿,无失礼,或以为昭公知礼,唯有女叔齐反对说:"是仪也,不可谓礼。礼所以守其国,行其政令,无失其民者也。"如前所说,礼乐的本质在于通过仪节养成道德、维护权利、拥有民众,鲁昭公在国内屡遭三桓排挤,已久失民心,诸侯高位也名存实亡。尽管他能在外交场合娴于礼容仪节,但却与礼乐的精神并不吻合。同样的例证还见于《左传》昭公二十五年,子大叔见赵简子,简子问"揖让周旋之礼",子太叔曰:"是仪也,不可谓礼。礼,上下之纪,天地之经纬,民之所以生也。"所谓"揖让周旋之礼",显然就是上文所述种种仪容。可见当时的贵族阶层中大量存在徒行礼容,丧失道德权利的现象。

与此同时,斗争中的成功者攫取大量财富和权力,但他们却没有相应的仪节作为保障,因此势必巧取豪夺、软硬兼施,博取仪节、伪饰礼容。这类事件最晚从春秋时期即已频繁发生。《左传》僖公二十五年说晋文公朝见周天子,并向周王请求一种称之为"隧"的仪节,周王不许,而与之阳樊、温、原、攒茅之田[①]。晋文公"请隧"乃是试图得到一种天子礼器的使用权[②]。《左传》宣公三年楚子问鼎之大小轻重,得到的回答是:"周德虽衰,天命未改,鼎之轻重,未可问也。"盖东周以降,周天子的权力地位虽今非昔比,但他仍深知紧握"王章"最后这根救命稻草的重要意义。僭越礼乐仪节的案例不仅存在于周王室与诸侯之间,也同样出现在晋、楚、

---

① 又见《国语·晋语四》。
② 何为"隧"? 前人多以为是指天子葬制,常金仓教授则认为它是一种象征权力和荣誉的旗帜。参见常金仓:《晋侯请隧新解》,《山西师大学报》1988 年第 4 期。

鲁、卫诸侯国中。《左传》襄公三十一年说楚国的令尹围效仿其君主威仪,被北宫文子评价为:"令尹无威仪,民无则焉。民所不则,以在民上,不可以终。"所谓"无威仪",其实是指"威仪"不合礼制,而不似人臣、僭越君主。鲁国是保存周代礼乐文化最为完整的诸侯,"三桓"原为国之栋梁的大夫阶层,然而也正是因为他们最了解仪节对于权力的特殊意义,因此随着其势力的坐大,他们在僭越礼乐仪仗、觊觎公室权力方面走得比许多国家的大夫更为极端。《论语·八佾》说季氏八佾舞于庭,孔子气愤地指责道:"是可忍,孰不可忍?"同篇又说:"三家者以雍彻。子曰:'相维辟公,天子穆穆',奚取于三家之堂?"三家是指鲁大夫孟孙、叔孙、季孙。天子宗庙之祭则歌《雍》以彻,三家僭用天子礼乐,故而孔子以为大谬不然。另外,"季氏旅于泰山",孔子责冉有以"弗能救"。季氏"八佾舞于庭"、"以雍彻"、"旅于泰山",是明目张胆僭越仪节的行为。与晋文公的情况不同,卫人仲叔于奚请求诸侯仪节的举动获得了成功。《左传》成公二年载卫新筑大夫仲叔于奚建立战功,"既,卫人赏之以邑,辞。请曲县、繁缨以朝,许之。"孔子得知之后十分遗憾,说道:"惜也,不如多与之邑。唯器与名,不可以假人,君之所司也。名以出信,信以守器,器以藏礼,礼以行义,义以生利,利以平民,政之大节也。若以假人,与人政也。政亡,则国家从之,弗可止也已。"曲县,繁缨属诸侯礼,仲叔于奚请赏越制,难怪遭到孔子的非议。

礼坏乐崩造成的现实后果是有威仪者无权力、有权力者无威仪,从礼乐自身结构角度而言则表现为形式(仪节)与内容(道德、权力)的背离,即所谓名实分离①。应如何解决礼乐文化愈演愈烈的名实分离问题?儒家学者意识到仪节得失关系权利有无,这是春秋时期许多贵族坚持追求和博取本不属于自己的仪节的原因,因此着力通过复兴礼乐("复礼")维护现实秩序。儒家认为"复礼"的关键在于"正名",即理顺礼乐的名实关系。《论语》一书两次提到"名实"问题,均与礼乐相关。《子路》云:"名不正,则言不顺;言不顺,则事不成;事不成,则礼乐不兴;礼乐不兴,则刑罚不中;刑罚不中,则民无所措手足。"所谓正名,实际上就是严格审查礼乐的内容与形式间的关系以使名实相符。《颜渊》齐景公问政于孔子。

---

① 李景林指出:"春秋时期的礼坏乐崩,其最突出的表现,就是礼乐失其本质的内容而被形式化为外在的仪节。春秋时有关礼、仪之别的讨论,就表现了时人面对当时天子诸侯失政、礼乐形式化的现实而对于礼的本质的反思。"参见李景林:《正德性与兴礼乐——孔子正名思想的理论内涵及其方法学意义》,《北京师范大学学报》2011 年第 3期。

孔子对曰:"君君,臣臣,父父,子子。"公曰:"善哉!信如君不君,臣不臣,父不父,子不子,虽有粟,吾得而食诸?"在孔子看来,只有端正名实才能从源头上遏制乱臣贼子的不法行为。孔子汲汲于推动"正名"之事,尽管他清楚春秋时期的许多礼乐已经丧失本质,流于形式,如《论语·阳货》所谓"礼云礼云,玉帛云乎哉?乐云乐云,钟鼓云乎哉?"问题在于,礼乐文化的结构与运行机制决定了它不能离开仪节而独存,故子贡欲去告朔之饩羊,孔子应之以"尔爱其羊,我爱其礼",并提出"以旧礼为无所用而去之者,必有乱患"①,反对轻易地变乱旧礼、混淆名实。

问题在于,尽管有儒家正名之类的积极努力,但礼坏乐崩的趋势并未因此而有所改变。相反地,随着时间推移,礼乐解体的程度愈加剧烈,贵族新旧陵替也更加频繁②。战国时期,新贵对礼乐的僭越由较为温和的"巧取"变为暴力式的"豪夺",礼乐的工具化过程至此彻底完成,典型意义下的礼乐文明则完全瓦解。《庄子·盗跖》说圣、勇、义、知(智)、仁五者本来是用于防备盗贼的,却反被他们作为为非作歹的工具,原因就在于这些传统的仁义道德都被盗贼窃取了:

> 为之斗斛以量之,则并与斗斛而窃之;为之权衡以称之,则并与权衡而窃之;为之符玺以信之,则并与符玺而窃之;为之仁义以矫之,则并与仁义而窃之。何以知其然邪?彼窃钩者诛,窃国者为诸侯,诸侯之门而仁义存焉。则是非窃仁义圣知邪?故逐于大盗,揭诸侯,窃仁义并斗斛权衡符玺之利者,虽有轩冕之赏弗能劝,斧钺之威弗能禁。此重利盗跖而使不可禁者,是乃圣人之过也。

"彼窃钩者诛,窃国者为诸侯,诸侯之门而仁义存焉",深刻揭示出当时真正的盗贼其实是窃取国家权力的昏君乱主。《庄子·胠箧》也说,世人只知束紧袋囊绳索、加固小箱环扣以防盗贼,然而大盗却会举起小箱、担起囊袋,连同绳索环扣一同偷走,还唯恐绳索环扣不够结实!在统治者粉饰仁义、欺世盗名的同时,礼乐文化的忠实传承者儒家学者中也出现了普遍的仪节

---

① 《大戴礼记·礼察》。

② 《孟子·滕文公下》也曾描述士失位后的状况说:"士之失位也,犹诸侯之失国家也……惟士无田,则亦不祭,牲杀、器皿、衣服不备,不敢以祭,则不敢以宴,亦不足吊乎?"这是士失位后沦为庶人的状况。由士与庶人间的升降转化关系,也见于《荀子·王制》所载:"虽王公士大夫之子孙也,不能属于礼义则归之庶人;虽庶人之子孙也,积文学,正身行,能属于礼义,则归之卿相士大夫。"

工具化现象①。

一个颇具讽刺意味的现象是,新贵族对于他们曾孜孜以求的礼乐其实既不理解也无兴趣。以音乐为例,战国时期新兴诸侯感兴趣乃是具有娱乐功能的郑卫之音、世俗之乐而已。《礼记·乐记》记载了魏文侯问子夏的一段话:"吾端冕而听古乐,则唯恐卧;听郑卫之音,则不知倦。敢问古乐之如彼何,新乐之如此何也?"无独有偶,《孟子·梁惠王下》载孟子见齐宣王,宣王也坦承:"寡人非能好先王之乐也,直好世俗之乐耳。"为了攘夺权力,贵族汲汲于僭越礼乐、伪饰仪容,其结果却是更大程度地造成礼乐的破坏,形式主义兴起与礼乐衰落成为同步发生的两种重要社会现象。一方面礼乐遭到了歪曲和摈弃,一方面仪节得到了空前绝后的重视,历史似乎和人们开了一个玩笑,但这种看似荒唐的文化现象中恰好隐含着晚周相人术迅速崛起的深刻原因。

(二) 两种不同的相人术

1. "淑人君子,其仪不忒": 仪容与道德

受礼乐文化的影响,通过仪容判断个体的道德修养可以说是中国上古最早的相人术之一。礼乐文化既规定了个体礼容的方方面面,同时也使人们养成通过礼容判断个体修养的思维模式。在西周至春秋时期的不少文献中,对一个人的正面描写往往由相貌开始,对其负面的评判也不例外。中国后世典型意义下的相人术中兼理性与非理性、评判与预测的多种成分,而礼乐文化背景下的这类道德评判往往带有较强的理性主义色彩,在某种意义上可以视为古代相人术的雏形。

通过仪容判断一个人道德境界的状况,这在春秋时期已经颇为流行。《诗经》以文学的手法刻画了不少人们理想中的君子形象。《曹风·鸤鸠》云:"淑人君子,其仪一兮。其仪一兮,心如结兮……淑人君子,其仪不忒。其仪不忒,正是四国。"诗歌以仪表堂堂、内外如一作为君子贤人的判断标准。《大雅·抑》说:"抑抑威仪,维德之隅……有觉德行,四国顺之……敬慎威仪,维民之则。"这是通过仪容庄严推断出一个人的德行高尚,并将其

---

① 《庄子·外物》说:"儒以《诗》、《礼》发冢,大儒胪传曰:'东方作矣! 事之何若?'小儒曰:'未解裙襦,口中有珠。'《诗》固有之曰:"青青之麦,生于陵陂;生不布施,死何含珠为?"接其鬓,厌其颟,儒以金椎非法控其颐,徐别其颊,无伤口中珠。'"《诗》、《书》是礼乐文化的载体,儒家是礼乐文化的继承和传播者,然而两者在此时却与掘人坟墓、窃人财物之类的勾当牵扯在一起。这则寓言通过一些儒生日习圣贤之书、口颂仁义之辞,身行不道之事等言行背离的事实揭示出礼乐在战国中期空前虚伪化的严峻事实。

树立为民众学习的榜样。同篇又说："慎尔出话,敬尔威仪,无不柔嘉……淑慎尔止,不愆于仪……温温恭人,维德之基。"在时人眼中,一个人是正人君子还是卑鄙小人,完全可以从他的言论、举止、行为上得到反映。《大雅·民劳》:"敬慎威仪,以近有德。"《瞻卬》:"不吊不祥,威仪不类。"《大雅·假乐》中赞美周王是"威仪抑抑,德音秩秩"。《仪礼·士冠礼》:"敬尔威仪,淑慎尔德。"将礼容修饰和道德修养并提,因为古人认为两者本来就是相统一的。《周语下》称晋周"视无还",是说晋周礼容端庄、内心周正。《国语·周语下》说晋孙谈之子周适周,事单襄公,"立无跛"。这些例证中都提到道德修养与仪表之间的内在联系:仪表堂堂者往往道德高尚,具有君子风范。好的仪容不但显示一个人的身份地位风度,还象征着一个人的良好品质。

反之,如果一个人的形象不合仪礼要求,就从一个侧面折射出其道德修养之欠缺。柯陵之会上晋厉公"视远步高",表明其傲慢自大。此人后来在政治上果然出现严重问题。《左传》僖公十一年:"天王使召武公、内史过赐晋侯命,受玉惰。"惰即神情怠惰,说明内史过行礼时缺乏恭敬,此人后来在政治事件中遭遇失败。古人是如何通过仪容判断一个人的修养乃至前程的?《左传》襄公三十一年对此有一段生动的记载:

> 卫侯在楚,北宫文子见令尹围之威仪,言于卫侯曰:"令尹似君矣,将有他志。虽获其志,不能终也……"公曰:"子何以知之?"对曰:"《诗》云:'敬慎威仪,惟民之则。'令尹无威仪,民无则焉。民所不则,以在民上,不可以终。"公曰:"善哉!何谓威仪?"对曰:"有威而可畏谓之威,有仪而可象谓之仪。君有君之威仪,其臣畏而爱之,则而象之,故能有其国家,令闻长世。臣有臣之威仪,其下畏而爱之,故能守其官职,保族宜家。顺是以下皆如是,是以上下能相固也……故君子在位可畏,施舍可爱,进退可度,周旋可则,容止可观,作事可法,德行可象,声气可乐;动作有文,言语有章,以临其下,谓之有威仪也。"

是说包括君臣父子在内的各种身份的人都有其相应的仪容,这样符合礼乐的要求。如果打破这种规则,下级僭越了上级的仪容便会引起社会秩序的混乱,这就是孔子所批评的"君不君,臣不臣,父不父,子不子"。受礼乐文化思维模式的影响,古人多倾向于从礼容中窥测个体的内在信息。《论语·为政》子夏问孝,子曰:"色难。"是说表情是内心的写照,由子女的表情即可反映出他（她）究竟是不是真心地孝敬父母。在礼乐文明的氛围中，威仪（礼乐的仪节）的确是人们衡量个人内在道德修养的重要依据。古人重视威仪，甚至动辄"以貌取人"，这是礼乐文化影响人们观念的自然结果。

儒家是周代礼乐文化的坚定拥护者和忠实继承者，他们谙熟礼乐机制，相信通过仪容足以判断一个人品行的良莠。《大戴礼记·少闲》甚至认为上古贤王的选拔便是以仪容作为标准："昔尧取人以状，舜取人以色，禹取人以言，汤取人以声，文王取人以度。"这种说法未必真有历史依据，但至少表明东周时期的儒家对于仪容相术颇为崇信。孔子等人就颇为善于从一个人的仪容判断其道德修养甚至发展前景。《论语·学而》引孔子语曰："巧言令色，鲜矣仁。"同书《子路》也说："刚、毅、木、讷，近乎仁。"《颜渊》司马牛问仁，孔子曰："仁者，其言也讱。"牛曰："其言也讱，斯谓之仁也乎？"子曰："为之难，言之能无讱乎？"讱，即言语迟钝。这是说善于言辞、表情机巧者往往缺乏仁德，而拙于言辞、表情呆板者则往往接近仁者的要求，因此可以从一个人的言谈、表情可以断言其道德修养状况。孔子也曾表示自己要见贤思齐，从仪容方面向仁者学习，如《论语·公冶长》云："巧言、令色、足恭，左丘明耻之，丘亦耻之。"不仅如此，仪容也被儒家用于预测个体命运。《论语·先进》说孔门弟子侍坐，仪容各有特色："闵子侍侧，訚訚如也；子路，行行如也；冉有、子贡，侃侃如也。子乐。'若由也者，不得其死然。'"是说闵子骞仪容恭敬正直，子路仪容刚强果敢，冉有、子贡仪容温和快乐。孔子由此判断子路将来可能不得善终，后来的情况表明孔子的预测是准确的。通过仪容判断人们的道德，这种做法一直持续到战国时期。孟子首次见到梁襄王时，就是通过他的外貌做出了一个大胆的判断："望之不似人君，就之而不见所畏焉。"赵岐注曰："望之无俨然之威仪也……就与之言，无人君操秉之威，知其不足畏。"这是通过君主有无"威仪"判断其内在素养。《孟子·尽心下》也说："动容周旋中礼者，盛德之至也。"

值得注意的是，东周时期的不少礼乐文化鼓吹者一方面极力强调从仪容判断个体的内在修养，另一方面又似乎意识到其中可能存在的某种风险。《史记·仲尼弟子列传》载孔子语曰："吾以言取人，失之宰予，以貌取人，失之子羽。"宰予最初以言论而给孔子留下良好印象，但后来渐渐露出懒惰而缺乏仁德的本性，因此被孔子责以"朽木不可雕"。相反地，子羽（澹台灭明）的举止开始时给孔子的印象不佳，可后来的事实却表明他是一个品质不错的儒者。按照孔子此处的说法，单凭一个人的仪容就对其品质能力作出判断的做法似乎又并不可取，故而《论语·先进》孔子说："论笃是与,君子者乎?色庄者乎?"这表明儒家学者已经明确认识到并反思了仪容与道德之间的这种对应关系的可靠性。儒家为什么对由仪容判断道德的相人术持有两种完全不同的看法?在笔者看来,这仍与春秋战国时期礼乐文化逐渐衰落,仪容与道德之间发生错位有关。也就是说,在礼乐衰落、仪节工具化的情况下,有德者未必能恪守仪容,而无德者则善于伪饰容貌、欺世盗名。在这种情况下,人们要通过仪容甄别人格的优劣就变得越来越困难了①。然而相人术并未因此而被人们放弃,它相反还促使人们不断地丰富和发展了相人术。东周相人术非但没有随着礼乐的衰落而消失,倒随着礼乐衰落程度的增加而愈加得到丰富和发展。

2. "察相"与前程预测

按照内容和目标的不同,中国古代的相人术大致可以分为两种:第一种是通过仪容判断个体道德修养,这种相人术的原理就是礼乐文化的运行机制,因而具有较强的理性主义特征,孕育并盛行于礼乐文化的氛围之中,其例证已如上述;第二种是通过仪容预测个体的未来(包括政治前途和休咎),这种相人术具有非理性主义的特点。随着礼乐的衰落,典型礼乐文化逐渐退出上层民众的社会生活和观念世界,人们对道德的关注程度也逐渐下降了。对于贵族来说,他们更关心的是政治斗争对自己权力沉浮的影响;对普通民众来说,他们更关心个体命运的休咎。就这样,以预测为内容和主旨的相人术在春秋战国时期得到了迅速的发展,以下我们以《左传》等古籍所载东周相人术为例对此略加说明。

---

① 东周时期的人们不仅伪饰仪容,而且也试图通过穿着等方式获得他人认可。《礼记·儒行》鲁哀公问于孔子曰:"夫子之服,其儒服与?"孔子对曰:"丘少居鲁,衣逢掖之衣。长居宋,冠章甫之冠。丘闻之也:君子之学也博,其服也乡。丘不知儒服。"儒者当以德行和知识(而不是徒具其表的穿着与仪容)为标准,这似乎是十分浅显的道理,然而春秋后期其实已经没有多少真正以道德名世的儒者了,相反满天下多是身着儒服、自称儒者的人。其实伪饰仪容者恐不止儒家者流,儒家只是当时社会的典型代表而已。墨子、庄子等人也曾对这种伪饰仪容的做法予以辛辣的讽刺。《墨子·非儒》说:"(孔子)繁登降之礼以示仪,务趋翔之节以观众。"是说儒家的礼容在很大程度上已成为工具或形式,它不能反映其内在修养或知识。墨子身处战国初期,这些描写应大致反映了那个时代的特征。《庄子·田子方》则说:庄子见鲁哀公。哀公曰:"鲁多儒士,少为先生方者。"庄子曰:"鲁少儒。"哀公曰:"举鲁国而儒服,何谓少乎?"庄子曰:"周闻之,儒者冠圆冠者,知天时;履句履者,知地形;缓佩玦者,事至而断。君子有其道者,未必为其服也;为其服者,未必知其道也。公固以为不然,何不号于国中:'无此道而为此服者,其罪死。'"于是哀公号之五日,而鲁国无敢儒服者,独有一丈夫儒服而立乎公门。公即召而问以国事,千转万变而不穷。庄子曰:"以鲁国而儒者一人耳,可谓多乎?"秉承周礼传统最为典型的鲁国,举国皆是衣"儒服"之人,而真正的儒者却仅有一人。这虽然是一则寓言,但典型反映了周礼衰落如何从一个重要侧面对古代相人术产生影响。

东周时期以仪容预测个体前程者,较多者仍根据礼乐文化的一般原理。如《左传》桓公九年载,曹国太子到鲁国朝见鲁君,鲁国待之以上卿之礼,"初献,乐终而叹。施父曰:'曹大子其有忧乎?非叹所也。'"按:周礼规定"当食不叹",《左传》二十八年也说:"唯食亡忧。"当食而叹透露出此人内心忧郁,曹太子之父曹桓公果然于次年去世。桓公十三年春,楚国莫敖屈瑕伐罗,贵族斗伯比送之。还,谓其御曰:"莫敖必败,举趾高,心不固矣!"周礼规定"行不举足",莫敖步态高昂,反映出其内心的自大骄傲。其后莫敖屈瑕拒绝纳谏,刚愎自用,果然落得一个兵败自杀的悲惨结果。《左传》僖公十一年,"天王使召武公、内史过赐晋命,受玉惰。"过归,告王曰:"晋侯其无后乎!王赐之命,而惰于受瑞,先自弃也已,其何继之有?"按照周礼规定,"执龟玉,举前曳踵,蹜蹜如也","执玉不趋","执玉,其有藉者则裼,无藉者袭","执天子之器,则上衡","天子视不上于袷,不下于带",晋文公懈怠礼容,预示着他藐视礼乐,霸业难以为继。《左传》成公六年春,郑伯如晋答谢往年结盟事宜,子游相礼,授玉于东楹之东。士贞伯曰:"郑伯其死乎?自弃也已!视流而行速,不安其位,宜不能久。"按礼,晋、郑作为地位相当的国家应在两楹之间举行授玉之礼,由于郑国畏惧晋国霸主威势,竟在东楹之东举行此礼,且郑悼公神情慌张、步履仓促,与礼制要求相悖,是年六月,郑伯死。成公十四年:"苦成叔家其亡乎!古之为享食也,以观威仪,省祸福也……今夫子傲,取祸之道也。"昭公十一年说周大夫单子在诸侯盟会上"视下,言徐",叔向断言其将死,理由是:"会朝之言,必闻于表著之位,所以昭事序也。视不过结襘之中,所以道容貌也。言以定之,容貌以明之,失则有阙。今单子为王官伯而命事于会,视不登带,言不过步,貌不道容,而言不昭矣!不导不恭,不昭不从,无守气矣!"礼书说:"天子视不上于袷,不下于带。"又说:"凡视,上于面则敖,下于带则忧,倾则奸。"作为周天子的代表,单子目光低垂、声音细小,反映了他内有隐忧的情况。又定公十五年,邾隐公朝鲁,子贡见他"执玉高,其容仰",而作为主人的鲁定公"受玉卑,其容俯",遂断言两位君主或将死去或将逃亡,原因是:"高、仰,骄也;卑、俯,替也。骄近乱,替近疾。"此后的事实证明果然如此。

《左传》文公元年初载,楚子将以商臣为大子,访诸令尹子上。子上表示反对,其中一个原因就是商臣"蜂目而豺声,忍人也,不可立也"。服虔注云:"言忍为不义。"眼神如蜂,声音似豺,这都不符合前述《礼记》关于君子"目容"、"声容"的规定。按照礼乐文化的要求,这样的寡德之人显然不符合太子人选的要求。楚成王没听从这个意见。后来果然如子上所料,成王立商臣后又想换立他人为太子,因机密泄露而遭商臣起兵夺权,最终被逼自尽。《左传》宣公四年追溯了一则关于楚越椒子文的相术："初，楚司马子良生子越椒。子文曰：'必杀之。是子也，熊虎之状而豺狼之声。弗杀，必灭若敖氏矣！'谚曰'狼子野心'，是乃狼也，其可畜乎？"文公九年也记载道："冬，楚子越椒来聘，执币傲。叔仲惠伯曰：'是必灭若敖氏之宗。傲其先君，神弗福也。'"诸侯聘礼是十分严肃的外交事务，子越椒竟然草率从事，态度傲慢，因此被认为凶兆。子越椒的傲慢给其家族带来祸患，若敖氏于宣公四年被楚所灭。

《左传》昭公二十八年载，叔向之子伯石出生时，叔向之母前往探望："及堂，闻其声而还，曰：'是豺狼之声也。狼子野心，非是，莫丧羊舌氏矣。'遂弗视。"按：伯石即杨食我，因参与祁盈之乱而于昭公二十八年被杀，羊舌氏因此灭族。类似的例证还见于《国语·晋语八》，其中说到叔向同母弟叔鱼（羊舌鲋）出生时，他的母亲根据其目、口、肩、腹等部分的特征，对其品质和政治前程做出了判断："叔鱼生，其母视之，曰：'是虎目而豕喙，鸢肩而牛腹，溪壑可盈，是不可餍也，必以贿死。'"此人后来任赞理，受雍子女而抑邢侯，为邢侯所杀。

昭公二年记载说，宣子遂如齐纳币。见子雅。子雅召子旗，使见宣子。宣子曰："非保家之主也。不臣。"见子尾。子尾见强，宣子谓之如子旗。大夫多笑之，唯晏子信之，曰："夫子，君子也。君子有信，其有以知之矣。"

春秋之际是贵族地位变迁剧烈而频繁的时期，权力得失成为许多贵族担心的问题，这就是前引《左传》等文献都以个体未来政治前途为讨论重心的原因所在。战国时期，上层统治阶层的权力斗争已见分晓，旧贵族逐渐隐退，新贵族牢牢地占据了历史舞台，双方已不再对权力的得失忧心忡忡。加之礼乐解构，礼乐已经退出传统官方文化领域，包括礼容在内的仪节渐渐渗入普通民众阶层。正因为如此，战国时期的相人术逐渐出现了民间化的趋势，"相命的风气已从贵族阶层蔓延到民间，初步形成一种民俗"[①]。战国时期见诸史载的著名相术家为数颇众，其中如唐举、尉缭、平原君、邓通、条侯等人均有各自的相人经历。蔡泽者，燕人也。游学干诸侯小大甚众，不遇。而从唐举相，曰："吾闻先生相李兑，曰'百日之内持国秉'，有之乎？"曰："有之。"曰："若臣者何如？"唐举孰视而笑曰："先生曷鼻，巨肩，魋颜，蹙齃，膝挛。吾闻圣人不相，殆先生乎？"蔡泽知唐举戏之，乃曰："富贵吾所自有，吾所不知者寿也，愿闻之。"唐举曰："先生之寿，从今以往者四十三岁。"蔡泽笑谢而去，谓其御者曰："吾持粱刺齿肥，跃马疾驱，怀黄金之

① 陈兴仁：《神秘的相术——中国古代体相法研究与批判》，第24页。

印,结紫绶于要,揖让人主之前,食肉富贵,四十三年足矣。"《吴越春秋》记载,子胥之吴,乃被发佯狂,跣足涂面,行乞于市,市人观罔有识者。翌日,吴市吏善相者见之,曰:"吾之相人多矣,未尝见斯人也,非异国之亡臣乎?"乃白吴王僚,具陈其状。

《庄子·应帝王》有一篇关于相人术的著名寓言,说郑国有个神巫季咸,他知道人的生死存亡、祸福寿夭,所预卜的年、月、旬、日都准确应验。郑国人见到他,都急忙跑开,原因是担心被他言中死亡和凶祸。列子见到季咸后,内心深为折服,回来后把见到的情况告诉老师壶子。壶子让列子将季咸请来为自己相面:

> 明日,列子与之见壶子。出而谓列子曰:"嘻!子之先生死矣!弗活矣!不以旬数矣!吾见怪焉,见湿灰焉。"列子入,泣涕沾襟以告壶子。壶子曰:"乡吾示之以地文,萌乎不震不正。是殆见吾杜德机也。尝又与来。"明日,又与之见壶子。出而谓列子曰:"幸矣,子之先生遇我也!有瘳矣,全然有生矣!吾见其杜权矣。"列子入,以告壶子。壶子曰:"乡吾示之以天壤,名实不入,而机发于踵。是殆见吾善者机也。尝又与来。"明日,又与之见壶子。出而谓列子曰:"子之先生不齐,吾无得而相焉。试齐,且复相之。"列子入,以告壶子。壶子曰:"乡吾示之以太冲莫胜。是殆见吾衡气机也。鲵桓之审为渊,止水之审为渊,流水之审为渊。渊有九名,此处三焉。尝又与来。"明日,又与之见壶子。立未定,自失而走。壶子曰:"追之!"列子追之不及,反,以报壶子曰:"已灭矣,已失矣,吾弗及已。"壶子曰:"乡吾示之以未始出吾宗。吾与之虚而委蛇,不知其谁何,因以为弟靡,因以为波流,故逃也。"

季咸以相人手段高明而闻名郑国,但在为壶子相面的过程中败下阵来,狼狈而逃。这段文字旨在通过神巫给壶子看相的寓言,批判"有为"、提倡无为,讲述了凭借"虚"的办法才能不为人所测的道理,告诫为政者虚己而顺物。其中反映出了以下几条信息:第一,战国时期的相人术已经在很大程度上专业化,相人方式虽然仍是从仪容(此处主要是神情)入手,但术士对不同神情所代表的内涵已经有了十分细微的区分;第二,战国相人术重在预测人们的死生存亡、祸福寿夭等问题,而不再像春秋时期一样重在判断个体的品行,这应当是相人术在很大程度上转向民间的结果。其中的原因在于礼乐文化已经彻底瓦解,道德在很大程度上名存实亡,对于人们丧失了吸引力。寓言不同于历史事实,但却从一个侧面生动地反映出相人术在战国时期发展的基本情形。

战国相人术的发展情况也可从《荀子·非相》中得到反映。《非相》以"古之姑布子卿"和"今之梁有唐举"为例，指出他们的主要活动是"相人之形状颜色，而知其吉凶妖祥"。姑布子卿故事见载于《史记·越世家》：姑布子卿见赵简子，简子遍召诸子相之。子卿曰："无为将军者。"简子曰："赵氏其灭乎？"子卿相赵毋恤曰："此真将军矣！"并说："天所授，虽贱必贵。"后简子果然发现毋恤贤能，遂废太子伯鲁，而以毋恤为太子[①]。姑布子卿相赵毋恤的具体情节我们不得而知，但根据东周其他相术案例推测，其根据大致不外乎仪容与骨相二端。

对于相人术，战国时期的人们存在两种截然不同的看法："世俗称之。古之人无有也，学者不道也。"荀子是相人术的坚决反对者，他认为一个人是否为君子，与其"形相"的善恶无关，"故长短小大，善恶形相，非吉凶也。古之人无有也，学者不道也。"他举例说，帝尧长、帝舜短、文王长、周公短、仲尼长、子弓短，但与他们的德行无关。再如卫灵公之臣公孙吕，身长七尺，面长三尺，焉广三寸，鼻目耳具，而名动天下；楚之孙叔敖，突秃长左，轩较之下，而以楚霸；叶公子高，微小短瘠，而能诛白公、定楚国，仁义功名善于后世。又如徐偃王之状，目可瞻马。仲尼之状，面如蒙倛。周公之状，身如断菑。皋陶之状，色如削瓜。闳夭之状，面无见肤。傅说之状，身如植鳍。伊尹之状，面无须麋。禹跳汤偏。尧舜参牟子。但并无碍于其贤不肖，由此可见："长短大小，美恶形相，岂论也哉！""形相虽恶而心术善，无害为君子也形相虽善而术恶，无害为小人也。"

三、余　　论

要正确解释中国古代的相人术及其流变规则，就需要在诸多历史文化现象中进行排查分析，以确定它究竟与哪些现象紧密相关，而与哪些现象并无实质关系。历史学家往往善于考证、梳理和叙述历史文化事实的脉络，而在各种社会文化事实之间寻找和确定联系则非其所长。有社会学家曾无不尖刻地将历史学家比作"业余的、近视的、缺乏体系和方法的事实收集者"，并认为他们"数据库"的粗陋不堪恰与他们的分析低能相称[②]。一

① 《史记》卷43《越世家》，北京：中华书局，1959年，第2165页。
② 爱弥尔·涂尔干：《历史学与社会学》，上海：上海世纪出版集团2002年，第3页。

位人类学家还指出,就人类学研究的目的来说,历史学家可被看作仅仅是一位编年史作者,一位记录发生了的事件的记录者;历史学家在这儿发现一连串事实的顺序是按时间推移排列的,又在那儿发现另一连串史实的顺序也是同样的情况;而从众多的事实序列中归纳出一种顺序性就不再是他的工作了①。这是说历史学家习惯于叙述史实,而不关心从史实中概括出具有规则性的内容。笔者认为,问题的关键在于历史学在方法论方面与社会学、文化人类学存在较大差异。法国社会人类学家埃米尔·涂尔干认为,"共变法"可以帮助人们确定两种社会现象之间的因果关系。他指出:"共变方法……是比较方法中最能适用于社会学研究的方法。采用这种方法,不必把所有不同的现象一一排除出去,然后再进行比较;它只需把两种性质虽然不同,但是在某一时期中有共变价值的现象找出来,就可以作为这两种现象之间存在一种关系的证据……因此,在共变方法中,稳定的共存条件是一条重要规律,不管现象的状况能否比较,这条规律都发挥作用……在两种现象中,甲变,乙亦随之变化,这是当然可以发现它们之间的关系;即使有时甲发生了变化而乙却不变,采用共变方法仍然可以了解它们之间的关系。"②

在笔者看来,涂尔干所提出的方法不应仅限于社会学本身,它对于历史学家未尝没有启发和借鉴意义。按照共变法的上述原理,如果能在先秦历史上找出与相人术同时存在或同时发生变化的另一种社会文化现象,就大致可以确定两者之间存在某种因果关系。在本文中,我们从大量史料中揭示中国上古相人术流变的影响因素,并发现礼乐文明与相人术之间可能存在一种同步变化的关系。具体而言,通过仪容的观察和评判制约人们的道德,并借以维护社会秩序(尤其是保证保障阶层的权利不受损害),乃是先秦典型礼乐文化的主要运作机制。在典型礼乐文化背景下,通过仪容评价个体道德的做法普遍存在,这实际上便是中国相人术的雏形。东周时期,随着社会权力格局的剧烈变化,礼乐文化中出现了严重的错位现象:不少遭遇权力危机的旧贵族或疏于礼乐修养、或难以继续礼乐活动,而在政治军事斗争中获胜的新贵则急于求取仪节,获得社会的认可。这种情况导致礼乐的名实分离现象,也导致整个社会出现普遍的窃取名器、伪饰仪容等现象。大致而言,伴随着礼乐文化的兴盛与衰落,相人术前后呈现出三种形态:首先,在礼乐文化盛行的情况下,道德、权力、仪节之间的关系

---

① R. R. 马雷特:《心理学与民俗学》,济南:山东人民出版社,1988年,第130页。
② 爱弥尔·涂尔干:《社会学方法的规则》,北京:华夏出版社,1998年,第107—108页。

为社会所认可,人们习惯于通过仪容判断个体道德修养的优劣;其次,在礼乐文化走向衰落的情形下,人们更重视的是通过仪容预测个体的政治前程;最后,当礼乐文化彻底瓦解时,仪容纯粹工具化,相人术走向非理性化,更多地是以预测个体前程为主。以上三种形态,大致构成了礼乐兴衰与中国上古相人术流变的基本脉络。

值得注意的是,典型意义上的礼乐文化在秦汉之后虽然已经不复存在,但中国古代的政治文化仍然渗透着鲜明的礼乐文化特征。这种特质就是重视道德与仪容。由于上文所述礼乐文化与相人术之间的联系,礼乐文化的变化必然影响相人术的流变,因此中国古代文化从总体而言较之世界其他文化更重视相人术。即使在传统政治体制崩溃之后,相人术的传统仍然得到民间的热烈吹捧,通过仪容判断个体道德、预测前程,仍然是不少人关心的问题。鲁迅先生曾以杂文的形式对近代以来的面相文化进行过形象地揭示,他说:

> 我们的古人,倒似乎并不放松自己中国人的相貌……分起来,可以说有两派罢:一是从脸上看出他的智愚贤不肖;一是从脸上看出他过去,现在和将来的荣枯。于是天下纷纷,从此多事,许多人就都战战兢兢地研究自己的脸……日本的长谷川如是闲是善于做讽刺文字的。去年我见过他的一本随笔集,叫作《猫·狗·人》;其中有一篇就说到中国人的脸。大意是初见中国人,即令人感到较之日本人或西洋人,脸上总欠缺着一点什么。久而久之,看惯了,便觉得这样已经尽够,并不缺少东西;倒是看得西洋人之流的脸上,多余着一点什么。这多余着的东西,他就给它一个不大高妙的名目:兽性。中国人的脸上没有这个,是人,则加上多余的东西,即成了下列的算式:人十兽性=西洋人。[①]

鲁迅先生以文学的笔法描绘国人的"形象情结",并由此作为解析中华民族的国民性格的切入点,极富启示性。很显然,鲁迅所说"从脸上看出他的智愚贤不肖"指相个体的道德,而"从脸上看出他过去,现在和将来的荣枯",则是指相个体的前程命运。论者虽然没有指出中国相人术与礼乐文化之间的联系,但其中的有些分析却给人以深刻启迪。中国人为什么"脸上总

① 鲁迅全集》第 3 卷《而已集　华盖集　华盖集续编》,北京:人民文学出版社,1973 年,第397—401 页。

欠缺着一点什么"？其中所"欠缺"的东西是什么？通过上面的分析，我们不难看出答案。简言之，由于受礼乐文化的影响，中国古人十分重视仪容训练，久而久之便形成某种在古人看来十分得体的外貌和仪节。这些经过长期培养而形成的仪容渐渐成为一种文化符号，成为在人们交际过程中发挥作用的身体语言。礼乐文化的衰歇，使得"礼不下庶人"的时代渐行渐远，重视仪容的传统并未中断，因而通过装饰仪容获得他人的认可便是最为"经济"的做法。当然，仪容毕竟是后天文化习染的结果，出于功利目的的伪饰容仪现象变得越来越普遍，这也给相术增加了难度。换句话说，礼乐的衰落造成道德与仪容之间关系的断裂，至少到春秋时期人们已清醒地认识到个体的仪容未必与道德、能力成正比：仪容"符合"礼仪规范者未必真的具有良好的道德修养和政治才华，相反不修仪容者未必都是道德低下、才能不足者。礼乐文化衰落带来的种种名实分离现象，使人们发现仅仅通过仪容装饰并不足以准确揭示个体道德或政治命运。在这种情况下，人们遂将注意力转向了个体的生理特征。与后天装饰相比，个体的生理特征具有更大的解释空间：声音、骨相、掌纹等等均成为预测一个人成年后道德素养和政治前程的重要因素；一个人的成败得失往往也要追溯到他出生时期的生理表现。春秋时期，相术不仅要参考人们的仪容，还要从先天的生理特征入手，无非就是为了获得更多地解释余地。前引晋国的叔向之母相叔向之子伯石的故事，典型说明了中国上古相人术随着礼乐衰落而逐渐兴起的这个道理。

礼乐文化与相人术的紧密共生关系，也可用于解释相人术在不同文化背景或历史阶段的发展状况。在西方，影响并制约人们社会行为的并不是礼乐文化，因此他们并不特别重视仪容的修饰，他们脸上"多余的东西"（所谓"兽性"）也因此而保留得更多。从本质上而言，相人术乃是一种文化产物，而不是一种放之四海而皆准的客观技艺。因此当礼乐文化嬗变至一定程度、重视仪容的传统慢慢消失之后，或者当我们试图将它用于考量其他文化环境下成长起来的个体仪容时，它自然会失去"屡验屡中"的效应。

"尊尊"阐义

刘　舫　陈居渊

　　"尊尊"是中国古代礼学中的重要观念，也是古代礼学的大经大法。"尊尊"一词，出自儒家经典《礼记》[①]。根据古代学者的诠释，"尊尊"往往是指由血缘关系衍生出来的社会秩序和等级。因此，近现代的学者往往从政治制度的视角来诠释"尊尊"之义。如王国维就指出"周人以尊尊之义经亲亲之义而立嫡庶之制，又以亲亲之义经尊尊之义而立庙制，此其所以为文也。"[②]他认为周礼就是在"尊尊"和"亲亲"所形成多种关系上建立的。又有学者认为"'尊尊'概指一般既包含血缘，又超越血缘的政治关系"[③]，这种对"尊尊"的理解是有一定理由的。然而，当我们追溯《礼记》中"尊尊"的出处时，却发现其内涵和重要性与后来学者的理解存在着比较大的落差，而这样一种落差也始终影响着我们现在对"尊尊"观念的解读。那么"尊尊"观念之原旨是如何展开并最终落定为古代礼学之根本原则的呢？这显然是礼学研究中不能回避的问题。本文试图从"尊尊"的传统解读，"尊尊"的渊源，"尊尊"成为"尊君"，以及"尊尊"与"亲亲"的关系四个方面对"尊尊"观念做一些新的探讨。

---

① "尊尊"在《礼记》中5见，分别为《丧服小记》："亲亲，尊尊，长长，男女之有别，人道之大者也"；《大传》："上治祖祢，尊尊也，下治子孙，亲亲也，旁治昆弟，合族以食，序以昭穆，别之以礼义，人道竭矣"；"其不可得变革者则有矣，亲亲也，尊尊也，长长也，男女有别，此其不可得与民变革者也"；"服术有六：一曰亲亲，二曰尊尊，三曰名，四曰出入，五曰长幼，六曰从服"；《丧服四制》："门内之治恩掩义，门外之治义断恩，资于事父以事君而敬同，贵贵尊尊，义之大者也，故为君亦斩衰三年，以义制者也"。

② 王国维：《观堂集林·殷周制度论》，北京：中华书局，1959年，第468页；李小平：《礼"亲亲""尊尊"孰重之辨》，《孔孟月刊》第20卷11期，1982年，第3—6页。

③ 钱杭：《周代宗法制度史研究》，上海：学林出版社，1991年，第160页；张寿安指出："尊尊的差序格局不只作用于非血缘的政治关系之中，也作用于血缘的家庭关系之内。"《十八世纪礼学的考证活力》，北京：北京大学出版社，2005年，第92页。

一、传统"尊尊"解读

"尊尊"在《仪礼》一书中,仅见于郑玄对《觐礼》与《丧服》的注释。如:

> 天子乘龙,载大旗,象日月升龙,降龙出,拜日于东门之外,反祀方明。(《觐礼》)

郑玄解释云:"帅诸侯而朝日于东郊,所以教尊尊也。"①觐礼是指古代诸侯秋天晋见天子时的礼仪,《觐礼》记述天子慰劳、赐馆、知会诸侯觐期,诸侯受所、觐礼、三享、请罪的仪式,以及天子对诸侯的称谓,天子赐诸侯车服,天子与诸侯巡守等仪式,通过这些礼仪活动,凸显作为天子的尊贵。而这些礼仪中,尤以天子会同诸侯,在东郊祭祀日神与先祖的祀日之礼最为隆重,即所谓的"朝日,春分拜日于东门之外,祀五帝于四郊"②。郑玄认为这样一种礼仪不仅体现了天子作为天下至尊,而且也为天下之尊其所尊树立了典范,这就是"尊尊"。又如:

> 曾祖父母。传曰,何以齐衰三月也? 小功者,兄弟之服也,不敢以兄弟之服服至尊也。(《丧服》)

郑玄注:"正言小功者服之数尽于五,则高祖宜缌麻,曾祖宜小功也。据祖期,则曾祖大功,高祖宜小功也。高祖,曾祖皆有小功之差,则曾孙玄孙为之服同也,重其衰麻,尊尊也,减其日月,恩杀也。"③丧服是指古代社会为哀悼死者而穿的各种不同的服装,即按照与死者的亲疏关系分为斩衰、齐衰、大功、小功、缌麻五种。其中以斩衰最重,也就是俗称"披麻戴孝"。郑玄认为如果按照亲疏关系递减,为高祖和曾祖应分别服"缌麻"和"小功",但高祖和曾祖于我为嫡传祖先,其位之尊相当于我的亲父,所以在丧服服饰上应为"齐衰",这就是"尊尊"。从上述二例郑玄对"尊尊"的解释来看,前者体现的是天子之尊,后者体现的是嫡祖之尊,说明郑玄所谓的

---

① 《十三经注疏·仪礼注疏》,第 1093 页。
② 《十三经注疏·仪礼注疏》,第 676 页。
③ 《十三经注疏·仪礼注疏》,第 1111 页。

"尊尊"并没一个有明确的指向,而是随经文做出的解释,因此"尊尊"的初始涵义,显然不如今天其在礼学中所显示的重要性。然而,到了《礼记》,"尊尊"不但在经文中屡屡出现,而且它的涵义也被凝练和强调,成为礼学的基本原则。

"尊尊"在《礼记》中,时常伴随着"亲亲"同时出现。

> 亲亲,尊尊,长长,男女之有别,人道之大者也。(《礼记·丧服小记》)
> 服术有六:"一曰亲亲,二曰尊尊,三曰名,四曰出入,五曰长幼,六曰从服。"(《礼记·大传》)
> 上治祖祢,尊尊也,下治子孙,亲亲也……人道竭矣。(《礼记·大传》)

《礼记》中的这三条关于"尊尊"的记载,一般都被学者认定为是对古代礼学本质的高度概括,是礼学中最重要的原则。正是基于《礼记》对这两条原则的强调,后人在论述西周社会制度时,几乎都如出一辙地直接从"亲亲尊尊"入手,视其为研究周朝立国的根本之法。如东汉学者何休在《春秋公羊传注》中就认为:"质家亲亲先立娣,文家尊尊先立侄。嫡子有孙而死,质家亲亲先立弟,文家尊尊先立孙。其双生也,质家据见立先生,文家据本意立后生,皆所以防爱争。"[1]这里"亲亲"的意思是指"兄终弟及"的君主继位方式,侧重于同辈之间的血缘远近,而"尊尊"则指"父子相继"的君主继位方式,侧重于嫡庶之分。这两种不同的继位方式,不仅是古代社会尊卑观念形成的两种依据,而且也是历代学者从延续政治和家族生命的角度来诠释"尊尊"的滥觞。清人凌廷堪在《封建尊尊服制考》中开首即云:"《丧服传》'君,至尊也'……有臣者皆曰君。"[2]"至尊"即"尊尊",直接点明了"尊尊"缘于宗法与政治的关系。近代学者王国维在《殷周制度论》一文中即以宗法诠释"尊尊",他指出:"嫡庶者,尊尊之统也,由是而有宗法,有服术。其效及于政治者,则为天位之前定,同姓诸侯之封建,天子之尊严。"[3]后来的学者也都藉此作为探索古代各项礼制的导向,"尊尊"和"亲亲"也就逐渐脱离原本《礼记》的语境,成为古代礼学中最基本的观念。

---

① 《十三经注疏·春秋公羊传注疏》,第2197页。
② [清]凌廷堪:《丛书集成初编·礼经释例》,上海:商务印书馆,1936年,第228页。
③ 《观堂集林》,第467页。

然而，这种看似提领振裘式的解读，事实上是一种误读。

首先，尊尊、亲亲虽然是古代礼学中的基本观念，但是并不是唯一的，在《礼记》中还有"长长"、"男女"、"长幼"等同属礼学的众多观念，由于过分强调了尊尊、亲亲，致使这些观念往往被漠视①。如：

上老老而民兴孝，上长长而民兴弟。"郑玄注："老老、长长，谓尊老敬长也。②（《礼记·大学》）

贵贵、尊尊、贤贤、老老、长长，义之伦也。（《荀子·大略》）

亲亲、长长、尊贤、使能。（《吕氏春秋·先己》）

可见"长长"也是礼学中的基本观念。又如《礼记·昏义》云："男女有别，而后夫妇有义；夫妇有义，而后父子有亲，而后君臣有正。"男女之别是婚姻成立的基础，所谓"礼本于昏"，意思是有了敬慎的婚姻才有孝敬父母的子嗣和忠于君主的臣子，这说明"男女"观念的重要性也与"亲亲"和"尊尊"相当。其实，在《仪礼》中就有对这种相同观念的论述。如《乡饮酒礼》中的"尊爵"与"尚齿"便有"尊尊"和"长长"的内涵，孟子就说过："天下有达尊三，爵一，德一，齿一。"（《孟子·公孙丑下》）"尚齿"或"齿"即"长幼"，这表明"尊尊"不仅不是一个独立的观念，而且与"长长"、"男女"等上述诸多观念有着密切的联系，从而才成为古代礼学中的重要观念。其次，由于"尊尊"、"亲亲"被解读为两种独立的观念，所以导致礼学中那些原来与之并列或互补的观念被弱化。如有的学者指出"亲亲"是指依据血缘关系形成的礼秩，而"尊尊"则是依据非政治关系形成的礼秩，这样就将"亲亲"和"尊尊"两种观念之间的内在联系截然分开而形成了对举关系，如此一种人为的预设，其结果直接限制了对两者的各自解读。最后，这种对"尊尊""亲亲"的独立解读，又要求其解释能力的扩展，以包含与之关系不大的其他原则，以显示其根本性，从而其解释范围也随之被放大，如将"亲亲"解释为"仁"，将"尊尊"解释为"义"，把《礼记·中庸》中所说的"仁者，人也，亲亲为大。义者，宜也，尊贤为大。亲亲之杀，尊贤之等，礼所生也"，理解为古代宗法与伦理的联结，这样"亲亲"和"尊尊"就可以涉足古代社会伦理的维度，以显示两者的涵盖力。

---

① 凌廷堪指出：亲亲尊尊二者，以为之经，其下四者（名、出入、长幼、从服），以为之纬。（《礼经释例》，第 228 页）虽注意到亲亲尊尊与其他观念的联系，但仍然以两者为根本。

② 《十三经注疏·礼记正义》，第 1674 页。

以上这些试图仅用"亲亲"和"尊尊"观念通盘解释先秦礼学的本质的做法必然存在诸多问题,不管是否合适,把所有事情都两分后对号入座,打破事物之间原先立体多维的联系,同时被无限拓展的"亲亲"和"尊尊",其本身的内涵变得含混不清,导致所归入的事物也无法安顿。如果"尊尊"与"亲亲"的根本区别仅在于嫡庶身份和血缘关系的话,那么这是在已经确立了宗法和庙制的前提下才有的区分,而且这种区分在根本上是同质,也就是周人在王位继承的问题上总结出的两种不同的顺序,如王国维所谓"(亲亲尊尊之制)周之所以纲纪天下,其旨则在纳上下于道德,而合天子诸侯卿大夫士庶民以成一道德团体"①,正是基于对两者同质的理解。由于"尊尊"和"亲亲"被视为同质,所以与上文提到的"长长"等其他观念的关系也应该是同质的,所以才被一并提出。但这些观念又如何是同质的呢? 因此有必要在消除宗法这个前提的基础上,对"尊尊"观念形成的渊源进行重新审视。

二、祧祖的"尊尊"

"尊尊"在宗族和政治的框架下获取的定义,又返回去解释宗法制度,这种循环论证并不能揭示出"尊尊"的真正意蕴。其实,"尊尊"观念早在古代封建宗法确立之先就已形成,它的主要内涵并不完全体现在嫡庶之制,而在于古人所持有的一种鬼神崇拜,而此"鬼神"又特指祖先。而嫡庶之制则较为集中地反映了这种思想而已。

孔子曰:"周监于二代,郁郁乎文哉,吾从周。"(《论语·八佾》)西周的礼不是凭空生起,而是对殷礼的继承和损益,虽然西周通常被称为人文精神之萌芽的时代,但天帝的观念仍然非常重要,还远没有摆脱通过卜筮来试探天意和祭祀来沟通神灵,从而来指导人们的生活方式。《礼记·表记》云:

> 殷人尊神,率民以事神,先鬼而后礼,先罚而后赏,尊而不亲……周人尊礼尚施,事鬼敬神而远之,近人而忠焉。其赏罚用爵列,亲而不尊。

这段话揭示出殷商人"事神"和西周人"为礼"的两种不同倾向。殷人尚"神",国事皆以祀神为中心,所以"尊神而不亲人";而周人重"礼",用"爵列"体现赏罚,所以"亲人而后敬神"。显然,"爵列"不仅不能等同于"尊",

---

① 《观堂集林》,第467页。

而且根据《礼记》"亲"与"尊"的对举而书写的方式来看,事实上是将"人"与"神"加以区分的,"尊"明确地指向是鬼神,而不是人为制定的社会等级——礼。

既然"尊"指"鬼神",那么我们不能不追问鬼神究竟是什么?《礼记·郊特牲》云:"万物本乎天,人本乎祖。"《说文》云:"神,天神引出万物者。"[①]万物之本为天神,人作为万物之灵,他的本是祖先。《礼记·祭义》云:"众生必死,死必归土,此谓之鬼。"又《说文》云:"鬼,人所归为鬼。"[②]《尔雅·释训》云:"鬼之言归也。"[③]鬼、归,同音互训。人归于土称为鬼,孔颖达说:"圣王缘生事死,制其祭祀。存亡既异,别为立名。改生之魂曰神,改生之魄曰鬼。"[④]可见,人在世时称"魂魄",死后称"鬼神"。"鬼神"也是指人,生死有别,另为之名而已。

易名为"鬼神"表示其实质并没有根本的变化,人的死亡并不是消亡,而是获得另外一种意义,或者说以另一种身份"活"在人世。这是古人对死亡的独特体验,"魂魄"和"鬼神"是"时名",标记人的在世与去世,而这种看法其实源于气的思想,"魂/神"是"形而上"者,"魄/鬼"是"形而下"者,完全不同于精神和肉体的两分,人的离世只是体魄散而为神,人与万物一样,秉五行之气而生,生时气聚成形体,人死即气之散,并非灵魂离开肉体,而是作为"人"的气由身体(包括了灵)散化为"魂"和"魄"的气,"魂"清向上,"魄"浊向下,气上扬称为"神",形归地,称为"鬼"。因此,丧礼中有"复魂"的仪节即是以此为据。《周礼·夏采》:"以冕服复于太祖。"先郑注云:"复谓始死招魂复魄。"[⑤]《士丧礼》云:"复者一人,以爵弁服,升自东荣,中屋北面,招以衣,曰皋某复,三,降衣于前,受用箧,升自阼阶,以衣尸。"自天子到士,刚离世的时候,都有特定身份者执死者生前参加祭礼时所穿着的衣服登高复魂。《檀弓》云:"复,尽爱之道也。望反诸幽,求诸鬼神之道也。""复,招魂复魄也"[⑥],指的是"复聚成形",使人之气不散。因为没有灵魂上天或入地的观念,所以复魂并非祈求灵魂回到肉体,而是希望阻止人的形态从有形变成无形的趋势,回复成魂魄合一的状态,这个仪节从制礼的角度说是生者承认亲人去世的事实的情感过渡,复魂并非真能使死者还生,

① 段玉裁:《说文解字注》,第 3 页。
② 《说文解字注》,第 434 页。
③ 《十三经注疏·尔雅注疏》,第 2592 页。
④ 《十三经注疏·春秋左传正义》,第 2050 页。
⑤ 《十三经注疏·周礼注疏》,第 694 页。
⑥ 《十三经注疏·礼记正义》,第 1572 页。

而是在世者的不忍之情的抒发,朱熹说:"自葬以前,皆谓之奠,其礼甚简。盖哀不能文,而于新死者亦未忍遽以鬼神之礼事之也。"①虽然死者将继续"活着",但其不见形体的方式需要亲人慢慢适应,而"复魂"即是这个过程的开端。在形体下葬之前,魂魄没有彻底的分开,"体魄"被视为去世者之所在,直到"入土为安",也就是"鬼,归也"。《檀弓》云:"始死,充充如有穷;既殡,瞿瞿如有求弗得;既葬,皇皇如有望而弗至。"这句话描述了从亲人刚离世到下葬的这段时间里生者情绪的渐趋平复。朱熹又说:"吉凶之礼,其变有渐,故始死全用事生之礼,既卒哭祔庙,然后神之。然犹未尽变,故主复于寝,至三年而迁于庙也。"②因此,在丧礼的整个过程中,处处可以见到为死者的特殊存在而设置的仪节,其背后体现的正是亲人相信逝者始终近在的信念。如设主,即为亡者之神设立归依。《易系辞》云:"精气为物,游魂为变。"人死气散,身体入土,魂由有形而无形,因此需要在世间为不能聚成物的亡魂重新安顿,使其有一个可以"栖身"的所在。与此同时,在世的亲人也可以有一个"有形"的指向。"始死作重,犹若吉祭木主之道。主者吉祭所以依神,在丧,重亦所以依神"③。"重"和"主"都是用来让亡者之神有所依附的有形之物,而其实是让在世者的情感有所寄寓。又如,《春秋左传》记载昭公七年,当年诛杀作乱的郑国卿大夫伯有的人一一死去,人们都认为是伯有的鬼魂在复仇,子产于是封爵伯有的儿子,阻止了事态进一步发展,同时显示了他高明的政治手腕。他说:"鬼有所归,乃不为厉,吾为之归也。"伯有罪应当死,却为其后人建宗庙,这一立祀止厉的行为为后人诸多议论,但证明了古人坚信死者的魂和魄都需要在世者用心安顿,否则其足以能够产生影响在世者生活的力量。

　　丧礼如果是人由生到死的榫接,那么祭礼就是以逝者为主人的重要礼仪,是生者与逝者共同生活的重要内容。《礼记郊特牲》说:"魂气归于天,形魄归于地,故祭求诸阴阳之义也。"下葬之后,彻底安放"魄",迎接"魂"归家,开始与先人新的生活。虽然后人与先人的关系不仅仅存在于祭祀中,祭祀也不仅仅是对亲人的回忆和对亡者的悼念,而是先人始终在,只是"无形"而已。因此,对于"不孝有三,无后为大"的解释是祖先因没有后裔而不得享用血食,表明先人同样需要进食供奉,嘘寒问暖,四时不殆;而昏礼中"三月庙见"方成夫妇的解释也是,娶妇必须得到祖先的认可才算礼成。这

---

①　《礼记集解》,第 187 页。

②　《礼记集解》,第 255 页。

③　《十三经注疏·礼记正义》,第 1301 页。

些无不体现了古人不因死亡了截断人伦，始终惟祖是尊的观念。

生者对自身的认同，来自对于由父亲上溯至祖先，直至始祖的确认，也就是对亡者的想象。在世者对于保存和延续逝去祖先的活动，就是人类不断加强族类记忆的独有方式。在《仪礼》中，尊者包括了"神"和"祝"，"神"指天神和人鬼，"祝"则是人与神沟通的中介。可见，"尊"与敬鬼神是紧密联系在一起的，而且古人自始至终都在强调"尊尊"的依据是"祖"和"天"，即鬼神，而不是人。也正因此，所有出自《礼记》的"尊尊"的记载都归属于"丧服"类①，这并不是巧合。

古代五礼之首的"吉礼"中的非常重要的内容就是祭祀人鬼，即祭祖。"祭者，志意思慕之情也，忠信爱敬之至矣，礼节文貌之盛矣！苟非圣人，莫之能知也。圣人明知之，士君子安行之，官人以为守，百姓以成俗。其在君子以为人道也，其在百姓以为鬼事也。"（《荀子·礼论》）祭祀祖先不仅强化宗族认同，更具有教化的重大意义。如《祭义》云："宰我曰，吾闻鬼神之名，不知其所谓。子曰，气也者，神之盛也，魄也者，鬼之盛也，合鬼与神，教之至也。"（《礼记·祭义》）祭祀中非常重要的一个仪节即是立尸，所谓"祭成丧者必有尸"。（《礼记·曾子问》）就是以活着的人代表亡故的先人的神像，接受祭祀。

　　《白虎通》曰："祭所以有尸者，鬼神听之无声，视之无形，升自阼阶，仰视榱桷，俯视几筵，其器存，其人亡，虚无寂寞，思慕哀伤，无所写泄，故座尸而食之，毁损其馔，欣然若亲之饱，尸醉若神之醉矣。"②

这种事死如事生的仪节使在世者在祭祀中感应到与历代祖先千丝万缕的联系，祭祀的礼意得以实现的。正如唐君毅所言："怀念诚敬之意者，肫肫恳恳之真情也。真情必不寄于虚，而必向乎实；必不浮散以止于抽象之观念印象，而必凝聚以着乎具体之存在。既着之，则怀念诚敬之意，得此所对，而不忍相离。事死如事生，事亡如事存者，'如'虚拟之词，乃实况之语。言必以同于待生者存者之情，以与死者亡者相遇，乃足以成祭祀之诚敬。"③所以《中庸》说："事死如事生，事亡如事存，孝之至也。"对于先人的祭仪与侍奉在世的长辈都可以称得上至"孝"。因此陈戍国先生指出："在

① 郑玄在注《礼记》时于每篇标题下注"此于《别录》属某某"，据此《礼记》四十九篇分为制度、丧服、祭祀、世子法、子法共五类。
② 《通典·礼八》，第1354页。
③ 唐君毅：《人生之体验续编》，台北：人生出版社，1961年，第101页。

古礼，不能不讲鬼神，因为这牵涉古时重要的人伦关系之一，牵涉后人与先人的关系。"①而上文《表记》的这段话中，"尊"的根源就是鬼神，也就是祖先。殷人把祭祀作为治国的首要内容，一味追求祖宗的庇佑，淫祀而荒政，而周人则把礼作为治国之首，并不以祖宗的庇佑为国运之保障。两者的"亲尊"之别正是体现了尚"神"和重"礼"两种不同观念的取向。

三、"尊君"的"尊尊"

"尊尊"作为礼学的主要观念的确立，与"亲亲"的区别可以说泾渭分明，但是后来出现两者并置而论，甚至聚讼纷纭的情况，其实反映的正是"尊尊"观念本身的嬗变，两者的界限因为观念的变化而趋于模糊甚至消失。封建不再，礼仪犹存，祖先留在世上的影响越来越小，身份不再世袭，在世者可以为自己"创造"身份，因此天下也不再是大宗小宗的院落，而是以功封侯，以贤居位的鸢飞鱼跃。"尊尊"于是就成为异姓家族的接榫点，家天下的"君"是同姓之大宗，国天下的"君"是同姓异姓共同之"宗"，从《礼记》强调"尊尊"后，可以发现一个"君"代"鬼神"，以君为尊的变化过程。"尊尊"的实际意义也从强调天子继承祖先的天命转变为享有"天下第一"的特权。尽管祖先的重要性逐渐淡出，但是上天赋予天命的正当性依然彰显，君的尊位不仅是对同姓王族的，更是对所有贵族的。

那么"尊尊"是如何变为"尊君"的呢？一方面，随着古代封建的消亡和集权的建立，帝王的至高无上性需要经典的支撑，另一方面，经典中确实有可以被用于论证的内容存在。"尊"的含义在隐去了"鬼神"的部分后只剩下在世者，而这样一种被割裂的"尊"义又往往被视为完整的意义而加以渲染。从郑玄注释"三礼"所云"尊尊"来看，其内涵已被"尊君"取代，围绕展开的则是人君之威严和德行，此时的天子固然是继承祖先的天命而坐拥天下，但这不再重要，而是天子作为一个拥有最高地位的人的身份凸显出来，也就是"尊"由神格变为了人格。如《大戴礼记·朝事》云：

> 天子冕而执镇圭，尺有二寸，缫藉尺有二寸，搢大圭，乘大辂，建大常，十有二旒，樊缨十有再就贰车十有二乘，率诸侯而朝日东郊，所以

---

① 陈戍国：《经学札记三则》，《湖南大学学报（社会科学版）》，2006年第2期，第26—29页。

教尊尊也，退而朝诸侯为坛三，成宫旁一门，天子南乡见诸侯。①

这一段文字说明了天子在朝聘的礼仪中的车服规制及其行朝日礼的意义。郑玄引用这段话注释了《周礼》"将合诸侯，则令为坛三，成宫旁一门"。注曰："天子春帅诸侯拜日于东郊，则为坛于国东，夏礼日于南郊则为坛于国南，秋礼山川丘陵于西郊则为坛于国西，冬礼月四渎于北郊则为坛于国北。既拜礼而还，加方明于坛上而祀焉，所以教尊尊也。"②又在《仪礼·觐礼》"天子乘龙载大旗，象日月升龙，降龙出，拜日于东门之外，反祀方明"注曰："朝事仪曰，天子冕而执镇圭，尺有二寸，缫藉，尺有二寸，搢大圭，乘大路，建大常十有二旒，樊缨十有二，就贰车十有二乘，帅诸侯而朝日于东郊，所以教尊尊也。"郑玄在提到天子会同诸侯的礼仪时频繁引用《朝事》记载的仪节，增添了经典中"尊君"的内容，从而使人对朝礼的形式和意义都深信不疑。如后来贾公彦就理解为"天子至尊，犹往朝日，是教天下尊敬其所尊者，故云教尊尊也"③。这句话明显地把所尊者理解为天子，"犹往朝日"更将天子的地位抬高到了日神之上，意思变成了像天子这样天下至尊者仍然去祭祀日神，正是教化臣民应该更懂得尊君。但回过头来仔细看看经文，不管是《周礼》还是《仪礼》，所展现的是天子会合诸侯，身披手执着布满自然图腾的服裳和旗子，追随着天地变化而行祭日之礼，一幅先民敬天畏神的图景，天子绝不敢与日神相提并论。清人褚寅亮就指出过，《仪礼》中的这段文字意在表明天子会同诸侯之事应在朝日之后，以示敬神④。也就是说，朝日之礼先于君臣之礼，祀神重于谒君。而在郑玄注中，体现尊尊的朝之礼退居其次，天子成为主角，其服裳器物规制严格而繁复，祭祀仪节章法井然，尊神成了尊君，与《仪礼》的记载完全是两番景致。可见注疏根本无意于释神，而笔墨全在天子，这样便把敬神的文本解释成尊君的依据了。

这种对经典有意识的截取，还可以从《仪礼·丧服》讨论"尊"中找到其痕迹。如"父至尊也"，"天子至尊也"，"君至尊也"，"夫至尊也"等等，以至于"尊"成为了君、父的同义词。郑玄在注释"三礼"时，将"尊尊"释为"尊君"，这样的思想固然是东汉时期的"尊尊"观念的真实体现。但是这种以人代天的观念最迟在战国后期已经被人提出，《荀子·正论》云：

① 《大戴礼记解诂》，第 229 页。
② 《十三经注疏·周礼注疏》，第 896 页。
③ 《十三经注疏·仪礼注疏》，第 1093 页。
④ ［清］胡培翚：《仪礼正义》卷 20，木犀香馆刻本，第 40 页。

天子者势位至尊，无敌于天下，夫有谁与让矣。

荀子所倡"隆礼"要求君主摆脱单纯依上天意志治国，转变为自行制度以应对各种人性社会问题，也就是说此时人们已经意识到只知"天文"而不关照"人文"是有缺失的，一旦有了这种意识，思想的焦点自然由天神转移到了现世的人君了。

既然"尊尊"的指向为人君，天子作为一个凡人就必然处在家族的血缘关系中，"亲亲"自然就成为第二重衡量礼序的原则。随着中原王朝立国建制由封建向集权过渡，天子之位不断提升，一方面需要由"尊尊"来保障其在制度中的地位，另一方面还需要确保其在家族中的地位，如此则能造就一个既奉天承运，又体恤人情的完善君主的形象。然而，"封建既废，尊尊之义，六朝诸儒，或有能言之者，宋以后儒者，因陋生妄"①。"尊尊"源于封建中宗法制度，而后人论"尊尊"时并没有顾及到封建制度的废除对"尊尊"观念变迁的影响，封建中的君臣是兄弟，兄弟表示他们有共同的祖先，他们身份的差异来自其父辈祖辈甚至更远的祖先，而这"被历史塑造"的身份又要通过当下的礼仪表现出来，仪节中的所有器物或动仪都是为了标识这种尊卑的差异，身份差异有多少就会有多少种隆杀来表现，所以一个庞大的家族，其中大小宗和复杂的嫡庶关系都要通过礼仪来表现，可以想象其中仪节细微差别之繁复。然而，集权下的君臣只是君臣，并没有血缘关系，这就与封建制度下的尊卑有着本质上的不同，臣使用杀于君的礼仪并不是表示自己与君的血缘差别，而是自身身份的宣示，因此隆重的礼仪成为一种炫耀身份的手段，如鲁国三季的僭礼。因此在先秦时提出的旨在反对儒家的节丧观点并不是反对丧葬礼仪本身，而是以不恰当的表现身份的行为。

由于"尊者"衍变为在世的"君"，这就必然同时置其于血缘关系和政治序列中，其内容也由原先作为诸礼学原则之两者变成可以完整说明君权的最重要的礼学原则了。也正因此，导致了"尊尊"与"亲亲"由原来的并列关系趋向合流，从而为"尊君"所取代②。

---

① 《礼经释例》，第 228 页。

② "郑注讲'尊尊，君为首'，因而后人在谈到'服术'时，往往将'尊尊'的内容说成'君臣关系之原则'……实际上作为'服术'之一，'尊尊'除了尊君这一政治内容之外，还应当包含以'尊祖敬宗'为核心的一系列宗法内容……君之则可以看作是'尊尊'在政治关系上的扩展和延伸。丁鼎：《"服术有六"：试论〈礼记·大传〉中的制服原则》，《齐鲁学刊》，2001年第 5 期，第 5—10 页。

四、"尊尊"与"亲亲"

"尊尊"含义的更新体现了礼以时行的特点,但使用更新后的含义来和其他礼学观念相比较就会有些问题。因此,在重新厘定了"尊尊"的尊祖敬宗的内涵后,其与"亲亲"的关系也就需要重新审视。所谓"质家亲亲先立娣,文家尊尊先立侄"都是在有血缘关系的亲属内抉择"为后者",只是"娣"和"侄"的先后顺序不同而已,因此以是否具有血缘关系来区分"尊尊"和"亲亲"并非的论,因为两者都是在宗法制度中,也就是对于同姓族人而言的,"尊尊"同样缘亲而生,只能说相较于"亲亲"的血缘为次要。

> 昔者、太公望周公旦受封而见,太公问周公何以治鲁?周公曰:"尊尊亲亲。"太公曰:"鲁从此弱矣。"周公问太公曰:"何以治齐?"太公曰:"举贤赏功。"周公曰:"后世必有劫杀之君矣。"(《韩诗外传》卷十)

周公以"尊尊亲亲"治鲁,即建立宗法制度,以"大宗""小宗"规定了族群的人伦秩序,可见两者都是就宗族内而言的,因此以"君臣"与"父子"对立的假设来讨论两者的区别,是以君臣为非亲非故之人的结果,而其实"君臣"在封建的宗族中可能是"父与庶子"、"叔侄"、"嫡子与庶子"等同宗的近亲,甚至同胞手足,所以才与"亲亲"产生了紧张,面临取舍的境况。那么两个序列的关节点究竟在哪里呢?

> 盖大夫士之父,全乎父者也,其尊近,致其哀而已;天子诸侯之父,兼乎君者也,其尊远,故至葬则哀,久而敬生,不敢以凶服接之。①

这段话的意思是说如果父亲生前是大夫或士的身份,那么在举行丧礼时,他的子孙只是致哀而已,而如果父亲的身份是诸侯或天子,那么对于他的子孙来说,不仅止于表达丧亲之恸,父亲作为君王的身份唤起尊敬的感情,这并非指个人内心上失去父亲的悲痛受到压抑,而是指在服丧的过程中,这种个人的情感必须让位于以臣丧君的哀痛。参加丧礼者是为父亲作

---

① 《礼记集解》,第 257 页。

为君王的身份而来的,君是一个对"公众"而言的尊者,而父则是"私人"的至亲。因此,这里出现了一个"尊"字,此尊是指对个人而言的父尊,"尊近"和"尊远"也是对于个人来说的,"近"是指可以以个人的身份行礼,而"远"只能与他人同样以臣的身份行礼,其实是情感上的远近,也就是"亲近"和"敬而远之"。两尊叠加的"尊尊"即成为非个人之尊,而是宗族之尊,可见,"君"和"父"最大的区别在于视其为唯一的对象,"君"是宗族全体的唯一,而父只是子的唯一。

> 登馂受爵以上嗣,尊祖之道也;丧纪以服之轻重为序,不夺人亲也。(《礼记·文王世子》)

"馂"是祭祀中享食祖先后剩余的食物,郑玄说:"食尊者之余则祭盛之。"[1]说明"馂"是祭仪中非常重要的环节,且并非所有参祭者都有资格享受祭余的食物。"登馂"是指子嗣登堂受馂。郑玄注曰:"上嗣,祖之正统。"只有嫡长子才可以行此礼,表明了对祖先的尊崇。"嫡庶"本身是一个对集体而言的概念,个人无所谓"嫡庶",只有在宗族中才有嫡和庶的区分。因此"为后者"并非以个人身份登馂受爵,而是以宗子的身份。由于存在大宗无后的情况,宗子本身可能并非嫡出,与本宗的祖先在血缘上关系不是直接的,而一旦成为承重者,庶出的身份就淡化,连对亲生父母的礼仪都要降低等级。祭祀所体现的"尊尊",强调宗族正统的严肃性和重要性,相对而言,丧礼则以"亲亲"为主,丧服的轻重表现了生者与亡者的唯一关系,同时生者通过符合身份的丧仪合宜地表达了对亡者的哀悼之情,所以才有"不夺人之亲"的说法。可见,"尊尊"与"亲亲"所侧重的面向不同,作为礼学的原则所适用的场合也不同。

> 为父后者为出母无服。(《礼记·丧服小记》)

这句话虽然出现了"父"和"母",但是"为父后"与"出母"并不是同一层次的概念。郑玄注曰:"不敢以己私废父所传重之祭祀。"[2]"为父后"指的是继承宗统的承重者,强调作为宗族的嫡传正统,并非一个私人的身份;而"出母"对个人来说,虽是有生养之恩的至亲,但因已"出"离父道,

---

① 《十三经注疏·礼记正义》,第 1243 页。
② 《十三经注疏·礼记正义》,第 1495 页。

与"为父后者"无干系。因此,方悫指出:"为出母无服者隆于公义而杀于私恩也。"①尊和亲的冲突并非在于"为父后者"理智与情感的取舍,而是"公"与"私"的孰先孰后。

所谓公私,公指国家、政府,私指与之相对的个人、小团体。然而,"公"最初指共同活动的场所,如徐中舒先生指出,"公象瓮(甕)形,在古代大家经常要围在甕旁取酒共饮,故公得引申为公私之公。"②日本学者沟口雄三认为从甲骨文、金文中的"公"字来看,"公"的"○"的部分表示祭祀的广场或宫殿广场,"八"的部分表示参加祭祀或仪式的队列③。可见"公"的初义是指众人共同在场④。然而,在社会等级分明的情况下,这种集体的在场其实是有局限性的,并非任何人都可以混杂其中。正如"公家"这个词保留了"家","公"所指的共同领域最初限于同姓宗族,因为所谓的"国家"其实是以天子为大宗、诸侯为小宗的宗族,"古代天子诸侯间之关系,实多宗族之关系。天子之抚诸侯,宗子之收恤其族人也。诸侯之尊天子,族人之祇事其宗子也。"⑤宗族是古代社会最初的普遍组织形式,如《左传》僖公五年,"宫之奇以其族行";襄公二十八年,齐国大夫庆封"奔吴,吴句余予之朱方,聚其族焉而居之,富于其旧"。而"家天下"的说法也由此而来,这里的家其实是"家族"的意思。郑玄注"天下为公"时说:"公犹共也。禅位授圣,不家之。"⑥从反面说明了古代历来以"家"为"公",这里的"为公"也并非后世理解的包含道德意味的公平治理的意思⑦,而是相对"家为公",也就是以宗族为公共领域向以天下所有人为范围的转换。

《大传》云:"上治祖祢,尊尊也,下治子孙,亲亲也,旁治昆弟,合族以食,序以昭穆,别之以礼义,人道竭矣。""合族以食"说明宗族不仅是一个

---

① 《礼记集说》卷81,通志堂经解本。

② 徐中舒:《徐中舒历史论文选辑》,北京:中华书局,1998年,第1441页。

③ 佐佐木毅、金泰昌主编:《公与私的思想史》,刘文柱译,北京:人民出版社,2009年版,第38页。

④ 许慎《说文解字》释"公"引韩非曰"背厶为公",段玉裁注以"厶"字形象自环。查《甲骨文字典》,"公"字厶部分为封闭圆环,与《说文解字》之缺口圆环不同,故本文不取公为背私之义。

⑤ 吕思勉:《中国制度史》,上海:上海教育出版社,2002年,第296页。

⑥ 《十三经注疏·礼记正义》,第1414页。

⑦ 从目前国内的"公私"研究来看,是以价值判断的"大公无私"和"自私自利"为讨论基点,而对于"公共领域"和"私人领域"的指示性意涵并无关注。参见刘泽华、张荣明等,《公私观念与中国社会》,北京:中国人民大学出版社,2003年。正如沟口雄三指出的:"在中国,第一组含义(公平和自私)到汉唐代还继续存在,到了宋代,则与天理、人欲等概念结合而得到深化……中国的'公'与那几乎只是有第二组含义的(公和私的领域),即以国家、政府为'公'的日本的公,宛如完全不同的词汇。但令人意外的是,这种差异却始终没有得到明确。"《中国的公与私·公私》,北京:生活·读书·新知三联书店,2011年,第7页。

血缘标志，还是一个生产劳动的综合经济体，所有族人的生活全部依赖于这个经济体，所以攸关宗族全体的事务就是"公事"，"公事"的决定和执行者本身就是宗族中的一员。在《春秋》中，"公"是对诸侯的称呼，其意正是"公"之于众，不仅是宗族中唯一的先祖，是"传重"的宗子，是"宗庙之主"①，还承担了属于家族的财产和权位。所谓"传重者，所传受宗庙、土地、爵位、人民之重。"②因此，古代设有专门的"事宗礼"来凸显"宗"的重要性，"奉宗加于常礼，平居即每事谘告。凡告宗之例，宗内祭祀、嫁女、娶妻、死亡、子生、行来、改易名字，皆告。"③而宗子位置的可以说是宗族的拱心石，是凝聚整个家族精神的中心，宗子本人则是这种凝聚力的实体化。"尊"的意涵也由此而来。

> 曾子曰："丧有二孤，庙有二主，礼与？"孔子曰："天无二日，土无二王，尝禘郊社，尊无二上，未知其为礼也。"（《礼记·曾子问》）

"'尊无二上'者，言所祭虽众而所尊者则一而已。尝禘合食群主，而所尊者唯太祖。"④这里的"尊"指的不是作为太祖的具体的人，而是个人作为太祖的那个尊位。天子七庙、诸侯五庙、大夫三庙、士一庙，古代祭祀随庙主身份的尊卑，礼器、礼数由隆而杀，隆重的礼仪并非意在炫示身份，而是体现整个宗族的繁荣和有序。家族的生活中，除了关于亲属伦序的家务外，更多的是经济营生的事务，处置起来就不能依照差别对待的原则了，而是秉公而为，其中还包括了救济穷困⑤，只有这样才能博得族人的拥护，所谓"宗道既尊，故族无离散"⑥，而强大的宗族是保持政治地位的根本所在。《白虎通德论》云："公者，通公正无私之意也。"⑦因此，"尊"体现了宗族所有成员与代表着宗族正体的关联，这种关联对于每个人是相同的，也就是说对于象征宗族正体的宗子的尊，无论与宗子的血缘关系或者名义上的关

---

① 《丧服》"父为长子"，郑玄注："重其当先祖之正体，又以其将代己为宗庙主也。"《十三经注疏·仪礼注疏》，第1100页。
② 《白虎通疏证》，第152页。
③ 《通典·事宗礼》引晋人贺循《宗义》，第1999页。
④ 《礼记集解》，第522页。
⑤ "'收族'对宗子来说不仅仅是一种美德，而是必须承担的义务。"裘锡圭，《从几件周代铜器铭文看宗法制度下的所有制》，吴荣曾主编：《尽心集：张政烺先生八十庆寿论文集》，北京：中国社会科学出版社，1996年，第127—136页。
⑥ 《礼记集说》卷6《大传第十六》。
⑦ 《白虎通疏证》，第7页。

系如何,所有族人都是相同的。而相比之下,"亲"虽然也是宗族成员间的关联,但对于每个人来说又因血缘的亲疏有近有远,可以说各不相同。因此,任铭善指出:"宗之义,亲亲而持重者也;庙之义,追远而尊爵者也。庶人无爵也,故庶人无庙;庶人不能无祖祢,故虽庶人不能无宗,此三年制丧,五服之等,自天子达于庶人也。"①可资下图理解。

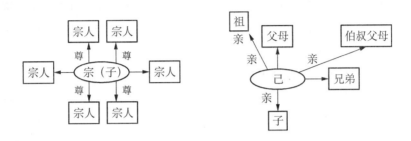

从上面两幅图看,尊尊和亲亲显示的关系都是互联性的,但前者所呈现的关联性是相同的,即尊的身份对每个宗人都是相同的,而后者呈现的则是亲疏远近,即亲的身份对每个人是有所差别。由此,曹元弼将各类礼仪归纳为:冠、昏、丧、祭礼"以亲亲为经",而"尊尊、长长、贤贤纬之";燕、大射、食、觐、乡饮、乡射、士相见礼则"以尊尊为经",而"以亲亲、长长、贤贤纬之。"②正是抓住了各项礼仪的紧要处,那么其中仪节所遵原则的主次顺序也就明晰了。

这样先公后私的观念,在《春秋》中已经辨析得很清楚。《春秋·文公二年》记载:

> 秋,八月丁卯,大事于太庙,跻僖公。

这里说的是鲁君文公在祭祀祖祢的顺序上,想把自己的父亲僖公在宗庙中的位置,放到先僖公称王的僖公的弟弟闵公的前面,理由是闵公和僖公都是鲁国的天子,即在天命上等同,也就体现了"尊"同,那么再依"亲"来看,自然依齿而定昭穆,即僖公为昭,闵公为穆。但是,《春秋》在此处却用了"跻"字,《左传》《公羊》和《穀梁》三传都认为此条经文书写的目的是"讥逆祀",也就是讽刺文公这种不顾继位顺序,以祢为祖,先亲后尊的做法完全是妄为,宗祀应该仅仅按照继承嫡体的顺序来确定闵公和僖公的昭穆。

---

① 任铭善:《礼记目录后案》,济南:齐鲁书社,1982年,第40页。
② 《礼经学·明例第一》。

对于这条记载的理解,后世《春秋》学者中形成了两种不同的意见,一是赞成闵公为昭,僖公为穆,一则是主张反之。杜佑在《通典》卷八十重申了三传的意思,明确"亲亲"不害"尊尊"的原则。

> 议兄弟不相为后,虽是旧说而经无明据,此语不得施于王者,王者虽兄弟,既为君臣则同父子,故鲁跻僖公,春秋所讥。左传曰:子虽齐圣,不先父食,闵公,弟也,而同于父,僖公兄也,而齐于子,既明尊之道,不得复叙亲之本也。公羊传曰:逆祀者,何先祢而后祖。穀梁传曰:先亲后祖,逆祀也,君子不以亲亲害尊尊,兄弟也,由君臣而相后,三传之明义如此,则承继有叙而上下洽通,于义为允,应继大行。[①]

杜佑指出"兄弟不相为后",即在确定家族承重者的问题上,兄弟相互传继的方式对天子诸侯之家不适用,不管王位继承人的相互关系如何,一律按照即位顺序,也就是成为承重者的次序,以先父后子看待。"不复叙亲之本"的意思是"尊之道"与"亲亲"不构成直接关系,也就是在确定已故天子在宗庙中的位置先后问题上无需关照到"亲亲"原则,"不以亲亲害尊尊"的意思不是亲亲在此不宜介入,而是根本不该介入,不存在血缘关系的侵扰。《穀梁》在此处更有按语云:"逆祀,则是无昭穆也。无昭穆,则是无祖也。无祖,则无天也。"[②]祭祀是在世者对去世者的礼仪,依据的是去世者的身份,而不是主祭者的身份,更不以他的意志为转移。祭祀中任意打乱被祭祀者的顺序,是对祖先的不敬,更是对天的不敬。"为后者"因为与祖先有着一种绝对和单一的关系,从而和其他人分别开来,在鬼神的序列中占有固定的位置,不论其原先的血缘身份是什么,都不再需要其他坐标来确定尊者。更重要的是,定昭穆是宗庙之事,是宗族的大事,是同宗之人共同认可的,不是由一个人,哪怕是宗子的私人意见可以决定的,被祭祀者并不是因为他是在世的君王的父亲而受享,而是作为宗族共同的祖先,从"公"的角度说,无论他实际的出身,也就是私人身份,一旦获得"为后"的"名",他的"私"将不会在"公"的领域中被提及。"尊尊"与"亲亲"之所以看似有密切的联系,源于天子诸侯本身是处在血缘关系中的,在忽略了"尊尊"之根源是鬼神的情况下,亲疏关系就要求其作为一个人履行应有的义

---

① 《通典》卷80,第2167页。
② 《十三经注疏·春秋穀梁传注疏》,第2405页。

务,那么在这个层面上发生的行为有时与身为君主之所为互相冲突,在调和的过程中就需要衡量两者的轻重,这样就得出了两个原则有直接关系的结论。但是从以上的论述来看,古人非常注意区分"尊尊"与"亲亲","尊尊"侧重于宗族正体的唯一至上和后继不断,是以宗族整体为考虑的对象;而"亲亲"侧重于作为宗族谱系中的一员的血缘亲疏和人情世故,是从个人角度出发的考量,因此,以"公"和"私"的角度来体会"尊尊"和"亲亲"可以使原本看起来易于混淆的原则变得十分明晰,"尊尊"用于宗族全体的公事和公域,而"亲亲"则关照个人的私事和私情。

随着封建制的消亡和社会人口和结构的变化,"公"的指涉突破宗族范围,公私问题不再在同宗的范围内讨论,所以才会有所谓"门内之治恩掩义,门外之治义断恩,资于事父以事君而敬同,贵贵尊尊,义之大者也。故为君亦服斩衰三年,以义制者也"①的传统说法。人们只关注"资于事父以事君",认为"尊尊"与"亲亲"情感并无二致,只是对象不同而已,政治秩序和家族秩序的原理是一样的,而其实"门内"和"门外"已经很明确地提示了公共和私人的界限,"门"指"路门",路门是古代宫室最里层的门,门里住着女眷,父父子子,亲亲为主,所以"恩掩义",路门外面就是另一个世界,父子要变成君臣,尊尊为主,所以"义断恩",即使君就是父亲,也要以"尊"敬之,而非"亲"爱之。所谓"外朝以官体异姓也"。(《礼记·文王世子》)说明"公"的范围已经从宗族向社会延伸,爵位成为人们在家族以外的世界进行交往的一种身份标志。在这个世界中的礼同样也"缘人情而作",但是此时的"情"已经不是"亲情"或者说是"私情",而是"众情",这虽然也是由个体产生的,却是基于对无数的他人情感的"以情絜情",是公共世界的"人之常情",也是制礼所缘的情。因此,"尊尊"厌"亲亲"的设定其实是在公共世界才是符合人情的,它反映的正是人不可以本能地竭情畅意,制礼初衷是节情。《坊记》云:"礼者,因人之情而为之节文。"《聘义》云:"酒清,人渴而不敢饮也;肉干,人饥而不敢食也;日莫人倦,齐庄正齐,而不敢解惰。以成礼节,以正君臣,以亲父子,以和长幼。"《乐记》云:"先王之制礼乐也,非以极口腹耳目之欲也。"

可见,以"公私"之分解"亲尊"能够揭示出古人制礼更深的用意,而如果在公的领域内考虑"亲亲",在私的领域内纳入"尊尊",只能治丝益棼,百思莫解。

---

① 《大戴礼记解诂》,第 253 页;《十三经注疏·礼记正义》,第 1695 页。

五、结　语

综上所述，"尊尊"作为古代礼学的重要观念，自形成之后，便有了特定的涵义，最初所传达的是尊祖敬神的思想。在祭祀先祖时，同宗之人向共同的祖先表达尊敬之情，感念其生前的建业为后人带来的荫护。"尊尊"严格意义上说是指在宗法制度中，同宗族人以宗族正体为尊的原则，表现为对象征正体的宗子的尊崇和维护。然而，随着时间的推移和诠释经典的需要，"尊尊"逐渐提升，区别于"亲亲"、"长长"、"男女之有别"等人伦秩序的源头。特别是随着君权的确立，"尊尊"观念沦为维护君主，强化等级观念的有力理论。后世因为宗法不存，同姓异姓的区隔不立，"尊尊"遂与"尊贵"同义，即只重官位而不问血缘。因此"尊尊"与"亲亲"的区别不在于是否有血缘关系，两者反映的是古人"公"与"私"领域的界别，"尊尊"重在治公，"亲亲"重在理私。"尊尊"到"尊君"的演变也反映了"公私"由"家共同体"到"君国天下"的扩大。可见，"尊尊"观念并不应该做平面化、简单化的理解，在其背后正蕴藏着古代丰富的礼学意义，它生动地展示了先民观念变化的历史。不仅如此，对"尊尊"观念的重新探讨，提示出古代礼学中的"经典"诠释也许是"损益"的结果，这就需要我们从源头开始梳理。

东周淫祀探析

曹建墩

　　淫祀是中国古代宗教中一个重要的现象。学界对秦汉以后的淫祀从各种角度进行了研究，取得了丰硕的研究成果①。但"淫祀"之名起源于周礼衰落时的东周，它是儒家以周礼为标准建构起来的一个概念，学界对于先秦的淫祀问题却尚未有专文研究。本文即拟对东周淫祀问题作一考察。

一、淫祀的界定

　　"淫祀"是国家、政治集团或者个人等根据自己的合法体系建构起来的一个概念，它的内涵并不是固定的。"淫祀"之名最初见于儒家典籍。《礼记·曲礼下》云："凡祭，有其废之，莫敢举也；有其举之，莫敢废也。非其所祭而祭之，名曰淫祀。"孙希旦《礼记集解》谓："非所祭而祭之，谓非所当祭之鬼而祭之也；淫，过也；或其神不在祀典，如宋襄公祭次睢之社；或越分而祭，如鲁季氏之旅泰山，皆淫祀也。淫祀本以求福，不知淫昏之鬼不能福人，而非礼之祭，明神不歆也。"②从《曲礼》所指分析，其内涵应重在僭越的祭祀，所谓的"越望"、"越分"之祭均属淫祀；同时它的内涵也是就国家正祀而言，违反周王朝命祀制度而兴起的神灵祭祀也应属于淫祀的范畴③，即被列入祀典或祠令者属于"正祀"，不在其列者即是"淫祀"。中外学者对"淫祀"的理解不尽相同，而西方学者对其不同的译法更显示了各自不同的

---

① 学界对后世淫祀已有所关注，国内大陆的如黄永年、王永平、严耀中、程民生、贾二强、刘黎民、王健、赵世瑜等人，台湾地区的如蒋竹山、沈宗宪等，国外的如小岛毅、韩森等都专门或在论著中涉及到这一问题。

② 孙希旦：《礼记集解》，第153页。

③ 张鹤泉：《周代祭祀研究》，台湾：文津出版社，1993年，第225页。

体认。例如，石泰安译作"excessive cults"，意为"过度的祭祀"；韦尔奇和索安则认为可译作"promiscuous cults"，意为"杂乱的祭祀"；而韩森译作"unauthorized cults"，意为"未经官方认可的祭祀"；麦大维则译作"improper offerings"或"improper shrines"，意为"不适当的祭祀"[①]。来国龙先生将淫祀的内容归纳为四个方面：一是"非族"、"非类"而祭，即祭祀的对象超出了亲族血缘关系的限制；二是"越望"而祭，即祭祀的对象超出地缘限制；三是"越分"而祭，即祭祀者的对象、祭品、规格等超越等级名分；四是"数祭"、"黩祀"，即祭祀的频率超过了规定。这种归纳有其合理性，但是"越分而祭"与"数祭"均属于淫祀在祭祀行为上的表现，不适宜纳入淫祀的类别。比如春秋时期经常存在"加祀"与数次祭祀[②]，似不宜归于淫祀。据我们的观察，据《曲礼》，"淫祀"概念的界定应包括如下两类。

一，违背正祀祀典的等级秩序原则以及其他礼制规定，"越位"而祭。从祀典的制定原则上看，为了维护等级秩序的需要，周代规定了根据政治等级而祭祀的原则，即所谓正祀祀典[③]，从天子至于庶人"各有典礼，而淫祀有禁"[④]。国家祀典的边界，《礼记·曲礼下》有一套表述："天子祭天地，祭四方，祭山川，祭五祀，岁遍。诸侯方祀，祭山川，祭五祀，岁遍。大夫祭五祀，岁遍。士祭其先。"这是儒家祭祀礼典比较清晰的表达，可作为儒家理念中的淫祀的判断标准。这些原则，在空间上体现为各国普遍遵守"祭不越望"[⑤]以及血缘族类上的不祭"非族"、"非类"等原则。相应地，违反以上原则的这类淫祀的特点是，祭祀对象超出自己所处等级的规定、名位的限制，在祭祀祀典之内的越位而祭。

另外一类即是在祭祀礼制或者国家规定的边界之外出现的庞杂的鬼神精怪，这类鬼神信仰往往游离于正统祭祀（国家祭祀）礼之外。在战国社会无统一的礼制约束下，加之各地文化存在差异，地方性鬼神祀谱逐渐膨胀，神灵体系比较驳杂，这是战国时期祭祀的一个重要特征。如西方秦国，"杂祀诸祠。始皇并天下，未有定祠"[⑥]。秦人的祭祀对象种类之多，仅见于史书等记载的，即有蜀水三祠、虎侯山祠、怒特祠、曲水祠、蜀主恽祠、白起祠、杜主祠等，《日书》反映出的中下层民众的鬼神信仰更是驳杂而形态

---

① 雷闻：《唐宋时期地方祠祀政策的变化——兼论"祀典"与"淫祠"概念的落实》，《唐研究》第十一卷，北京：北京大学出版社，2005 年，第 272 页，注 13。
② 《左传·昭公二十年》："吾事鬼神丰，于先君有加矣。"这是在祀典之内的祭品上的加隆。
③ 张鹤泉：《周代祭祀研究》，台湾：文津出版社，1993 年，第 225 页。
④ 《汉书·郊祀志》。
⑤ 《左传·哀公六年》。
⑥ 《南齐书·礼志上》。

各异。南方楚地,由于巫鬼迷信之风炽盛,所祠神灵更为驳杂,除正统祀典的先祖、社稷等神灵之外,仅楚简所见世俗鬼神即有无罪而死的不辜鬼(如《包山》简 217、248、428,同于睡虎地《日书》的不辜鬼)、殇鬼(夭亡的鬼,如包山简 222、225)、兵死鬼(因战争而死亡成为鬼,如包山简 241)、水上与溺人(因水而淹死的鬼,前者浮于水上,后者沉在水底)、无后厉鬼("兄弟无后者",包山简 227;"绝无后者",包山简 249)、劳尚(天星观 26、306、685)、白朝(天星观 26、88)、夜事(天星观 251、451、586)等。东方齐国则有八主之祠①。这类宗教信仰的鬼神驳杂无序,而且信仰、致祭的主体也比较驳杂,既有上层贵族、官员阶层,也有中下层民众②,多以民间信仰的形式而存在。从信仰主体看,这种驳杂的鬼神信仰属于"一般知识与技术"层面的宗教信仰,而非如儒家、法家等"精英经典思想"③。由于这类鬼神信仰的驳杂特性,故张亮采先生曾将春秋、战国以至两汉的宗教特征定位为"驳杂时代"。他说:"春秋以降,阴阳家言风靡一时……以故淫祀渐兴。如钟巫、冈山、炀宫、实沉、台骀、次睢之社等,不可枚举。"④所谓"驳杂"是就突破原来周礼祀典的神灵而言,神灵体系比较驳杂,为行文方便,这种驳杂的鬼神信仰可概括为"杂祀"。这是淫祀在祭祀形态上的另一种表现,也是本文考察淫祀时所着重探讨的一个问题。

需要指出的是,由于不同的政治势力、个人或团体由于对淫祀建构标准的不同,淫祀的边界也存在差异。而且,不同时期,"淫祀"的范围与界定也不尽相同。来国龙先生指出,淫祀并不是有固定内涵的、特定的某种宗教活动,而是用来指称与所谓的"正祀"相对立的,包括不为当时国家、宗教传统、社团甚至个人所认可的任何宗教行为。换言之,"淫祀"是当某些人或社会集团的宗教活动超越了原有的界限、突破了传统的范围时,因而受到的谴责。指责他人的宗教活动为"淫祀",是当权者或者文人士大夫用来禁止某些宗教行为,维护现存社会制度和社会关系的有效工具⑤。这一论断是非常正确的。概言之,"淫祀"是宗教控制的结果,其根本特征是不合法,不合礼。

---

① 《史记·封禅书》。
② 民间信仰并非完全是淫祀,国家或出于特定的目的,对一些民间信仰通过官方认可的方式纳入合法的祭祀体系,这类祭祀即为正祀。
③ 概念参考了葛兆光先生《中国思想史导论》的论述,上海:复旦大学出版社,2001 年,第 1—24 页。
④ 张亮采:《中国风俗史》,上海:商务印书馆 1926 年,第 53 页。
⑤ 来国龙:《〈東大王泊旱〉的叙事结构与宗教背景——兼释"杀祭"》,"2007 中国简帛学国际论坛"论文,台湾大学,2007 年 11 月。另参简帛网 2012 年 7 月 6 日。

如此,在对东周尤其是战国时期淫祀的判定,就存在一个标准的问题,也即淫祀的判定主体问题。我们知道,儒家所建构的淫祀是维护周礼的祭祀体系,但是战国时期各国的国家祭祀体系有各自的标准,为维护政治秩序与等级秩序,也存在淫祀与正祀的标准。比如以对秦汉祭祀影响较大的楚、秦两国为例说明。《国语·楚语》载:"天子遍祀群神品物,诸侯祀天地、三辰及其土之山川,卿大夫祀其礼,士、庶人不过其祖。"这种神灵等秩与周礼大相径庭。而一般的邦君之祭,据战国楚简,一般的封君也祭祀天神、山川、方神,更是与周礼迥不相侔。新蔡简所记平夜君的祭祷对象范围,则人鬼有"老童、祝融、穴熊"、"楚先老童、祝融、鬻熊"、"三楚先"、"楚先"、"荆王"、"荆王以逾"、"文王"、"文王以逾"、"景平王"、"昭王"、"献惠王"、"简烈王"、"声桓王"、"文君"、"文夫人"、"子西君"、"令尹之子璇"、"王孙厌"、"五世王父王母"、"三世之殇"、"盛武君",等等;天神与地祇有:"北方"、"北宗"、"陈宗"、"大"、"大川"、"大水"、"江、汉、沮、漳"、"五宝山"、"五山"、"地主"、"二天子"、"公北"、"司命"、"司祸"、"司救"、"司禄"、"司折"、"盟诅"、"灵君子"、"五祀"、"室中"、"门"、"户"、"行"、"步",等等。这种祭祀对象与周礼祀典规定不同。但是上博简(四)《柬大王泊旱》曰:"楚邦有常,古(故)为楚邦之鬼神主,不敢以君王之身,变乱鬼神之常。"①简文反映楚国祀有常典,不可辄就废兴,祭祀当遵循旧典。近年来出土的楚祭祷简,时代包括战国中后期,反映了楚国封君与一般贵族的祷祭礼。从简文来看,楚国祷祭的神灵以及祭品、用乐并非乱无礼制,而是有其礼规②。而《秦惠文王祷病玉版》中秦王祭祀的神灵包括"天地、四极、三光、山川、神祇、五祀、先祖"。秦国祭祷的鬼神,无疑属于王者范围,而《日书》秦简等反映出的祭祷对象,多是等秩较低的小神,这反映出秦国的鬼神祭祀也有等秩之分。尽管由于史料阙如,我们对中原诸国的祭祀不太了解,但根据有限的相关文献记载,可以推断,战国时期的各国为维护等级秩序的需要,应拥有自己的祭祀体制,在各国普遍僭越周礼的时代背景下,其划分淫祀的标准自然与儒家不同。尽管如此,判断淫祀的基本原则应是一致的,即违背国家正统祭祀体系,不具有合法性的祀典。

东周时期,天子权力下移,王纲解纽,中央控制力衰落,诸侯势力膨胀,原来的周礼体系受到冲击,诸国纷纷突破原来的的周礼祭祀体系,一些地

---

① 马承源主编:《上海博物馆藏战国楚竹书(四)》,上海:上海古籍出版社,2004 年,第195—201 页。柬大王即楚简王(BC431—408 在位),属于战国初期人。

② 相关研究参宋华强:《新蔡葛陵楚简初探》,武汉:武汉大学出版社,2010 年。

域性神祇成为诸侯各国的国家祀典。春秋战国时期诸侯国的祭祀存在两方面的扩张态势。

一,空间上:由于诸侯国政治疆域的扩大,导致各诸侯国突破传统周礼体系的束缚,祭祀范围扩大。中央王朝式微,反映在祭祀方面,例如当时的霸主佐助周天子祭祀以及诸侯兼并祀典[1]。这方面最典型的是"祭不越望"这一原则的破坏。楚、晋两国这两个霸主即是兼祀的"典范"。随着楚国开疆拓土,原本"僻在荆蛮"的楚族小国,祭祀的范围也在扩大。地处中原的晋国由于长期主盟,代天子之守,故而兼并他国之时,也兼纳了他国之祀典。如晋灭虞国后"而修虞祀"[2],兼并了虞人原来命祀之神灵。

二,政治势力的起伏消长导致各阶层贵族祭祀范围的扩大或缩小。首当其冲者,是对代表最高权力的上天的祭祀。诸侯势力的扩张和王权的衰微,冲击着周王受天命的观念,遂有诸侯受命之说。秦武公时期的秦公钟铭刻秦公曰:"我先祖受天令,商宅受国,剌剌(烈烈)卲(昭)文公、静公、宪公,不坠于上,卲(昭)合皇天。"[3]出于天命秦国的观念,秦人也设時祭祀上帝。《史记·封禅书》载:"秦襄公既侯,居西垂,自以为主少皞之神,作西時,祠白帝。"甚至居于东南偏远之地的徐国也祭享皇天。徐王义楚鍴云:"隹(唯)正月初吉丁酉,徐王义楚择余吉金,自作祭鍴,用享于皇天,及我文考。"[4]徐王义楚即《左传·昭公六年》"徐王义楚聘于楚"之徐王,为春秋晚期人。迄至战国,名义上的共主周沦落为弹丸小国,郊祀在诸侯国更是蓬勃发展[5]。如果说以上事例均为华夏族以外的话,那么中原华夏诸侯对于扩张祭祀权力也是觊觎已久。由于王室衰微,晋国主盟诸国,故有代天子祭祀之事。《左传·昭公七年》、《国语·晋语八》记载晋平公患疾,"上下神祇无不遍谕,而无除"。晋人接受子产建议:"今周室少卑,晋实继之,其或者未举夏郊邪?"于是晋于是郊祀上帝,而以鲧配享。这件事情也说明了权力的扩张带来了祭祀权的扩张。由于诸侯衰微,大夫坐大而势力膨胀,于是有大夫超越周礼而扩大祭祀权力,《论语·八佾》记载季氏旅于泰山即其证。战国时期,诸侯之祭祀范围远超周礼祀典的范围,《秦惠文王祷病玉版》中祭祀有"天地、四极、三光、山川、神祇、五祀、先祖"等神灵,四极即四

---

[1] 参看张鹤泉:《周代祭祀研究》第七章,221—223 页。

[2] 《左传·僖公五年》。

[3] 《集成》1 册 267。

[4] 《集成》12 册 6513。

[5] 张鹤泉:《周代祭祀研究》,第 233—239 页。

方神①,惠文王祭祷的鬼神,无疑属于王者范围。出土楚简反映当时人们祭祀方神而祷病,如新蔡乙四：139 简文有："……一鹿(?),北方祝祷乘良马,珈(加)[璧]。"新蔡简零 178 云："太、北方",北方位于太神之后,为祈祷的神灵名。此外,楚简中尚有祈祷的对象"南方"(包山 231)、"西方"(天星观 90)等,皆指方神。这种突破政治等级的束缚而扩大祭祀权力所谓"僭越"现象,可以称之为祭祀权力的上位"顺移"。

上述两类由于政治形势导致的鬼神范围的扩大或缩小,在各国的国家祭祀体制内都具有正统性和合法性,因此从战国社会各国林立的视野内观察,这类祭祀无疑乃是正祀的范畴;而以儒家的标准看,无疑属于淫祀。

根据以上的论述,由于"淫祀"认定的主体的差异,需要明确僭越礼制与淫祀的判定。从古代中国的正祀与淫祀的划分来看,汉代以后,祭祀儒学化,国家祭祀体制基本采用儒家的祭祀体制,因此正统与淫祀的划分虽然存在很复杂的情况②,但是基本上儒家祭祀体系与价值理念仍然是标准。鉴于此,本文仍以此为标准来考察东周时期的淫祀。

二、战国淫祀鬼神信仰的特征

西周时期,周礼的约束使从天子至于庶人"各有典礼,而淫祀有禁"③。春秋时期,当时华夏各国为应付当时恶劣的生存困境,救亡图存,往往凭借共同的神灵信仰重新凝聚为文化共同体,华夏诸国仍然遵循周礼的祭祀模式,在价值观念上以及祭祀践履上仍然是西周以来的延续。顾炎武尝指出："春秋时犹尊礼重信","犹严祭祀"④。当时华夏诸侯国仍然保留了对周礼的认同,承袭西周以来的鬼神观念以及命祀制度,以慎德恤祀为务。如《左传·僖公二十一年》记载成风对鲁僖公曰："崇明祀,保小寡,周礼也。"即反映了时人对周礼祭祀体系的认同。当时的霸主以盟誓来团结盟国,往往以神灵为监盟者。如襄公十一年亳之盟载书曰："或间兹命,司慎、司盟,名山、名川,群神群祀,七姓十二国之祖,明神殛之。俾失其民,队命

① 李家浩：《秦骃玉版铭文研究》,《北京大学中国古文献研究中心集刊》(二),北京：燕山出版社,2001 年,第 99—128 页。
② 参雷闻《郊庙之外——隋唐国家祭祀与宗教》第三章(北京：生活·读书·新知三联书店,2009 年)、皮庆生《宋代民众祠神信仰研究》(上海：上海古籍出版社,2008 年)等研究。
③ 《汉书·郊祀志》。
④ 顾炎武：《日知录》卷 13"周末风俗",第 467—468 页。

亡氏,蹈其国家。"①另一方面,不可否认春秋时期存在破坏祀典的现象,如《左传·隐公十一年》记鲁隐公祭郑国大夫之私巫,《国语·鲁语上》记臧文仲"无故而加典"祭祀海鸟,更属于非祀典之神而妄自祭祀,以致受时人讥讽。但是这段时期贵族阶层仍然不认可超越于祀典之外的"杂祀",如比较典型的事例是,楚昭王因为"三代命祀,祭不越望",得病而不愿祭祀河神,此时楚王尚表面遵守周礼的命祀制度②。至于就楚卿大夫而论,楚国子木违背屈到"祭我必以芰"的遗愿,"不以私人之欲干国家之典"③,尚能遵守祭祀礼制。《左传·昭公二十六年》记载:"齐有彗星,齐侯使禳之",晏子认为"无益",不宜祭祀,此事遂止。又据《左传·昭公十七年》载,郑国大水,有龙斗于洧水之渊,国人欲行禳灾之祭。子产提出"吾无求于龙,龙亦无求于我",遂未祭祀。春秋时期,知识精英认识到祀典对于国家的重要性:"夫祀,国之大节也;而节,政之所成也。故慎制祀以为国典",对违背礼制的淫祀行为有一定程度的抑制。文献记载表明,春秋时期即使出现用人牲的淫祀现象,也遭到进步人士的猛烈抨击,被认为是非礼之举。如宋襄公使邾文公用鄫子祭祀于次睢之社,司马子鱼对此事大为批评。子鱼认为,祭祀的目的在于为人求福,而非是为虚幻的神灵,"祭祀,以为人也。民,神之主也。用人,其谁飨之?"(《左传·僖公十九年》)用人祭祀,神灵不会歆享,更不用说得福。又如,鲁昭公十年,鲁大夫臧武仲针对鲁国用人于亳社一事大加抨击:"周公其不飨鲁祭乎。周公飨义,鲁无义。"(《左传·昭公十年》)臧武仲认为,神灵"飨义",祭祀主体如无德义可言,神灵断然不会赐福。以上所引,无论是司马子鱼还是臧武仲,皆认为用人牲违反了周礼之道义原则。因此,春秋时期的祭祀与西周仍然保持着一贯性与稳定性,这是主流④,淫祀现象尚未成为突出的问题。

战国时期,由于无统一的政治势力约束各地的风俗,使得杂祀渐兴,民间祭祀的鬼神范围也突破限制,鬼神信仰呈现出驳杂的特质。

1. 由于巫鬼迷信、阴阳五行学和星象、数术等方术的影响,战国宗教信仰中制造出一批新的鬼神,导致出现鬼神信仰的驳杂现象。

巫鬼信仰的盛行是淫祀现象发达的重要思想观念基础,杂祀的兴起与巫与巫术迷信是密不可分。秦、楚两地,鬼神信仰炽旺,巫鬼的祭祀更是盛

① 《左传·襄公十一年》。
② 《左传·哀公六年》。
③ 参看《国语·楚语上》。
④ 张鹤泉:《周代祭祀研究》,台湾:文津出版社,1993年,第220页。

行。当时流行着巫咸崇拜，巫咸为东周许多侯国所信仰的神灵①。秦《诅楚文》中，宗祝祈告神灵包括巫咸、湫渊、亚驰诸神，有学者认为分别是楚、齐、三晋的地方神②。《日书》即有巫咸："弦望及五辰不可以行乐，五丑不可以巫，啻（帝）以杀巫咸。"（简二七正756）云梦睡虎地秦简《日书》记载诸多行事有禁忌与鬼神有关，甲种《诘》篇有："凡邦中之立丛，其鬼恒夜呼焉，是遽鬼执人以自代也。"（简67背贰—68背贰），《日书》乙种也有："中鬼见社为眚"（简164）。这些说明秦人据楚后社鬼巫术之盛行。楚地是巫鬼信仰的重灾区，自来即有"信鬼而好祠"之名③。徵之楚简，楚简中有祭祀巫的记录，如天星观25简文云："与祷巫豬豕，灵酒，延钟乐之"，望山简113："□之日，月馈东宅公。尝巫甲戌。祭□"，望山简119："举祷大夫之私巫"，可见楚地祭祀巫，甚至大夫也有私巫。《楚辞》中的《九歌》，其前身便是流行于沅、湘一带的民间祭神歌曲，《离骚》之巫咸降神、《招魂》之巫阳下招也是巫风的直接反映。王逸《楚辞章句》说："昔楚国南郢之邑，沅、湘之间，其俗信鬼而好祠。其祠，必作歌乐鼓舞以乐诸神。"④楚地巫鬼信仰之盛，于此可见一斑。吴越地区亦隆淫祀，重巫鬼。《史记·封禅书》称："越人俗鬼。"《风俗通义·怪神》述其俗云："会稽俗多淫祀，好卜筮，民一以牛祭，巫祝赋敛受谢，民畏其口，惧被祟，不敢拒逆；是以财尽于鬼神，产匮于祭祀。或贫家不能以时祀，至竟言不敢食牛肉，或发病且死，先为牛鸣，其畏惧如此。"综合来看，战国时期，巫风在各国皆普遍存在，惟有盛衰之别。从地域文化的角度来考察，战国时期尚巫之风最盛的地区，南部有楚、越地区（中原地区有以陈为代表的华夏巫风，然战国时期并入楚地，且文化的一脉受到楚影响）；西部有秦之分野（含巴蜀），东部则有燕齐地域⑤。秦、楚诸边远国家，为阴阳五行、术数观念渗透祭祀行为的大本营；燕、齐等地，则为神仙方术之重镇。

战国时期，社会动荡，各国"争于攻取，兵革更起，城邑数屠，因以饥馑疾疫焦苦，臣主工忧患，其察機祥，候星气尤急"⑥，即使是统治者上层，巫术信仰在在为多。例如宋康王"无道，为木人以写寡人，射其面"⑦。中原

① 参吕静《关于秦诅楚文的再探讨》，《出土文献研究》第五辑，第125—138页。
② 姜亮夫：《秦诅楚文考释》，《兰州大学学报》1980年第4期，第66—67页。
③ 《吕氏春秋·侈乐》："楚之衰也，作为巫音。"《吕氏春秋·异宝》："荆人畏鬼。"《汉书·地理志》云："楚有江汉川泽山林之饶……信巫鬼，重淫祀。"
④ 王逸：《楚辞章句》卷2，台北：台湾商务印书馆：《文渊阁四库全书》1062册。
⑤ 参孙家洲：《汉代齐地尚巫之风考实》，《文史哲》2003年3期，第144—148页。
⑥ 《史记·天官书》。
⑦ 《战国策》卷30。

诸国中,赵国之鬼神信仰尤甚,关于其宗族的神话与鬼神传说很多。《法言·重黎》称"赵氏多神,圣人曼云"[1],《史记·赵世家》记载有许多与之有关的怪异传说,如屠岸贾诛赵氏,宣孟梦叔带,简子与百神游于钧天,有人当道,天神遗赵毋恤砂书,赵武灵王梦处女,孝成王梦乘龙七,等等。这些怪异的传说,其实反映了当时宗卿大夫的鬼神信仰。《战国策·东周策》记载赵国夺取周的祭地,周君贿赂赵国太卜三十金,太卜利用赵王生病之机说:"周之祭地为祟。"鬼神之威可以使赵君归还周的祭地,说明当时的鬼神信仰之笃深。甚至士人在纵横捭阖游说中,也往往利用鬼神迷信以达到其目的,例如《战国策·齐策三》载苏秦利用"淄上土偶人与桃梗相与语"劝孟尝君西入秦国,《赵策一》记苏秦引"夜半土梗与木梗"游说李兑,《吕氏春秋·疑似》则以黎邑丈人受黎丘之鬼所迷惑而杀其子的故事比喻"惑于似士者,而失于真士"的道理[2],这些事例说明了巫鬼迷信的广泛性。巫鬼迷信与知识精英阶层"祛除巫魅化"的思潮是背道而驰,但却是世俗社会信仰世界的实际。

逢此天下滔滔的战国社会,民间与上层社会的信仰心理和信仰忌讳驳杂而无奇不有。阴阳五行、星象之学大盛,巫鬼信仰与星象数术结合,塑造了一批新的鬼神。如《楚帛书》的神灵、秦《日书》的五祀神灵等。云梦秦简《日书》又记有因所忌所讳而将婚丧嫁娶、生男育女、病残老死、出行交往等人生日常生活细事交付所信仰的二十八宿星神安排措置的;据《日书》,当时信仰的鬼有哀鬼、孕鬼、孵鬼、阳鬼、阴鬼、夭鬼、不辜鬼、暴鬼、遽鬼等不同种类和具有各种为祟功能的鬼。此外尚有各种怪物和神能作祟于人,如《日书》中的狗喜欢在深更半夜中溜进人家的卧室,调戏男女。睡虎地秦简以及出土楚简许多祷祠内容反映了当时社会驳杂的鬼神信仰以及千奇百怪的祭祷禳除之法,比如睡虎地秦简《日书》甲种〈病〉章记载了许多鬼致病之例:

> 甲乙有疾,父母为祟,得之于肉,从东方来,裹以桼(漆)器。戊己病,庚有【间】,辛酢。若不【酢】(六八正贰),烦居东方,岁在东方,青色死(六九正贰)。

甲种《诘》章:

---

① 汪荣宝:《法言义疏》,北京,中华书局,1987年,第327—330页。
② 吕不韦:《吕氏春秋·疑似》卷22,《诸子集成》6册,第289—290页。

人生子未能行而死，恒然，是不辜鬼处之。以庚日始出时（五二背贰）渍门以灰，卒，有祭，十日收祭，裹以白茅，狸（埋）野，则毋（无）央（殃）

此外，尚有以"牡棘之剑刺"不辜鬼（三六背参），以若鞭（四八背参）、白茅（五三背贰）、桃秉、桃梗（五五背贰）、桑杖、桑皮（三三背壹）、苇（三九背参）等物来禳除鬼怪的方法，如此等等，导致"淫祀"泛起。

2. 战国中后期，神仙、求仙风潮使社会上出现了造神运动，许多历史上传说人物以及名山大川被奉若神明，成为祭坛的享祭者，如昆仑山、五岳、齐国的八神[①]等，皆与此等风潮相关。田齐之末，多有神仙之论，方士们把神山、神仙置于目不能验、人迹罕至的殊方绝域。顾炎武指出，"齐之东偏，三面环海，其斗入海处南劳而北盛，则近乎齐东境矣。其山高大深阻，磅礴二三百里，以其僻在海隅，故人迹罕至。凡人之情以罕为贵，则从而夸之，以为神仙之宅，灵异之府。"齐威、宣王、燕昭王所求三神山即八神中阴主所祠，神仙思想对造神运动起了很大的推动作用。

总之，身逢"争地以战，杀人盈野；争城以战，杀人盈城"的攘攘乱世之中，人命如草芥，民间鬼神信仰得到发展；由于周礼的崩溃，各地失去了统一的礼制法度约束，"浊世之政，亡国乱君相属，不遂大道，而营乎巫祝，信机祥"[②]，也导致巫鬼信仰的泛滥，促成了战国社会杂祀之风的泛起。

三、杂祀与正祀祭仪的差异

与正祀相比，杂祀存在诸多差异，这种差异反映了时代的变化与价值观念、宗教信仰的不同，主要体现于以下几个方面。

其一，鬼神观念。西周、春秋时期，人们对于神灵的认识，渗入了道德与人文因素。国家正统祭祀祀典的规定，《国语·鲁语》、《礼记·祭法》有明确的规定："夫圣王之制祭祀也，法施于民则祀之，以死勤事则祀之，以劳定国则祀之，能御大灾则祀之，能捍大患则祀之。有功烈于民者；及夫日月星辰，民所瞻仰也，山林川谷丘陵，民所取则用也。非此族也，不在祀典。"

---

① 张华松：《八主析论》，《管子学刊》1995 年 2 期。

② 《史记·孟子荀卿列传》。

祀典的设置基体现出崇德报功的德性原则,鬼神的设置必须是有利于人类文明生存和发展的人或物,生前"有功烈于民"的祖先,对人类生存、发展有功的自然物,如日月星辰、山林川谷等;祭祀不限于自己的血缘祖先,还要祭祀那些在社会文明发展史上做出了重大贡献的祖先、有道德才能的先圣先师。周礼鬼神的道德意义还体现在天命鬼神具有道德意志,鬼神"成为人世道德原则的化身"①,能够"赏善祸淫","神所凭依,将在德矣"(《左传·僖公十五年》),而不是丰厚的祭品与华美的仪式②。

相反,淫祀信仰的鬼神观念,则纯粹属于宗教意义上对鬼神的恐惧和迷信,一般思想世界中的鬼神观念都具有世俗性的特征,并不具有道德的属性,更非具有赏善惩恶的道德自觉。以秦、楚鬼神信仰为例说明。据学者根据出土秦简研究,秦人的鬼神观念特征是关注自我,重视疾病,人鬼相互通,巫文化色彩浓厚③。楚人的鬼神观念,由于文献载体记载的简略,不如《日书》记载的那样栩栩如生,但是《楚辞》中的鬼神,形态多样,具有人格意志,是人格化的鬼神。而楚墓中发现许多镇墓兽,形态怪异,反映了楚人光怪陆离的鬼怪观念④。与周礼体系下的鬼神观念相比,在淫祀的鬼神信仰体系里,鬼神不是具有道德意志的神灵,人鬼之间的关系,也不是以"德"为媒介建立起来,更非是《墨子·明鬼下》所认为的鬼神具有赏贤罚暴的功能。例如从睡虎地秦简《日书》来看鬼怪神的特性,它们其实就是人在另一世界的化身,不是超脱于世俗之上,而是同普通人一样,具有自己的情感和需求,甚至还具有人的特性,喜欢搞恶作剧,调戏人,不具备道德监督的职能⑤。

其次,在祭仪、祭品等方面,祭礼与淫祀存在巨大的差异。淫祀的特征,在于祭祀的对象不属于祀典范围之内,自然地,杂祀在祭祀仪节与程式等方面与周礼祭祀体系违背。

比如:祭祀时辰。周人祭祀时辰使用比较固定,重视辰正,祭礼多在质明举行。而在楚地巫鬼之风盛行,祭祀多夜间,"都是带有巫术性质的祭

① 陈来:《古代思想文化的世界——春秋时代的宗教、伦理与社会思想》,第109页。
② 参曹建墩:《从"以德事神"至"尽心成德"——两周祭祀观念之嬗变》一文,载《孔子研究》2009年第3期,第69—77页。
③ 吴小强:《论秦人的多神崇拜特征——云梦秦简〈日书〉的宗教学研究》,《文博》1992年第4期,第53—57页。
④ 参吴荣曾:《战国汉代的"操蛇神怪"及有关神话迷信的变异》,《文物》1989年第10期,第46—52页。
⑤ 李晓东、黄晓芬:《从〈日书〉看秦人鬼神观及秦文化特征》,《历史研究》1987年第4期,第56—62页。

祷活动,楚人认为鬼魂皆在夜间活动,对鬼魂的祷祠也必然要在夜间进行"①。

春秋时期,尽管僭越周礼之事日见增多,但祭祀用牲尚有一定的约束。《左传·庄公十年》:"牺牲玉帛,弗敢加也。"《墨子·尚同》谓:"其事鬼神也,圭璧币帛,不敢不中度。"迄至战国时期,王公贵族奢侈淫靡,耗费无度,祭祀唯以祭品丰多取悦于鬼神,为取悦鬼神,战国有以人牲祭祀河伯者,如《庄子·人间世》:"故解之以牛之白颡者与豚之亢鼻者,与人有痔病者不可以适河。此皆巫祝以知之矣,所以为不祥也。"②反映的即以人祀河。古者祭祀用牲币,秦俗牲用马,淫祀浸繁,始用偶马,据《史记·封禅书》载,春秋时期秦襄公因勤王有功而列为诸侯,"居西垂,自以为主少暤之神,作西畤,祠白帝,其牲用骝驹"。《史记·封禅书》载秦人祭祀,"畤驹四匹,木禺龙栾车一驷,木禺车马一驷,各如其帝色。"按周礼,天子方可祭祀天帝,且郊天之礼只使用特牲。使用马等重牲作为祭品祭祀上帝,秦国当为始作佣者。

世俗性的鬼神信仰对淫祀行为具有重要影响,比如秦、楚等地的祭祀或掺杂男女情欲,典型者如以女妻神之陋俗。据《史记·六国年表》,秦灵公八年,"城堑河濒,初以君主妻河"。《索隐》曰:"谓初以此年取他女为君主,犹公主也;妻河谓嫁之河伯。"楚地亦有以人妻神之俗,如九店楚墓56号墓竹简《告武夷简》记载巫祝祝告武夷君的祷辞:"某敢以其妻□妻女(汝)。聂币芳粮以(言量)犊某于武夷之所:君昔受某之聂币芳粮,囟(思)某来归食故。"为取悦于武夷神,一方面要为神献妻,还要聂币(李家浩认为丝织品)酒食祷祭,以禳解死于战争中的鬼魂所为之祸祟③。而中原之魏国亦有为河神娶妻的陋俗,幸赖西门豹治理而复于正④。淫祀之风下,两性愉悦之情、声色之好也成为事神手段,"人嗜饮食,故巫以牺牲奉神;人乐男女,故巫以容色媚神;人好声色,故巫以歌舞娱神"⑤。淫祀之乐重在满足祭祀对象感观享受,以取悦于神灵,与周礼祭祀用古乐——"德音之谓乐"反对"淫於色而害於德"的靡靡之音形成鲜明对比⑥。楚地祭祀,降神

① 杨华:《新蔡简所见楚地祭祷礼仪二则》,《楚地简帛思想研究》,武汉:湖北教育出版社,2005年,253—264页。
② 郭庆藩:《庄子集释》卷2中《人间世》,北京,中华书局,2004年,第177—178页。
③ 李家浩:《九店楚简"告武夷"研究》,《著名中年语言学家自选集——李家浩卷》,合肥:安徽教育出版社,2000年,第318—338页。
④ 《史记·滑稽列传》。
⑤ 瞿兑之:《释巫》,《燕京学报》1930年7期,第1328页。
⑥ 《礼记·乐记》。

的形式表现为异性人神间的恋爱和婚配,降男神用妙音好色的少女,降女神则用貌比子都的娈童。朱熹云:"楚俗祠祭之歌,今不可得而闻矣。然计其间,或以阴巫下阳神,或以阳主接阴鬼,则其辞之亵慢淫荒,当有不可道者。"①而周人祭礼之中则严男女之别,比如对妇人的空间、时间活动范围具有限制。祭礼之中,妇人之事,无过于寝门之内,严遵内外之别②。祭祀过程中,夫妇不同位,妇人在东房,主人在阼阶下,男女不可混杂。据《仪礼·特牲馈食礼》《少牢馈食礼》记载,妇人并不参与为期、视牲等节;正祭时,主妇无下堂洗爵之事,而是东房另设篚,若需要使用庭中之爵,则有司赞者代为取。另如祭礼中"男女不同爵"以及"男女授器,不因其故处"。《礼记·祭统》载:"夫人荐豆执校,执醴授之,执镫。尸酢夫人执柄,夫人授尸执足。夫妇相授受,不相袭处,酢必易爵,明夫妇之别也。"男女授爵、豆之时,不执对方所执之处。两相比较,淫祀以声色娱鬼神的低俗手段,与周礼祭祀仪式严男女大防可谓霄壤之别,其对正统儒家伦理的冲击也更大。

其三,更重要的是,杂祀和正统祭礼的价值观念格格不入,二者存在根本差异。周礼祭祀体系,无恐惧与献媚之情感,而是以人间伦理价值原则施行于鬼神,祭祀主体的道德和政治治理是神降福与否的重要依据③,体现出国家正统祭祀的道德人文性质。而杂祀则纯粹出于鬼神信仰以及赤裸裸世俗的功利目的,迷信色彩浓厚,祭仪简单,很少如贵族大型的祭祀设置尸等,具有可操作性。也即王充所云:"世信祭祀,以为祭祀者必有福,不祭祀者必有祸。"淫祀缺少形而上的理论与德行原则的支撑,仅仅出于人性世俗之功利诉求。

四、战国时期社会力量对淫祀的清整及淫祀的历史影响

淫祀不仅仅是一种宗教信仰,而且可以成为一种对稳定的国家政治秩序、社会秩序造成冲击的力量,其组织上的结社,神秘诡异的活动,对于世俗政治势力的刺激相当大。战国时期,由于各地杂祀之俗如火如荼的兴

---

① 朱熹:《楚辞集注》卷2,台湾商务印书馆:《文渊阁四库全书》1062册。
② 《左传·僖公二十二年》:"妇人送迎不出门,见兄弟不逾阈,戎事不迩女器。"祭祀中,妇人亦无庙门外事。
③ 曹建墩:《从"以德事神"至"尽心成德"——两周祭祀观念之嬗变》,《孔子研究》2009年第3期,第69—77页。

起,淫祀之风对社会的危害引起政治势力的高度警惕。《逸周书·命训》指出"极祸则民鬼,民鬼则淫祭,淫祭则罢家","祸莫大于淫祭"①,这代表了政治精英阶层的认识。政治势力非常注意化民成俗、统一风俗对于建立稳定的社会秩序的意义,希望"立法化俗"、"度俗为法",实现"国无异俗"的效果,其中清整控制淫祀之风对于统一风俗具有重要的意义。如秦国崇尚以法治国,意识到"恃鬼神者慢于法"②,故对杂祀从法律上加以禁止,意图消解淫祀对法律尊严产生的破坏。睡虎地秦简《法律答问》规定:"擅兴奇祠,赀二甲。可(何)如为'奇'? 王室所当祠固有矣,擅有鬼立位也,为'奇',它不为。"奇祠乃不合法的祠庙,即淫祠③。由此可见,秦国对于淫祀从法律上加以控制。南方楚国虽有淫祀之名,但上博简(四)《柬大王泊旱》曰:"楚邦有常,古(故)为楚邦之鬼神主,不敢以君王之身,变乱鬼神之常,故夫上帝鬼神高明,安敢杀祭? 以君王之身杀祭未尚有。"④简文反映出楚统治者反对变乱祭典的淫祀,认为楚国祀有常典,不可辄就废兴,祭祀当遵循旧典。此外,《周礼·春官·小宗伯》:"掌五礼之禁令与其用等。"小宗伯负责掌控与禁止违礼祀。

由于淫祀具有巫术、鬼神等神秘因素,巫祝等人员往往成为淫祀群体中的具体操作者和始作俑者,故自古以来,淫祀一直为政治势力所警惕,巫祝也是历代王朝打击非法宗教信仰的主要对象。战国时期,政治势力出于稳定社会秩序的需要,对民间巫祝加大了打击力度。《礼记·王制》规定"假于鬼神、时日卜筮,以疑众,杀",对借助迷信妖言惑众者严厉打击,其中应包括巫祝等神职人员。《史记·滑稽列传》记载西门豹治邺,打击当地巫祝势力,禁止为河伯娶妇的陋俗,说明政治权力对鬼神迷信的遏制;与北方"为河伯娶妇"之俗对应,南方蜀地也有"为江神聘妇"之习⑤,至秦昭王伐蜀,李冰为守遂击杀江神,除此大害,并带领人民兴修都江堰,"溉田万顷,水旱由人",为江神聘妇之俗终于绝迹。这些均表明政治势力对淫祀的清整。

政治势力对祭祀秩序的整合,不仅体现在祀典以及祭祀仪式上,还体现在对淫祀观念的禁锢上。春秋时期,知识精英阶层(士君子)即对淫祀行

---

① 《逸周书·命训解》。
② 《韩非子·饰邪》。陈奇猷:《韩非子集释》卷5《饰邪》,上海:上海人民出版社,1974年,第308页。
③ 睡虎地秦墓竹简整理小组:《睡虎地秦墓竹简》,第131页。
④ 马承源主编:《上海博物馆藏战国楚竹书(四)》,上海:上海古籍出版社,2004年,第195—201页。
⑤ 应劭:《风俗通义》。

为展开批评,指出"神不歆非类,民不歆非族"①、"鬼神非其族类,不歆其祀"②,"非其鬼而祭之,谄也"③,这些论调的目的与其说是出于宗教信仰,毋宁说是为了维护祭祀礼制的神圣与权威。而《礼记·曲礼下》更从根本上釜底抽薪式的宣称"淫祀无福"。战国时期,中原诸国知识精英阶层对三代以来的巫祝传统,经历了一个"祛除巫魅"(disenchantment)④,走向理性化(rationalization)的过程,知识阶层对巫风与滥祀展开了激烈批判。法家人物韩非子指出,"用时日,事鬼神,信卜筮而祭祀者,可亡也"⑤。《管子·修权》指出"上恃龟筮,好用巫医,则鬼神骤祟"的危害在于"功之不立,名之不章"。再者,由于人文理性的觉醒,巫祝地位更加衰落,在知识精英阶层眼里,其所职掌的不过是微贱之业,《荀子·王制》蔑视地云:"相阴阳,占祲兆,钻龟陈卦,主攘择五卜,知其吉凶妖祥,伛巫跛击之事也。"《荀子·正论》:"譬之,是犹伛巫、跛匡大自以为有知也。"《荀子·王霸》直接斥之"贱之如尪"。《吕氏春秋·尽数》指出,"今世上卜筮祷祠,故疾病愈来。譬之若射者,射而不中,反修于招,何益于中?夫以汤止沸,沸愈不止,去其火则止矣。故巫医毒药,逐除治之,故古之人贱之也,为其末也"。

在战国社会诸侯力争的大争之世,中原诸国对祭祀有很理性的认识,《管子·轻重丁》云:"故智者役使鬼神,而愚者信之。"《管子·轻重十二国准》:"立祈祥以固山泽。"祭祀成为神道设教之器。治理国家,重人事轻鬼事的政治理性,成为思想阶层的共识,如《管子·形势解》所云:"明主之动静得理义,号令顺民心,诛杀当其罪,赏赐当其功。故虽不用牺牲圭璧祷于鬼神,鬼神助之,天地与之,举事而有福。乱主之动作失义理,号令逆民心,诛杀不当其罪,赏赐不当其功,故虽用牺牲圭璧祷于鬼神,鬼神不助,天地不与,举事而有祸,故曰:'牺牲圭璧不足以享鬼神。'"⑥尤其是儒家对巫祝与礼乐文明的分野更为明晰。马王堆汉墓帛书《易传·要》引孔子言:"吾与史巫同途而殊归也",巫是"赞而不达于数",史则"数而不达于德",孔子称"吾求亓(其)德而已","我后其祝卜矣,我观亓(其)德义耳也"⑦。儒家认为,德义等礼乐文化的价值观念是区别巫祝行为和礼的根本所在。经过

① 《左传·僖公十年》

② 《左传·僖公三十一年》。

③ 《论语·为政》。

④ 此概念参韦伯(Max Weber):《儒教与道教》,洪天富译,南京:江苏人民出版社,1993年。

⑤ 《韩非子·亡徵》。

⑥ 黎翔凤:《管子集解》卷20,第1173页。

⑦ 参陈松长、廖名春:《帛书〈二三子问〉、〈易之义〉、〈要〉释文》,《道家文化研究》第三辑,第435页。

儒家的重新诠释,祭祀礼制成为化民成德实施教化的方式,宗教意义、鬼神崇拜的意味极度弱化。

这些来自政治势力与知识精英阶层的反对,无疑对淫祀的泛滥起到一定的限制作用。但由于精英知识阶层的境界过高,理想性太强,从而与民众之文化心理存在较大的隔阂,比如儒家强调"鬼神设教"或"故君子以为文,而百姓以为神"①,认可了普通百姓之中宗教祭祀的存在,故一般信仰世界仍然迷信巫鬼信仰,这就使杂祀作为一种具有广泛中下层群众基础的信仰,在世道混乱、人心迷茫无助之际得到广泛的发展;同时,巫鬼信仰在发展中不断根据实用性、功利性原则增加一些新的鬼神,使鬼神谱系越来越庞杂,进而导致秦汉社会淫祀之风的盛行。

经周秦之变,战国社会的淫祀之风俗延续至秦代。虽然秦朝对故土以及关东六国原来的祭祀系统进行了整合②,然而秦人对神灵系统的等秩划分,尚处于模糊阶段,祭祀对象种类杂多,《南齐书·礼志上》说"秦为诸侯,杂祀诸祠。始皇并天下,未有定祠",确属实情。比如雍地杂乱神灵,凌杂而无序,尚未如后世天神、地祇、人鬼三分法那样成熟而有序。其次,在祭祀仪式上,秦人呈现出神秘主义风格,祭祀的神灵与阴阳五行、占星方术纠葛,芜杂而神秘,神灵的特性与周王朝呈现截然相反的面貌。例如秦人心目中的天帝,完全是一个世俗人格化的神灵,与周礼中的天神相比,丝毫未有仁爱、道德理则、正义的特质,它折射出秦人文化中道德仁义的匮乏。

汉代初建,秦国的祭祀制度为来自楚地的集团所继承。刘邦"悉召故秦祝官,复置太祝、太宰,如其故仪礼"。除秦朝祭祀体系之外,刘邦还在长安置各地巫祝,广设神祠,将战国以来的各地的杂祀"荟萃"一处,祭祀驳杂而无等秩尊卑之分。文、景之后的祭祀制度一直驳杂,尤其是武帝一朝"尤敬鬼神之祀",广设杂祀;神仙方士形于朝野,竞相要取富贵,祭祀神灵体系内,除以前设置神祠,尚设置了许多此类神祠,导致为神仙方士而建的祠庙成为汉家祭祀体制的一部分,它是战国神仙祭祀风俗的沿袭与进一步发展。汉代淫祀于此时发展到顶峰。综论之,西汉前期祭祀,无论从鬼神观念,还是从祭仪,以及祭祀的目的与祭祀的理念,可谓战国、秦人祭祀的延续与量的增加;而至武帝时期,战国以来杂祀、巫鬼迷信、神仙祠发展到顶

---

① 《荀子·礼论》。

② 参杨华:《秦汉帝国的神权统一——出土简帛与〈封禅书〉、〈郊祀志〉的对比考察》,《历史研究》2011 年第 5 期,第 4—26 页。

峰,上行下效,民间杂祀更甚,直接造成西汉中期之滥祀之风。《盐铁论·散不足》描述杂祀状况为:"今世俗饰伪行诈,为民巫祝,以取厘谢,坚额健舌,或以成业致富,故惮事之人,释本相学。是以街巷有巫,间里有祝","今世俗宽于行而求于鬼,怠于礼而笃于祭,亲而贵势,至妄而信日,听言而幸得,出实物而享虚福。"①滥祀造成民间巫祝横行,竞相获取钱财,以致百姓怠慢农事而以巫祝为业,造成"财尽于鬼神,产匮于祭祀"的危害。最终导致西汉中后期的祭祀的儒学化改革。可以说,西汉前期滥祀之烈,实肇始于战国时期的淫祀之风。

---

① 王利器:《盐铁论校注上》(增订本),第353—357页。

《月令》祛疑
——兼论政令、农书分离趋势

汤勤福

　　小戴《礼记》收入《月令》①一篇，此文历来深受学者关注，注疏、评述颇多，见仁见智，众说纷纭，许多问题难以定论②。本文拟从学术史角度来对《月令》进行一些阐述，提出一些看法，以向学界同仁求教。

一、问题的提出

　　《月令》自戴圣编入《礼记》后就成为极其重要的儒家经典著作③，然而《月令》则由于其著述体例与小戴《礼记》其他篇目大相径庭而使人感到疑惑④。确实，仔细考究该文，至少有以下几个方面确实令人感到不解。

　　其一，《月令》并无典型的儒家思想。

　　我们知道：《礼记》49篇，除《月令》外，大多数篇章谈及文王、武王、周公以及孔子、颜渊、曾子、子贡、子路、子夏、子张、子游、子思等儒家人物，也经常引用他们言行。即使不提及儒家先贤，也会在文章中论述儒家观念。如《王制》不提儒家先圣先贤，但其中"命典礼考时、月，定日，同律、礼、乐、制度、衣服，正之"、"司徒修六礼以节民性，明七教以兴民德；齐八政以防

---

　　①　本文《月令》引文据孙希旦《礼记集解》，北京：中华书局，1989年。
　　②　杨振红称："月令的源流问题是中国学术史上的一桩悬案，自古以来众说纷纭，迄无定论。"参见吴丽娱主编《礼与中国古代社会》（秦汉魏晋南北朝卷）第一章（下）第五节《月令与秦汉政治》，北京：中国社会出版社，2016年，第156页。与本研究相关的其他成果甚多，本文择要在正文或注释中予以介绍与评述。
　　③　古书写在简牍或帛上，故《月令》原本当为单篇，汉戴圣编《礼记》而收入《月令》。
　　④　著名礼学专家沈文倬先生的哲嗣沈菇教授在"第二届礼学国际学术研讨会"（杭州，2013）说到沈先生晚年对此深感疑惑。

淫,一道德以同俗;养耆老以致孝,恤孤独以逮不足;上贤以崇德,简不肖以纠恶","乐正崇四术,立四教,顺先王《诗》、《书》、《礼》、《乐》以造士:春秋教以《礼》、《乐》,冬夏教以《诗》、《书》","凡听五刑之讼,必原父子之亲,立君臣之义,以权之","六礼:冠、昏、丧、祭、乡、相见","七教:父子、兄弟、夫妇、君臣、长幼、朋友、宾客"①之类,明显带有儒家观念。

《月令》则不同,从头至尾根本不提儒家先圣先贤及孔子后学,不提儒家的仁、义、礼、德、孝、弟(悌)、诚、君子、修身、君臣父子等等道德或观念。《月令》中没有"仁"字,有一"义"字,即"以征不义",此"义"字与儒家所论道德之"义"无关。"诚"字一见,即"物勒工名,以考其诚",也与儒家所倡导的道德之"诚"无关。至于儒家反复倡导的孝、弟(悌)、修身、君臣父子之类,绝不见《月令》所引。《月令》"仲夏"和"仲冬"均有"君子齐(斋)戒",然2处"君子"均非儒家所论道德意义上的"君子"②。"礼""乐"两字在《月令》中出现过,但细察可见并非儒家所论之"礼乐"。《月令》"礼乐"合用仅在孟夏中出现2处,即"乃命乐师习合礼乐"、"是月也,天子饮酎,用礼乐",显然是泛指,并非特指儒家所论之"礼乐"。单独用"礼"字2处:"乃礼天子所御"③、"礼贤者"④,也非儒家所指之礼。作为名词的"乐"字有"大合乐"⑤、"用盛乐"2处,也不是特指儒家之乐。而小戴《礼记》其余48篇,有直接称颂儒家圣人先贤者,有直接论述儒家观点和概念者,有论述儒家所推崇的礼仪者,《月令》显然与这48篇文章全然不同,差异极大。有学者承袭《史记》所称"《书传》、《礼记》自孔氏"的观点⑥,即认为《月令》是"七十子后学"所著,强调这些后学在著述风格会有所不同⑦。实际上,这一说法是难以

---

① 孙希旦《礼记集解》卷12《王制第五之一》,第328页;孙希旦《礼记集解》卷13《王制第五之二》,第361页、第364页;孙希旦《礼记集解》卷14《王制第五之三》,第371页、第397页、第398页。

② 关于儒家君子之道德问题,参见汤勤福《〈论语〉选评》第三部分"理想人格"有关内容,上海:上海古籍出版社,2006年,第99—第131页。

③ 杨天宇释此"礼"为醴,参见氏著《礼记译注》,上海:上海古籍出版社,2004年,第179页。若将此"礼"字视为动词,更非儒家之礼。

④ "礼贤者"是春秋战国时诸侯普遍采用之法,此处不能确指儒家观念。

⑤ 孙希旦《礼记集解》称"合乐又重于习舞也",第436页。杨天宇译"大合乐"为"举行舞乐大会演",参见氏著《礼记译注》,第184页。

⑥ 司马迁《史记》卷47《孔子世家》,北京:中华书局,1959年,第1936页。班固《汉书》卷30《艺文志》明确称"《记》百三十一篇"为"七十子后学者所记也"。然班固未列具体书名,不知《月令》是否在此之中。北京:中华书局,1962年,第1709页。

⑦ 郭沫若先生认为《月令》有二十八宿和五行两套学说,"这两套学说断然是采自两家,《月令》成了儒家的重要典礼,我想那一定是子思、孟轲派的系统。"当代学者称《月令》出于七十子后学之手或受到郭老之说影响。

站住脚的。我们承认孔子之后的儒家学者著述风格会有所不同，但就传世的儒家文献与出土文献来看，尊崇先圣的言论与辩说儒家道德或观念者似无例外，如传世文献《孟子》、《荀子》，出土文献中的郭店楚简、上博简等等中的相关部分，均是如此。直至今日，我们仍无法找到相关例证来证实"七十子后学"有类似《月令》风格之著述。

其二，《月令》中的礼仪并非儒家之礼仪。

值得注意的是，《月令》中提及的一些礼仪形式如"释菜"、"郊庙"、"荐庙"（尝新）、"颁朔"诸礼，是否属于后世儒家学者反复论证的儒家之礼？笔者以为值得仔细辨析。《月令》有"上丁，命乐正习舞，释菜"，此指释菜礼。后世儒家所谓的释菜礼是指祭典儒家先圣先师之礼，而此处释菜礼则并非确指儒家先圣先师。其实，在《礼记》中，《丧大纪》和《文王世子》均提及"释菜"。《丧大纪》有"君释菜"①、"君释菜于门内"两处，却是指祭门神之礼，而非指祭先师之释菜礼。《文王世子》称"凡始立学者，必释奠于先圣、先师"、"三王教世子，必以礼乐。乐，所以修内也；礼，所以修外也。礼乐交错于中，发形于外，是故其成也怿，恭敬而温文"②，此指祭先圣先师之"释菜礼"③，不是专指儒家释菜礼。实际上，直到战国之时，孔子所倡导的儒家仅是诸学派之一，从未达到压倒性优势，诸国执政者并没有特别尊崇孔子或儒家后学，当时所祭先圣先师，指学有成就者，并非专指儒家先师孔子。杜佑《通典》称"周制，凡始立学，必释奠于先圣先师"，注曰"谓天子命之教，始立学官者也。先圣，若周公、孔子也"④，"若周公、孔子"是指"类似"周公、孔子者，可见所祭并非专指周公、孔子。《月令》又有"以共郊庙之服，无有敢惰"，此指郊礼（祭天）、庙礼（祭祖）之礼。诚然儒家非常强调这两种礼仪，但战国时期这种礼仪并非儒家专属之礼仪，实际上，当时的诸侯亦常僭行"天子之礼"。另外，《月令》又载"是月也，农乃登谷。天子尝新，先荐寝庙"，此为孟秋登谷之后荐庙之

---

① 陈皓《礼记集说》明确称"礼门神也"，南京：凤凰出版社，2010年，第352页。

② 孙希旦：《礼记集解》卷20《文王世子第八》，第560页、第563页。

③ 释奠、释菜均有祭先贤先师的含义，然释菜还有祭门神之义。从仪式上说，释奠较简略，郑玄称"释奠者，设荐馔酌奠而已，无迎尸以下之事。"

④ 杜佑：《通典》卷53《礼一三·释奠》，北京：中华书局，1988年，第1471页。孙希旦《礼记集解》卷20《文王世子第八》"凡始学学者，必释奠于先圣、先师"，郑玄注曰："谓天子命之教，始立学官者也。先圣，周公若孔子"，第560页。郑注"周公若孔子"费解，当为"若周公、孔子"，典籍中引郑注亦有作"若周公、孔子"，如《旧唐书》卷24《礼仪志四》，北京：中华书局，1975年，第918页；李焘：《续资治通鉴长编》卷296，神宗元丰二年正月甲午，北京：中华书局，1992年，第7201页。

礼。"是月也，大飨帝，尝，牺牲告备于天子"，大飨之礼当时亦非儒家专用。至于"合诸侯，制百县，为来岁受朔日"，即指颁朔礼，但它只是沿用古代之礼。《竹书纪年》称帝禹夏后氏"颁夏时于邦国"①，"幽、厉之后，周室微，陪臣执政，史不记时，君不告朔"②。可见上古颁时历之事，既非儒家创制，又非儒家专用。至于《月令》所提及的籍田礼，当然也不是儒家专用之礼。

其三，语言风格不类战国诸子、儒家文章。

一个时代、一种文献类别乃至一个学派往往有相对比较固定的语言风格乃至相对固定的词汇，这是我们判断某一历史文献所属时代与类别、所属学派的重要标准之一。《月令》语言风格在小戴《礼记》中显得非常特别，与其他篇章完全不同，与战国诸子尤其儒家文献大相径庭，自然也与出土的一些儒家或其他诸子派别的文献有较大差异。战国诸子文章说理畅达、逻辑严谨、分析深入、文辞绚丽，甚至大量运用寓言、故事、历史传说等来表明自己观点。儒家文献如《孟子》、《荀子》在语言表现上具有擅长辩说的特色，属于儒家类的一些出土文献也侧重于立论与"论辩"，阐述儒家观点，逻辑性比较强。而《月令》与此差别非常明显。此以《月令》"孟春"为例来分析：自"孟春之月，日在营室"到"其祀户，祭先脾"，先列天象，次叙五行及与日、帝、动植、音律、味、祭祀关系，纯为叙述。"东风解冻"到"鸿雁来"是物候，也属叙述之语。"天子居青阳左个"到"毋聚大众，毋置城郭，掩骼埋胔"是讲天子居所及理政之处，所用舆物、所食、所用器物，均为叙述之语。至于太史谒告立春已到，符合五行木德，天子斋而迎郊，颁布政令、举行祈谷、藉田，下令开展农事、习舞、修祭典、祀山林川泽、禁伐木等等，也是叙述之语。"是月也"到"毋乱人之纪"是天子对上述一些行为作出规定，类似诏诰典制文献。最后一节则讲违时可能出现的灾害。可见，孟春除天子之语外，都是以"叙述"语言来表达的，没有一丝战国儒家那种"善辩"色彩。仲春到季冬也与孟春叙述方式相同。因此，从语文风格来分析，《月令》与战国诸子（包括儒家）那种论辩风格格格不入，从文献属性来判断，它显然不是某一派学者为宣扬自己派别的而著述的文章，而应该属于另一类文献。这可作为《月令》非儒家学者所撰旁证之一。

其四，《月令》并非秦汉时期所作。

① 方诗铭、王修龄：《古本竹书纪年辑证》，上海：上海古籍出版社，1981年，第201页。
② 《史记》卷26《历书》，第1258页。

顾颉刚先生曾提出《月令》是东汉王莽时期刘歆所作，这一观点没有得到绝大多数学者认同，目前仍然是战国说比较流行。实际上，从思想史发展角度来分析，《月令》确实既非秦地所产，亦非秦汉时代之作。

首先从农商关系的论述中可以看出，《月令》中不存在限商抑商言论，与秦汉之后限商抑商思想明显不同。《月令》称：

> 日夜分，则同度、量，平权、衡，正钧、石，角斗、甬。是月也，易关市，来商旅，纳货贿，以便民事。四方来集，远乡皆至，则财不匮，上无乏用，百事乃遂。

"易关市，来商旅，纳货贿，以便民事"，即允许或说鼓励从事商业，"四方来集，远乡皆至，则财不匮，上无乏用，百事乃遂"，此是肯定商业对国家的重要效用。秦至西汉前期则承战国时期秦国商鞅变法的路数，采取重农限商政策①，商业活动虽然存在，但未受到鼓励。史称秦始皇实行"上农除末，黔首是富"②政策，显然秦统一后并不鼓励发展商业，同时秦始皇"焚书坑儒"、"以吏为师"，儒家在当时没有市场。汉初对商人进行一系列限制，史称高祖"乃令贾人不得衣丝乘车，重租税以困辱之"③，严禁商人购并土地，显然是对商业进行限制。到汉武帝时，实行了更加严厉的毁商政策。显然，《月令》重视商业的思想与西鄙秦地及秦、西汉初期的重农限商不吻合，更与汉武帝之后重农抑商政策格格不入。

其次，《月令》所称阴阳五行与战国诸子、秦汉时期表述方式上有不同点。阴阳五行说出现颇早④，陈德述认为西周末伯阳父首先用阴阳来解释自然运动（地震），而作为哲学概念始见于《老子》，成书于战国的《管子》则以"阴阳"来解释天地的规律，四时的推移、日夜的变化以至王霸事业的兴衰存亡的原因，而阴阳范畴系统化发展则是体现在战国末期的《易传》中⑤。秦汉两朝都有比较浓厚的以阴阳五行来解释历史衍进的观念，如秦

---

① 参见汤勤福：《重农限商与重农抑商》，《上饶师专学报》1985 年第 3 期，或参见人大复印资料《先秦秦汉史》、《中国经济史》均 1986 年第 1 期。

② 《史记》卷 6《秦始皇本纪》，第 245 页。

③ 《史记》卷 30《平准书》，第 1418 页。

④ 阴阳、五行出现甚早，而且并非同一时间出现的。从《月令》所反映的内容来看，阴阳五行已经混融在一起，当比较晚。关于阴阳五行出现时间，学界有众多研究，看法各有不同，可参见葛志毅《重论阴阳五行之学的形成》，氏著《谭史斋论稿续编》，哈尔滨：黑龙江人民出版社，2004 年，第 246 页。

⑤ 陈德述：《略论阴阳五行学说的起源与形成》，《西华大学学报》2014 年第 2 期。

尚黑、汉尚赤便是。

需要指出的是,《月令》中的阴阳五行思想是承袭战国时期流行的阴阳家的观点①,以此解释物候农时,尽管也说到了"政治"方面②,但不用阴阳五行来解说王霸事业的兴衰存亡的原因,不讲王朝更替依据五德循环,这一思想立场,与被称之为五德始终的历史观相差颇大,可以明显地与《管子》和邹衍思想区别开来,也与"秦黑汉赤"观念明显不同。《月令》的阴阳五行不属于严格的哲学范畴,也不以此说明万物生成、演化的规律,更没有从哲学上高度来谋图建立一个哲学体系或思想体系③,因此也与《老子》一书不同。《易传》讲"易有太极,是生两仪,两仪生四象,四象生八卦"的万物生成体系,而《月令》不说太极,也不说两仪、四象、八卦,更不说阴阳来源于何处,这与《易传》宣扬的路径不同。可见,不能将《月令》归入道家学派,也与儒家有诸多不同之处。

再次,《月令》与战国诸子建立学术思想体系的思路格格不入,与秦汉流行的"五德始终"思想不吻合。战国诸子无论哪派,都力图建立自己思想体系,然《月令》则看不出任何建立思想体系的企图,即无法明确归类于哪派思想。《月令》与秦汉时期流行的思想也难以吻合。秦重法家,《月令》中没受到"法、术、势"之类法家思想影响,也无重法言论。汉初重黄老,《月令》不见黄老思想影子。汉武帝之时,董仲舒提出"罢黜百家,独尊儒术",

---

① 陈遵妫先生说:"宗教在中国殷代,还是相当的原始,没有形成一种系统的思想体系;到了殷末周初(公元前十二世纪前后),形成了所谓阴阳五行说,它一方面对当时天文学的发展有所促进,但另一方面,它的迷信唯心的伪科学,长期地统治着人们的思想,使我国的天文学以及其它自然科学的进展比较缓慢。"参见氏著《中国天文学史》第一册,上海:上海人民出版社,2006 年,第 83 页。如果陈先生的阴阳五行流行于殷末周初之说不错,那么战国流行阴阳五行说更是不成问题。也就是说,当时主掌天时的贵族官员(如太史)肯定已经掌握了阴阳五行学说的。因此,那种认为《月令》中有阴阳五行思想便抄袭《吕览》的观点是完全站不住脚的。太史掌握阴阳五行问题,详见下说。

② 如《月令》称"毋变天之道,毋绝地之理,毋乱人之纪",其中"人纪"显然是"政治"内容。又说"是月也以立春。先立春三日,大史谒之天子曰:'某日立春,盛德在木。'天子乃齐",也含有阴阳五行与政治的关系,但这些言论并无五德始终影子。实际上,《月令》采用阴阳五行思想来解释物候农时,强调遵从"时令",在相当程度上体现出尊重自然规律的意思,相对于《夏小正》来说是一种重大进步。

③ 葛志毅《重论阴阳五行之学的形成》认为:"《月令》的独特之处在于其不像其它先秦史籍及诸子偏重于权谋政术、道法名理的探讨,而是重在依据阴阳变化、四时流转、五行生克这些观念认识,构造一个相对完整的自然哲学体系,并指明其对社会人事的制约性影响作用,从而提出一个人法天、政顺时的天人合一政治理想模式。从根本上说,《月令》代表的这种倾向既是阴阳五行说形成、也是促其成熟完善的重要思想催化剂。"参见氏著《谭史斋论稿续编》,第 255 页。葛先生似将《月令》作者的定位类似政论家或哲学家,或有不妥。但说"既是阴阳五行说形成、也是促其成熟完善的重要思想催化剂",实有启示意义。

儒家思想受到一定的重视,但《月令》中没有明显的儒家思想①。除此,《月令》虽讲阴阳五行,但并未与王朝兴亡联系在一起,明显与秦汉盛行的"五德始终"的王朝兴亡论相歧。

综上所述,将《月令》作为汉后所作是站不住脚的,从文献的本身性质来说难以归入战国诸子中某一派,自然更不能称作儒家所作之文献②,小戴将《月令》收入《礼记》之中确实有诸多令人费解之处。

二、《月令》内容及特点

既然《月令》文献的本身性质不属于战国诸子任何一派,那么它是哪类文献呢? 实际上,至今学界仍无定论。有从现在《月令》列于《礼记》而强调是儒家文献者,有从农业角度出发认定它是农业著作者③,有从《月令》与《吕氏春秋》关系出发来认定它是阴阳家的作品④,有从按月系事和记载内容判断它为"月令书"、"星象物候历"⑤,有认为是"行政月历"⑥,也有称之"王官之时"⑦,有认为"是一类按一年十二月记载星象、物候、农事、政令的作品"⑧,诸如此类,都从某一方面来加以认定,因此难以获得较为可信的

---

① 从语言角度分析,《月令》更不类汉武帝之后文献。《月令》中没有"太极"观念,也与成书于战国、至汉代大为流传的《易传》不甚符合。这也是判断《月令》成书并非汉代的重要证据。

② 实际上,古人也有不认为《月令》是儒家著述,如郑玄称:"名曰《月令》者,以其记十二月政之所行也。本《吕氏春秋》十二月纪之首章也,礼家好事抄合之",显然将其归入杂家类。不过,郑玄认为出于《吕氏春秋》则难以成立。孙希旦《礼记集解》,第 395 页。

③ 王毓瑚《中国农学书录》认定《夏小正》为农书的同时也说:"历来儒家所传习的《礼记》里面,也有篇与本书相似的《月令》……因为其中夹杂着有古书真伪的问题,学者一直争论不休。从研究古代农学的角度出发,所有这些文字以及另外一些有关著作应当与本书合读,所以附记于此。"北京:中国农业出版社,1964 年,第 3 页。显然王氏将《月令》视为农学著作的。胡火金《中国古代天文学对传统农业的影响》一文甚至还称之"农家'月令派'"。参见《南京农业大学学报》2001 年第 1 期。

④ 夏纬瑛《夏小正经文校释》称:"《月令》……该是战国时代阴阳家的作品。"北京:农业出版社,1981 年,第 76 页。

⑤ 王安安《〈夏小正〉历法考释》称"《夏小正》是我国最早的一部月令书","是中国现存最早的星象物候历……它不仅是中国最早的一部月令体系专著,也是《礼记月令》《吕氏春秋十二纪》以及《逸周书》月令的渊源著作。"《历史研究》2006 年第 5 期。

⑥ 杨宽《〈月令〉考》,收入氏著《杨宽古史论文选》,上海:上海人民出版社,2003 年,第 503 页。

⑦ 萧放《〈月令〉记述与王官之时》,《宝鸡文理学院学报》2001 年第 4 期。

⑧ 甘迪龙:《先秦汉初〈月令〉研究》,香港中文大学 2005 年硕士论文。此文提出四个方面,但未说明具体归入哪类,实质上体现出作者未能准确把握《月令》属性。

观点。

笔者认为要解决《月令》文献属性，需要从《月令》内容本身与其著述目的入手考虑。

众所周知，现存《月令》主要包含四方面内容：一是政令，二是阴阳五行，三是物候，四是星象。此是学界众多学者所共识，无须赘言。问题在于作者著述目的是什么，这是判断《月令》属性最为主要的一面。同时值得重视的是《月令》这四个方面的内容是如何结合的？也就是说它具有什么特点。在笔者看来，《月令》内容是围绕着政令展开的。试释如下。

《月令》政令内容颇多，如称"王命"（或称"命"）非常明显地表现出"天子"（实为一国之首领）的政治地位，这是"政令"最好的证据，不必多言。《月令》许多称说阴阳五行之处，也与政令、国家利弊紧密结合。如"孟春行夏令，则雨水不时，草木蚤落，国时有恐；行秋令，则其民大疫，猋风暴雨总至，藜、莠、蓬、蒿并兴；行冬令，则水潦为败，雪霜大挚，首种不入"，"是月也，日穷于次，月穷于纪，星回于天，数将几终，岁且更始，专而农民，毋有所使"，仲春"行冬令，则阳气不胜，麦乃不熟，民多相掠。行夏令，则国乃大旱，暖气早来，虫螟为害"，这些都是运用阴阳五行的理论来解释农时，没有涉及政治上的"运势"，而是侧重在以"政令"形式来阐述物候农时，强调一旦违背农时则阴阳失调，从而引起农业受损，给国家带来灾难。

进一步说，《月令》谈物候更是政令、礼仪、星象历法相结合，显示出"政令"的特色。兹以孟春之月说明。自"孟春之月"到"祭先脾"体现强烈的阴阳五行思想，紧接着是"东风解冻，蛰虫始振，鱼上冰，獭祭鱼，鸿雁来"一组物候，之后便是"天子居青阳左个，乘鸾路，驾苍龙，载青旗，衣青衣，服仓玉，食麦与羊，其器疏以达"，"青阳"为明堂之东方，《礼记集解》云："皆所以顺时气也。"①高诱注《孟春纪》"衣青衣"云："所衣佩玉皆青者，顺木色也。"②此后五个"是月也"的论述，无论是立春祭典、"命相布德，和令，行庆，施惠"、"乃命大史守典奉法"、"天子乃以元日祈谷于上帝"、"王命布农事"、"命乐正入学习舞，乃修祭典""不可以称兵，称兵必天殃"等等，都属于王权、政令表现形式出现，显然，孟春之月所叙将体现出政令特色。其余仲春、季春两个月也是如此，乃至夏、秋、冬诸月无不如是。

---

① 孙希旦：《礼记集解》，第 410 页。
② 吕不韦著、陈奇猷校释：《吕氏春秋校释》，上海：上海古籍出版社，2002 年，第 9 页。

值得注意的是,《月令》讲星象、历法时,同样与政令紧密结合,如"乃命大史守典奉法,司天日月星辰之行,宿离不贷,毋失经纪,以初为常"、"先立夏三日,大史谒之天子曰:'某日立夏,盛德在火。'天子乃齐。立夏之日,天子亲帅三公、九卿、大夫以迎夏于南郊,还反,行赏,封诸侯。庆赐遂行,无不欣说。乃命乐师习合礼乐。命太尉赞桀俊,遂贤良,举长大。行爵出禄,必当其位",显然,这种以"政令"形式来要求国人遵循天道的做法,实有后世诏令或律令的含义。

显然,《月令》以政令为核心,将阴阳五行、物候、星象历法等内容紧密联成一体,体现出王朝"法令"的特色,并以此为国家实施农业生产、保持国家稳定与发展提供保障。由此可以肯定,《月令》所表现出来的内容绝非先秦诸子著述所具有的特点,自然也就不是儒家所著了。

三、《月令》的文献属性

那么《月令》究竟是哪类著述? 笔者以为把它与《夏小正》[①]进行比较,或许能够比较准确地说明《月令》的归属。我们先分析现存《夏小正》的特点:

其一,原典极其简单,经、传文合体。《夏小正》与《大戴礼记》其余篇目写法也不同,它有经、传两种不同的内容。兹以原文为例:

> 雁北乡。先言雁而后言乡者何也? 见雁而后数其乡也。乡者何也? 乡其居也,雁以北方为居。何以谓之居? 生且长焉尔。"九月遰鸿雁",先言遰而后言鸿雁何也? 见遰而后数之则鸿雁也。何不谓南乡也? 曰:非其居也,故不谓南乡。记鸿雁之遰也,如不记其乡,何也? 曰:鸿不必当《小正》之遰者也。
>
> 雉震呴。震也者,鸣也。呴也者,鼓其翼也。正月必雷,雷不必闻,惟雉为必闻。何以谓之? 雷则雉震呴,相识以雷。

上述"雁北乡"、"雉震呴"是原典语言(即经),而后面一大段都是解说之辞(即传),不似先秦诸子著述习惯。其分经传,古代学者早有明言,今人夏纬

---

① 本文《夏小正》采用方向东《大戴礼记汇校集解》,北京:中华书局,2008 年。夏纬英《夏小正经文校释》点校稍有不同,凡出入较大者注之。

英也指出这一点①。

其二,内容庞杂,毫无儒家气息。《夏小正》分记十二月,涉及物候、农时、气象、星象、历法、政令、祭祀等内容,与《月令》所记内容相类。兹以正月为例,该月所记 23 则,经文分别为"启蛰"(物候)、"雁北乡"(物候)、"雉震呴"(物候)、"鱼陟负冰"(物候)、"农纬厥耒"(农时)、"初岁祭耒始用畼"(祭祀)、"囿有见韭"(物候)、"时有俊风"(气象)、"寒日涤冻涂"(气象)、"田鼠出"(物候)、"农率均田"(农时)、"獭献鱼"(物候)、"鹰则为鸠"(物候)、"农及雪泽"(农时)、"初服于公田"(政令)、"采芸"(祭祀)、"鞠则见"(星象)、"初昏参中"(星象)、"斗柄县在下"(星象)、"柳稊"(物候)、"梅、杏、杝桃则华"(物候)、"缇缟"(物候)、"鸡桴粥"(物候)。显然,在"正月"的经文中无法看出儒家思想的因素,实际上,其他诸月也看不出儒家思想因素。如果进一步分析,《夏小正》传文也看不出儒家思想的因素。

其三,时令或有窜乱。以《月令》对照《夏小正》,可以发现两者许多不同。如《夏小正》正月内容,在《月令》中则可能分在季冬、孟春和仲春三个月内②:

记入《月令》季冬:"雁北乡"("雁北乡"③)、"雉震呴"("雉雊");

记入《月令》孟春:"启蛰"("蛰虫始振")、"鱼陟负冰"("魚上冰")、"时有俊风"("东风解冻"④)、"农率均田"("王命布农事,命田舍东郊,皆修封疆,审端经术")、"獭献鱼"("獭祭鱼"⑤)、"初昏参中"("昏参中");

记入《月令》仲春:"鹰则为鸠"("鹰化为鸠"⑥)、"采芸"("荣芸……始收"⑦)、"柳稊"("时有见稊")、"梅、杏、杝桃则华"("桃始华")。

---

① 夏纬英:《夏小正经文校释·序言》,第 1 页—第 2 页。至今仍有混淆经传者,如方向东《大戴礼记汇校集解》仍将经、传混编一起,不作区分。陈振孙《直斋书录解题》卷 6《夏小正》云:"汉戴德传,给事中山阴傅崧卿注。此书本在《大戴礼》,郑康成注《礼运》'夏时'曰:'夏四时之书也,其存者有《小正》。'后人于《大戴礼》钞出别行。崧卿以正文与传相杂,仿《左氏经传》,列正文其前,而附以《传》,且为之注。"上海:上海古籍出版社,1987年,第 190 页。

② 《夏小正》其他月份记载亦与此相似。

③ 括号中是《月令》中的内容,下同。

④ 夏纬瑛称为"和熙之风",当是。参见氏著《夏小正经文校释》,第 9 页。

⑤ 夏纬瑛认为"献"字或作"兽"。参见氏著《夏小正经文校释》,第 11 页—第 12 页。

⑥ 夏纬瑛认为是古人对自然界事物观察不够精审而发生的误解。参见氏著《夏小正经文校释》,第 12 页。

⑦ 《月令》仲冬"芸始生",此非采芸而言,然《月令》未见"采芸"记载。《夏小正》二月"荣芸,时有见稊,始收",入于二月,正月则有"采芸"记载,显然矛盾。《夏小正》二月有"柳稊",故将"采芸"归入仲春。

在《月令》中无类似记载者如下：

> "农纬厥耒"①、"初岁祭耒，始用畼也"②、"囿有见韭"、"寒日涤冻涂"③、"田鼠出"④、"农及雪泽"、"初服于公田"⑤、"鞠则见"⑥、"斗柄县在下"⑦、"缇缟"⑧、"鸡桴粥"。

上述《月令》中无类似记载者共 11 条，除"鞠则见"不能确定时令外，大致也在季冬到仲春之间。有学者认为《夏小正》成书于战国时，稍早于《月令》⑨，如果此说不误，那么同一物候、星象、农时则应大致对应，不应差异如此。即使《夏小正》成书远远早于《月令》，那么对同一物候、同一星象的观察，对同一农时的区分，上下一月则自然有可能是观察差误，然不至于相差达两月之久⑩，因此笔者认为可能是经文窜乱的原故。

如果我们把《夏小正》经文与《月令》对照起来看，显然两者的记事方式是完全相同的，只不过《月令》记载得更为完善一起，加上更多的内容，使其经文更为丰富。值得一提的是，《夏小正》没有"中央土"一说，这与《月令》不同，因此可说《夏小正》受到阴阳学说影响，但不具备五行思想，而《月令》

---

① 《月令》孟春"天子亲载耒耜"，即藉田，此包含令农人备耒农作的意思。

② 夏纬英认为此当是前文"农纬厥耒"的传注，混入经文，其辨析当是，故此条可归入孟春。参见氏著《夏小正经文校释》，第 6 页。

③ 夏纬瑛称"日"字当作"而"字解，"与上文'时有俊风'共为一句，意思是说：其时有美善之风，其风虽寒而能滁除冰冻的泥塗。"参见氏著《夏小正经文校释》，第 10 页。

④ 孟春天气转暖，鼠当会活跃起来，似入孟春较恰当。

⑤ 夏纬英称"农及雪泽，初服于公田"非经文，而是二月"往糶黍禅"的传注。参见氏著《夏小正经文校释》，第 14 页—第 15 页。

⑥ 《十三经注》鞠为"星名也。鞠则见者，岁再旦尔"。然《史记·天官书》中无"鞠星"之名，因而历代诸家各作解释，均未能定谳。参见夏纬英《夏小正经文校释》，第 18 页。

⑦ 夏纬英引朱骏声说，释斗柄在下为东北隅，然与"正月"不吻合。参见氏著《夏小正经文校释》，第 18 页。冬至月初昏，斗柄指正北（子位），次月为东北（丑位），当为十二月。参见郑慧生：《古代天文历法初步》，开封：河南大学出版社，2006 年，第 17 页。刘金沂、赵澄秋《中国古代天文学史略》亦称《夏小正》"用晨见昏伏星、昏旦时斗柄指向和南中天星指示月份，其间多有矛盾之词。"石家庄：河北科学技术出版社，1990 年，第 21 页。

⑧ 缟为莎草，花期在五月之后。夏纬瑛释"缇"为"花序"则非是，因为"正月"不是莎草开花之时。参见氏著《夏小正经文校释》，第 19 页。

⑨ 参见中国天文学史整理研究小组：《中国天文学史》，北京：科学出版社，1981 年，第 9 页。笔者以为：《夏小正》经、传应该是两个时期形成的，经文形成时间早，传文则较晚。

⑩ 即使《夏小正》成书早于《月令》1000 年，斗转星移，出现岁差当亦无须奇怪，抑或气候发生某些变化，但同一月的物候、星象、农时前后不至于相差两个月。黄人二指出《夏小正》用十月太阳历之天象，与《月令》记十二月不同，参见氏著《敦煌县泉置〈四时月令诏条〉整理与研究》，武汉：武汉大学出版社，2010 年，第 55 页。依黄人二之说，那么两者时令也不应该差异如此之大。

则受到阴阳五行思想影响。同时,《夏小正》传文只是"解释"经文内容,体现不出儒家思想因素。因而,根据这些情况判断,自然可以得出《夏小正》与《月令》一样,原本也非儒家所著。

那么,这两种著述是何种性质的文献?《逸周书》称:"周公正三统之义,作《周月》,辩二十四气之应以明天时,作《时训》。周公制十二月赋政之法,作《月令》。"①称周公"作《月令》"自然是牵强附会,不足为信。但称"制十二月赋政之法"一语却还有可回味之处,即作《月令》者出于"赋政之法",意即从政令角度出发来作《月令》的,这大概是可以认定的。清人王筠把《夏小正》之"正"视为"政",认为是"政字古文,非正朔之正"②,显然将《夏小正》视为"政令"的含义。夏纬英也认为《夏小正》"是一个统治集团的一种政事措施"③,此可为定谳。据此,笔者认为:《月令》之"令"自是"政令"之"令",亦可归属"统治集团的一种政事措施",当与《夏小正》同属"政令"之书无疑。

综而言之,我们不反对汉代之后《月令》归属儒家经典的观点,但需要强调的是:《月令》就原始创制者而言,肯定不属于儒家思想家或其他战国诸子④,《月令》属于政令性文献⑤,是"官方文书"。这就像"六经"原来不属于儒家经典一样,直到孔子删修它们后,才成为他宣扬自己学术思想、教育自己学生的教材,如此才成为儒家经典。然而我们不能说这六种典籍一开始便属于儒家经典⑥。区分这一点非常重要,因为这是我们判断《月令》原始作者的重要依据,也是梳理这一学术史的重要基准点。

既然《月令》不是儒家创制,那么为何被收录到小戴《礼记》中?笔者以为这需要从学术史角度来解答。秦焚书坑儒之后,战国诸子(自然包括儒

---

① 孔晁注、黄怀信等撰:《逸周书汇校集注》卷100《周书序》,上海:上海古籍出版社,1995年,第1211—1212页。

② 转自沈文倬:《菿闇文存》,北京:商务印书馆,2006年,第1000页。

③ 夏纬英:《夏小正经文校释·序言》,第1页。

④ 李道和《月令:中国文化的时空图式》认为《月令》属儒家文献,笔者以为不正确。该文载中国民俗学会、北京民俗博物馆编:《节日文化论文集》,北京:学苑出版社,2006年。

⑤ 关于《月令》文献性质,笔者概括为"政令性文献",是受到诸多学者观点的启发。除文中提及的王筠、夏纬英外,其他如杨宽《月令考》认为是"行政月历"。杨雅丽《〈月令〉语义文化溯源》认为是"政治性文献"(《贵州文史丛刊》2010年第2期。但她强调《月令》来自《吕氏春秋》是不能令人同意的)。王璐提出是"月令"是"政令",但未说是"政令性文献"(《汉代月令思想研究》,苏州大学2011年硕士论文)。

⑥ 后世"十三经"之说,实际也是陆续将其他一些典籍"增补"到儒家经典中去,视其为儒家经典而已。

家)的著作大多受到焚毁,其流传受到极大限制。然秦王朝轰然倒台,到汉初,黄老思想受到重视,其他思想流派也获得重新崛起与发展的机遇。汉代儒家为重建儒学而采集各种文献,作为儒家著述及思想来传授①,从而达到扩大儒家影响的目的。这就是《月令》被收入《礼记》的真实原因。大戴《礼记》收录《夏小正》是如此,小戴《礼记》收入相似的《月令》也是如此②。不过还得说明的是,尽管《月令》本身不是儒家创制,然自小戴《礼记》编成之后便厕身于儒家之列,之于后世儒家学者将其作为儒家经典而对它进行反复阐释,确实也加入了儒家思想成分,因此,后世解释《月令》的著述也完全确认了《月令》的儒家著述的属性,这也无可非议。而事实上,许多相关著述也被视作儒家著作而被列于正史的"经"类文献中③。朱熹也明确说过:

> 《夏小正》十月玄雉入于淮为蜃,而其传曰:"蜃者,蒲卢也",则似亦以蒲卢为变化之意,而旧说未为无所据也。曰:此亦彼书之传文耳,其它盖多穿凿不足据信,疑亦出于后世迂儒之笔,或反取诸此而附合之,决非孔子所见夏时之本文也。④

朱熹的批评是有一定根据的,他所说出于"后世迂儒之笔",尽管是"迂儒",仍属于"儒家"范畴。当然,朱熹本人认为《夏小正》是儒家著述。

现在就需要进一步解决《月令》究竟成书何时、作者为谁的问题。明人杨慎以为是戴圣取《吕氏春秋》相关内容而成⑤,容肇祖认为《月令》乃战国邹衍所作⑥。杨宽称"《月令》本太史之学",然"官失其守",它为战国末年

---

① 实际上,从董仲舒的思想中可以看出,他虽自称是儒家学者,要求"罢黜百家,独尊儒术",但他确实吸收了大量其他非儒家思想因素。
② 黄人二反对《隋书》卷 32《经籍志》把小戴《礼记》中《月令》等 3 篇说成是东汉马融加入,认为《月令》等 3 篇本身在 46 篇之中,只是后来将《曲礼》、《杂记》、《檀弓》分为上下,成现今之 49 篇。笔者认为黄说为是。参见氏著《敦煌县泉置〈四时月令诏条〉整理与研究》,第 78 页。
③ 此可参见一些正史《经籍志》、《艺文志》所列相关注疏《夏小正》和《月令》的书籍。
④ 朱熹:《四书或问》,上海:上海古籍出版社,安徽:安徽教育出版社,2001 年,第 82 页。
⑤ 杨慎《夏小正解·自序》云:"小戴氏取吕氏《月纪》,改为《月令》",见朱彝尊著,林庆彰、蒋秋华、杨晋龙、冯晓庭主编《经义考新校》,上海:上海古籍出版社,2010 年,第 2707 页。
⑥ 容肇祖:《月令的来源考》,《燕京学报》1935 年 18 期,收入《容肇祖集》,济南:齐鲁书社,1989 年。

晋人所作①。冯友兰则认为《月令》是"阴阳五行家以传统的术数为资料，以五行观念为基础，用以解释他们所日常接触到的一些自然现象和社会现象"②，虽没有点出具体作者，但将其归入阴阳五行家所著是明显的。至今为止，学界一般认为是战国时代某位阴阳五行家所作③。笔者认为杨宽的观点虽有缺陷，但学界对此未能重视甚为可惜，而其他说法则值得商榷。尽管因为资料所限，目前无法明确证实是某位战国时代古人所著，但可从上述《月令》特点来进行分析，《月令》并非是一般学者为宣扬某种学说或思想体系而著的篇章，而是含有"政令"意义的著述，因而一定是"朝廷官员"所著。

此非笔者臆断，据《礼记》："天子建天官，先六大：曰大宰、大宗、大史、大祝、大士、大卜，典司六典"④，后一"典"者即法典、法令也，自然归属"政令"。显然，观察星象、计算历法、掌握阴阳、主持祭祀均属太史职责范围之内，这也与《月令》反映的内容吻合⑤。《周礼》还说太史"掌正岁年以序事，颁之于官府及都鄙，颁告朔于邦国"，孙诒让释"序事"："若《夏小正》、《月令》四时所施行之事，使皆得其序。"⑥可见太史确是主掌该类政务者。

《史记》载舜"东巡狩"时与东方君长"合时月正日"，《正义》云：

> 既见东方君长，乃合同四时气节，月之大小，日之甲乙，使齐一也。《周礼》："太史掌正岁年以序事，颁正朔于邦国。"则节气晦朔皆天子颁之。犹恐诸侯国异，或不齐同，因巡狩合正之。⑦

---

① 杨宽《〈月令〉考》，收入氏著《杨宽古史论文选》。据该文附言可知，前四部分发表于《齐鲁学报》1941年第2期，后两部分为后来补撰。杨文主旨并不在考证《月令》作者，但他认为"五神配五行、五色、五虫之说，又出之史嚚之口，是亦足证《月令》本太史之学也"，并推定它出于战国晋人之手，故称之出于"晋学"。实际上，杨宽强调《月令》本太史之学，只是为了强调它是"官失其守"之后的民间产物，如此又否定了出于"太史"之手。然而，杨宽提出《月令》与太史之学的关系极应引起重视。至于杨先生认为出于晋学，限定范围似太严，其根据不足。本文考证《月令》出于太史之手，不再重复使用杨宽引用过的资料，而尽可能发掘新资料来论述。
② 冯友兰：《三松堂全集》（第七卷），郑州：河南人民出版社，2000年，第437页。
③ 实际上，上述这些学者虽判定《月令》作者或为阴阳五行家，但他们却不否认《月令》是儒家著述。
④ 孙希旦：《礼记集解》卷5《曲礼下第二之一》，第132页。
⑤ 《月令》孟春云："乃命大史守典奉法，司天日月星辰之行，宿离不贷，毋失经纪，以初为常"，实际也明确了太史须奉行典章制度，观察日月星辰运行不能出差错，暗示着太史有作《月令》的职责。
⑥ 孙诒让：《周礼正义》卷51《春官·大史》，北京：中华书局，1987年，第2082页—第2083页。
⑦ 《史记》卷1《五帝本纪》，第26页。

据此,可以断定这种观察星象物候、顺从阴阳五行、注重农事的"月令"属于太史撰述的政令,并由国君颁之各地。我们还可举出其他例证,如《国语》载:

> 宣王即位,不籍千亩。虢文公谏曰:"不可。夫民之大事在农,上帝之粢盛于是乎出,民之蕃庶于是乎生,事之供给于是乎在,和协辑睦于是乎兴,财用蕃殖于是乎始,敦庞纯固于是乎成,是故稷为天官。古者,太史顺时覛土,阳瘅愤盈,土气震发,农祥晨正,日月厎于天庙,土乃脉发。"①

> 先时九日,太史告稷曰:"自今至于初吉,阳气俱蒸,土膏其动。弗震弗渝,脉其满眚,谷乃不殖。"②

虢文公谏周宣王不籍千亩,称"古者,太史顺时覛土"、"太史告稷"云云,显然是太史履行其职能的表现,他们根据时令、阴阳等具体情况来监管农事。这也是太史作《月令》的有力根据。

事实上,太史也具备著述《月令》所需要的的学识,他们懂天文、地理、物候、农业,乃至阴阳五行等等,如此才能著述出上符天时、下符农业生产的"月令"来。如司马谈曾自称:

> 太史公学天官于唐都,受《易》于杨何,习道论于黄子。太史公仕于建元元封之间,愍学者之不达其意而师悖,乃论六家之要指曰:……夫阴阳四时、八位、十二度、二十四节各有教令,顺之者昌,逆之者不死则亡。未必然也,故曰"使人拘而多畏"。夫春生夏长,秋收冬藏,此天道之大经也,弗顺则无以为天下纲纪,故曰"四时之大顺,不可失也"。③

显然,太史能通阴阳家之"阴阳四时、八位、十二度、二十四节",顺应"春生夏长,秋收冬藏"的"天道之大经"、无违"天下纲纪",那么他所制订出来的"月令"自然会获得国君们的认可而颁布。可见,在朝廷众多官员中,只有太史学识与职责能够担当撰写类似《月令》的篇章,然后交呈国君以政令形

---

① 徐元诰:《国语集解》卷1《周语上》,北京:中华书局,2002 年,第 16 页。
② 徐元诰:《国语集解》卷1《周语上》,第 16 页—第 17 页。
③ 司马谈:《论六家要旨》,司马迁《史记》卷 130《太史公自序》,第 3290 页。

式颁发各地。《史记·天官书》"索隐述赞"云:"在天成象,有同影响。观文察变,其来自往。天官既书,太史攸掌。云物必记,星辰可仰。"[①],其说"太史攸掌"的说法是可信的。在其他文献中也有类似说法,如《文选》李善注载:

> 《东都赋》曰:"体元立制,顺时立政",谓依月令而行也。《礼记》曰:"凡举事必顺其时。"[②]

此《礼记》实即《月令》,然《礼记·月令》文字略异:"凡举大事,毋逆大数,必顺其时"。《昭明文选》对《东都赋》"体元立制,顺时立政"的疏释为"依月令而行(政)",应该说是正确的,这在春秋战国乃至秦汉时期施行有关农事的政令时均是如此,而且从考古中获得了明证[③]。如果进一步分析,那么后世王朝"颁朔"也属于这种性质的礼仪,体现出国家对农业的重视。如果这种说法能够成立,那么完全可以断定《月令》的作者应当是战国时期三晋、齐、燕的太史[④],因为从《月令》内容所体现的物候乃属中原一带,其重商思想与西鄙秦国不侔,因此不属于秦国或南部楚国[⑤]。

实际上,太史作月令也可从后世某些事例中获得启示。众所周知,自古以来,太史职掌之一是著史,这一职责后代演化为史官之职,后世某些朝代史官制订月令也有迹可寻,如唐宋便是如此。《唐大诏令集》卷八六"时令"收入开元五年十月一日《令史官条奏每月应所行事诏》[⑥],即玄宗命史

---

① 《史记》卷 27《天官书》,第 1353 页。
② 萧统:《文选》,北京:中华书局,1977 年,第 172 页。
③ 1992 年在敦煌悬泉置坞内发现的西汉平帝元始五年颁布的《四时月令诏条》便是明证,无论其内容还是文字形式都与《月令》有相似性。参见黄人二《敦煌悬泉置〈四时月令诏条〉整理与研究》,武汉:武汉大学出版社,2010 年。
④ 就其内容分析,笔者认为《月令》成书时间必定早于《吕氏春秋》。《月令》并非抄袭《吕氏春秋》成篇,而是黄河流域中下游地区三晋、燕、齐的太史沿袭周王朝太史作农时之令的著述。其实,蔡邕《月令篇名》早就指出:"秦相吕不韦著书,取《月令》为《纪号》,淮南王安亦取以为第四篇,改名曰《时则》,故偏见之徒,或云《月令》吕不韦作,或云淮南,皆非也。"参见严可均辑《全上古三代秦汉三国六朝文》之《全后汉文》卷 80 蔡邕《月令篇名》,北京:中华书局,1958 年,第 903 页。
⑤ 杨振红《月令与秦汉政治再探讨》提出:"《管子》虽然其成书年代尚不能确定,但其所述为齐国制度当无疑义。那么,青川秦律和《国语·周语》所代表的月令体系是否反映的是前帝国时代黄河中上游地区的农业习俗? 相对的,《管子》、《吕纪》是否代表着前帝国时代黄河下游的月令体系?"杨氏区分"月令"体系所属区域的看法,极有参考价值。杨文载《历史研究》2004 年第 3 期。
⑥ 宋敏求:《唐大诏令集》,北京:商务印书馆,1959 年,第 495 页。

官每月修月令上奏,不但唐有"月令",且史官修月令亦得到证明矣。尽管开元间史官所修月令内容今已不全①,但我们从宋代情况或可了解一二。这里先须指出,宋人修礼极重唐代开元礼,虽然宋礼有所改易,但对唐礼继承亦颇多②。《宋大诏令集》卷一二六《明堂四》至卷一三三《明堂十》中记载大量徽宗时期的月令,其形式与《月令》极为相似,内容则更为丰富,文字亦颇多异同。兹举宣和三年闰五月月令如下:

> 宣和三年闰五月朔,皇帝御明堂,门闱左扉。以是月天运政治,布告于天下曰:仲夏闰月,斗建午、未之间。朔日,甲子。日在井,昏亢中,晓室中。丁卯,蜩始鸣。癸酉,半夏生。戊寅,小暑。温风至,得六月之节。癸未,蟋蟀居壁。戊子,鹰乃学习。是月也,其化炎烁,其令郁蒸,土居相火之位,为赤云,为湿生,为注雨,其病下热胁满。凡味,以苦写之,以甘缓之。凡乐,蕤宾为宫,大吕为徵,夷则为商,夹钟为羽,无射为角,调宜尚徵,以致其平。是月也,朔告于庙。择日祭先牧、祀帝鼐、祀黄帝、中岳、中镇、中霤。官吏理考。抵当计息,田诉展期如令。给军马,较场务。咸以所附月为政。行冬令,则雹冻伤谷。行春令,则五谷晚熟。行秋令,则草木零落。于戏!定时成岁,庶绩其凝。咨尔万方,祗协予训。

宋人制月令,依唐代月令为基础,然后加以增删阐发③,因此从宋代月令记载中可以看出唐代月令的基本模式④。

---

① 《丛书集成新编》收录清人茆泮林辑李林甫《唐月令注》一卷、补遗一卷、附考一卷,恐非贾昌朝《唐月令》全部原文。

② 就唐宋两代皇帝召集重要官员听读月令而言,史有明确记载,且为一脉相承。《旧唐书》卷24《礼仪志四》:"太宗贞观十四年春正月庚子,命有司读月令,诏百官之长,升太极殿列坐面听。开元二十六年,玄宗命太常卿韦绦每月进《月令》一篇。是后每孟月视日,玄宗御宣政殿,侧置一榻,东面置案,命韦绦坐而读之。诸司官长,亦升殿列座而听焉。岁余,罢之。乾元元年十二月丙寅立春,肃宗御宣政殿,命太常卿于休烈读春令。常参官五品已上正员,并升殿预坐而听之。"《续资治通鉴长编》卷120载宋仁宗景祐四年三月"戊戌,翰林学士丁度等上所撰《国朝时令》一卷,诏以五月朔入合,因读时令。"

③ 陈振孙《直斋书录解题》卷6载贾昌朝《国朝时令集解》,称:"左仆射真定贾昌朝子明撰。唐因《礼记·月令》旧文增损为《礼记》首篇。天宝中改名《时令》。景祐初,始命复《礼记》旧文,其唐之《时令》,别为一篇,遂命礼院修书官丁度、李淑、宋祁、王洙、郑戬及昌朝,约唐《时令》撰定为《国朝时令》,以便宣读。盖自唐以来有明堂读时令之礼也。"

④ 需要补充的是,笔者至今未查到宋代史官制月令的根据,仅见礼官制月令的资料,此与唐代史官修月令似有不同。

74

四、《月令》与秦汉政令、农书分离趋势

综上所述，《月令》最初创制者不属于儒家文献是十分显然的，它原是战国时期三晋、齐、燕太史所著的政令，但经小戴收入《礼记》而成为儒家经典著作。如果从学术史角度来进一步分析，笔者以为可以《月令》为时间断限，它对后世政令与农书分途演进有一定影响。试为论之。

前面我们已经提及，《月令》"实有后世诏令或律令的含义"，因为与《夏小正》相比，《月令》已超越《夏小正》那种简略的物候式"农事"的记载①，除加强政令色彩之外，又采用了当时比较先进的阴阳五行思想来加以系统化、理论化、实践化，使上自天子、下至庶民都笼罩在阴阳五行的氛围之中，体现国家用"命令"式的政治手段来加强对农业生产的管理。换句话说，如果说《夏小正》还比较偏重农事的话，那么《月令》是"农政结合"了，这体现了战国末年太史著月令的时代特色。

而秦自商鞅变法后，一直持农战强国的政策，重视农业立法，这至少可从青川木牍《更修为田律》、睡虎地《秦律十八种》中的《田律》获得证明。我们可以清楚地看出，这种成文法，虽受到《月令》影响，但更偏重"律令"形式，同时阴阳五行色彩并不浓厚；从张家山出土的《二年律令》、敦煌悬泉置《四时月令诏条》中也可看出汉承秦制，这些律令中阴阳五行思想也较少。换句话说，至少现在没有发现秦汉时期出现像《月令》那样所包含政令、农事、星象历法、阴阳五行内容混同一体的有关农事的著述，却分别形成"田律"之类的法令类的文献和专门阐述有关一年 12 个月农事的农书。下面从出土文献来分析。

有关法令类农事的出土文献已有一些，如战国秦国武王二年（前 309 年）的青川木牍、战国末年至秦朝初的睡虎地秦简中的《秦律十八种》之《田律》、湖北江陵张家山出土的《二年律令》②、敦煌悬泉置出土的西汉平帝元始五年（5 年）《四时月令诏条》等等，都是其中最为重要者③。

从战国时期的秦国有关农事的律令来看，大致是从商鞅变法之后沿袭下来，商鞅死于公元前 338 年，韩非子称"及孝公、商君死，惠王即位，秦法

---

① 以《夏小正》经文而言，偏重农时，因此后世学者将其作为中国农业著述的鼻祖。

② "二年"即吕后二年，公元前 186 年。

③ 关于有关月令内容的出土简牍，杨振红有所列举，参见吴丽娱主编《礼与中国古代社会》（秦汉魏晋南北朝卷）第一章（下）第五节《月令与秦汉政治》，第 157 页。

未败也"①,从现在出土简牍已经得到证明。青川县出土有关田律的木牍共2件,其中M50第16简正面为121字,记战国秦武王二年(公元前309年)命左丞相甘茂更修《田律》事,所谓"更修",则此前有相关田律明矣。该木牍具体内容如下②:

> 二年十一月己酉朔朔日,王命丞相戊、内史匽,民臂(僻),更修《为田律》:田广一步,袤八,则为畛。亩二畛,一百(陌)道;百亩为顷,一千(阡)道,道广三步。封高四尺,大称其高;捋(埒)高尺,下厚二尺。以秋八月,修封捋(埒),正彊(疆)畔,及癹千(阡)百(陌)之大草;九月,大除道及阪险;十月,为桥,修波(陂)堤,利津梁,鲜草离。非除道之时而有陷败不可行,辄为之。

律令包括八月到十月之间的修改封疆、修道治涂、筑堤修桥、疏通河道等事。从该律令文字讲,没有涉及阴阳五行内容,确实有异于《月令》。

湖北云梦县睡虎地出土大量简牍,时间大致为战国末年至秦朝初,其中《秦律十八种》之《田律》与本文所叙内容相关。该《田律》残缺甚多,其中"二月"部分相对完整,兹罗列于下:

> 春二月,毋敢伐材木山林及雍(壅)堤水。不夏月,毋敢夜草为灰,取生荔、麛䴥(卵)㱿,毋□□□□□毒鱼鳖,置穽罔(网),到七月而纵之。唯不幸死而伐绾(棺)享(椁)者,是不用时。邑之新(近)皂及它禁苑者,麛时毋敢将犬以之田。百姓犬入禁苑中而不追兽及捕兽者,勿敢杀;其追兽及捕兽者,杀之。河(呵)禁所杀犬,皆完入公;其它禁苑杀者,食其肉而入皮。③

大致可以判断的是,此律规定春二月不可伐取木材、不准雍塞水道、不准烧草为灰、不准采摘植物幼芽、禁止捕捉幼兽和杀幼弱动物,不准取鸟卵、不准毒杀鱼鳖,不准设置陷阱和纲罟捕捉鸟兽等等。这段话部分词句与《月令》孟春极其相似,显然可以判定这些律令与《月令》有明显的部分传承关系,但其变化也是非常清晰的。如"唯不幸死而伐绾享者"之后部分,《月

① 王先慎:《韩非子集解》卷17《定法》,北京:中华书局,1998年,第398页。
② 文字识读据李学勤《青川郝家坪木牍研究》,《文物》1982年第10期。
③ 睡虎地秦墓竹简整理小组《睡虎地秦墓竹简》,北京:文物出版社,1978年,第26页。

令》则无。除"春二月"外，田律其他残存的文字既没有讲星象，也没有《月令》阴阳五行内容，而且其词句是比较规范的法律文书形式，因此大致可以断定，这些有关农事的律令的令与文青川律令一样，比较"专业"，受阴阳五行等思想影响不甚明显。

汉代有月令是可以肯定的。《汉书》载成帝阳朔二年春诏曰："昔在帝尧立羲、和之官，命以四时之事，令不失其序。故《书》云'黎民于蕃时雍'，明以阴阳为本也。今公卿大夫或不信阴阳，薄而小之，所奏请多违时政。传以不知，周行天下，而欲望阴阳和调，岂不谬哉！其务顺四时月令。"①此为西汉有月令明证。《后汉书》载明帝永平二年正月辛未，祀光武帝于明堂，礼毕，登灵台。使尚书令持节诏骠骑将军、三公曰："今令月吉日，宗祀光武皇帝于明堂，以配五帝。礼备法物，乐和八音，咏祉福，舞功德，班时令，敕群后"②；东汉章帝建初五年冬"始行月令迎气乐"③，又称"每春下宽大之诏，行四时之令，皆（侯）霸所建"④，此为东汉有月令之明证，无须赘言。

值得注意的是，杨宽先生撰《〈今月令〉考》一文⑤，指出东汉有月令，实是一大创见。但他认为郑玄注引《今月令》18 条⑥，即东汉所用月令称《今月令》，此恐不尽然。因为今本《礼记》载郑玄注引"今月令"均为字之异同，没有载其他内容，因而不能判定郑玄所引便是东汉某一具体月令的书名，因为完全有可能是当时流行的《月令》不同的版本、用"今"字指明当时版本不同的字词。

我们还可用其他史料来证实。《后汉书》有 3 处记载"今月令"三字，但均为唐人李贤之注⑦，如："有司奏，以为夏至则微阴起，靡草死，可以决小事"，李贤注曰："《礼记·月令》曰孟夏之月，'靡草死，麦秋至，断薄刑，决小罪。'郑玄注云：'靡草，荠、亭历之属。'臣贤案：五月一阴爻生，可以言微阴，今月令云'孟夏'，乃是纯阳之月；此言'夏至'者，与《月令》不同。"⑧这里"有司"所奏内容实为东汉时"月令"，李贤以"今月令"代称有司所奏月令，指出其与《礼记·月令》有所不合，实际指出当时《月令》确有不同版本。实际上，李贤用"今月令"还有其他用法，如《后汉书》载："立秋之日，白郊礼

---

① 《汉书》卷 10《成帝纪》，第 312 页。
② 《后汉书》卷 2《明帝纪》，第 100 页。
③ 《后汉书》卷 3《章帝纪》，第 141 页。
④ 《后汉书》卷 26《侯霸传》，第 902 页。
⑤ 杨宽：《古史论文选集》，上海：上海人民出版社，2003 年，第 902 页。
⑥ 孙希旦：《礼记集解·月令第六》，点校者均作"今《月令》"。
⑦ 分别为卷 4、卷 92、卷 95，均为唐人李贤注。
⑧ 《后汉书》卷 4《和帝纪》，第 192 页。中华书局本标点此段有误，笔者重加标点。

毕,始扬威武,斩牲于郊东门,以荐陵庙",李贤注曰:"《月令》,孟冬天子讲武,习射御,角力。卢植注曰:'角力,如汉家乘之,引关蹋鞠之属也。'今《月令》,季秋天子乃教田猎,以习五戎。"①因此,将"今月令"视为书名是大谬也。因为李贤所称"今月令"内容恰是《礼记·月令》"季秋"内容,而前一"月令"所载"孟冬"事则在《礼记·月令》季秋之内,即"天子乃教于田猎,以习五戎"。李贤指出东汉"月令"所记与《礼记·月令》内容的差异,故"今"字当作"今存"之谓。显然,"今"仅是冠在某一具体月令内容之前的时间副词,或指某一当时存在的版本,使用方法与郑玄注完全相同,故"今月令"不是特指东汉某一月令著作,不能以"书名"称之。因而,杨宽先生将郑注"今月令"视为东汉月令著述,实是错误。郑注"今月令"应视为当时东汉所流行之《月令》,而非具体书名,点校时完全可以不加书名号,即使要加,也只能加于月令两字之上。

其实,我们可以从一些出土简牍来证明汉代月令与《月令》内容、语言方面的异同。笔者认为两汉所行月令当是类似于敦煌悬泉置出土的《四时月令诏条》,与《礼记·月令》在文字、内容与形式上均有所不同。兹先分析西汉的相关简牍。湖北江陵张家山出土的《二年律令》为汉初律令,其中有《田律》13 条。《二年律令》有与《礼记·月令》及秦田律相似内容:

> 春夏毋敢伐材山林,及进(雍)隄水泉,燔草为灰,取产麛卵蒙;毋杀其绳重者,毋毒鱼。②

就其文字而言,《二年律令》与《月令》差异稍大,而与秦田律非常相似,可以判断为一脉相承,这种继承关系恰恰体现出汉承秦制的律令特色③。

敦煌悬泉置出土的西汉平帝元始五年(公元 5 年)《四时月令诏条》更为典型。该诏条共 101 行,文字略有残缺④。自第 1 行至第 7 行为太皇太后诏令内容,第 8 行至第 82 行为月令内容。月令中的内容部分大致可分为几个大类,一是罗列孟春到季冬十二个月所需农作及其他事宜。每季(季春到季冬)之后均有臣下表示"尽力奉行"。二是内容与解释之词大多

---

① 《后汉书》卷 95《礼仪志中》,第 3123 页。
② 彭浩等主编:《二年律令与奏谳书》,上海:上海古籍出版社,2007 年,第 190 页。此录入现行字。
③ 其余 12 条,《月令》均无,文字也体现出强烈的律令意味。
④ 比较而言,月令部分相对完整,解释部分残缺严重;整篇以"仲春"之前相对完整,"仲春"之后残缺较严重。

分上下两部分来表示。即月令内容在上半,内容前均有黑点;下半以"谓"字起句作解释,"谓"字前均有黑点,以示区隔。解释者引用阴阳五行思想非常少①。三是臣下奉令施行的态度,从第83行起至第100条为臣僚疏议诏令及太皇太后下制的内容。最后一行为"诏书四时月令五十条",即该诏书的题目。《四时月令诏条》以四季为名,分为十二月,与《月令》相同,包括孟春11条、中春5条②、季春4条、孟夏6条、中夏5条、季夏1条、孟秋3条、中秋3条、季秋2条、孟冬4条、中冬5条、季冬1条,合计50条。经笔者将《四时月令诏条》与《月令》逐条比对,大致情况为:

其一,《四时月令诏条》的月令具体内容的文字,绝大多数与《月令》相同或相似。兹仅以孟春为例:《四时月令诏条》第3条至第5条,"毋作大事,以防农事"、"毋□水泽,□陂池、□□"、"毋焚山林",《礼记·月令》作"毋作大事,以妨农之事……毋竭川泽,毋漉陂池,毋焚山林"。显然两者文字基本一致。还须指出的是,凡《四时月令诏条》中脱漏文字,往往可以《礼记·月令》来加以辨识或确认。

其二,两者有些内容相似,而具体文字不同。如《四时月令诏条》"中春"第1条为"敬授民时,曰:扬谷,咸趋南亩",《月令》无相同之句,但含义类似者则有之:"王命布农事,命田舍东郊,皆修封疆,审端经术,善相丘陵、阪险、原隰,土地所宜,五谷所殖,以教道民,必躬亲之。田事既饬,先定准直,农乃不惑。"③现所发现的秦律无此内容,因而无法进行比较。

其三,《四时月令诏条》与《月令》在具体内容的表现形式上有差异。《月令》许多内容以"王命"(命)的方式出现,而《四时月令诏条》则很少用这些形式④;《月令》有星象历法、阴阳五行、物候、礼制、违反阴阳所出现的灾害等内容,《四时月令诏条》则没有。而《四时月令诏条》在头尾体现出诏令形式,还在四季之后加上官员奉令施行的表态之语,这也与《月令》的形式不同。

其四,《月令》内容比《四时月令诏条》丰富得多。《四时月令诏条》50

---

① 此可印证上引成帝阳朔二年春诏中"今公卿大夫或不信阴阳,薄而小之"之语。

② 中春即仲春,下文中夏、中秋、中冬同。

③ 《史记》卷1《五帝本纪》载帝尧命羲、和、羲仲等人"敬顺昊天,数法日月星辰,敬授民时",《索隐》谓:"《尚书》作'历象日月',则此言'数法',是训'历象'二字,谓命羲和以历数之法观察日月星辰之早晚,以敬授人时也。"第16页—第17页。数法,据《月令》"凡举大事,毋逆大数,必顺其时,慎因其类",可见"大数"指天数,即天道。

④ 《四时月令诏条》用"命"甚少,如"季秋"第1条:"命百官贵贱,无不务入"、"孟冬"第1条"命百官,谨盖藏"等,实际上,该诏令本身是"政令",无需用"命"字,这正说明《四时月令诏条》与《月令》之间的承接关系。

条,有个别具体内容未见《月令》记载,如"孟春""追捕盗贼,尽夏"、孟冬"毋治沟渠,决行水泉",等等。比较而言,《月令》所载内容远远超过《四时月令诏条》;在具体表述上,《月令》也详细得多。如《四时月令诏条》"中春"第1条"存诸孤",《月令》则为"安萌牙,养幼少,存诸孤"。《四时月令诏条》"季夏"仅一条:"……【土功】",《月令》则为"命虞人入山行木,毋有斩伐。不可以兴土功,不可以合诸侯,不可以起兵动众。毋举大事"、"毋发令而待,以妨神农之事也。水潦盛昌,神农将持功,举大事则有天殃"、"烧薙行水"。类似这种内容,《四时月令诏条》缺失太多。

其五,《月令》有比较浓厚的阴阳五行思想,而《四时月令诏条》仅在太皇太后诏令中有"往者阴阳不调"、"钦顺阴阳,敬授民时"数语,显示其受到阴阳家思想的影响外,具体内容中很少涉及阴阳五行内容。

实际上,传世文献中仍然有一些与悬泉置出土的《四时月令诏条》相似的月令,如:

> 正月始耕。昼漏上水初纳,执事告祠先农,已享。耕时,有司请行事,就耕位,天子、三公、九卿、诸侯、百官以次耕。力田种各耰讫,有司告事毕。是月令曰:"郡国守相皆劝民始耕,如仪。诸行出入皆鸣钟,皆作乐。"①

"是月令曰"指该月下达的政令(即月令),其文字显然与《四时月令诏条》相似而与《月令》有较大差异。

那么,《月令》为何与秦汉出土的这些文献有如此差异?在笔者看来,其原因便是太史职能的变化。众所周知,商末、西周设置太史寮,其长官即太史,或称尹氏、内史尹、作册尹,名列天官,为三公之一,其地位仅次于卿事寮的长官太师或太保。太史一职往往为世袭,掌管册命、制禄、图籍、礼制、占卜、祭祀、记录历史、时令、天文、历法等事务。而到战国时期,太史地位有所下降。成书于战国、完善于汉代的《周礼》载太史仅位下大夫,尽管当时太史还拥有依据星象历法、阴阳五行来制订"月令"的权力,但其地位显然已经下降。值得指出的是,传世文献及出土文献记载战国时期东方诸侯国有太史的记载,然而未见秦国有太史一职。秦灭六国,一统天下之后,设置三公九卿,三公中丞相辅佐皇帝治理国内大事,九卿中治粟内史主管国家财政经济大权,负责征收租税钱谷,那么

---

① 《后汉书》卷94《礼仪志上》,第3106页。

80

有关农事的政令当由丞相和治粟内史负责制订，并通过皇帝认可后施行。秦朝设置太史令一职，秩六百石，隶属太常，仅掌天文历法，显然其地位低下，且与农事似不相关①。汉承秦制，史称"奉常，秦官，掌宗庙礼仪，有丞。景帝中六年更名太常。属官有太乐、太祝、太宰、太史、太卜、太医六令丞"②，显然汉朝太史仅是奉常（太常）属官，职位甚低，既非朝廷重要大臣，因而难以参与国家政令的制订，加之太史所职掌范围已有变化，与农事不相关，由此更不可能参加有关农事法令的制订了。换句话说，精通天文历法、阴阳五行的太史不参与农事法令制订，而制订农事的官员不一定精通天文历史、阴阳五行，星转斗移，历法变异，他们无从深入了解，因此只能根据《月令》的内容，删省星象历法和阴阳五行内容来制订相关月令，因而秦汉有关农事的律令——"月令"便较少采纳星象历法、阴阳五行③，从而演变成比较"纯粹"的法律文书，由此，它们与《月令》有较大变异就比较容易理解了。也正由于此，秦汉之后，类似《月令》那样的政令类著述不再出现，而分别演化成律令、阴阳五行著述和农书，于是，相对单纯的有关农事的著述——农书——便发展成为独立的门类，如东汉崔寔的《四民月令》等等。由此可以看出，政令性的《月令》在战国末流行，而秦灭关东六国，沿袭的是商鞅重农、重法的思想，其有关农事则以比较纯粹的政令（法令）来宣示，汉承秦制，也承袭这种方式，因此类似《月令》的著述发生了演化，国家层面宣示对农业的政策以法令形式颁布，而学者著述自然只能是相对单纯的农学著作了。

所谓"相对单纯"，不是说此类农书中完全排除了阴阳五行思想，事实上，崔寔《四民月令》有一些记载：如"阴阳争"、"顺阳习射，备不虞"、"乃顺阳布德，振赡穷乏，务施九族"、"芒种节后，阳气始亏，阴慝将萌，暖气始盛，虫蠹并兴"、"是月也，阴阳争，血气散"、"冬十一月，阴阳争，血气散"，说明该农书仍受到《月令》阴阳思想影响。但应该指出，农事中引入阴阳观念，这是古人观察的结果，不能完全归属于阴阳五行家的影响。如前所述，阴阳观念出现远远早于阴阳五行家，而且在农业方面采纳阴阳之说早已有之，并非是阴阳五行家产生之后才出现这种情况。同时，用阴阳来解释农事，强调阴阳调和，要求不违农时、宣扬环境保护、达到天下大顺，在当时科

---

① 传世文献仅见秦朝太史令胡毋敬作《博学章》，此非月令类著述。但却似乎可推测秦统一前也有太史令，只是与关东诸国太史令的职掌有所不同。

② 《汉书》卷19上《百官公卿表上》，第726页。

③ 这不是说律令类文书完全摆脱阴阳五行，只是较少采纳而已。如律法中"秋决"便有阴阳思想的影子。

学不发达的情况下讲五行相生①、阴阳对立,具有一定的辩证统一的因素,仍属一种比较先进的观念,在一定程度上符合天体运行规律,能够说明气候冷暖变化、四季交替对农事带来的影响,因此具有很高的实用价值。由此,我们必须把农事中采纳阴阳思想与五德始终的王朝更替论、宣扬阴阳灾异的谶纬迷信区分开来,分别来阐述它们的优劣与否,不可一概而论。

附:本文撰成后,经巴新生、赵世超、晁天义、曹建墩、张涛等先生审读,提出了一些修改意见,在此深表感谢。

---

① 《月令》只讲五行相生,未说五行相克,此点极需关注。这表示《月令》有可能比邹衍稍早,因为邹衍阴阳五行思想非常成熟,且受到齐燕赵诸国诸侯的重视,《史记》卷74《孟子荀卿传》:"是以驺子重于齐。适梁,惠王郊迎,执宾主之礼。适赵,平原君侧行撇席。如燕,昭王拥彗先驱,请列弟子之座而受业,筑碣石宫,身亲往师之。作《主运》。其游诸侯见尊礼如此,岂与仲尼菜色陈蔡,孟轲困于齐梁同乎哉!"第2345页。

跪拜礼与汉代以礼养官

梁满仓

跪拜礼是古代表现礼仪的肢体动作。对于跪拜礼,《礼记》、《仪礼》、《周礼》等儒家经典多有描述,历代学者多有考辨。近年来也有学者在此基础上作进一步的研究,如范红丽《〈左传〉中"跪拜"义同义词群考察》[①]、张晶晶《"再拜稽首"刍议》[②]、颜春峰《古代跪拜礼摭述》、《稽首、顿首、稽颡考辨》[③]、谢芳琳《漫谈古人的跪拜礼》等[④]。上述诸文,或从语言学角度辨析,或对动作本身考辨,或作一般知识性阐述。本文欲从历史角度,以跪拜礼仪为切入点,深入到汉代的历史中进行考察,并试图通过这种考察揭示汉代礼仪制度的一些特点。

一、跪是日常生活中的肢体动作

先秦至秦汉时期,单纯的跪只是日常生活中的肢体动作。孔子与宾牟贾讨论乐舞,孔子问:"《武》坐,致右宪左,何也?"唐孔颖达对这句话的解释说:"坐,跪也。致,至也。轩,起也。问武人何忽有时而跪,以右膝至地,而左足仰起,何故也?"[⑤]武人即舞人,舞人起舞,时落时起,此中的"坐",如果不是"跪"而是臀部实实地落在地上,便不会有起伏中节的舞姿。

古人采取跪坐之姿,自先秦已然。《水经注·渭水》:"渭水之右,磻溪水注之,水出南山兹谷,乘高激流,注于溪中,溪中有泉,谓之兹泉。泉水潭积,自成渊渚,即《吕氏春秋》所谓太公钓兹泉也。今人谓之丸谷,石壁深

① 《西南科技大学学报》2011 年第 5 期。
② 《安徽文学》2007 年第 11 期。
③ 《江西广播电视大学学报》1999 年第 4 期、《杭州师范学院学报》2001 年第 2 期。
④ 《文史杂志》2014 年第 2 期。
⑤ 《礼记正义》卷 39《乐记》,《十三经注疏》,北京:北京大学出版社,1999 年,第 1130 页。

高,幽隍邃密,林障秀阻,人迹罕交。东南隅有一石室,盖太公所居也。水次平石钓处,即太公垂钓之所也。其投竿跽饵,两膝遗迹犹存,是有磻溪之称也。"①姜太公钓鱼所坐的石头留下的是膝盖的印记,虽然是传说,却反映了商周时期的跪坐习俗。

西南大学的范红丽曾对《左传》中的"跪"字做了统计,指出"跪"在《左传》中出现四次,除了跪而载之(《左传》襄公十八年),其余三次均出现在人名之中,它们不表达跪拜义。同时,这一有趣的现象也折射出至少在《左传》所反映的时代里跪字还仅仅表达一种长坐的姿势,还没有产生跪拜义②。

战国时期的"跪"仍在很多情况下为日常生活中的坐姿。《史记》卷79《范睢蔡泽列传》载范睢见秦昭王的情形说:

> 秦王屏左右,宫中虚无人。秦王跽而请曰:"先生何以幸教寡人?"范睢曰:"唯唯。"有间,秦王复跽而请曰:"先生何以幸教寡人?"范睢曰:"唯唯。"若是者三。秦王跽曰:"先生卒不幸教寡人邪?"

司马贞索隐:"跽者,长跪,两膝枝地。"分析当时的场景,二人相对跪坐,秦昭王长跪只是欠身发问,不可能是对范睢行礼。燕国危在旦夕,鞠武向太子丹推荐可以挽救危机的田光。田光到后,"太子逢迎,却行为导,跪而蔽席。"司马贞索隐说:"蔽犹拂也。"③"跪而蔽席"即先坐下为田光拂拭坐席,"跪"是日常的肢体活动,"蔽"才是表示欢迎的礼遇动作。

即使在秦汉时,跪的肢体动作性质仍没有太大的改变。秦末农民起义,刘邦先入咸阳,项羽摆下鸿门宴欲加害之。樊哙听说刘邦处境危险,闯入宴席,"披帷西向立,瞋目视项王,头发上指,目眦尽裂。项王按剑而跽"。司马贞索隐解释"跽"为"长跪"④。项羽先是跪坐,臀部置于脚后跟之上,发现樊哙闯进来,握住剑柄直起身子,准备应付意外情况,当然不是礼仪行

---

① 陈桥驿:《水经注校证》卷17《渭水上》,北京:中华书局,2007年,第433页。
② 范红丽:《〈左传〉中"跪拜"义同义词群考察》,《西南科技大学学报》(哲学社会科学版)2011年第5期。
③ 《史记》卷86《刺客列传》,北京:中华书局,第2530页。
④ 《史记》卷7《项羽本纪》,第313—314页。清段玉裁《说文解字注》说:"系于拜曰跪,不系于拜曰跽。范睢传四言秦王跽,而后乃云秦王再拜是也。"上海:上海古籍出版社,1981年,第165页。笔者认为此说欠妥。《史记·范睢传》秦王再拜是因为范睢先拜,秦王回拜,与前面跪跽没有关系。《史记》卷79《范睢蔡泽列传》:范睢见秦王,"秦王跽而请曰",《战国策》卷5《秦策三》则为"秦王跪而请曰",可见"跪""跽"为一事。

为。与拜无关系只表示坐姿的"跪"还有如下典型记载：

> 良尝闲从容步游下邳圯上，有一老父，衣褐，至良所，直堕其履圯下，顾谓良曰："孺子，下取履！"良鄂然，欲殴之。为其老，强忍，下取履。父曰："履我！"良业为取履，因长跪履之。父以足受，笑而去。良殊大惊，随目之。父去里所，复还，曰："孺子可教矣。后五日平明，与我会此。"良因怪之，跪曰："诺。"①

这里描写了张良两个跪的动作：一个是长跪为老者穿鞋，一个是跪曰："诺"。素不相识的老者故意把鞋子掉在桥下，让张良去捡，还要叫张良为他穿上，显然是无法理解行为。从张良"鄂然""欲殴之""强忍"等反应来看，长跪为之穿鞋不是礼仪行为。第二个跪是张良为老者穿完鞋还没来得及起来，跪在那里对老者的怪异行为正在纳闷，答应老者返身提出的要求。可见两个"跪"的行为都与拜无关。关于与拜无关的跪，还有两条材料值得分析，一条是西汉的：

> 项籍死，天下定，上置酒。上折随何之功，谓何为腐儒，为天下安用腐儒。随何跪曰："夫陛下引兵攻彭城，楚王未去齐也，陛下发步卒五万人，骑五千，能以取淮南乎？"上曰："不能。"随何曰："陛下使何与二十人使淮南，至，如陛下之意，是何之功贤于步卒五万人骑五千也。然而陛下谓何腐儒，为天下安用腐儒，何也？"上曰："吾方图子之功。"乃以随何为护军中尉。②

随何跪的动作发生在刘邦取得天下的庆功宴上。在宴会上，刘邦说随何是腐儒，坐天下用不着腐儒。笔者谓随何之跪与拜礼无关，主要有三点理由：第一，随何与刘邦的对话是在宴会上，众人都是跪坐着，"随何跪曰"即"随何坐在那里说"。第二，随何是反驳刘邦说自己是腐儒，对天下没有用处，所以"跪"也不是礼仪行为。第三，此时当为西汉元年，即使在西汉五年，还是"群臣饮酒争功，醉或妄呼，拔剑击柱"，没有朝廷礼仪。朝廷讲尊卑之礼，使刘邦"知为皇帝之贵"是在汉七年③。

---

① 《史记》卷55《留侯世家》，第2034—2035页。
② 《史记》卷91《黥布列传》，第2603页。
③ 《史记》卷99《刘敬叔孙通列传》，第2723页。

另一条是东汉的。《后汉书》卷27《吴良传》载：

> 吴良字大仪，齐国临淄人也。初为郡吏，岁旦与掾史入贺，门下掾王望举觞上寿，谄称太守功德。良于下坐勃然进曰："望佞邪之人，欺谄无状，愿勿受其觞。"太守敛容而止。

同人同事，《东观汉记》则记为"良跪曰"、"良时跪曰"①，此事发生在正月初一的宴会上，可见至东汉时，宴饮时的"跪"和"坐"意思是一样的。

中古汉人坐姿革命性的变化始于两晋南北朝②。在此以前，"跪"与"坐"意思常常没有一条十分鲜明的界限。然而，指出跪是日常生活中的肢体动作，绝不意味着"跪"与"礼"没有关系。恰恰相反，即使作为日常生活的肢体动作，"跪"也含有"礼"的因素。这表现在以下两个方面：

第一，跪坐是尊敬对方谦恭有礼的表现。《礼记·曲礼上》："坐毋箕。"孔颖达疏："'坐毋箕'者，箕谓舒展两足，状如箕舌也。"这种坐姿被称为"箕踞"或"箕坐"，是一种无礼的表现。汉朝初建，刘邦过赵，见赵王张耳，"箕踞骂詈，甚慢之。"颜师古注："箕踞者，谓申两脚其形如箕。"③东汉河间孝王刘政"傲很，不奉法宪"，吴郡沈景任河间相，首见河间王时，"王不正服，箕踞殿上"。沈景不行拜礼，说："王不服，常人何别！今相谒王，岂谒无礼者邪！"④可见相对箕坐，跪坐是具有礼仪修养的表现。

第二，跪与否因具体情况不同而异，都是有礼的表现。《礼记·曲礼上》："授立不跪，授坐不立。"这是讲尊卑之间授受的情况：如果卑者递给尊者东西，当尊者处于站立时，卑者不得跪坐，以免引起尊者在接受东西时俯下身躯。当尊者处于跪坐时，卑者也应当跪坐，以免以居高临下之势出现在尊者面前⑤。可见在什么时候跪，什么时候不跪都关系到尊卑礼仪问题。

二、跪与其他肢体动作结合具有"礼"的性质

在垂脚高坐没有引入中古汉族的坐姿以前，跪在很多情况下与坐有

---

① 刘珍等撰、吴树平校注：《东观汉记》卷14《吴良传》，郑州：中州古籍出版社，1987年，第524页。《后汉书》卷27《吴良传》注引《东观记》，第942页。
② 朱大渭：《中古汉人由跪坐到垂脚高坐》，《六朝史论》，北京：中华书局，1998年。
③ 《汉书》卷32《张耳陈馀列传》，第1839—1840页。
④ 《后汉书》卷55《章帝八王·河间王开附政传》，第1808页。
⑤ 《礼记正义》卷2《曲礼上》及孔颖达疏，卷35《少仪》及孔疏，第41—42页，第1018页。

关,而不是礼。然而,随着时间的推移和礼仪的发展,与坐无关的跪频繁出现,更多地显示礼的内涵。汉代不少关于跪的记载都不是坐姿,而是表达特定感情。如郦生初见刘邦,刘邦让门人回复不见儒生。郦生瞋目按剑叱使者说:"走!复入言沛公,吾高阳酒徒也,非儒人也。"门人"惧而失谒,跪拾谒,还走,复入报"①。门人由于恐惧,将郦生的名刺掉在地上,跪在地上拾起,有向郦生致歉请求原谅之意。老者王生在朝廷之上,当着三公九卿,让廷尉张释之为其系袜带,张释之跪而结之。事后王生解释说:"吾老且贱,自度终无益于张廷尉。张廷尉方今天下名臣,吾故聊辱廷尉,使跪结袜,欲以重之。"②张释之果然因尊敬老人而受到众人的敬重,此处张释之之跪,为其尊老表现。东汉时,跪除表示致歉、请求外,还用在晚辈对长辈、妻子对丈夫问询、汇报、请示、接受训诫等场合③。

上述种种跪,显然没有跪坐的意思,而是具有跪拜礼的性质。之所以出现这种情况,有两种原因,一种是前面所分析的作为坐姿的"跪"也有"礼"的因素,另一种是跪与其他肢体动作结合形成的跪拜礼仪的影响。

《周礼》把跪与其他肢体动作结合所形成的礼仪动作称为"拜","拜"共有九种:一曰稽首,二曰顿首,三曰空首,四曰振动,五曰吉拜,六曰凶拜,七曰奇拜,八曰褒拜,九曰肃拜。根据郑注和贾公彦疏将九拜作简要说明。

稽首。双膝跪地,双手扶地,头向下至地,稽留一段时间。

顿首。双膝跪地,双手扶地,头向下运动,至地便起,不稽留。

空首。双膝跪地,双手聚拢至膝前地上,手心向上,头向下运动至手上。

振动。因激动引发身体战栗或色动而进行的拜礼。

吉拜。服齐衰不杖以下丧服者的拜礼,拜而后稽颡,即先空首后顿首。

凶拜。服三年之丧者的拜礼,稽颡而后拜,即先顿首后空首④。

---

① 《史记》卷 97《郦生陆贾列传》,第 2704 页。

② 《史记》卷 102《张释之冯唐列传》,第 2756 页。

③ 表示致歉有强盗跪赵咨,见《后汉书》卷 39《赵咨传》,第 1313 页。表示请求有许荆跪仇家,见《后汉书》卷 76《循吏·许荆传》,第 2472 页。蔡顺跪问母亲,见《后汉书》卷 39《周磐传》,第 1312 页。范滂跪受母亲教诲,见《后汉书》卷 67《党锢·范滂传》,第 2207 页。李善事幼主如长君,有事辄长跪请白,见《后汉书》卷 81《独行·李善传》,第 2679 页。李充跪在母亲面前报告休妻的决定,见《后汉书》卷 81《独行·李充传》,第 2684 页。李南女儿跪求婆婆准许其回家与双亲诀别,见《后汉书》卷 82《方术·李南传》,第 2717 页。孟光跪问丈夫梁鸿为何七日不搭理自己,见《后汉书》卷 83《逸民·梁鸿传》,第 2766 页。乐羊子之妻跪问丈夫为何辍学回家,见《后汉书》卷 84《列女·乐羊子妻传》,第 2792—2793 页。

④ 清段玉裁:"言拜而后稽颡者,先空首而后顿首也。言稽颡而后拜者,先顿首而后空首也。"《说文解字注》,上海:上海古籍出版社,1981 年,第 1048 页。

奇拜。即一拜，通常作为答拜之礼。

褒拜。即再拜，通常作为答拜之礼①。

肃拜。郑玄引郑司农云："肃拜，但俯下手，今时揖是也。"清段玉裁说："凡不跪不为拜，跪而举其首惟下其手是曰肃拜，汉人曰揖。"②可见肃拜为下跪但只下手不低头。

上述九拜，稽首、顿首、空首、肃拜为正拜，振动、吉拜、凶拜、奇拜、褒拜都是从正拜中衍生出来。九拜一个共同之处即都有跪的动作，凡拜必跪，不跪不为拜。从肢体动作看，跪拜之跪与跪坐之跪没有区别，但它一旦与头、手、腰等肢体动作结合起来，就有了礼的实质和内容。

跪与其他肢体动作组合所形成的礼仪行为即跪拜礼。跪拜礼之"跪"已经完全没有"坐"的意义，而成为纯粹的礼仪。跪拜很早就从跪坐中分离出来，先秦典籍中记载了许多跪拜的行为。如"皋陶拜手稽首"③，"王拜手稽首"④，"公子降，拜稽首"⑤，申包胥到秦国请求援兵，"依于庭墙而哭，日夜不绝声，勺饮不入口七日。秦哀公为之赋《无衣》，九顿首而坐，秦师乃出"⑥，"赵燕再拜稽首"⑦，"大夫士见於国君，君若劳之，则还辟，再拜稽首。"⑧"稽首"、"拜手"、"顿首"等词在先秦典籍中多次出现，亦见跪拜之礼早在春秋战国以前就已经形成了。

---

① 稽首，郑玄注："拜头至地也。"贾公彦疏："稽首，其稽，稽留之字，头至地多时，则为稽首也。"顿首，郑玄注："拜头叩地也。"贾公彦疏："顿首者，为空首之时引头至地，首顿地即举，故名顿首。"空首，郑玄注："空首，拜头至手，所谓拜手也。"贾公彦疏："空首者，先以两手拱至地，乃头至手，是为空首也。以其头不至地，故名空首。"振动，郑玄注："振动战栗变动之拜。"贾公彦疏："郑大夫云'动读为董，书亦或为董振之董'者，此读从《左氏》'董之以威'，是'董振'之董。云'以两手相击'，此后郑皆不从。"吉拜，郑玄注："吉拜，拜而后稽颡，谓齐衰不杖以下者。言吉者，此殷之凶拜，周以其拜与顿首相通，故谓之吉拜云。"贾公彦疏："此拜先作稽首，后作稽颡。稽颡还是顿首，但触地无容，则谓之稽颡。""此谓齐衰已下丧拜，而云吉者，对凶拜为轻。"凶拜，郑玄注："凶拜，稽颡而后拜，谓三年服者。"贾公彦疏："此《杂记》云：'三年之丧，即以丧拜。非三年丧，以其吉拜。'"奇拜，郑玄注引郑大夫云"奇拜，谓一拜也。"贾公彦疏云"奇拜，谓一拜也"，一拜者，谓君拜臣下。按《燕礼》、《大射》有一拜之时，君答一拜，后郑从之。褒拜，郑玄注引郑大夫云"褒读为报，报拜，再拜是也。"贾公彦疏云"褒读为报，报拜谓再拜是也"，后郑亦从。《周礼注疏》卷25《春官·大祝》，第668—670页。

② 段玉裁：《说文解字注》，第1406页。

③ 《尚书正义》卷5《益稷》，《十三经注疏》，北京：北京大学出版社，1999年，第130页。

④ 《尚书正义》卷8《太甲中》，第211页。

⑤ 《春秋左传注疏》卷15《僖公二十三年》，《十三经注疏》，北京：北京大学出版社，1999年，第414页。

⑥ 《春秋左传注疏》卷54《定公四年》，第1558页。

⑦ 《战国策》卷19《赵策二》，上海：上海古籍出版社，1985年，第671页。

⑧ 《礼记正义》卷4《曲礼下》，第117页。

跪坐是日常生活的行为,跪拜则属于礼的范畴。跪坐在魏晋南北朝以前是礼文化的"染色体"①,而相对跪拜礼,跪坐又像孕育其生长发育的母体,跪拜礼的出现正是其发展成熟后从母体中分离出来的结果。跪拜之跪已经不是人们为休息身体而采取的一种体态,而是表现人们之间的特定关系,表达特定情感的一种姿态。

三、汉代跪拜礼的特点

跪拜作为一种礼仪行为,存在于社会各阶层的人群中,流行于相见、接待、婚丧等日常生活的各种场合。跪拜形成礼仪可以上溯到史前传说时代,经过夏商周三代、春秋战国漫长的历史时期,到汉代形成一些有别于前者的特点。汉代以前的文献中,出现的拜礼只有"稽首""顿首""拜手""肃拜",这些概念与汉代虽然字面相同,但内容上却有区别,兹将区别论述如下。

1. 先秦时期的"拜手稽首"与汉代"稽首"的不同。

《尚书·益稷》记载:帝舜与皋陶、大禹议政,帝舜作歌曰:"股肱喜哉!元首起哉!百工熙哉!"皋陶拜手稽首,飏言曰:"念哉!率作兴事,慎乃宪,钦哉!屡省乃成,钦哉!"同书《太甲》记载:伊尹还政于太甲,太甲"拜手稽首",表示悔过。伊尹"拜手稽首",对其进行教导和鼓励。孔颖达认为,"拜手稽首"是一个礼节,即先拜手接着再稽首,二者"共成一拜之礼"②。孔颖达的说法是有道理的,其正确性在另一种记载中可以找到佐证。《国语·周语上》:"襄王使邵公过及内史过赐晋惠公命,吕甥、郤芮相晋侯不敬,晋侯执玉卑,拜不稽首。"晋惠公对周襄王的赐命"拜不稽首",只作拜手而不作稽首,将一个完整的礼拜动作做一半,因此被认为是目中没有周王的无礼行为③。晋献公死后,秦穆公派公子絷以吊唁之名劝流亡在狄地的晋公子重耳回国即位。重耳的谋臣舅犯说:"不可。亡人无亲,信仁以为亲,是

① 李济先生在《跪坐、蹲踞与箕踞》一文中说:"蹲踞与箕踞不但是夷人的习惯,可能也是夏人的习惯;而跪坐却是尚鬼的商朝统治阶级的起居法,并演习成了一种供奉祖先,祭祀神天,以及招待宾客的礼貌。周朝人商化后,加以光大,发扬成了'礼'的系统,而奠定3000年来中国'礼'教文化的基础。这一系统的核心在它的前半期,应以跪坐为它的'染色体';但到了南北朝以后,就变质了"。张光直、李光谟编:《李济考古学论文选集》,北京:文物出版社,1990年,第959页。

② 《春秋左传注疏》卷12《僖公五年》孔颖达疏,第340页。

③ 《国语集解·周语上》,北京:中华书局,2002年,第31、34页。

故置之者不殆。父死在堂而求利，人孰仁我？人实有之，我以徼幸，人孰信我？不仁不信，将何以长利？"重耳接受了舅犯的劝告，谢绝了公子絷的劝说，并对他"再拜不稽首"，以不完整的稽首礼表示了对秦使的拒绝①。与"拜不稽首""再拜不稽首"相对应，就是"拜稽首""再拜稽首"。春秋末期，越国包围了吴国。赵襄子虽与吴国有盟，但无力救援，便派楚隆前去为两国说和。吴王拜稽首曰："寡人不佞，不能事越，以为大夫忧，拜命之辱。"②战国时，赵武灵王进行胡服骑射改革，公子成拒穿胡服，赵王亲至其家对他说："今骑射之服，近可以备上党之形，远可以报中山之怨。而叔也顺中国之俗以逆简、襄之意，恶变服之名，而忘国事之耻，非寡人所望于子！"公子成再拜稽首曰："臣愚不达于王之议，敢道世俗之间。今欲继简、襄之意，以顺先王之志，臣敢不听令。"③"拜稽首"即一次拜手加稽首，"再拜稽首"即两次拜手加稽首。可见在汉代以前，稽首礼是由拜手和稽首的完整组合。

汉代的情况则不同，几乎所有稽首礼，就是跪拜头至地稽留一个动作，没有前述拜手稽首、拜稽首、再拜稽首等组合动作。个别"再拜稽首"的记载，都不具有典型意义。如扬雄《长杨赋》："言未卒，墨客降席再拜稽首曰：'大哉体乎！允非小子之所能及也。乃今日发蒙，廓然已昭矣！'"④汉成帝为向胡人夸耀自己国中多禽兽，命右扶风发民入南山，西自褒斜，东至弘农，南驱汉中，张罗网罝，捕熊罴豪猪虎豹狖玃狐菟麋鹿等置入其中，令胡人手搏之，自取其获。扬雄乃作《长杨赋》，以翰林主人和子墨客卿对话的形式对成帝进行劝讽。劝讽不是直谏，只能以虚拟的场景和人物含沙射影。因此用"再拜稽首"这样离汉代较远的礼节表示文中人非当代人，事非当代事，以避免攻击朝政之嫌。另一个"再拜稽首"的记载是东汉皇帝的丧礼：

> 大驾，太仆御。方相氏黄金四目，蒙熊皮，玄衣朱裳，执戈扬楯，立乘四马先驱。旒之制，长三仞，十有二游，曳地，画日、月、升龙，书旐曰"天子之柩"。谒者二人立乘六马为次。大驾甘泉卤簿，金根容车，兰台法驾。丧服大行载饰如金根车。皇帝从送如礼。太常上启奠。夜漏二十刻，太尉冠长冠，衣斋衣，乘高车，诣殿止车门外。使者到，南向立，太尉进伏拜受诏。太尉诣南郊。未尽九刻，大鸿胪设九宾随立，群

① 《国语集解·晋语二》，第 295 页。

② 《春秋左传注疏》卷 60《哀公二十年》，第 1703 页。

③ 《战国策》卷 19《赵策二》，上海：上海古籍出版社，1985 年，第 658—660 页。

④ 《汉书》卷 87《扬雄传》下，第 3565 页。

臣入位,太尉行礼。执事皆冠长冠,衣斋衣。太祝令跪读谥策,太尉再拜稽首。①

稽首礼在汉代是拜皇帝的专用礼,太尉伏拜受诏,伏拜即行稽首礼。太祝令读谥策,太尉再拜稽首,即第二次行稽首礼,非先秦两次拜手加稽首之礼。

2. 汉代与先秦稽首礼表示轻重的形式不同

跪拜礼的敬重程度有轻有重,汉代与先秦在此问题上的表示形式是不同的。先秦跪拜礼的最高规格是复合动作,即拜手加稽首。这种礼仪在春秋以前一般是对最高统治者所行之礼。如皋陶对舜拜手稽首②,禹对舜拜稽首③,傅悦对商王拜稽首④,武王克商后商人对武王再拜稽首⑤,众宾臣对周康王拜手稽首⑥,等等。然而春秋以后,礼崩乐坏,旧秩序大乱,拜手稽首之礼就不仅仅限于对最高统治者了。春秋时期,周王名义上虽然还是天下宗主,但拜稽首之礼早已下放给各诸侯国的君主享用。《左传·昭公三年》载:

> 夏四月,郑伯如晋,公孙段相,甚敬而卑,礼无违者。晋侯嘉焉,授之以策,曰:"子丰有劳于晋国,余闻而弗忘。赐女州田,以胙乃旧勋。"伯石再拜稽首,受策以出。⑦

同书《成公九年》载:

> 晋侯观于军府,见钟仪,问之曰:"南冠而絷者,谁也?"有司对曰:"郑人所献楚囚也。"使税之,召而吊之。再拜稽首。⑧

公孙段因担任相礼称职,受到晋侯的嘉奖后对晋侯再拜稽首;楚人钟仪被囚于晋,晋侯为其松绑,对其慰问,钟仪对晋侯再拜稽首,都是对诸侯

---

① 《续汉志》卷6《礼仪》下,第3144—3145页。
② 《史记》卷2《夏本纪》,第82页。
③ 《史记》卷1《五帝本纪》,第38页。
④ 《尚书正义》卷10《说命中》,第252页。
⑤ 《史记》卷4《周本纪》,第124页。
⑥ 《尚书正义》卷19《康王之诰》,第516页。
⑦ 《春秋左传注疏》卷42《昭公三年》,第1186页。
⑧ 《春秋左传注疏》卷26《成公九年》,第738页。

国君主行礼。诸侯国君主之外,本该天子享受的稽首之礼甚至下放到臣子之间。鲁襄公十九年,"季武子如晋拜师,晋侯享之。范宣子为政,赋《黍苗》。季武子兴,再拜稽首"①。鲁昭公二年,郑国子晳发动叛乱未遂,子产从边境赶回,历数子晳罪行。子晳对子产再拜稽首②。晋国叔向见韩宣子,韩宣子对自己经济上与地位不符感到不满,叔向却向他祝贺,并给他讲了德行是最大的财富的道理。韩宣子非常感动,对叔向"拜稽首"③。季武子是鲁臣,范宣子是晋臣,子晳、子产、叔向、韩宣子都是晋臣,他们之间的拜稽首并非君臣关系。

由于"拜稽首"日益丧失了最重礼仪的地位,要表示比拜稽首更重的礼仪,只有用增加拜的次数来表示了。在先秦典籍中,"再拜稽首"的记载屡见不鲜,甚至出现了"三拜稽首"。如鲁国叔孙豹访问晋国,晋君主设宴款待他。席间"金奏《肆夏》之三,不拜。工歌《文王》之三,又不拜。歌《鹿鸣》之三,三拜。"④叔孙豹对晋国君的礼拜,应是稽首之拜,三拜,即三拜稽首。秦晋韩原之战,晋侯被秦军俘虏,晋国的大夫对秦伯三拜稽首,说:"君履后土而戴皇天,皇天后土实闻君之言,群臣敢在下风。"⑤有学者对《十三经》中"拜稽首"和"再拜稽首"分别做过统计,前者出现过 12 例,后者 152 例⑥。

汉代典籍中,几乎没有"拜稽首"、"再拜稽首"的记载。仅有的两处记载,一处是出现在文章虚拟的人物和场景中,一处则为"第二次"之意。另有一处"貌似记载"出现在后汉拜皇太子之仪中:

> 拜皇太子之仪:百官会,位定,谒者引皇太子当御坐殿下,北面;司空当太子西北,东面立。读策书毕,中常侍持皇太子玺绶东向授太子。太子再拜,三稽首。⑦

说上引史料中的"再拜"、"三稽首"与先秦时期的"再拜稽首""貌似",是因为二者之间有着本质的不同。中华书局《后汉书》点校本将"太子再拜"与"三稽首"用逗号断开,是非常合理的。它表明再拜与三稽首不是组合在一起的礼仪。细品这段史料,再拜与三稽首应该是两个礼仪动作,所

---

① 《春秋左传注疏》卷 34《襄公十九年》,第 958 页。
② 《春秋左传注疏》卷 42《昭公三年》,第 1176 页。
③ 《国语集解·晋语八》,第 438—439 页。
④ 《春秋左传注疏》卷 29《襄公四年》,第 829 页。
⑤ 《春秋左传注疏》卷 14《僖公十五年》,第 376 页。
⑥ 张晶晶《再拜稽首刍议》,《安徽文学》2007 年第 11 期。
⑦ 《续汉志》卷 5《礼仪志》中,第 3120 页。

拜的对象应该是两个。"再拜"所拜对象为中常侍。这不仅是因为在礼仪中中常侍把玺绶授予太子,还因为中常侍在东汉特殊的政治地位。汉桓帝时朱穆说:"汉家旧典,置侍中、中常侍各一人,省尚书事,黄门侍郎一人,传发书奏,皆用姓族。自和熹太后以女主称制,不接公卿,乃以阉人为常侍,小黄门通命两宫。自此以来,权倾人主,穷困天下。"①顺帝时李固说:"中常侍在日月之侧,声势振天下。"②中常侍的势力,甚至影响太子的废立。所以,拜太子仪式中安排了当太子接过玺绶对其行拜礼一节是可以理解的。问题是,太子对中常侍行什么样的拜礼?"稽首,拜天子礼也"③,中常侍不是天子,自然不能享受稽首之礼,所以太子对中常侍的再拜,应当是空首或顿首之礼,而"三稽首"是对在御座中的皇帝所行之礼。汉代稽首是拜天子之礼,不仅有李贤注可证,还可以找到很多其他的证据。汉初南海尉赵佗被封为南粤王,对汉朝"稽首称臣"④。汉景帝末年,石奋君归老还家,景帝"时赐食于家,必稽首俯伏而食,如在上前"⑤。汉宣帝本始元年,大将军霍光"稽首归政"⑥,即把大权归还宣帝,稽首的对象自然是宣帝。汉元帝时,中书宦官弘恭、石显弄权,以灾异屡发为由,诬陷光禄勋周堪、光禄大夫张猛。元帝"召诸前言日变在堪、猛者责问,皆稽首谢。"⑦淮阳王刘钦图谋不轨,元帝下诏赦免其罪,刘钦"免冠稽首"谢罪⑧。东汉建武六年,冯异受到光武帝嘉奖,"稽首谢"⑨,汉代书中所载的稽首礼没有不是拜向天子的。

3. 拜手从稽首中脱离成为单独礼仪

先秦拜手稽首为一礼,汉代稽首成为拜天子之礼后,拜手礼并没有消失,而是从稽首礼中脱离成为单独的礼仪。关于拜手之礼,汉代书并没有明确记载,但我们可以从一些具体事件中分析出拜手礼的存在与实施。

汉宣帝派谒者良使给御史大夫萧望之传诏,"望之再拜已。良与望之言,望之不起,因故下手,而谓御史曰'良礼不备'。"⑩萧望之接旨稽首之拜

---

① 《后汉书》卷43《朱穆传》,第1472页。
② 《后汉书》卷63《李固传》,第2076页。
③ 《后汉书》卷23《窦融传》李贤注,第803页。
④ 《汉书》卷1《高帝纪下》,第73页。
⑤ 《汉书》卷46《万石君传》,第2194页。
⑥ 《汉书》卷8《宣帝纪》,第239页。
⑦ 《汉书》卷36《楚元王传》,第1948页。
⑧ 《汉书》卷80《宣元六王·淮阳宪王钦传》,第3318页。
⑨ 《后汉书》卷17《冯异传》,第649页。
⑩ 《汉书》卷78《萧望之传》,第3280页。

后,在使者与他说话时仍不起身,顺势下手。苏林注"下手"说:"伏地而言也。"可见下手是萧望之给使者行的拜手礼,也成为他责怪使者"礼不备"的理由。

汉武帝时,御史大夫张汤受到朱买臣、王朝、边通三人的陷害,自杀而死。三个人之所以构陷张汤,因为开始他们的地位皆在张汤之上,后来失去官职,临时做了丞相府长史。三人失官后,"诎体于汤"①,即向张汤行拜伏礼。

西汉尹翁归任平阳县吏,后辞吏还家。田延年任河东太守,巡视到平阳县,召集县中故吏进行考核,"令有文者东,有武者西。阅数十人,次到翁归,独伏不肯起,对曰:'翁归文武兼备,唯所施设。'"②从尹翁归"独伏不肯起"可知,每个被考核的县吏都是先伏而后起的。

西汉末王莽摄政,楼护以旧恩得宠于王莽,封爵赐地。外戚重臣王商的儿子王邑任大司空,王商的故人全都对王邑尊敬有加,只有楼护"自安如旧节"。王邑宴请宾客,敬酒时,"坐者百数,皆离席伏",楼护独东乡正坐,叫着王邑的字说:"公子贵如何!"③

东汉时,京兆长陵人乐恢父乐亲做县吏,因得罪于县令,被捕入狱,将被处死。乐恢"常俯伏寺门,昼夜号泣。令闻而矜之,即解出亲"④。

桥玄任县功曹时,豫州刺史周景巡行至此,桥玄拜谒周景,"伏地言陈相羊昌罪恶,乞为部陈从事,穷案其奸。"⑤

上述种种拜伏,有县吏拜伏太守、县民拜伏县令、县吏拜伏刺史、宾客拜伏大司空,都是跪伏,头与膝盖基本平行。头虽低垂至地,但不可能触地,只能触到手上,否则便成为拜皇帝的"稽首"礼。双膝跪下,双手伏地,头伏在手上,这显然是拜手的礼节。

4. 顿首礼所表达的情感意愿更加丰富强烈

顿首礼具有浓厚的情感色彩,自先秦已然。鲁昭公二十五年,叔孙婼见季孙意如,季孙意如对叔孙婼行顿首礼,是表示自己赶走君主之哀戚⑥。昭公八年,齐国子尾去世,子旗欲主持子尾家政。子尾的好友陈无宇准备帮助子尾的家人攻打子旗。子旗到陈无宇家解释自己这样做的动机,陈无

---

① 《汉书》卷 59《张汤传》,颜师古注"诎体于汤"曰:"谓拜伏也"。第 2645 页。
② 《汉书》卷 76《尹翁归传》,第 3206—3207 页。
③ 《汉书》卷 92《游侠·楼护传》,第 3708 页。
④ 《后汉书》卷 43《乐恢传》,第 1477 页。
⑤ 《后汉书》卷 51《桥玄传》,第 1695 页。
⑥ 杨伯峻《春秋左传注·昭公二十五年》平子稽颡注:"此平子示己逐君之哀戚。"北京:中华书局,1981 年,第 1466 页。

宇对子旗行顿首礼，表示自己欲攻打子旗的愧疚①。晋襄公死后，晋国欲让在秦国的公子雍继位，太子夷皋的母亲穆嬴抱着太子来到赵家，"顿首于宣子"，请求他的帮助②。楚国被吴国所灭，楚臣申包胥到秦国求援，秦国答应出兵后，申包胥"九顿首而坐"③，以此表示对秦国的感谢。战国时，秦昭王不听白起劝告，伐赵失利。昭王不接受教训，反而强迫白起率兵再次伐赵。白起顿首请求秦昭王三思"胜一臣之严焉，孰若胜天下之威大耶？"④

汉代顿首礼所表达的意愿更加丰富。除上述哀戚、愧疚、请求、感谢等意愿外，还有如下表达：

请罪。西汉七国之乱失败后，胶西王"肉袒叩头汉军壁"，"顿首膝行"回答朝廷的质问⑤。

崇敬。汉武帝出巡，征北海太守问话。太守事先得王先生献言，当武帝询问"何于治北海，令盗贼不起"时，叩头对言："非臣之力，尽陛下神灵威武之所变化也"，表示对武帝神灵威武的崇敬⑥。

服从。汉惠帝皇后无子，佯为有孕，取美人子为己子，又杀美人，立美人子为太子。惠帝死后，太子立为帝。后闻其真实身世，便放言说："后安能杀吾母而名我？我未壮，壮即为变。"太后闻而患之，恐其为乱，废之，另立刘弘。"群臣皆顿首"，表示服从⑦。

坚持。汉文帝时，有人偷盗皇庙座前玉环，文帝下令将盗贼下廷尉治罪。廷尉张释之根据法律治其弃市，文帝大怒，坚持让张释之治其族诛。张释之免冠顿首说："法如是足也。且罪等，然以逆顺为差。今盗宗庙器而族之，有如万分之一，假令愚民取长陵一抔土，陛下何以加其法乎？"⑧

推辞。大将军霍光去世后，御史大夫魏相推荐张安世为大将军。张安世听说后惧不敢当，请求见皇帝，免冠顿首，说："老臣耳妄闻，言之为先事，不言情不达，诚自量不足以居大位，继大将军后。唯天子财哀，以全老臣之命。"⑨

① 杨伯峻：《春秋左传注·昭公八年》桓子稽颡注："无宇稽颡者，感于子旗之言，而己本拟助子良攻子旗有愧于心也。"第1303—1304页。
② 《春秋左传注疏》卷19《文公七年》，第519页。
③ 《春秋左传注疏》卷54《定公四年》，第1558页。
④ 《战国策·中山策》，第1191页。
⑤ 《史记》卷106《吴王濞传》第2835页。
⑥ 《史记》卷126《滑稽列传》，第3210页。
⑦ 《史记》卷9《吕太后本纪》，第402—403页。
⑧ 《史记》卷102《张释之传》，第2755页。
⑨ 《汉书》卷59《张汤附张安世传》，第2648页。

解释。建武二年,更始政权廷尉王常投奔刘秀。刘秀说:"莫往莫来,岂违平生之言乎?"王常顿首回答:"更始不量愚臣,任以南州。赤眉之难,丧心失望,以为天下复失纲纪。闻陛下即位河北,心开目明,今得见阙庭,死无遗恨。"因为王常曾说过"刘氏真主也,诚思出身为用,辅成大功"①,但又长期侍奉更始政权,所以刘秀之言微有责怪之意。王常说更始帝不嫌他愚钝,让他以廷尉兼任南阳太守,委以重任,解释之意非常明显。

附和。东汉延光三年,安帝欲废太子,太仆来历,光禄勋祋讽,宗正刘玮,将作大匠薛皓,侍中闾丘弘、陈光、赵代、施延,太中大夫朱伥、第五颉,中散大夫曹成,谏议大夫李尤,符节令张敬,持书侍御史龚调,羽林右监孔显,城门司马徐崇,卫尉守丞乐闿,长乐、未央厩令郑安世等十余人,全都来到鸿都门证太子无过。安帝患之,乃使中常侍奉诏胁群臣曰:"父子一体,天性自然。以义割恩,为天下也。历、讽等不识大典,而与群小共为谨哗,外见忠直而内希后福,饰邪违义,岂事君之礼?朝廷广开言事之路,故且一切假贷;若怀迷不反,当显明刑书。"谏者莫不失色。薛皓首先顿首曰:"固宜如明诏。"②

劝谏。汉元帝酎祭宗庙,出便门,想从水路坐船。薛广德知道后,拦住元帝的车,免冠顿首进行劝谏,并说:"陛下不听臣,臣自刎,以血污车轮,陛下不得入庙矣!"③东汉光武帝带着少数护卫外出,姚期知道后,"顿首车前"说:"臣闻古今之戒,变生不意,诚不愿陛下微行数出。"光武帝因此"回舆而还"④。永平十三年,发生了楚王刘英谋逆事件,受牵连者数千人。当时明帝在盛怒之下,办案官吏拷问严酷,很多人都被迫自诬,死者甚多。后来袁安主审此案,查出不少冤枉者,列出名字准备报请皇帝释放。"府丞掾史皆叩头争,以为阿附反虏,法与同罪,不可。"⑤

认错。东汉丞相府史卓茂再一次乘车出行时,有一个丢马人硬说卓茂驾车之马是他的。卓茂问:"子亡马几何时?"那人回答:"月余日矣。"卓茂"有马数年,心知其谬,嘿解与之,挽车而去。"后来,失马者找到了自己的马,到丞相府送还错认之马,"叩头谢之"⑥。此类事也发生在刘宽身上。有一次刘宽驾牛车出行,有失牛者,认刘宽之牛为己牛。刘宽没有说话,把

---

① 《后汉书》卷15《王常传》及李贤注,第580页。
② 《后汉书》卷15《来歙附来历传》,第591页。
③ 《汉书》卷71《薛广德传》,第3407页。
④ 《后汉书》卷20《姚期传》,第733页。
⑤ 《后汉书》卷45《袁安传》,第1518页。
⑥ 《后汉书》卷25《卓茂传》,第869页。

牛给了失者。后来，失牛者找到自己的牛，送还刘宽之牛，叩头谢曰："惭负长者，随所刑罪。"①

担当。东汉明帝时钟离意任尚书仆射。有一次皇帝下诏赐降胡子缣，尚书错把十写成百。明帝大怒，把尚书郎召来，准备处以笞刑。钟离意进宫叩头说："过误之失，常人所容。若以懈慢为愆，则臣位大，罪重，郎位小，罪轻，咎皆在臣，臣当先坐。"乃解衣就执②。

与先秦相比，汉代人们赋予了顿首礼更多的情感意愿表示。不但如此，在情感意愿表达的强烈程度上，后者也超过了前者许多。先秦时期的顿首礼，申包胥九顿首表示了不一般的感激，而汉代时顿首礼所表示情感意愿的强烈是九顿首不能比拟的。汉武帝时，任公孙贺为丞相。"时朝廷多事，督责大臣。自公孙弘后，丞相李蔡、严青翟、赵周三人比坐事死。石庆虽以谨得终，然数被谴。"因此，当公孙贺被拜为丞相时，不受印绶，顿首涕泣，曰："臣本边鄙，以鞍马骑射为官，材诚不任宰相。"武帝与左右见贺悲哀，感动下泣③。能把武帝及其左右感动得流泪，可见其推辞的意愿有多强烈。此类强烈情感和意愿在汉代时有很多：邓通顿首乞求活命之恐惧、金日磾顿首解释杀子之真情、史丹顿首劝谏元帝勿废太子之意切、阴兴顿首推辞任命之真诚、虞诩子虞颛顿首为父鸣冤之无畏、谯玄子谯瑛顿首为父请命之感人④，都是某种意愿的强烈表达。其意愿之强烈表现在不仅顿

---

① 《后汉书》卷25《刘宽传》，第886页。

② 《后汉书》卷41《钟离意传》，1409页。

③ 《汉书》卷66《公孙贺传》，第2877页。

④ 《史记》卷96《张丞相列传》：通至丞相府，免冠，徒跣，顿首谢。嘉坐自如，故不为礼，责曰："夫朝廷者，高皇帝之朝廷也。通小臣，戏殿上，大不敬，当斩。吏今行斩之！"通顿首，首尽出血，不解（第2683页）。《汉书》卷68《霍光金日磾传》：其后弄儿壮大，不谨，自殿下与宫人戏，日磾适见之，恶其淫乱，遂杀弄儿。弄儿即日磾长子也。上闻之大怒，日磾顿首谢，具言所以杀弄儿状。上甚哀，为之泣，已而心敬日磾（第2960页）。《汉书》卷82《史丹传》：竟宁元年，上寝疾，傅昭仪及定陶王常在左右，而皇后太子希得进见。上疾稍侵，意忽忽不平，数问尚书以景帝时立胶东王故事。是时，太子长舅阳平侯王凤为卫尉侍中，与皇后太子皆忧，不知所出。丹以亲密臣得侍视疾，候上间独寝时，丹直入卧内，顿首伏青蒲上，涕泣言曰："皇太子以适长立，积十余年，名号系于百姓，天下莫不归心臣子。见定陶王雅素爱幸，今者道路流言，为国生意，以为太子有动摇之议。审若此，公卿以下必以死争，不奉诏。臣愿先赐死以示群臣！"天子素仁，不忍见丹涕泣，言又切至，上意大感，喟然太息曰："吾日困劣，而太子两王幼少，意中恋恋，亦何不念乎！然无有此议。且皇后谨慎，先帝又爱太子，吾岂可违指！驸马都尉安所受此语？"丹即却，顿首曰："愚臣妄闻，罪当死！"上因纳，谓丹曰："吾病寖加，恐不能自还。善辅道太子，毋违我意！"丹嘘唏而起。太子由是遂为嗣矣（第3377—3378页）。《后汉书》卷32《阴识附兴传》：十九年，拜卫尉，亦辅导皇太子。明年夏，帝风眩疾甚，后以兴领侍中，受顾命于云台广室。会疾瘳，召见兴，欲以代吴汉为大司马。兴叩头流涕，固让曰："臣不敢惜身，诚亏损圣德，不可苟冒。"至诚发中，感动左右，帝遂听之（第1131页）。《后汉书》卷58《虞诩传》：（转下页）

首叩头,而且还伴有哭泣哀号,甚至头破血流。达到这种程度,其顿首的次数要远远超过九次。过度的恐惧、忧伤、激动往往会发生身体战抖、面色变动等生理反应,这与顿首结合起来,应当就是九拜之中的"振动"。

5. 妇女行肃拜礼比先秦更加多见

唐贾公彦说肃拜为"拜中最轻"之礼,"惟军中有此肃拜,妇人亦以肃拜为正。"①妇人肃拜与稽首、顿首、空首并列为四正拜,规范的拜法是跪不下首。先秦时期妇人之拜史籍记载不多,且是否有肃拜规范尚不明确。孔子见卫灵公夫人南子,"夫人在绤帷中。孔子入门,北面稽首。夫人自帷中再拜,环佩玉声璆然。"②孔子行的是稽首大礼,南子再拜,是稽首拜还是肃拜,不甚明确。然而苏秦的嫂嫂所行之礼非妇人规范肃拜则没有疑问。当苏秦游说各国成功,拎相印回家时,原来看不起他的嫂嫂"蛇行匍伏,四拜自跪谢"③,"匍伏"即低头至地,显然不是规范的妇人肃拜。

汉代的妇人之拜记载很多,且都是只有跪的动作,没有低头俯首之举。刘邦欲废太子,因周昌强烈反对而作罢。一直偷听的吕后事后见周昌,为跪谢曰:"微君,太子几废。"④东汉李南之女嫁到由拳县,因怀疑自己家中出事,便请求婆婆让自己回家看看。婆婆不许,李南女便跪泣而求⑤。梁鸿娶同县孟氏女,孟氏女嫁之日,化妆打扮入门。梁鸿七日不与之说话。孟氏女乃跪床下请曰:"窃闻夫子高义,简斥数妇,妾亦偃蹇数夫矣。今而见择,敢不请罪。"⑥河南人乐羊子远出寻师求学,学了一年就回家了。妻跪问其故。羊子曰:"久行怀思,无它异也。"妻乃引刀趋机而言曰:"此织生

(接上页)时中常侍张防特用权埶,每请托受取,诩辄案之,而屡寝不报。诩不胜其愤,乃自系廷尉,奏言曰:"昔孝安皇帝任用樊丰,遂交乱嫡统,几亡社稷。今者张防复弄威柄,国家之祸将重至矣。臣不忍与防同朝,谨自系以闻,无令臣袭杨震之迹。"书奏,防流涕诉帝,诩坐论输左校。防必欲害之,二日之中,传考四狱……于是诩子颢与门生百余人,举幡候中常侍高梵车,叩头流血,诉言枉状(第1870—1871页)。《后汉书》卷81《独行·谯玄传》:后公孙述僭号于蜀,连聘不诣。述乃遣使者备礼征之;若玄肯不起,便赐以毒药。太守乃赍玺书至玄庐,曰:"君高节已著,朝廷垂意,诚不宜复辞,自招凶祸。"玄仰天叹曰:"唐尧大圣,许由耻仕;周武至德,伯夷守饿。彼独何人,我亦何人。保志全高,死亦奚恨!"遂受毒药。玄子瑛泣血叩头于太守曰:"方今国家东有严敌,兵师四出,国用军资或不常充足,愿奉家钱千万,以赎父死。"太守为请,述听许之。(第2668页)
① 《周礼注疏》卷25《春官·宗伯》贾公彦疏,《十三经注疏》,北京:北京大学出版社,1999年,第669页。
② 《史记》卷47《孔子世家》,第1920页。
③ 《战国策》卷3《秦策一》,第90页。
④ 《史记》卷96《张丞相列传》,第2677页。
⑤ 《后汉书》卷82《方术·李南传》,第2717页。
⑥ 《后汉书》卷83《逸民·梁鸿传》,第2766页。

自蚕茧，成于机杼，一丝而累，以至于寸，累寸不已，遂成丈匹。今若断斯织也，则捐失成功，稽废时月。夫子积学，当日知其所亡，以就懿德。若中道而归，何异断斯织乎？"羊子感其言，又回去完成学业，遂七年不返①。张奉娶太傅袁隗女为妻，陪嫁奢丽，奴婢百人，个个身披罗縠。"辎軿光路"。然而入门数年，张奉对之有如路人。袁隗女待张奉入朝，乃径前跪曰："家公年老，不以妾顽陋，使侍君巾栉，自知不副雅操。君如欲执梁鸿之高节，妾欲怀孟光之徵志。"便"悉彻玩饰被服。奴婢着缦帛，执纺绩具"，张奉这才接纳之②。

从上述诸记载可知，汉代的妇女，从皇后、高官之女到平民布衣女子，在行礼时都是采取"跪"的动作，没有伏身稽首、顿首叩头，可见妇人规范的肃拜之礼普遍实行。

综上所述，先秦时期只有顿首比较多见，稽首和拜手还是骈体连肢的畸形儿，《周礼》所记载的九拜之礼远远没有形成。九拜之礼真正形成系统是在汉代。关于《周礼》的形成年代，史上历来众说纷纭。其中汉初成书说便是其中之一③。笔者认同此说。九拜之礼的记载首现于《周礼》中，九拜之礼在汉代才系统形成，这种吻合给汉初形成说又提供了有力的佐证。

四、跪拜礼与汉代的以礼养官

何谓"以礼养官"？即通过礼仪手段培养官员的自我意识。对于人的意识的培养是"礼"的功能之一。《史记·礼书》说：

> 故礼者养也。稻粱五味，所以养口也；椒兰芬茝，所以养鼻也；钟鼓管弦，所以养耳也；刻镂文章，所以养目也；疏房床第几席，所以养体也：故礼者养也。

> 君子既得其养，又好其辨也。所谓辨者，贵贱有等，长少有差，贫富轻重皆有称也。故天子大路越席，所以养体也；侧载臭茝，所以养鼻也；前有错衡，所以养目也；和鸾之声，步中《武》《象》，骤中《韶》《濩》，

① 《后汉书》卷84《列女·乐羊子妻传》，第2792—2793页。
② 周天游：《八家后汉书辑注·张奉传》，上海：上海古籍出版社，1986年，第610页。
③ 彭林：《〈周礼〉主题思想与成书年代研究》，北京：中国社会科学出版社，1991年。

所以养耳也；龙旗九斿，所以养信也；寝兕持虎，蛟韅弥龙，所以养威也。故大路之马，必信至教顺，然后乘之，所以养安也。孰知夫出死要节之所以养生也。孰知夫轻费用之所以养财也，孰知夫恭敬辞让之所以养安也，孰知夫礼义文理之所以养情也。①

就像五味是培养口感、芬芳是培养嗅觉、音乐是培养听觉、纹饰是培养视觉、床席是培养身体感觉一样，礼的作用也是培养：培养人的贵贱有等、长少有差、贫富轻重等差别意识。不惧死亡坚守节操可以培养生存观念，不把钱财看重可以培养财富观念，恭敬辞让可以培养安身之行，礼义文理可以培养高尚情操。

西汉礼仪制度的建设，首先从官员礼仪制度开始。西汉初建，群臣不讲礼仪，"饮酒争功，醉或妄呼，拔剑击柱"，刘邦乃命叔孙通制定约束朝臣的礼仪。汉七年，朝廷礼仪正式登场：

先平明，谒者治礼，引以次入殿门，廷中陈车骑步卒卫官，设兵张旗志。传言"趋"。殿下郎中侠陛，陛数百人。功臣列侯诸将军军吏以次陈西方，东乡；文官丞相以下陈东方，西乡。大行设九宾，胪传。于是皇帝辇出房，百官执职传警，引诸侯王以下至吏六百石以次奉贺。自诸侯王以下莫不振恐肃敬。至礼毕，复置法酒。诸侍坐殿上皆伏抑首，以尊卑次起上寿。觞九行，谒者言"罢酒"。御史执法举不如仪者辄引去。竟朝置酒，无敢谨哗失礼者。于是高帝曰："吾乃今日知为皇帝之贵也。"②

通过朝廷礼仪，不仅使刘邦"知为皇帝之贵"，也使群臣知礼仪之威。

徐复观先生指出，战国中后期前后，出现一种以官制表达政治思想的现象③。如果说战国中后期的官制可以作为政治思想的表达途径，那么，汉代的官制也是礼制思想的表达途径。寓礼于官，以礼养官，是汉代的突出特点。

《史记》没有反映汉代官制的记载，《汉书》有《百官公卿表》，"然皆孝武奢广之事，又职分未悉"④，未能反映出汉代官制的全貌。比上述两书反映

---

① 《史记》卷23《礼书》，第1161—1162页。
② 《史记》卷99《叔孙通传》，第2723页。
③ 徐复观：《〈周官〉成立之时代及其思想性格》，上海：上海书店出版社，2002年。
④ 《续汉志》卷24《百官志》，第3555页。

更多汉代官制信息的是陆续成书于东汉时期各类《官仪》:《汉官》、《汉官解诂》、《汉官旧仪》、《汉官仪》、《汉官典职仪式选用》、《汉仪》。这些书没有完整地流传下来,我们所见到的只是散见于一些典籍中的零散片段以及后人的辑佚本。然而我们仍可从这些记述官制的书中发现约束官员的礼仪制度。如东汉初新汲令王隆所撰《汉官》,"略道公卿外内之职,旁及四夷,博物条畅,多所发明,足以知旧制仪品"①,从《汉官》中不仅可以知道公卿外内之职,还可以知道汉代"旧制仪品",可见其具有汉代官场礼仪的内容。《汉官旧仪》载:

> 皇帝见诸侯王、列侯起,侍中称曰:"皇帝为诸侯王、列侯起!"起立,乃坐。太常赞曰:"谨谢行礼。"皇帝在道,丞相迎谒,谒者赞曰:"皇帝为丞相下舆。"立乃升车。皇帝见丞相起,谒者赞称曰:"皇帝为丞相起。"立乃坐。太常赞称:"敬谢行礼。"宴见,侍中、常侍赞,御史大夫见皇帝称"谨谢",将军见皇帝称"谢",中二千石见皇帝称"谢",二千石见皇帝称"制曰可",太守见皇帝称"谢"②。

上述材料为官制中反映君臣相见的礼仪,其中有两个地方需要进行说明。一个是皇帝见诸侯王、列侯。从字面上看,似乎本来坐着的皇帝见到诸侯王、列侯一进来,就站起身。其实这里面隐藏着一个重要前提和环节。一个重要前提是皇帝坐在殿上接见诸侯王、列侯。一个重要环节是诸侯王、列侯入拜。"起立,乃坐"即皇帝见到他们拜以后才站起身,等到他们拜完站起来,皇帝才坐下。诸侯王、列侯见皇帝先行拜礼是不可违反的规矩。淮南王刘长有病,文帝"使使者赐枣脯",刘长"不肯见拜使者"成为被放逐的罪行之一③。接受恩赐尚且要拜,面见皇帝更要如此。另一个是丞相见皇帝,如果在路上,首先要迎上拜谒,皇帝下车受拜,待其起身再上车。如果在宫里丞相也要首先行拜礼,皇帝起身受拜,待其起身再落座。

君臣之外,官员之间的上下关系,官仪也有规范:

> 丞相车黑两幡,骑者衣绛,掾史见礼如师弟子,白录不拜朝,示不

---

① 《续汉志》卷24《百官志》刘昭注,第3556页。
② 周天游点校:《汉官六种·汉官旧仪》,北京:中华书局,1990年,第35页。
③ 《汉书》卷44《淮南王传》,第2141页。

臣也……掾有事当见者，主簿至曹请，不传召，掾见脱履，公立席后答拜。百石属不得白事，当谢者西曹掾为通谢部。吏二千石初除，诣东曹掾拜部，谒者赞之。

丞相、刺史常以秋分行部，御史为驾四封乘传……到所部，郡国各遣吏一人迎界上，得载别驾自言受命移郡国，与刺史从事尽界罢。

丞相府官奴婢传漏以起居，不击鼓。官属吏不朝，旦白录而已。诸吏初除谒视事，问君侯应合奴名，白事以方尺板叩合，大呼奴名。君侯出入，诸吏不得见，见礼如师弟子状。

王国置太傅、相、中尉各一人，秩二千石，以辅王……国中汉置内史一人……内史见傅、相、中尉，礼如都尉。①

三署郎见光禄勋，执板拜；若见五官、左右将，执板不拜；于三公、诸卿，无敬。（《通典·职官》)②

能通《苍颉史篇》，(案：《通典》引作"史籍")补兰台令史。满岁补尚书令史。满岁为尚书郎。出亦与郎同，宰百里。郎与令史分职受书。令史见仆射、尚书，执板拜；见丞、郎，执板揖。

尚书郎见左、右丞，对揖无敬。

丞、郎见令、仆射，执板拜，朝贺对揖。丞、郎见尚书，执板对揖，称曰明时。（案：当云"执板揖"，无"对"字，见《通典》)郎见左、右丞，对揖呼曰左、右君。③

元日朝贺，三公拜璧殿上，献寿觞。（《太平御览时序部》)④

（谒者仆射）见尚书令，对揖无敬。谒者见，执板拜之。（《续汉志补注》)

宫中诸有劾奏罪，左都候执戟戏车缚送付诏狱，在官大小各付所属。以马被覆。见尚书令、尚书仆射、尚书，皆执板拜；见丞、郎皆揖。（《续汉志补注》)

少府符着出见都官从事，持板。都官从事入少府见符着，持板。（《续汉志补注》)

侍中，常伯，选旧儒高德，博学渊懿。（案：《太平御览》引作"博学洞达")仰占俯视，切问近对，喻旨公卿，上殿称制，参乘佩玺秉剑。员本八人，陪见旧在尚书令、仆射下，尚书上；今官出入禁中，更在尚书

---

① 《汉官六种·汉官旧仪》，第36—48页。
② 《汉官六种·汉旧仪补遗》卷上，第89页。
③ 《汉官六种·汉官仪》，第142页。
④ 《汉官六种·汉官仪》卷下，第183页。

下。司隶校尉见侍中,执板揖,河南尹亦如之。

仆射主封门,掌授廪假钱谷。凡三公、列卿、将、大夫、五营校尉行复道中,遇尚书仆射、左右丞郎、御史中丞、侍御史,皆避车豫相回避。卫士传不得连台官,〔台官〕过后乃得去。(《续汉志补注》)

御史中丞遇尚书丞、郎,避车执板住揖,丞、郎坐车举手礼之,车过远乃去。尚书言左、右丞,敢告知如诏书律令。郎见左、右丞,对揖无敬,称曰左、右君。丞、郎见尚书,执板对揖,(案:此"对"字当衍,后同)称曰明时。见令、仆射,执板拜,朝贺对揖。(《续汉志补注》)

尚书丞,郎见尚书,执板对揖,称曰明公。(案:"公"《续汉志补注》引作"时",见前)尚书郎见左、右丞,对揖无敬,称曰左、右君。(《太平御览礼仪部》)

其二人者更直。执法省中者,皆纠察百官,督州郡。公法府掾属高第补之,初称守,汉岁拜真,出治剧为刺史、二千石,平迁补令。见中丞,执板揖。(《续汉志补注》)

门候见校尉,执板下拜。(《续汉志补注》)(案:"下"当作"不")

五营司马见校尉,执板不拜。(《续汉志补注》)

司隶诣台廷议,处九卿上,朝贺处公卿下,陪案:当有"位"字。卿上。初除,谒大将军、三公,通谒持板揖。公议、朝贺无敬。台召入官对见尚书,持板,朝贺揖。(《续汉志补注》)①

从上述辑佚起来的各种官仪书可知,西汉时期君臣之间、朝廷官员之间、朝廷官员与下属之间、朝廷官员与地方官员之间、郡国内官员与下属之间都有跪拜、揖拜的礼仪规定。

汉官仪中官员之间跪拜的礼仪规定,是汉初叔孙通所定的朝廷礼仪的继承和发展,是汉代通过跪拜礼仪培养官员自我意识的重要手段。通过这种手段,培养了官员们以下意识:

敬上意识。《汉书·乐志》说:"畏敬之意难见,则著之于享献辞受,登降跪拜"②。跪拜是畏敬之意显著的表现,跪拜之礼往往是下级对上级的礼仪,如韩信曾到将军樊哙处,樊哙"跪拜迎送,言称臣",称韩信为"大

---

① 《汉官六种·汉官典职仪式选用》,第202—208页。
② 《汉书》卷22《乐志二》,第1028页。

王"。① 此时韩信虽被贬为侯,但樊哙仍以楚王之礼待之。骠骑将军霍去病被征匈奴,经过河东郡,"河东太守郊迎,负弩矢先驱"②。朱买臣未贵时,经常"从会稽守邸者寄居饭食"。后来朱买臣被拜为会稽太守,"衣故衣,怀其印绶,步归郡邸"。众人不知其为郡守,与之共食如故。后来发现其印绶从怀中露出,守邸、上计掾吏大惊,知其为郡守,报告守丞,"相推排陈列中庭拜谒"。"会稽闻太守且至,发民除道,县吏并送迎,车百余乘"③。下级官员尊敬上级官员,低级官员尊敬高级官员,地方官员尊敬朝廷官员,全体官员尊敬皇帝,这是汉代官场礼仪的要求。迎送跪拜之礼在所有官员起居出入的活动中日复一日地重复,敬上意识也随着重复日复一日地加深。这种敬上意识是基于礼仪要求的官员的整体意识,东汉和帝时外戚窦宪为大将军,威震天下。和帝西祠园陵,诏正在武威的窦宪与车驾会长安。及窦宪至,尚书以下议欲拜之,伏称万岁。尚书令韩棱正色曰:"夫上交不谄,下交不黩,礼无人臣称万岁之制。"议者皆惭而止④。可见对上之敬是以礼的要求为原则的,它与个体官员出于某种个人目的对上谄媚的"敬"是不同的。封建朝廷的国家机器是由全体官员组成的,下级官员对上级的由敬而畏、由畏而从,保证了国家机器的运转。上级官员在享受着下级敬畏的同时,也会对他们产生爱抚与信任。这种上下级关系对国家机器的运行是有利的。官场之礼犹如润滑剂,使国家机器的运转更加灵活有效。西汉初建,庞大的中央集权的国家机器运转尤其需要官场礼仪的润滑。

位置意识。封建朝廷的官场以贵贱高低等级为其次序,对什么等级的官员拜伏,接受什么等级官员的礼拜,是一个官员在整个官员序列中处于什么位置的参照。西汉武安侯田蚡,是景帝皇后的同母弟。"魏其(即魏其侯窦婴)已为大将军后,方盛,蚡为诸郎,未贵,往来侍酒魏其,跪起如子姓。"建元六年,田蚡出任丞相,而此时窦太后已去世,窦婴失去靠山,失势无位。在祝贺田蚡结婚的宴会上,当田蚡起身敬酒时,所有人全都"避席伏",即离开坐席行拜手礼。而当窦婴敬酒时,只有他的故人避席答谢,其他的人都"半膝席"。当灌夫给田蚡敬酒时,田蚡膝盖根本不离席⑤。田蚡未贵时,在这种场合对魏其侯窦婴"跪起如子姓",当他为丞相时,失势的魏

① 《史记》卷92《淮阴侯列传》,第2628页。
② 《汉书》卷68《霍光传》,第2931页。
③ 《汉书》卷64《朱买臣传》,第2792—2793页。
④ 《后汉书》卷45《韩棱传》,第1535页。
⑤ 《史记》卷107《魏其武安侯列传》,第2841—2850页。

其侯、灌夫等人对他的敬酒回报避席伏地之重礼,而田蚡对魏其侯、灌夫的敬酒分别回以"半膝席"、"膝席"之礼。可见在汉代官场上,一个人对他人施以什么礼仪,或接受他人什么礼仪,都在无时不刻地提醒他在官场中处在什么位置上。

职责意识。西汉宣帝时,盖宽饶因对策高第任谏大夫,行郎中户将事,又因举奏大臣不实被左迁为卫司马,为卫尉属官。在此以前,卫司马见卫尉要拜谒,而且经常受卫尉役使给他买东西。盖宽饶任司马后,按照旧令,只行作揖之礼,卫尉役使他做分外之事,"宽饶以令诣官府门上谒辞。尚书责问卫尉,由是尉官不复私使候、司马。"①盖宽饶坚持不作职责外的事,并取得了胜利,固然与他刚直高节的个性有关,更重要的是与当时的礼仪制度有关。如前所述,西汉的官制和官场礼仪是记载在一起的。《汉官仪》等记载官制的典籍,既有官场礼仪的规范,又有详细的职责规定。官员在熟悉礼仪的同时也明了自己的职责,践行礼仪与履行职责是对官员的同等要求。这在培养官员的敬上意识、位置意识的同时,也培养了他们的职责意识。两汉时期尽职尽责的官员不乏记载,汉初文景时期,"河南守吴公、蜀守文翁之属,皆谨身帅先,居以廉平,不至于严,而民从化。"孝武之世,"江都相董仲舒、内史公孙弘、兒宽,居官可纪"。宣帝时,"赵广汉、韩延寿、尹翁归、严延年、张敞之属,皆称其位","王成、黄霸、朱邑、龚遂、郑弘、召信臣等,所居民富,所去见思,生有荣号,死见奉祀"②。东汉初期,杜诗、任延、锡光都是尽职尽责卓有政绩的地方官吏,章帝、和帝以后,"其有善绩者,往往不绝。如鲁恭、吴佑、刘宽及颍川四长,并以仁信笃诚,使人不欺;王堂、陈宠委任贤良,而职事自理:斯皆可以感物而行化也。边凤、延笃先后为京兆尹,时人以辈前世赵、张。又王涣、任峻之为洛阳令,明发奸伏,吏端禁止,然导德齐礼,有所未充,亦一时之良能也"③。身在其位,行谋其政,不尸位素餐,不玩忽职守,正是为官责任意识的表现。

西汉是继秦之后又一个统一的中央集权的王朝,其国家机器的结构与规模都继承了秦王朝。然而,秦王朝的官僚机器只运转了十几年便戛然而止,而两汉的官僚机器却运转了四百多年。其中的原因固然很多,仅就官僚机器本身考察可以发现,秦朝的官僚机器只有强制性的行政制度,而缺少官场礼仪的润滑剂。而西汉的官僚制度吸纳了官场礼仪,使各级官员在

① 《汉书》卷47《盖宽饶传》,第3243—3244页。

② 《汉书》卷89《循吏传序》,第3623—3624页。

③ 《后汉书》卷76《循吏传序》,第2457—2458页。

行政时，不但明确了自己的职责，也使各级官员自觉意识到自己在整个国家机器中的位置，进而有了一种整体观念。而敬上意识的加强，又使整个官僚机器上下关系更加顺畅。从这个意义上说，汉代的以礼养官的做法是一条成功的政治经验。

从魏晋时期心丧制度的确立看礼制与时代之关系

张焕君

　　三年之丧虽然在理论上是天下达丧,自天子至庶人都要实行,但在具体实践上,天子诸侯与士大夫庶人之间却不可能没有差别。虽然在《丧服》中,天子绝旁期以下之亲,所服者唯有父母、祖父母、妻以及嫡长子,范围并不大,这种安排也已经充分照顾到天子的特殊身份,但后人对其实施状况仍表怀疑,天子乃至国君到底有无三年之服,如果有,又是如何执行的?晋武帝时对这一问题展开激烈的讨论,其结果是出现了心丧制度,而且范围远远超出讨论者当初的设想,并对整个丧服制度产生了深远的影响。

一、西晋的变礼

(一) 杜预倡造新说

　　泰始十年(274),武元杨皇后崩。杨后生太子司马衷,在议太子当如何制服时,朝中大臣的意见分成截然不同的两派。博士张靖认为:"太子宜依汉文权制,割情制服。"博士陈逵则以为:"今制所依,盖汉帝权制,兴于有事,非礼之正。皇太子无有国事,自宜终服。"[①]作为双方观点依据的,一个是世代沿袭的汉文"权制",一个却是作为"礼之正"的《丧服》经典,都非信口雌黄,却都泥古不化,无视现实。

---

① 《晋书》卷 20《礼志中》,北京:中华书局,1974 年,第 618—619 页。

西晋建国,以孝为本,这就是当时最大的现实①。与这样的"国策"相对应的便是对礼的积极提倡,而作为礼制最集中体现的丧礼更成为重中之重,其中,武帝本人的态度又起了至关重要的作用。泰始元年(265)十二月丙寅,武帝即位,九日后的乙亥即下诏书,内容主要有三点:对王凌、邓艾"大赦其家,还使立后";"除魏氏宗室禁锢";"诸将吏遭三年丧者,遣宁终丧,百姓复其徭役。"②将这样看似迥异的内容安排在同一道诏书中,而且即位之初就急急颁发,其中含义值得深思③。

更能表明武帝态度的是他自己的亲身实践。咸熙二年(265)八月,文帝崩,"国内行服三日。武帝亦遵汉、魏之典,既葬除丧。"但除丧之后,他并未改服吉服,而是"深衣素冠,降席撤膳"④。这种违反现成制度的做法遭到朝中重臣的一致反对,并反复建言,希望武帝能遵从旧制,但均遭武帝反驳。最终,"帝遂以此礼终三年。"⑤泰始四年(268),皇太后崩,有司奏:"前代故事,倚庐中施白缣帐、蓐、素床,以布巾裹块草,辒辌、细犊车皆施缣里。"诏不听,但令以布衣车而已,其余居丧之制,不改礼文⑥。可以看出,武帝是以自己的亲身经历,来作为开国定制的阐释,在适度反抗汉魏旧制的同时,他不可避免地要借助经典"礼文"。汉魏旧制固然不合于眼前的孝道,但经典与现实也是距离遥远,势难全盘复古。这就使如何实现旧制与礼文的统一这一问题,成为当时政治上的一件大事。

杜预适逢其会,他的经学背景和政治阅历使他具备足够的理解能力。张靖、陈逵陈议之后,武帝又使群臣详议。杜预认为应该折衷古制,既需尽孝子之情,也要合于古典,这样才真正地合于礼义。就三年之丧而言,天子、诸侯因为地位尊贵,与庶民界划分明,并不相同,只是在汉文之后,率意制作,才造成今天这样的困境:

---

① 唐长孺云:"建立晋室的司马氏是河内的儒学大族,其夺取政权却与儒家的传统道德不符,在'忠'的方面已无从谈起,只能提倡孝道以掩饰己身的行为,而孝道的提倡也正是所有的大族为了维护本身利益所必需的,因此从晋以后王朝更迭,门阀不衰的状态,后人每加讥议,然而在当时,这一些统治者却另有理论根据作为他们安身立命的指导。"所谓理论,正是孝道。详参《魏晋南北朝的君父先后论》,《魏晋南北朝史拾遗》,北京:中华书局,1983年,第238页。

② 《晋书》卷3《武帝纪》,第53页。《宋书·礼志二》表达更为清楚:"诏诸将吏二千石以下遭三年丧者,听归终宁,庶人复除徭役。"

③ 到太康七年,因大鸿胪郑默服母丧,不肯依旧摄职,"始制大臣得终丧三年",遂成定制。(《宋书·礼志二》)由诸将吏二千石以下而致大臣,可以看出武帝政策的延续性和不断深入。

④ 《宋书》卷15《礼志二》,北京:中华书局,1974年,第388页。

⑤ 《宋书》卷15《礼志二》,北京:中华书局,1974年,第389页。

⑥ 《晋书·礼志中》,第616页。

古者天子诸侯三年之丧，始同齐斩，既葬除服，谅闇以居，心丧终制，不与士庶同礼。汉氏承秦，率天下为天子终服三年。文帝见其不可久行，而不知古典，更以意制祥禫，除丧即吉。魏氏直以讫葬为节，嗣君皆不复谅闇终制。学者非之久矣，然竟不推究经传，考其行事，专谓王者三年之丧，当以衰麻终二十五月。

继而指出现实中的不便：

　　嗣君苟若此，则天下群臣皆不得除。虽志在居笃，更逼而不行。至今嗣主皆从汉文轻典，由处制者非制也。

因此，他建议皇太子"宜复古典，卒哭除衰麻，以谅闇终制"[①]。在杜预看来，拘泥经典，终丧三年自然不合世情，因为这样势必将天子诸侯等同于士庶；但是如汉魏所行的既葬除丧也失之于简。正确的办法是既葬除服之后，"谅闇以居，心丧终制"。

（二）传统概念的改造

　　谅闇与心丧尽管都与居丧有关，但并非同类的概念，至少在晋代以前。"心丧"最初出现在《礼记·檀弓上》中：

　　事亲有隐而无犯，左右就养无方，服勤至死，致丧三年。事君有犯而无隐，左右就养有方，服勤至死，方丧三年。事师无犯无隐，服勤至死，心丧三年。

郑注："致丧，戚容称其服也。方丧，资于事父也。心丧，戚容如丧父而无服也。"[②]君与师是亲之外最重要的关系，在一个人一生当中起着极为重要的作用[③]。但为君的服制是斩衰三年，几乎与父同等，师虽有明道授业之功，但既无父母之恩，又无君臣之义，所以《丧服》中并没有规定如何制服，所以只好采用"心丧"这样的折中办法。《檀弓》中保存了两条记载孔门师弟相互为服的材料，可资说明：

---

① 《晋书·礼志中》，第619页。《通典》卷80，王文锦等点校，北京：中华书局，1988年，第2160页。并参见《宋书·礼志二》，第392页。
② 《礼记正义》卷6，《十三经注疏》（附校勘记），北京：中华书局影印版1980年，第1274页。
③ 王先谦：《荀子集解》卷13《礼论》，第233页。

孔子之丧，门人疑所服。子贡曰：昔者夫子之丧颜渊，若丧子而无服。丧子路亦然。请丧夫子若丧父而无服。

孔子之丧，二三子皆绖而出。群居则绖，出则否。

郑注："无服，不为衰，吊服加麻，心丧三年。"①将此数条加以比照，大致可以认为心丧在服制上虽非全然无服，但也仅仅是五服之外的吊服加麻，非常轻。在丧期上，既有"如父"的三年，也可能有"若丧子"的期年。由此可见它在整个丧服制度中的地位，至多可说是五服的补充与延伸而已。

对谅闇的解释，是造成分歧的主要原因，心丧的解释随之而变，魏晋南北朝时期丧服的特色也因此得以彰显。谅闇，亦作亮阴、谅阴。其最早出现在《尚书·无逸》中：高宗"作其即位，乃或亮阴，三年不言。"伪孔传及诸儒皆云"亮，信也。阴，默也。"其说俱见于孔疏。孔疏又云：

孔意则为出言在三年之外，故云在丧其惟不言。丧毕发言，则天下大和。知者，《说命》云："王宅忧，亮阴三祀。既免丧，其惟不言。除丧犹尚不言，在丧必无言矣。故知丧毕乃发言矣。

郑玄不从旧儒之说，而以谅闇为凶庐："谅，古作梁，楣谓之梁。闇，读如鹑鹑之鹑，闇谓庐也，庐有梁者，所谓柱楣也。"②之所以如此解释，主要依据有二：其一，郑玄相信三年之丧，自天子达于庶人，皆称情制服，不因地位高低而生差别③。其二，既然服丧，就须遵循丧服变除的一系列规定，在衣服、饮食、居所、哭临等方面，随着时间的推移逐渐减轻，以与人心中的哀情渐杀相适应。郑玄释谅闇为"柱楣"，也正是此意。这样，对"高宗谅阴，三年不言"这条重要的上古材料的解释，就可以纳入整个丧礼的体系之中，不致横生枝节，平添新说。

---

① 《礼记正义》卷7，第1284—1285页。
② 《礼记正义》卷63《丧服四制》"书曰：高宗谅闇，三年不言"句下。条下《经典释文》云："谅闇，依注谅读为梁，闇，乌南反。下同，徐又并如字。按徐后音是依杜预义。郑谓卒哭之后翦屏柱楣，故曰谅闇，闇即庐也。孔安国谅为谅阴。谅，信也，阴，默也。"（第1695页）又《丧服·斩衰章》"既虞，翦屏柱楣"下郑注："楣谓之梁，柱楣所谓梁闇。"
③ 《礼记·三年问》云："孔子曰：子生三年，然后免于父母之怀。夫三年之丧，天下之达丧也。"郑注："达，谓自天子至于庶人。"《中庸》亦云："三年之丧，达乎天子。父母之丧，无贵贱一也。"《礼记正义》卷58，第1663页；卷52，第1628页。相关记载亦可参见《左传·昭十五年》之周景王及《论语·阳货》孔子之语，《春秋左传正义》卷47，第2078页；《论语集解》卷17，第2526页。

郑玄之说对后世影响极大,这从时人对杜预新说的态度也可以看出,"于时外内卒闻预异议,多怪之。或者乃谓其违礼以合时"①。为平众议,杜预使博士段畅博采典籍,为之证据。段畅遂旁征博引,而以郑玄之说为非②。

郑玄之说虽然仍不断有人重申③,但有些时候,时势决定学术,尤其这种学术与政治密切相关,就更是如此。争辩的结果是,"太子遂以厌降之议,从国制除衰麻,谅闇终制。"④这样的结局,当时人就看得很清楚,挚虞认为:

> 古者无事,故丧三年,非讫葬除心丧也。后代一日万机,故魏权制,晋氏加以心丧,非三年也。⑤

虽以政务多寡来解释丧制变化,不尽全面,但却从历史上对杜预之说作了否定,只不过晋承魏制,稍加权变,以合乎当日政治、社会而已。杜佑又加以总结,既然所谓"三年之丧,自天子达",虽有其说,无闻服制,那么,不如结合实情,更为务实有效。因为天子诸侯"万机至繁,百度须理,如同臣庶丧制,唯祀与戎多阙","若俟同轨毕至,嗣君然后免丧,俗薄风浇,或生衅难。"何况礼经虽云七月而葬,汉魏以降,多一两月内,山陵礼终。因此,"窀穸之期,不必七月;除服之制,止于反虞。庶情礼两得,政教无亏矣。"⑥这种看法大概也算是魏晋以来的主流观点了。

---

① 《晋书·礼志中》,第 623 页。按:帝王以心丧终父母之丧,并非始自杜预。泰始二年,武帝欲以衰绖诣文帝陵,司马孚等谏止,就提到"陛下随时止宜,既降心克己,俯就权制,既除衰麻,而行心丧之礼,今复制服,义无所依。"与杜预之说基本相同。谅闇也有提到,如下引段畅申杜时就说:"代俗皆谓大祥后禫时为谅闇。"但当时帝室多不行,如泰始四年,皇太后崩,武帝不欲既葬除服,有司援引旧事,奏云:"降于汉魏,既葬除释,谅闇之礼,自远代而废矣。"又可参见泰始十年卢钦、魏舒、杜预的联名上奏。具见《晋书·礼志中》,第 615、616、621 页。众人对杜预之议所以"多怪之",或许就在于直到杜预才将二者并列,强调其为天子诸侯之礼,与士庶不同,又明确其起始时节是既葬除服之后,而且由此上推,认为古代皆是如此。

② 段畅所引典籍有《国语·楚语上》、《论语·宪问》、《礼记》之《坊记》、《丧服四制》,都是武丁之事,所谓"高宗谅阴,三年不言",皆以"信"释"谅",以"默"释"阴"。又引后汉邓太后为母新野君"谅闇既终",用意亦复相同。

③ 《通典》卷 80 详细记载了范宣与段畅的辩难,范氏所持据郑义。又前引《晋书·礼志中》人皆以杜预为怪之事,也可证明郑玄的影响。郑氏之说,后世仍时有伸张,参《通典》卷 80 袁准之言,第 2161 页。

④ 《晋书·礼志中》,第 623 页。

⑤ 《通典》卷 80,第 2160 页。

⑥ 《通典》卷 80,第 2165 页。

111

(三) 晋武帝的自我作古

心丧作为重要的丧服制度得以确立,晋武帝是始作俑者。不仅如此,他的亲身实践还使这项制度更具可行性。此前,武帝在服文帝及太后之丧时,虽无心丧三年之名,但都是既葬除服,而且"深衣素冠,降席撤膳",这些衣服、饮食的变化在《丧服》中都属于丧服变除,倘若与《丧服》以及《礼记》中有关的变除内容加以比较,可以发现,所谓"降席撤膳"正与礼制中卒哭之后的变除等级相符合。如果考虑到行心丧之礼,此后练、祥再无变除,而且汉魏以来素无此制,这种服丧规格还是相当高的。所以才有朝中重臣的屡次进谏,否则便难以解释这些大臣自己多以孝著名,而对武帝的尽孝之举却再三反对①。

关于深衣素冠,《礼记·深衣》郑注云:"名曰深衣者,谓连衣裳而纯之以采也。"孔疏:"此称深衣者,以余服则上衣下裳不相连,此深衣衣裳相连,被体深邃,故谓之深衣。"②深衣平日多用作吉服,男女皆可③,相对于正式的朝服、祭服来说,深衣类似于日常便服。从形制上说,深衣与中衣、长衣、麻衣比较接近,都穿在礼服之内,有花边④,但长衣、麻衣主要用作小祥之后的丧服⑤,这也是后世以深衣为丧服的重要依据⑥。《宋书·礼志五》云:

---

① 《宋书·礼志二》所载进谏大臣,如何曾、王祥、郑冲、贾充、司马孚等皆是,参见其《晋书》本传。

② 《礼记正义》卷58,第1664页。

③ 《礼记·玉藻》:"朝玄端,夕深衣,深衣三袪。"孔疏:"夕服深衣,在私朝及家也。"

④ 孙希旦撰,沈啸寰、王星贤点校:《礼记集解》卷56,第1378页。孙氏之说盖据《礼记·深衣》孔疏而加以概括,较为清楚。

⑤ 《仪礼·聘礼》:"遭丧,将命于大夫,主人长衣练冠以受。"郑注:"长衣,纯布衣也。去衰易冠,不以纯凶接纯吉也。吉时在里为中衣,中衣、长衣继皆掩尺,表之曰深衣。"《礼记·杂记上》:"如筮,则史练冠、长衣以筮,占者朝服。"郑注:"练冠、长衣,纯凶服也。"由此可见长衣之为凶服。又《丧服·记》云:"公子为其母,练冠、麻、麻衣縓缘;为其妻,縓冠、葛绖带、麻衣縓缘,皆既葬除之。"郑注:"此麻衣者,如小功布深衣,为不制衰裳变也。"贾疏:"麻衣与深衣制同,但以布缘之则曰麻衣,以采缘之则曰深衣,以素缘之,袖长在外则曰长衣,又以采缘之袖长在衣内则曰中衣。"《礼记·间传》"期而小祥,练冠縓缘,要绖不除……又期而大祥,素缟麻衣。"既是小祥之后,则无论是麻衣还是深衣,在服制上都是比较轻的,所以它的适应场合也就相对较广泛。

⑥ 《礼记·檀弓上》云:"将军文子之丧,既除丧,而后越人来吊,主人深衣练冠,待于庙。"郑注:"深衣、练冠,凶服变也。"孙希旦云:"深衣,十五升布,连衣裳为之,其服在吉凶之间。"并将此条与上引《聘礼》对比,"彼凶中受吉礼,此吉中受凶礼,故放其服而略变焉。"颇为明晰。(《礼记集解》卷8,第206—207页)女子亦以深衣为凶服,故《礼记·曾子问》云:"曾子问曰:亲迎,女在涂,而婿之父母死,如之何? 孔子曰:女改服,布深衣,缟总,以趋丧。"郑注:"布深衣、缟总,妇人始丧未成服之服。"

古者人君有朝服,有祭服,有宴服,有吊服。吊服皮弁疑衰,今以单衣黑帻为宴会服,拜陵亦如之。以单衣白祫为吊服,修敬尊秩亦服之也。单衣,古之深衣也。今单衣裁制与深衣同,唯绢带为异。深衣绢帽以居丧,单衣素帢以施吉。

可见至南朝时,深衣形制与单衣相仿,而且仍然用于吉凶等不同场合,唯以佩戴的帽饰为别。

素冠之名出自《诗经·桧风》,其义有二:毛传认为:"素冠,练冠也。"郑笺则云:"丧礼既祥祭而缟冠素纰,时人皆解缓,无三年之恩于其父母,而废其丧礼,故觊幸一见素冠急于哀戚之人。"[①]练冠,即小祥祭后变易之冠,在既葬之后十三月,祥祭则指二十五月之大祥祭,又改服缟冠[②]。礼书中素冠多释为练冠,且常与深衣连用,晋武帝制服之时,或许正是通过这种方式向传统回归。

如果说,心丧在其最初施用于师弟子之间时,弟子虽不制衰,但以一定丧期之内"吊服加麻"的方式表达哀情和悼念,那么可以说,武帝在采用心丧之制以终父母之丧时,既葬卒哭之后,他没有按照大臣们提议的汉魏旧制立刻释服即吉,而是在饮食、居所上按卒哭之后的古礼,衣冠上却又采用小祥之后的服制,这样轻重结合,情礼兼顾,遂使心丧之制在他身后终成礼典成制。

二、心丧的制度化

变化永无止境,但在对心情的调适上却无二致。前人创制,后人遵行,但遵行从来就没有墨守成规、一成不变的,时代总是在对既定的制度加以损益,而制度也因为这样的调整、补充不断变化甚至完善。西晋以后,对心丧的讨论已深入到执行过程中的细节,如心丧的服制、月数、应否禫祭以及丧中遇到吊、贺、宴、祭如何处理等问题,讨论者无须再像当年的杜预、段畅煞费苦心地来证明古已有之,这也是一项制度成熟的标志[③]。

---

① 《毛诗正义》卷 7 之 2,《十三经注疏》本,第 382 页。
② 《礼记·玉藻》云:"缟冠素纰,既祥之冠也。"郑注:"纰,缘边也,既祥祭而服之也。"又《间传》郑注:"黑经白纬曰缟。"此或郑玄以素冠为缟冠之所本。又,孔疏云:"王肃亦以素冠为大祥之冠。孙毓以笺说为长。"
③ 齐高帝建元四年,尚书令王俭论丧不废祭,其所据即"晋中朝《谅闇议》"。时人论礼的内容往往集解成书,并成为后代处理类似问题的判例。见《南齐书》卷 9《礼志上》,北京:中华书局,1972 年,第 131 页。

(一) 心丧的对象

心丧最初的对象主要在师弟子之间①，西晋之后逐渐扩大，但以子为母之服为主，前文太子为皇后即属于此类②。关于为母之服，《丧服·齐衰杖期章》云：

> 父在为母。传曰：可以期也？屈也。至尊在，不敢伸其私尊也。父必三年然后娶，达子之志也。

郑玄无注。贾疏则云：

> 子于母屈而期，心丧犹三年，故父虽为妻期而除，三年乃娶者，通达子之心丧之志故也。

将此条与同章的"夫为妻"、《齐衰三年章》的"父卒则为母"、"母为长子"以及《齐衰不杖期章》的"为众子"、"大夫之嫡子为妻"相对比，可以发现不论是经传，还是郑注，都未提及心丧，郑注基本上强调的都是"尊降"、"厌降"，或者可以说，郑玄重视的是"尊尊"。而在贾疏中，却增加了"亲亲"的成分，如父在为母之服，因为父母的恩情是相等的，本来都应服三年，但由于父亲还健在，出于"厌降"的原因，子女便不敢放纵私情，只能为母亲服齐衰期。但心中委实不忍，所以十五月大祥之后要举行其他期亲没有的禫祭。而且，此后还要补足三年之数，是以有心丧三年之说。相应地，夫妻之间，妻为夫服斩衰三年，但家无二尊，丈夫只能为妻服齐衰杖期，也是出于夫妻情深的缘故，夫须为妻心丧三年，以表心志。倘若有儿子，三年之内不再续娶，以助成儿子的哀情③。

---

① 汉代仍有为师心丧三年者，参《后汉书》卷82上《方术传上·李郃》，北京：中华书局，1965年，第2718页。

② 元嘉十七年文帝太子为元皇后、大明七年新安王为其生母宣贵妃、北魏彭城王勰为其母潘氏，皆心丧三年。参见《宋书》卷15《礼志二》，第395页；卷17《礼志四》，第477页。《北史》卷19《献文六王传·彭城王勰》，北京：中华书局，1974年，第701页。《魏书》卷86《孝感传·阎元明》，北京：中华书局，1974年，第1884页。

③ 《礼记·丧大记》云："期，居庐，终丧不御于内者，父在为母为妻。"孙希旦云："父在为母及为妻，虽并为期丧，而初丧居庐，不居垩室，且终丧不御于内。此二事，与余期丧异也……二服本由三年而降，故其初丧居庐，终丧不御内，与其祥、禫之祭，杖履之服，皆与三年者同也。"《礼记集解》卷44，第1175页。

贾疏并非无源之水,而是有所继承。东晋徐邈云:"汉魏以来,通用士礼。庶子父在,为所生周,心丧三年。如诸侯大夫之子乃厌降,而近代所不行。"①徐邈所说的"庶子父在为所生周",所指正是《丧服》中的为母之服。通过心丧三年申孝子之情,魏晋之时几乎成为常态,《通典》云:

> 晋贺循《丧服要记》曰:"公之庶兄弟父卒为其母,大夫之庶子父在为母,皆大功九月。凡降服,既降,心丧如常月。又天子诸侯贱妾子为其母,厌于父,不得制缞粗之服,三月而葬,葬已而除,居处饮食言语,心丧三年。"刘智《释疑》曰:"凡屈不得服者,皆有心丧之礼。小功以下不税服,乃无心丧耳。"②

所谓天子、诸侯、公、大夫,不过是与礼经中的记载相对应,但即使在这些等级中,无论高低,都实行心丧三年。或者说,心丧三年已经成为"亲亲"原则对"尊尊"原则造成的尊降、厌降的否定手段③。

为母之外,心丧三年的对象还有臣为君,如东晋初丁潭为琅邪王哀服心丧三年④。此外,心丧三年也常常作为一种重要的加服手段来使用,其服丧对象也就随恩情而变得不确定。《吴书·陆逊传》裴注引《文士传》曰:"陆景母张承女,诸葛恪外生。恪诛,景母坐见黜。景少为祖母所育养,及祖母亡,景为之心丧三年。"⑤为祖母本服齐衰期,但因少时养育之恩,加隆而至心丧三年。《晋书·郗鉴传》又云:

> 初,鉴值永嘉丧乱,在乡里甚穷馁,乡人以鉴名德,传共饴之。时兄子迈、外甥周翼并小,常携之就食。乡人曰:"各自饥困,以君贤,欲共相济耳,恐不能兼有所存。"鉴于是独往,食讫,以饭著两颊边,还吐与二儿,后并得存,同过江。迈位至护军,翼为剡县令。鉴之薨也,翼

---

① 《通典》卷94,第2546页。
② 《通典》卷81,第2204页。
③ 徐乾学云:"六朝及唐宋之制,凡父在为母、嫁母、出母、妾母、本生父母及父卒祖在为祖母皆心丧二十五月,而心丧又必解官。此礼最为尽善,可补古礼所未及。"父在为母本服齐衰期,为嫁母、出母如果父在则无服,父没始得齐衰期,为妾母则须视子之身份而定,但心丧之制既起,便全不管这些分别,一律服以心丧三年。徐乾学:《读礼通考》卷26,"亲属"条,《文渊阁四库全书》本,112册。
④ 《晋书》卷78《丁潭传》,第2063—2064页。
⑤ 《三国志》卷58,北京:中华书局,1959年,第1360页。

115

追抚育之恩,解职而归,席苫心丧三年。①

甥为舅,本服缌麻,五服之中最轻,但因抚养活命之恩,辞官解职,席苫居丧,这些本都是服斩衰的要求,所以称为心丧三年,正体现了它的折衷性质。而且,作为一种重要的调剂手段,无论在社会上层还是下层,心丧三年都被广泛应用,这种趋势既与魏晋南北朝时期厌降、尊降原则的逐渐废弃相适应,又能够在充分照顾服丧者心中感情的同时,不与传统的标志亲疏的五服制度过分冲突。

(二) 心丧的丧期

心丧虽然大多丧期三年,但因为三年之丧有二十五月、二十七月之别,作为依照正规丧服建立的新制度,心丧也必然面临这一长期纷争的难题。陈天嘉元年(560)八月癸亥,尚书仪曹郎请今月晦皇太后服安吉君禫除仪注,沈洙议:

> 宋元嘉立义,心丧以二十五月为限。大明中,王皇后父丧,又申明其制。齐建元中,太子穆妃丧,亦同用此礼。唯王俭《古今集记》云,心制终二十七月,又为王逡所难。何佟之《仪注》用二十五月而除。案古循今,宜以再周二十五月为断。

诏可之②。所谓"元嘉立义",指元嘉十七年,元皇后崩,太子为皇后心丧三年。元嘉十九年,武康公主出适,就依据此制,二十五月心制终尽,从礼即吉③。但王俭在南齐,既是朝廷重臣,又是礼学大家,所持二十七月之论也直接取之于郑玄,并与当时通行的三年之丧丧期一致,却遭到时人一致的反驳,何佟之作《仪注》对他的说法也弃而不用。这一切,却是为何?

这与六朝人对待经典的态度密切相关。如前所述,在他们看来,经典并非一成不变,它有着适应时代的特性,时代往往决定经典的选择和解释。从西晋以来,对孝道的提倡,逐渐成为全社会的共同习惯,而世家大族在魏晋南北朝时期的长盛不衰,更使与孝道直接相关的礼制,尤其是丧礼,成为社会各阶层长期关注的重点。自西晋至隋,几次大规模的修定五礼固然是

---

① 《晋书》卷 67,第 1801 页。案:为恩重之亲加服甚至服心丧三年者,前代亦偶尔一见。参《后汉书》卷 24《马援传附族孙楼传》,第 862 页。

② 《隋书》卷 8《礼仪三》,北京:中华书局,1973 年,第 151—152 页。

③ 《宋书》卷 15《礼志二》,第 395—397 页。

这一趋势的说明,而这一时期大量出现的讨论、研究《丧服》,记载各朝仪注的著作,更使对问题的探讨趋于深化、细化,辨章源流,毫不苟且。

就心丧三年来说,尽管从丧期上它与斩衰都是三年,但作为适应时代需要而生的"权制",它有着从一产生就具备的"天然特性",比如它有针对厌降制度的调剂功能,而且并不像正轨的三年之丧实行变除制度。更重要的是禫祭的时节。按照郑玄的说法,斩衰三年在二十五月举行大祥祭,"中月而禫",也就是到二十七月要举行禫祭,然后才可以释服从吉。但心丧并非如此,由于主要针对为母之服,而为母之服虽然因为父在而仅服齐衰期,但母亲的地位,使它在仪式上有三年之丧才有的禫祭①。但问题也因此产生,既然在十五月除丧时已行禫祭之礼,那么如果加服心丧三年,势必面临二十七月时的再次禫祭,这样的重复在礼制上是令人难以接受的。刘宋时便意识到这个问题:

> 元嘉十七年,元皇后崩。皇太子心丧三年。礼心丧者,有禫无禫,礼无成文,世或两行。皇太子心丧毕,诏使博议。有司奏:"丧礼有禫,以祥变有渐,不宜便除即吉,故其间服以缌缟也。心丧已经十三月,大祥十五月,祥禫变除,礼毕余一期,不应复有禫。宣下以为永制。"诏可。②

可见,即使在元嘉十七年前,心丧也基本参照父在为母服期的条例实行,而且至少在十五月时要举行一次禫祭,但由于它的丧期是三年,人们怀疑在丧礼终结时应该再次举行禫祭,以表示居丧生活的真正结束,所以才会有"世或两行"的现象。这条诏书的颁布,正是为取消人们的疑虑,明确了心丧三年只有在十五月时的一次禫祭,从现有史料来看,在后世也得到了很好的执行③。

斩衰三年,二十五月而毕,出自礼经,这一点无论郑玄还是王肃都无异议。不同的是郑玄主张祥禫异月,所以才有二十七月之说。但心丧既然无须在二十七月再行禫祭,那么"中月而禫"自然也就失去意义,所以心丧以

---

① 《礼记·杂记下》云:"期之丧,十一月而练,十三月而祥,十五月而禫。"郑注:"此谓父在为母也。"《礼记正义》卷42,第1563页。
② 《宋书》卷15《礼志二》,第395页。
③ 大明二年正月,皇后为其父右光禄大夫王偃"服期,心丧三年。"(《宋书·礼志二》,第396页)大明七年三月,新安王服宣贵妃齐衰期,"十一月练,十三月缟,十五月祥,心丧三年。"(《宋书·礼志四》,第477页)都是二十五月释服从吉,不再举行禫祭。

二十五月终才会成为当时主流的观点①。即便是位高权重的王俭，也无如其何。

（三）心丧的居丧生活

三年之丧，在居丧期间要遵守许多规定，如丧期之内不吊丧②，不参加宴会③，也无馈遗之事④，甚至不能同房共寝⑤，这些规定在心丧三年中都得到很好的执行。《隋书·礼仪三》云：

> 齐衰心丧已上，虽有夺情，并终丧不吊不贺不预宴。期丧未练，大功未葬，不吊不贺，并终丧不预宴。

这虽是隋代礼制，但"悉用东齐《仪注》以为准，亦微采王俭礼"。而王俭所撰仪注，虽"多违古法"，但诚如主持制礼的牛弘所云，"两萧累代，举国遵行。后魏及齐，风牛本隔，殊不寻究，遥相师祖，故山东之人，浸以成俗"⑥。

---

① 大明二年正月，王偃之丧，就皇后应在二十五月还是二十七月除丧，有司"检元嘉十九年旧事，武康公主出适，二十五月心制终尽，从礼即吉。昔国哀再周，孝建二年二月，其月末，诸公主心制终，则应从吉。于时犹心禫素衣，二十七月乃除，二事不同。"领仪曹郎朱膺之议："详寻礼文，心丧不应有禫，皇代考检，已为定制。元嘉季年，祸难深酷，圣心天至，丧纪过哀。是以出适公主，还同在室，即情变礼，非革旧章。今皇后二月晦，宜依元嘉十九年制，释素即吉。以为永制。"诏可。（《宋书·礼志二》，第396—397页）朱膺之的意思非常清楚，孝建二年诸公主之所以二十七月乃除，只不过是因为宋文帝死于非命，孝武帝起兵诛讨元凶劭，兵燹战火，国家动荡，哀恸之心因此更甚，所以才使"出适公主，还同在室。"也就是说，诸公主在丧期上依据的是斩衰三年，已与心丧旧制无关。

② 《礼记·曾子问》云："曾子问曰：三年之丧吊乎？孔子曰：三年之丧，练不群立，不旅行，君子礼以饰情，三年之丧而吊哭，不亦虚乎？"郑注："不群立，旅行，为其苟语忘哀也。三年之丧而吊哭，为彼哀则不专于亲，为亲哀则是妄吊。"（《礼记正义》卷19，第1397页。）《礼记·杂记下》云："三年之丧，虽功衰不吊，自诸侯达诸士。"郑注："功衰，既练之服也。"孔疏："重丧，小祥后衰与大功同，故曰功衰。衰虽外轻，而痛犹内重，故不得吊人也。"（《礼记正义》卷42，第1563页。）

③ 《礼记·杂记下》云："有服，人召之食，不往。"郑注："往而见食，则可食，为食而往则不可。"又《礼记·丧大记》云："既葬，若君食之，则食之，大夫、父之友食之，则食之矣。不辟梁肉，若有酒、醴，则辞。"郑注："尊者之前可以食美也。变于颜色则不可。"（《礼记正义》卷44，第1577页）

④ 《礼记·杂记下》云："三年之丧，如或遗之酒肉，则受之，必三辞。主人衰绖而受之。如君命，则不敢辞，受而荐之。丧者不遗人。人遗之，虽酒肉，受也。从父昆弟以下，既卒哭，遗人可也。"郑注："受之必正服，明不苟于滋味。荐于庙，贵君之礼。齐、斩之丧重，志不在施惠于人。"

⑤ 《礼记·丧大记》云："禫而从御，吉祭而复寝。期，居庐，终丧不御于内者，父在为母为妻。齐衰期者，大功布衰九月者，皆三月不御于内。"郑注："从御，御妇人也。"

⑥ 《隋书》卷8《礼志三》，第157页。

118

所以也可以看作是南朝以来普遍奉行的居丧制度,所规定的不吊、不贺、不预宴,标准全是照搬三年之丧①。

另外可资说明的是谅闇生子之事。三年之丧既不能同房,自然无从生子,反过来说,倘若丧期内生子,便是明显的违背礼制,即便是心丧也不许可。《晋书·后妃传上·惠贾皇后传》云:

> 初,后诈有身,内稿物为产具,遂取妹夫韩寿子慰祖养之,托谅闇
> 所生,故弗显。谋废太子,以所养代立。②

所谓谅闇,应指惠帝为武帝服心丧期间。南风所以敢"托谅闇所生",可见其时制度尚不严密,但从"故弗显"一语,也可看出此事须加以掩饰,以免为清议所讥。但到了刘宋,情况就要严厉得多,《宋书·二凶传》云:

> 元凶劭字休远,文帝长子也。帝即位后生劭,时上犹在谅闇中,故
> 秘之。三年闰正月方云劭生。自前代以来,未有人君即位后皇后生太
> 子,唯殷帝乙践阼,正妃生纣,至是又有劭焉。体元居正,上甚喜说。③

宋武帝崩于永初三年(422)五月,秋七月,葬初宁陵。景平二年(424)八月文帝即位,改年号为元嘉元年(424),九月立妃袁氏为皇后④。从永初三年七月到元嘉元年九月,适为二十七月,此时尚无所谓"元嘉立义"之说,心丧或仍从郑玄二十七月,是文帝生子犹在居丧期内,更无论同房了。但如果是生于三年闰正月,其受孕之日,也已是释服从吉之期,自然无违礼之嫌。用心愈是良苦,愈见制度约束的力量。

越到后世,制度的约束力越大。《陈书·废帝纪》记载了陈文帝崩,子伯宗即位,陈顼图谋篡位,遂使慈训太后集群臣于朝堂,下令废帝,列罪状之首的便是"居处谅闇,固不哀戚,嫔嫱弗隔,就馆相仍,岂但衣车所纳,是讥宗正,衰绖生子,得诮右师"。无论指责是否确有其事,但"嫔嫱弗隔"、"衰

---

① 陈寅恪认为隋代礼仪不依北周之制,别采梁礼及后齐仪注。所谓后齐仪注,乃南朝前期文物之蜕嬗,由王肃太和十七年北奔而为孝文帝接纳,而为后来隋唐制度不祧之远祖。王肃才学虽非一流,但能传承王俭之学,而王俭熟悉自晋以来江东之朝章国故,著名当时。故牛弘修礼,虽诋斥王俭,却不能不用其书。参见氏著《隋唐制度渊源略论稿》,石家庄:河北教育出版社,2001年,第15—19页。

② 《晋书》卷31,第965页。

③ 《宋书》卷99,第2423页。《南史》卷14《宋文帝诸子传》略同。

④ 《宋书》卷5《文帝纪》,第72—73页。

经生子"而能成为废帝的首要理由,其作为制度的重要性也就可见一斑了。

三、公除与心丧

(一) 国之大事,惟祀与戎

心丧在魏晋南北朝时期的出现,体现了礼经与社会现实的折衷,也是对以情制服的社会风习的顺应,而且在两晋以后又逐渐地制度化,为当时社会所遵循,这必然产生其他相应的制度与之互为补充、调剂,制度化的特点也因此得以彰显。公除正是如此。

所谓公除,刘宋庾蔚之云:"公除是公家除其丧服,以从公家之吉事,若公家无斋禁,则其受吊临灵,及私常著丧服,岂得辄释凶服以执吉祭乎?"①胡三省与此略同:"公除者,以天下为公而除服也。"②强调的都是个人对国家的服从,个人虽有父母之丧,但国家如有"斋禁"或其他重大祭祀,便须释服而参加祭祀。也就是说,公除的施行者应该是国家,而其对象则是正在居丧的臣子。庾氏之说出于《曾子问》:

> 子夏问曰:"三年之丧卒哭,金革之事无辟也者,礼与? 初有司与?"孔子曰:"夏后氏三年之丧,既殡而致事,殷人既葬而致事。《记》曰:'君子不夺人之亲,亦不可夺亲也。'此之谓乎?"子夏曰:"金革之事无辟也者,非与?"孔子曰:"吾闻诸老聃曰:'昔者鲁公伯禽有为为之也。今以三年之丧从其利者,吾弗知也。'"③

在孔子看来,夏商周依次渐文,故而在因丧致事的时节上也逐渐推后,由殡而葬而卒哭。而且出于对孝道与恕道的提倡,孔子并不主张国君在人子卒

---

① 《通典》卷52,第1446页。案:庾氏之语当分别对待。他指出公除是除服以从公家吉事,这个观点是对的。但后半句说的"私常著丧服",对于有资格公除的人来说则是错误的。因为一旦如他所言,又哪里有什么制度化? 而这与魏晋时期的史实明显不符合。他之所以用怀疑的口气来谈此事,或许正是想借助批评来针砭时弊。

② 《资治通鉴》卷137,齐武帝永明八年九月,胡三省注,北京:中华书局,1956年,第4297页。

③ 《礼记正义》卷19,第1401页。案:郑玄解释"致事"为"还其职位于君。"孔疏引皇侃云:"夏后氏尚质,孝子丧亲恍惚,君事不敢久留,故既殡致事还君。殷人渐文,思亲弥深,故既葬毕始致事还君。周人极文,悲哀至甚,故卒哭而致事。"

哭之后就夺人之丧,尽管当时战事频仍,诸侯为一己之私,并不顾恤臣下之情。可为孔子之言作注脚的便是僖公三十三年晋襄墨衰从军之事①,此事也常常成为后代主张夺情或公除者的重要藉口。所谓墨衰,其用意不过是变丧服为吊服,《丧大记》云:

> 君既葬,王政入于国。既卒哭而服王事。大夫、士既葬,公政入于家。既卒哭,弁绖带,金革之事无辟也。

郑注:"此权礼也。弁绖带者,变丧服而吊服。轻,可以即事也。"②战争是国之大事,改重服为轻服,则可从众而无嫌疑。战争之外,又有祭祀。《礼记·祭统》云:"凡治人之道,莫急于礼。礼有五经,莫重于祭。"③祭祀与战争一样,都是国之大事,关系到政权的来源与合法性,是以历代统治者都非常重视。而且,因为祭祀的种类繁多,不论对士庶还是国君,倘若有丧服在身,都常常面临丧礼与祭礼的冲突问题。丧与祭,孰大孰小,孰轻孰重,是因丧废祭,还是吉祭而夺情,历来多有争论。对待这些争论,固然需要分辨涉及到的祭礼与丧礼的规格、参与者的身份等具体差别,但就观念而言,也可以看出祭祀主"敬"的传统对后世的影响。《论语·八佾》云:"祭如在,祭神如神在。子曰:'吾不与祭,如不祭。'"④祭祀虽有神灵与先祖之别,但以敬的态度对待祭祀则是一贯的,所以孔子才反对祭祀而以他人摄代。《祭统》又云:

> 其德盛者,其志厚。其志厚者,其义章。其义章者,其祭也敬。祭敬,则竟内之子孙莫不敬矣。是故,君子之祭也,必身亲莅之,有故则使人可也。虽使人也,君不失其义者,君明其义故也。⑤

对于重大祭祀,如禘祫之类,君主需要明白其中含义,臣下则要能够执行礼仪而无舛差,其地位才可获得巩固。如果君主有事不能亲自参与祭祀,也

---

① 《春秋经》云:晋文公薨于僖公三十二年十二月己卯,三十三年四月辛巳,晋人败秦兵于崤;癸巳,葬文公。《左传·僖三十三年》言襄公用先轸之策,兴发姜戎,"子墨衰绖"。击败秦军后,"遂墨以葬文公,晋于是始墨。"

② 《礼记正义》卷45,第1581页。

③ 《礼记正义》卷49,第1602页。

④ 《论语注疏》卷3,第2467页。另参朱熹《四书集注》所引程子、范氏之语。陈戍国点校:《四书集注》,长沙:岳麓书社,1987年。

⑤ 《礼记正义》卷49,第1606页。

可以使人替代,这样做的前提则是他心中保存的深刻敬意①。这样的敬意在祭祀前的散斋、致斋,祭祀时的舞蹈奉献、进退坐兴等仪节上都有体现,自然也体现在对居丧服凶者的防范上,《祭义》云:"郊之祭也,丧者不敢哭,凶服者不敢入国门,敬之至也。"郑注:"祭者吉礼,不欲闻见凶人。"②不以凶干吉,反映的正是防止对祭祀庄严肃穆的气氛和心中敬意的冲淡。

(二) 公除及其前身

汉代未有公除之名,丧中任官往往称之为夺服。安帝永宁(120—121)中,桓焉为太子少傅,月余,迁太傅,"以母忧自乞,听以大夫行丧。逾年,诏使者赐牛酒,夺服,即拜光禄大夫,迁太常。"③这既是对汉文帝以来形成的惯例的遵循,也常常被视为一种倚重和恩宠。到晋武帝改革丧制后,情况依然:

> 太康七年,大鸿胪郑默母丧,既葬,当依旧摄职,固陈不起,于是始制大臣得终丧三年。然元康中,陈准、傅咸之徒,犹以权夺,不得终礼。自兹已往,以为成比也。④

太康七年(286),虽有大臣终丧三年的规定,但夺服之风并未少歇。魏晋以来,又出现了两个与夺服意义相近但侧重点有所不同的词,使用甚是普遍。其中,"起复"侧重指丧期未满而任命为官,如卞壸"遭继母忧,既葬,起复旧职,累辞不就。"刘超"以父忧去官。既葬,属王敦称兵,诏起复职,又领安东上将军。寻六军败散,唯超案兵直卫,帝感之,遣归终丧礼。"⑤"夺情"则专指内心情感,王谦之父雄随宇文护东讨,殒身行阵,朝廷"特加殊宠,乃授谦柱国大将军。以情礼未终,固辞不拜。高祖手诏夺情,袭爵庸公,邑万户。"⑥沈君理为仁威将军、东阳太守。天康元年(566),以父忧去职,及还将葬,多有诏赠。"其年,起君理为信威将军、左卫将军。又起为持节、都督东衡、衡二州诸军事、仁威将军、东衡州刺史,领始兴内史。又起为明威将军、中书令。前后夺情者三,并不就。"⑦

---

① 《礼记正义》卷 49,第 1606 页。孔疏云:"虽使人摄,由君能恭敬,不丧失于为君之义。"
② 《礼记正义》卷 47,第 1594 页。
③ 《后汉书》卷 37《桓荣传附孙桓焉传》,第 1257 页。
④ 《晋书》卷 20《礼志中》,第 634 页。
⑤ 《晋书》卷 70《卞壸、刘超传》,第 1867、1875 页。
⑥ 《周书》卷 21《王谦传》,北京:中华书局,1971 年,第 352—353 页。
⑦ 《陈书》卷 23《沈君理传》,第 300 页。

无论起复还是夺情,大多针对父母之丧而发,而且一般都是在既葬或卒哭之后便使除服。但相对于公除而言,都非制度化的硬性规定,所以才屡屡需要皇帝亲自下诏为之释服。关于公除的制度化特点,虞潭曾有很好的说明。咸康三年(337)十月二十七日,虞潭嗣子丧,"既葬,依令文行丧三十日,至十二月十日公除,其日蜡祭宗庙。"①所谓蜡祭,是指年终合祭,规格很高②,所以不可因丧废祭,但嗣子既是嫡长子,也不能轻易从事,虞潭为此自设两造,反复辩难,"余身受公除,岁终大蜡,至敬兼兴,如当遂阙,心所不安,故谘之有识。"虽遭驳难,虞潭却据"随时之义"加以变通,作为应公除而从吉祭的说明③。

这个例子至少说明两个问题。其一,东晋时已经有对公除作出专门规定的"令文",是在既葬之后继续服丧三十日,便可以释服,参加国家及宗庙的祭祀活动;其二,这样的规定还不普及,所以才需要专门加以解释。

制度化的痕迹也体现在南北朝时皇帝的遗诏中,"公除之制,率依旧典"④,"以日易月,既有通规,公除之制,悉依旧准"⑤,"嗣主、百僚、内外遐迩奉制割情,悉从公除"⑥,"其丧纪之礼一同汉文,三十六日悉从公除"⑦,"随吉即葬,葬讫公除"⑧,等等。不过需要注意的是,诏书中所说的"旧典"、"旧准",与汉文帝以来形成的汉魏短丧之制有同有异。相同之处在于都是指既葬除丧⑨,而不同之处则是公除更专门、更细致。所以如此,就在于公除后来与心丧的结合。

① 《通典》卷52,第1446页。
② 《礼记·郊特牲》云:"蜡也者,索也。岁十二月,合聚万物而索飨之也。"郑注:"飨者,祭其神也。万物有功加于民者,神使为之也,祭之以报焉。"(《礼记正义》卷26,第1453页)另参王念孙《广雅疏证》卷9上,南京:江苏古籍出版社,2000年,第290页。
③ 《通典》卷52,第1446页。
④ 《陈书》卷3《世祖纪》,第61页。
⑤ 《陈书》卷5《宣帝纪》,第99页。
⑥ 《北齐书》卷4《文宣纪》,北京:中华书局,1972年,第67页。
⑦ 《北齐书》卷6《孝昭纪》,第84页。
⑧ 《周书》卷6《武帝纪下》,第107页。
⑨ 《魏书》卷108之3《礼志三》云:"魏自太祖至于武泰帝,及太皇太后、皇太后、皇后崩,悉依汉魏既葬公除。"又引元丕劝谏孝文帝之言,可知孝文以上三帝皆是如此,是丕所亲见。又《魏书》卷42《薛辨传附曾孙胤》云:"(太和)十四年,文明太后公除,高祖诏诸刺史、镇将曾经近侍者,皆听赴阙,胤随例入朝。"据《高祖纪下》及《礼志三》,此"公除"当指十四年十月壬午诏中指的"既虞卒哭,以葛易麻"。此前两日的庚辰,高祖在与高闾的辩论中,已提到变除之日官员的从服规格:"庶民及小官皆命即吉。内职羽林中郎已下,虎贲郎已上,及外职五品已上无衰服者,素服以终三月,内职及外臣衰服者,变从练礼。外臣三月而除;诸王、三都、驸马及内职,至来年三月朕之练也,除凶即吉,侍臣君服斯服,随朕所降。"薛胤曾拜中散,正与此合。

(三) 公除与心丧的结合

东晋之后,公除与心丧制度逐渐结合,形成互为补充的一体关系。这种关系主要体现在三个方面。首先是除服的时节。宋孝武帝孝建三年(456),皇后父王偃卒,孝武为服缌麻三月,成服,便即公除。皇后为父则"依朝制服心丧,行丧三十日公除。"但有司不知祖葬之日皇后临丧当著何服,遂上奏询问,且援引旧事:"皇后心丧,服终除之日,更还著未公除时服,然后就除。"以确定是否与旧制不同。太学博士王膺之首先提出天子为外舅服缌麻,本在服例,只是因为"衰绖不可以临朝飨,故有公除之议。"所以至三月丧期结束,应举行除服之礼,届时仍应脱去吉服,重服缌麻。至于皇后之服,祖葬之日,因亲见尸枢,不可以无服,是日仍应服齐衰。但到最终除丧时,由于丧礼即远,变除渐轻,心中哀情也已减弱,便不许再服齐衰重服,"直当释除布素而已"。太常丞朱膺之对王膺之所说的前两点都表示赞同,但在第三点,也就是皇后除服之日,则认为"宜如旧反服未公除时服,以申创巨之情"。其所依据,则在于公除"非全除之称。今朝臣私服,亦有公除,犹自穷其本制",所以当有始有终,一如礼文。国子助教苏玮生在朱膺之的基础上又作发挥,对公除之义阐释最为明晰:

> 案三日成服即除,及皇后行丧三十日,礼无其文。若并谓之公除,则可粗相依准。凡诸公除之设,盖以王制夺礼。葬及祥除,皆宜反服。未有服之于前,不除于后。虽有期、斩重制,犹为功缌除丧。夫公除暂夺,岂可遂以即吉邪。愚谓至尊三月服竟,故应依礼除释。皇后临祖,及一周祥除,并宜反服齐衰。

建平王宏、前祠部郎中周景远对此都表示赞同,只是认为天子仅服缌麻轻服,除服之日"止举哀而已,不须释服"。孝武帝最终采纳了这种意见①。其后在宋明帝泰始年间,陈贵妃父金宝卒。贵妃也是"制服三十日满,公除"②。

结合前引虞潭之事,可以看出公除在皇室和士大夫之中都得到了执行。一般而言,成服之时仍然依照礼制规定的五服制度,尽管服制有轻重,居丧者的身份也有高低之分,而且祖葬的日期并不确定,但基本都是既葬

---

① 《宋书》卷15《礼志二》,第395—396页。
② 《宋书》卷15《礼志二》,第398页。

卒哭,依据正式丧礼行丧三十日①,然后便开始心丧的居丧生活,在此期间,服丧者可以做官,也可以参加国家宗庙祭祀。

其次,表现为通过公除,心丧居丧时的衣服之制得以确立。东晋徐藻云:"古无公除,吉凶之服不可相干,故缌不祭耳。今既公除,吉服而行,则可吉祭。"②所谓吉服,并非全吉,正如朱膺之所云公除本非全除之称。从虞潭及王皇后、陈贵妃之事也可看出,服丧者平日服素衣,只有在祥禫等重要时节,才穿上原先礼制规定的丧服。

公除之后的"素衣",相当于晋武帝心丧时穿的"深衣",隋炀帝又稍加变化,成为"浅色黄衫、铁装带"③。唐代与炀帝之服比较接近,颜色较浅,一般称作惨服④。德宗贞元五年(789),金吾卫将军沈房有弟丧,公除,衣惨服入阁。代宗向宰相董晋询问其中缘故,对曰:"准式,朝官有周年已下丧者,诸缞缌,不合衣浅色。"沈房所以如此,不过是"因循而然"⑤。此事《新唐书》亦有记载⑥。所不同者唯改"惨服"为"常服",适可见其与寻常衣服差别之微⑦。

最后,则是在居丧生活上公除与心丧的完全重合。《隋书·礼仪三》云:"齐衰心丧以上,虽有夺情,并终丧不吊、不贺、不预宴。"神龙元年(705)正月中,武后丧公除,"太常请大习乐,供郊庙,诏未许。"后虽听从严善思之谏,但亦仅供郊庙之乐而已⑧。倘若违背制度,则遭清议讥讽。东晋元兴

---

① 这一制度一直到唐代仍然被遵从执行。贞元二年,昭德王皇后丧,群臣议太子为母之服,"准令,群臣齐缞,给假三十日即公除"。又"请依宋、齐间皇后为父母服三十日公除例,为皇太子丧服之节",并云:"今皇太子宜如魏、晋制:既葬而虞,虞而卒哭,卒哭而除,心丧三年。"皆可见制度上的连贯性。参见《新唐书》卷200《儒学传下·畅当》,北京:中华书局,1975年,第5717—5718页;《旧唐书》卷149《柳登传附弟冕》,北京:中华书局,1975年,第4030—4031页;《唐会要》卷38《丧纪下》,北京:中华书局,1955年。

② 《通典》卷52,第1446页。

③ 《资治通鉴》卷180,隋炀帝大业元年二月己卯,第5617页。

④ 《晋书》卷75《王湛传附玄孙忱》云:"妇父尝有惨,忱乘醉吊之。"惨即指丧事。又《资治通鉴》卷203,光宅元年二月丁卯"自是太后常御紫宸殿,施惨紫帐以视朝"下,胡注云:"紫色之浅色为惨紫。"(第6419页)此或可释惨服名称之由来。

⑤ 《旧唐书》卷145《董晋传》,第3935页。

⑥ 《新唐书》卷151《董晋传》,第4821页。

⑦ 唐代惨服又有惨公服与惨吉服之分。公卿大夫为天子"大祥日,除缞冠杖等,服惨公服,至山陵时,却服本缞服,事毕除之"。皇孙释服之后,亦服惨公服,"至山陵时,却服初齐衰服,事毕即吉服"。禫除时,百官仍服惨公服,"至山陵事毕,乃服常公服"。皇帝则在禫除次日,即"改服惨吉服"。杜佑自注云:"淡浅黄衫,细黑绝幞头,巾子,麻鞋,吉腰带。"又云:"伏准贞观、永徽、开元故事,服此服至山陵事毕,则纯吉服。其中间朔望视朝及大礼,并纯吉服,百僚亦纯吉服。自后朝谒如常仪。"则二者差别甚微,都接近于平日的吉服。所引内容分见《通典》卷81,第2207、2211页;卷87,第2385—2386页。

⑧ 《新唐书》卷204《方技传·严善思》,第580页。另参见《唐会要》卷34《论乐》。

125

二年（403），桓玄兄桓伟卒，"伟服始以公除，玄便作乐。初奏，玄抚节恸哭，既而收泪尽欢"[1]。虽为兄弟之服，但公除之后，犹不得宴饮作乐，桓玄违背礼制，所以被人讥讽。甚至以皇帝之尊，也在所难免。元和十五年（820）正月宪宗崩，五月葬于景陵，穆宗即位后，"甫过公除，即事游畋声色，赐与无节"。九月，又欲召开重阳大宴，拾遗李珏帅其同僚上疏，以为"虽陛下就易月之期，俯从人欲；而《礼经》著三年之制，犹服心丧"。虽已公除，但仍当存人子之哀，有心丧之痛，不宜设宴庆贺[2]。不仅如此，婚嫁也在禁止之列。永徽元年（650）正月，衡山公主欲出降长孙氏，婚期定在当年秋季，因太宗崩于前年五月，公主虽已公除，但是否能行吉礼，论者意见不一。侍中于志宁引据礼经及郑玄之注，认为公主既服斩衰，仍在心丧之内，"方复成婚，非惟违于礼经，亦是人情不可"。高宗于是下诏公主"待三年服阕，然后成礼"[3]。

通过以上分析，可以看出公除虽然主要是针对"公家"有事而除其丧服，但由于心丧制度在魏晋南北朝时期的广泛影响，二者势必产生联系，并最终紧密结合。在保持其最初的"公家之吉事"特色的同时，公除又为心丧的具体操作做了充分的补充，如对公除时节、衣服的规定，都使心丧的实践性大为增强。

四、小　结

心丧三年，自晋武帝垂范作则，逐渐成为一种为社会所认可的国家礼制，刘宋之后，因为长期的实行，又进一步发展、细化，操作性更强，应用面更广。作为一种后世新创的礼制，它与传统礼典中的齐、斩之服密切相关，在丧期、衣服、饮食、居处以及居丧禁忌上都多所比附，这是它向传统靠拢寻求合法性的一面。同时，它又不囿于传统，能够在新陈相因中创立新制，适应时代，从而获得巨大的生命力。比如，确定丧期为二十五月，以及"深衣素冠、降席撤膳"的规定，其影响力通过时人注疏，反过来又施加于对传统经典的阐释，成为后人理解经典的重要参考。

也正是由于心丧观念的出现，以及心丧三年的推行，传统的礼制遭到

---

① 《晋书》卷 99《桓玄传》，第 2592 页。
② 《资治通鉴》卷 241，唐宪宗元和十五年九月，第 7781—7782 页。
③ 《旧唐书》卷 78《于志宁传》，第 2698—2699 页。另参《唐会要》卷 6《杂录》。

更大的冲击。这种冲击不是来自于外部的强行禁止,似乎也不带有多强的破坏性,但它对丧服制度的影响却是巨大而深远的。原先作为《丧服》制服最重要的"尊尊"原则,以及由此推演出来的厌降制度,逐渐被一直遭到压制的"亲亲"原则超越,父亲对母亲在服制上的压制随之越来越轻,心丧成了消解厌降制度的重要手段。

　　心丧三年既是国家制度,也是一种社会规则、道德标准。由于心丧的流行,"以情制服"成为当时最时尚的理由,尊尊、重嫡的意味减少,亲亲、重情的成分增加,就使它在应用时更少顾及,不管是期功之亲,还是缌麻之亲,都可以根据恩情、亲情或哀情的程度深浅,增加服丧规格,以表达心意。这种灵活性,不仅保证了它作为制度的生命力,也对孝道的观念产生了深刻的影响①。

---

① 丁凌华从法律史的角度提出,"心丧范围的扩大,使在服叙范围内被严格的宗法伦理原则(压降原则)所抑制的自然人情(或者说骨肉亲情)得以在守丧行为方面得到某种补救,既不更动礼法服叙,又伸张了人情。心丧范围的扩大实际上是秦汉以来小宗法制取代大宗法制后,妇女特别是母亲家内地位提高的反映"。虽然角度不同,但与本文结论却是殊途同归。参见氏著《中国丧服制度史》,上海:上海人民出版社,2001年,第168—169页。

两晋南朝迎气祭祀礼考

张鹤泉

两晋南朝时期,当时国家实行的重要礼仪有迎气祭祀礼。实际上,迎气祭祀礼是由东汉开始制定和实行的,以此使祭祀五帝的礼仪与"顺时令"治国措施结合在一起。而在两晋南朝时期,"顺时令"治国的理念对国家施政还有很大的影响,所以,当时国家也就需要通过祭祀礼仪方式来体现对这一治国理念的重视。然而,在这一时期,迎气祭祀礼的实行情况却不尽相同。可以说,迎气祭祀礼在两晋南朝实行的情况是比较复杂的,既有实行的朝代,也有中止实行的朝代。然而,前人对这一时期迎气祭祀礼实行的复杂性及其特点,尚没有引起过多的注意,因而,也就没有做深入的探讨,所以,本文拟对两晋南朝时期迎气祭祀礼的实行情况做一些考察,希望对认识这一礼仪的特点和影响有所裨益。

一、迎气祭祀礼的实行、中止与恢复

考察两晋南朝迎气祭祀礼的实行,需要提及这一祭祀礼的制定。应该说,迎气祭祀礼并不是晋代才制定的,而是经历了一个过程。可以说,迎气祭祀礼的制定与较早出现的迎气活动有很大的关系。《通典》卷四六《礼六》:"周制,四坎坛祭四方,以血祭祭五岳,以埋沈祭山林山泽。一岁凡四祭:一者谓迎气时,二者郊天时,三者大雩时,四者大蜡时,皆因以祭之。"据此记载,显然周代已经开始出现迎气祭祀。然而,《通典》的记载,只是后人的追记,因此,是不可信据的。实际上,只有《礼记》中收录的《月令》,才能透露出周代的迎气活动的一些信息。因为《月令》篇是整理残存的周代颁朔规定而成篇的,所以,其中记录了不同时节应该从事的施政和生产活动,并且,还将这些不同时节要求从事的事务与迎气活动结合在一起。所以,在《月令》中,就有"迎春于东郊"、"迎夏于南郊"、"迎秋于西郊"、"迎冬于北郊"的记载。也就是说,至战国时期,国家实行的迎气仪式已经比较完备。可是,这种活动并没有与对神祇的祭祀相结合,因此,这一时期的迎气只是国家按时节布政的象征性活动。然而,《月令》中所记录的这种迎气活动却对后世有较大的影响。至东汉时期,汉明帝开始将迎气与祭祀活动相结合。正如《后汉书》卷二《明帝纪》所言:"(永平二年)始迎气于五郊。"而且,东汉还为迎气祭祀礼规定了完整的礼仪。《续汉书·祭祀志中》:"迎时气,五郊之兆。自永平中,以《礼谶》及《月令》有五郊迎气服色,因采元始中故事,兆五郊于雒阳四方……立春之日,迎春于东郊,祭青帝句芒。车旗服饰皆青。歌《青阳》,八佾舞《云翘》之舞……立夏之日,迎夏于南郊,祭赤帝祝融。车旗服饰皆赤。歌《朱明》,八佾舞《云翘》之舞……先立秋十八日,迎黄灵于中兆,祭黄帝后土。车旗服饰皆黄。歌《朱明》,八佾舞《云翘》、《育命》之舞……立秋之日,迎秋于西郊,祭白帝蓐收。车旗服饰皆白。歌《西皓》,八佾舞《育命》之舞……立冬之日,迎冬于北郊,祭黑帝玄冥。车旗服饰皆黑。歌《玄冥》,八佾舞《育命》之舞。"据此可见,东汉实行的迎气祭祀礼对迎气祭祀举行的时间、祭祀的神祇、穿着的祭服和采用的乐舞都做了明确的规定。可是,东汉迎气祭祀礼的制定,却是以《月令》对迎气的阐释为依据的,因此,可以说,东汉的迎气祭祀礼的制定,明显受到周代迎气活动的影响。尤其是,东汉时期,国家使"顺时令"成为施政的总纲①。因此,东汉迎气祭祀礼也就成为这一施政理念的象征,因而,也就使这种礼仪能够长期的保留下来。实际上,西晋南朝时期所实行的迎气祭祀礼,正是对东汉的这一祭祀礼的沿袭。

当然,在两晋南朝时期,所实行的迎气祭祀礼,并不是原封不动地承袭东汉的礼仪规定。因为这一历史时期的社会条件和宗教神祇观念都与东汉有不同之处,所以,也就使这一祭礼的实行出现不连贯性与变动性。《宋书》卷一六《礼志三》:"汉明帝据《月令》有五郊迎气服色之礼,因采元始中故事,兆五郊于洛阳,祭其帝与神,车服各顺方色。魏、晋依之。江左以来,未遑修建。"这一记载说明两点:一是东汉制定和实行的迎气祭祀礼,在曹魏、西晋,仍然继续沿续实行;二是至东晋时,迎气祭祀礼的实行开始中断。因此能够明确,在这一历史时期,迎气祭祀礼既有实行的朝代,也有中断实行的朝代。

从迎气祭祀礼实行的情况来看,西晋禅代曹魏后,并没有中断这一礼仪的实行。《晋书》卷一九《礼志上》:"(泰始二年)时群臣又议,五帝即天

① 顾颉刚:《秦汉的方士与儒生》,上海:上海人民出版社,1956年,第118页。

地,王气时异,故殊其号,虽名有五,其实一神。明堂南郊,宜除五帝之坐,五郊改五精之号,皆同称昊天上帝,各设一坐而已。地郊又除先后配祀。帝悉从之。"这说明,泰始二年,晋武帝确定的国家重要祭祀有南郊、北郊、明堂和五郊。所谓"五郊"也就是指在五郊举行的迎气祭祀礼。晋武帝所以要继续实行迎气祭祀礼,可以说,是对曹魏礼仪制度的承袭。因为在曹魏的重要礼仪制度中,迎气祭祀礼占有重要的地位。《宋书》卷一四《礼志一》载青龙五年诏:"春秋冬孟仲季月,虽与岁不同,至于郊祀迎气,袷、祀、烝尝,巡狩、搜田,分至启闭,班宣时令,中气晚早,敬授民事,诸若此者,皆以正岁斗建为节。"由这一诏令可知,实际曹魏是将五郊迎气祭祀礼与郊祀礼并列的,足见对实行这一祭祀礼的重视。正因如此,在晋武帝禅代曹魏后,也就不能贸然废止迎气祭祀礼。

　　然而,应该看到的是,西晋时期,在对祭祀礼仪的阐释上,王肃说开始占据主导地位。清人皮锡瑞认为,王肃以晋武帝为其外孙,其学行于晋初。晋初郊庙之礼,皆王肃说,不用郑议[1]。由于受王肃说的影响,西晋对迎气祭祀的五帝神的认识,已经与东汉明显不同。《晋书》卷一九《礼志上》:"(泰始二年)时群臣又议,五帝即天地,王气时异,故殊其号,虽名有五,其实一神。"很显然,西晋已经将迎气祭祀的五帝神,改称"五精"帝,并且,使其地位与至上神上帝等同。可是,东汉时期,五帝却被视为上帝的从属神[2],所以,东汉实行迎气祭祀礼与实行郊祀礼的目的是明显不同的,因而,这两种礼仪也就有很大的区别。然而,由于西晋将"五精"帝提高到至上神上帝的地位,所以,也就不能不使实行迎气祭祀礼的目的,很容易与郊祀礼混同。也就是说,迎气祭祀礼与时节已经没有很密切的联系。因为这种情况的出现,就使实行迎气祭祀礼表达"顺时令"的目的被明显淡化。《晋书》卷六《明帝纪》:(太宁三年)诏曰:"郊祀天地,帝王之重事。自中兴以来,惟南郊,未曾北郊,四时五郊之礼,都不复设,五岳、四渎、名山、大川,载在祀典应望秩者,悉废而未举。"据此诏令可知,东晋迁都建康后,所实行的重要祭祀,只有南郊祭天,而北郊祭地礼与五郊迎气祭祀礼,就没有立即恢复。但是,咸和八年,晋成帝恢复北郊"追述前旨,于覆舟山南立之。"[3]然而,东晋却没有恢复实行迎气祭祀礼,也就是将这一祭礼从国家祭典中排除了。

---

① 皮锡瑞:《经学历史》,北京:中华书局,1959年,第160页。
② 张鹤泉:《东汉五郊迎气祭祀考》,《人文杂志》2011年第3期。
③ 房玄龄等:《晋书》卷19《礼志上》,北京:中华书局,1974年,第584页。

东晋采取的这种做法,至刘宋、南齐朝继续沿续。尽管刘宋、南齐不实行迎气祭祀礼,可是,却没有停止对五帝神的祭祀。刘宋时,开始将两晋的"五精"帝,又改称为五帝,并且,还将五帝称为"五时之帝",并在明堂中加以祭祀①。南齐与刘宋相同,"齐高帝建元元年七月,祭五帝之神於明堂,有功德之君配。"②刘宋、南齐在明堂祭祀五帝,由此也就使五帝与四季一时的时节有了联系。不过,对五帝的这种祭祀,仍然属于明堂祭祀,所以,迎气祭祀礼还是被刘宋、南齐中止实行的祭礼,并没有被纳入国家的祭典。

东晋、刘宋、南齐所以要中止迎气祭祀礼的实行,这与西晋实行迎气祭祀礼的做法有很大关系。应该说,晋武帝实行迎气祭祀礼,只是承袭了曹魏的礼仪,但是,由于受到王肃将五帝神与上帝等同的神祇观念的影响,所以,西晋迎气祭祀礼的实行只是一种形式,因而,这一祭礼所具有的象征"顺时令"的意义已经很淡薄。这种情况是与东汉完全不同的。《后汉书》卷二《明帝纪》:"宗祀光武皇帝于明堂,以配五帝。其班时令,敕群后。"李贤注:"班,布也。时令,谓月令也。四时各有令,若有乖舛,必致妖灾,故告之。"这就是说,东汉颁时令是与明堂祭祀五帝结合在一起的。而东汉明堂祭祀的五帝表现为至上神上帝的从属神、季节受职神和五方方位神的神性③。实际上,与迎气祭祀的五帝神的神性是完全一致的。因此,尽管东汉已经在明堂祭祀五帝时,颁布了时令,可是,依然需要进一步在五郊分别祭祀五帝来表明国家对"顺时令"治国措施的重视。可是,西晋采用了王肃的五帝神祇观,也就使五帝已经不具有东汉所规定的神性,因此,自然要消弱迎气祭祀礼与时节的结合。关于这一时期五帝的神性对迎气祭祀礼的影响,在下一节有详述,兹不赘述。

西晋不仅改变了五帝的神性,而且,还使颁时令的施政措施与对五帝祭祀分离开来。《晋书》卷五《怀帝纪》:"(晋怀帝)及即位,始遵旧制,临太极殿,使尚书郎读时令,又于东堂听政。"又《宋书》卷一五《礼志二》:"太史每岁上某年历。先立春、立夏、大暑、立秋、立冬,常读五时令。皇帝所服,各随五时之色。帝升御坐,尚书令以下就席位,尚书三公郎以令著录案上,奉以入,就席伏读讫,赐酒一巵。官有其注。"这说明,西晋已经使"读五时令"的活动与祭祀五帝的神事活动截然分开。当然,需要指出的是,一些文献记载,东汉已经出现与祭祀神祇相脱离的颁时令的做法。《晋书》卷一九

---

① 沈约:《宋书》卷16《礼志三》,北京:中华书局,1974年,第434页。
② 杜佑:《通典》卷44《礼志四》,北京:中华书局,1984年,第252页。
③ 张鹤泉:《东汉五郊迎气祭祀考》,《人文杂志》2011年第3期。

《礼志上》："汉仪，太史每岁上其年历，先立春、立夏、大暑、立秋、立冬常读五时令，皇帝所服，各随五时之色。帝升御坐，尚书令以下就席位，尚书三公郎以令置案上，奉以入，就席伏读讫，赐酒一卮。魏氏常行其礼。"《晋书》所载，当为东汉后期情况，表明读时令与神事活动出现分离的趋势，但不能由此确定东汉的颁时令的活动与祭祀的活动完全没有关联。由此可以明确，西晋只不过是将这种趋势，进一步拓展，并明确地确定下来，因此，这就决定西晋的迎气祭祀礼，也就不是国家必需要举行的祭祀活动。由这种因素所影响，也就导致了东晋采取中止实行迎气祭祀礼的措施。

刘宋、南齐继续沿袭东晋的做法。《宋书》卷一五《礼志二》："其后太祖常谓土令，三公郎每读时令，皇帝临轩，百僚备位。"又《南齐书》卷三《武帝纪》："（永明六年）冬十月庚申，立冬，初临太极殿读时令。"这说明，刘宋、南齐的"读五时令"的做法与两晋相同。因此，可以说，刘宋、南齐继续仿效东晋，不实行迎气祭祀礼，主要也是由"读五时令"的施政措施与祭祀活动分离的做法影响的结果。

固然，西晋以来的五帝神渗透了王肃的观念，并且，当时国家"读五时令"的措施与祭祀活动已经分离，自然是东晋、刘宋、南齐不实行迎气祭祀礼的重要原因。然而，使国家迎气祭祀礼实行的中断，还有其他的影响因素。其中，比较重要的是，刘宋、南齐使明堂祭祀五帝增加了新意义。《宋书》卷一六《礼志三》："（大名）六年正月，南郊还，世祖亲奉明堂，祠祭五时之帝，以文皇帝配。"很显然，刘宋在明堂祭祀的五帝，已经被视为季节受职神，所以，在一定程度上，这种祭祀也就包含迎时气的内容。当然，在南齐，"享五帝于明堂，则泛配文、武。"[1]南齐的五帝神性观念是承袭刘宋的，因此，在明堂祭祀五帝的意义，应该与刘宋没有多少差别。正因如此，也就使刘宋、南齐不会立即恢复已经废止的迎气祭祀礼。

可是，至梁朝，迎气祭祀礼的实行情况，却发生很大变化。也就是说，梁武帝重新开始实行迎气祭祀礼。《隋书》卷六《礼仪志一》：

> 梁制，迎气以始祖配，牲用特牛一，其仪同南郊。天监七年，尚书左丞司马筠等议："以昆虫未蛰，不以火田，鸠化为鹰，罻罗方设。仲春之月，祀不用牲，止珪璧皮币。斯又事神之道，可以不杀，明矣。况今祀天，岂容尚此？请夏初迎气，祭不用牲。"帝从之。八年，明山宾议曰："《周官》祀昊天以大裘，祀五帝亦如之。顷代郊祀之服，皆用衮冕，

---

① 萧子显：《南齐书》卷9《礼志上》，北京：中华书局，1972年，第130页。

是以前奏迎气、祀五帝，亦服衮冕。愚谓迎气、祀五帝亦宜用大裘，礼俱一献。"帝从之。陈迎气之法，皆因梁制。

很显然，梁武帝不仅恢复实行迎气祭祀礼，并且，在礼仪的规定上，是很完善的。可以说，梁朝实行的迎气祭祀礼，明确地规定了主祭的神祇为五帝，配祭的神祇为始祖，祭祀的仪式与南郊祭礼相同。更重要的是，实行了对五帝神在四季采取分别祭祀的仪式，而且，不同季节的献祭牺牲和其他祭物，都有差别。很显然，梁武帝恢复实行的迎气祭祀礼，既有对东汉迎气祭祀礼的仿效，也有依据梁朝的情况，对祭祀仪式所做的新规定。由于梁武帝所实行的迎气祭祀礼，在祭祀仪式上，做了一些变动，因此，也就不是对东汉迎气祭祀礼的简单恢复。因为梁朝的迎气祭祀礼，在祭祀仪式上，具有完备性，所以，这种祭礼也就为陈朝所承袭。

梁武帝恢复实行迎气祭祀礼的原因，自然涉及到五帝神祇观念和"读五时令"施政措施。可是，从梁朝的五帝观念来看，主要受郑学的影响，其神性与刘宋、南齐大体相同，所以，对五帝神性认识的固定化，应该不是促使梁朝恢复迎气祭祀礼的主要原因。就读时令而言，不见梁、陈有读时令的记载，但在北齐，却有读时令的活动。《通典》卷七□《礼志三十》："北齐制，立春日，皇帝服通天冠，青介帻，青纱袍，佩苍玉，青带，青葱，青袜舄，而受朝於太极殿，西厢东向。尚书令等坐定，三公郎中诣席，跪读时令讫，典御酌卮酒，置郎中前，郎中拜，还席伏饮，礼成而出。"则南方的梁、陈朝，不会与北齐有太大的差别，显然，"读五时令"的做法，也不是影响梁朝恢复迎气祭祀礼的重要因素。然而，在与刘宋、南齐的社会条件基本相同的情况下，梁武帝为什么要恢复实行迎气祭祀礼呢？

细缕相关文献的记载，应该说，梁武帝恢复实行迎气祭祀礼，与他要全面实行礼制构建的措施有密切的关系。梁满仓教授考证，梁武帝实行礼制建设的措施包括，建立一个高水平的制定礼制的班子；制定了一个庞大的五礼体系①。这就是说，梁武帝要构建庞大的五礼体系，成为他施政的重要特色。正如《梁书》卷二《武帝纪下》载史臣称："（梁武帝）兴文学，修郊祀，治五礼，定六律，四聪既达，万机斯理，治定功成，远安迩肃。"实际上，梁武帝为了实现这一目的，任用了一大批礼学大家修订五礼，"吉礼则明山宾，凶礼则严植之，军礼则陆琏，宾礼则贺场，嘉礼则司马褧。帝又命沈约、

① 梁满仓：《魏晋南北朝五礼制度考论》，北京：社会科学文献出版社，2009年，第144—145页。

周捨、徐勉、何佟之等，咸在参详。"①并且，五礼的编定，极为费时，历时十一年，才全部完成。当时编定的五礼仪注就有："《嘉礼仪注》以天监六年五月七日上尚书，合十有二秩，百一十六卷，五百四十六条；《宾礼仪注》以天监六年五月二十日上尚书，合十有七秩，一百三十卷，四十五条；《军礼仪注》以天监九年十月二十九日上尚书，合十有八秩，一百八十九卷，二百四十条；《吉礼仪注》以天监十一年十一月十日上尚书，合二十有六秩，二百二十四卷，一千五条；《凶礼仪注》以天监十一年十一月十七日上尚书，合四十有七秩，五百一十四卷，五千六百九十三条。大凡一百二十秩，一千一百七十六卷，八千一十九条。又列副秘阁及五经典书各一通。"②这些情况表明，梁武帝不仅对构建五礼体系高度重视，而且，也集中了优秀的礼学家修订涵盖面很广的五礼仪注。由于梁武帝采取这些举措，因而，恢复被东晋、刘宋、南齐中止实行的迎气祭祀礼，自然也就是修定吉礼不可缺少的内容。换言之，梁武帝恢复迎气祭祀礼，正是为实现完善五礼体系的目的所必然带来的结果。

总之，两晋南朝迎气祭祀礼，在不同时期的实行情况是有差异的。西晋实行迎气祭祀礼，是对曹魏祭祀礼仪的承袭，但是，却依据王肃说改变了所祭祀的五帝的季节受职神的特征，因此，消弱了迎气祭祀象征"顺时令"的意义。由于西晋对迎气祭祀包含的意义的变动，并且，使"读五时令"与神事活动分离，因而，也就成为东晋、刘宋、南齐中止实行迎气祭祀礼的重要影响因素。可是，被废止的迎气祭祀礼，却又由梁朝恢复实行。不过，梁朝恢复迎气祭祀礼，并不是要将"读五时令"，再与祭祀五帝的神事活动结合起来，只是为了要实现完善吉礼的需要而必须增加的内容，也就是说，这正是梁武帝构建庞大的五礼体系必然带来的结果。由于梁朝编定的迎气祭祀礼是很完善的，所以，不仅影响陈朝，也影响到隋朝迎气祭祀礼的实行。

二、迎气祭祀礼中的"五帝"神

两晋南朝迎气祭祀的神祇为五帝，因此，对五帝神性的认识直接影响迎气活动。应该说，使五帝与迎气活动相结合，出现很早。在《月令》中，就

---

① 魏征等：《隋书》卷6《礼仪志一》，北京：中华书局，1973年，第107页。
② 姚思廉：《梁书》卷25《徐勉传》，北京：中华书局，1973年，第382页。

提到迎气活动要分别应"大皞"、"炎帝"、"黄帝"、"少皞"、"颛顼"五帝。实际上,《月令》中的五帝是被视为四季一时的受职神和五方神的。又因为受战国时期的五行观和术数观的影响,所以《月令》中的五帝,也被称为"青帝"、"赤帝"、"黄帝"、"白帝"、"黑帝",进而形成了对五帝神性的固定认识。东汉制定的迎气祭祀礼所祭祀的神祇,正采用了《月令》对五帝的这种认识。因此,《续汉书·祭祀志中》载,"迎春于东郊,祭青帝句芒"、"迎夏于南郊,祭赤帝祝融"、"迎黄灵于中兆,祭黄帝后土"、"迎秋于西郊,祭白帝蓐收"、"迎冬于北郊,祭黑帝玄冥"。因此,在东汉迎气祭祀礼中,对五帝神性的规定是很明确的。因为在东汉人的宗教观念中,五帝是至上神天帝的从属神、四季一时的受职神、象征方位的五方神。正因如此,东汉举行迎气祭祀的五帝,就与"顺时令"施政的活动很密切地结合在一起。

如前所述,西晋实行的迎气祭祀礼,是承袭曹魏的做法,因而,依然将五帝作为祭祀的神祇。可是,西晋却将迎气祭祀的五帝神性做了改造。这种情况的出现,自然是由当时占支配地位的王肃的礼学说对五帝的解释所决定的。因此,西晋开始将迎气祭祀的五帝改称"五精"帝。五帝名称的这种改变,实际是将迎气祭祀的五帝与至上神等同起来,并且,五帝还被视为"五行人帝","五行人帝亦得称上帝,但不得称天。"[1] 由于西晋依据王肃观点来认识五帝,因此,也就直接影响到迎气祭祀礼的实行,实际上,也就是缩小了郊祀与迎气祭祀的区别。正因如此,泰始二年,晋武帝诏令傅玄编定的祭祀乐中,就有《祠天地五郊夕牲歌》、《祠天地五郊迎送神歌》、《飨天地五郊歌》[2]。可以说,西晋使郊祀与五郊迎气祭祀共用三首同样的乐歌,正是将郊祀与迎气祭祀混同起来的一种体现。并且,在这些祭祀乐歌中,只是歌咏"崇德作乐,神祇是听"、"神祇降假,享福无疆"、"克昌厥后,永言保之"[3],完全没有与不同的季节联系起来的词句。这说明,虽然西晋实行迎气祭祀礼,可是,始终也没有将五帝视为四季一时的受职神。显然,西晋已经改变了东汉以来所确定的五帝神性,因而,也就减弱了五郊迎气祭祀象征"顺时令"的意义。应该说,西晋改变迎气祭祀五帝的神性,不仅使实行的迎气祭祀礼的意义产生变化,并且,也成为促使东晋、刘宋、南齐不再实行迎气祭祀礼的不能忽视的重要原因。

尽管西晋以王肃说来阐释五帝神性,但是,并不能从根本上完全消除

---

① 《隋书》卷 6《礼志一》,第 107 页。
② 《晋书》卷 22《乐志上》,第 680 页。
③ 《晋书》卷 22《乐志上》,第 680 页。

自战国以来形成的对五帝的传统认识的神祇观念。这种情况在刘宋、南齐朝表现得很明显。《宋书》卷一六《礼志三》："（大明六年）六年正月，南郊还，世祖亲奉明堂，祠祭五时之帝，以文皇帝配。是用郑玄议也。"可见，尽管刘宋朝没有恢复迎气祭祀礼，但是，由于受郑玄说的影响，已经将明堂祭祀的五帝，视为"五时之帝"，也就是四季一时的受职神。很显然，刘宋已经在神性的规定上，使五帝与至上神上帝分离。为适应这种情况，宋孝武帝使谢庄编定了专门祭祀五帝的歌辞。这些祭祀五帝的乐歌，"依五行数，木数用三，火数用七，土数用五，金数用九，水数用六。"①也就是又依据五行观来阐释五帝。所以，谢庄为五帝所做的歌辞就有：《青帝歌》、《赤帝歌》、《黄帝歌》、《白帝歌》、《黑帝歌》②。歌颂青帝则有"灵乘震，司青春"；歌颂赤帝则有"帝在在离寔司衡，雨水方降木堇荣"；歌颂白帝则有"庶类收成，岁功行欲宁"；歌颂黑帝则有"岁既暮，日方驰……大阴极，微阳宣。"③对于黄帝则作为中土神特别歌咏"履艮宅中宇，司绳总四方……帝晖缉万有，皇灵澄国步。"由这些乐歌来看，显然是将五帝作为四季一时的季节受职神来歌咏的。这说明，刘宋开始摒弃了西晋统治者对五帝神性的观念，基本恢复了传统的五帝的神性观。刘宋对五帝神性的解释，也为南齐所承袭。尽管刘宋、南齐改变了西晋以来对五帝的认识，但为了保持制度沿续性，也就没有恢复迎气祭祀礼，所以，以祭祀五帝达到显示迎时气的目的，也只有通过明堂祭祀来表现了。

不过，需要明确的是，由于刘宋、南齐统治者在对五帝神性的认识上，不同于西晋，因此就使五帝的神性完全不同于至上神上帝，因此，也就扭转了西晋将至上神上帝与五帝神混淆在一起的情况，并且，也使五帝神所具有的传统的四季一时的受职神的特征显现出来。也就是刘宋、南齐逐渐恢复对五帝神性的传统认识。由于这种情况的出现，也就为梁朝恢复迎气祭祀礼的实行，营造了比较浓厚的神祇信仰的氛围。

一如前述，梁朝开始恢复迎气祭祀礼。固然，梁朝采取恢复这一祭祀礼的做法，是梁武帝进行五礼体系构建的结果。应该说，这是迎气祭祀礼恢复实行的首要的原因。可是，梁朝迎气祭祀礼的恢复实行，与梁朝对五帝神性的认识，也有比较密切的关系，所以对这一点，显然是不能忽视的。

从梁、陈对祭祀神祇的认识来看，《隋书》卷六《礼志一》："梁、陈以降，

① 《南齐书》卷11《乐志》，第172页。
② 《南齐书》卷11《乐志》，第173—174页。
③ 《南齐书》卷11《乐志》，第173—174页。

以迄于隋,议者各宗所师,故郊丘互有变易。"也就是说,在这一时期,梁、陈对祭祀神祇的解释,是采取王肃说,还是采用郑玄说,并不是固定的。可是,在对五帝神性的认识上,却与其他神祇不同,是没有多少的变动的。换言之,刘宋、南齐以来,基本是采取传统的五帝神性的观念。这种情况在当时表现很明显。因为梁、陈朝都实行使至上神上帝与五帝神分离的做法。《隋书》卷六《礼志一》:"(天监)十七年,帝以威仰、魄宝俱是天帝,于坛则尊,于下则卑。且南郊所祭天皇,其五帝别有明堂之祀,不烦重设……于是南郊始除五帝祀,加十二辰座,与二十八宿各于其方而为坛。"又《隋书》卷六《礼志一》:"(永定二年)有事南郊,以皇考德皇帝配,除十二辰座,加五帝位,其余准梁之旧。"依据这两条记载来看,虽然梁、陈朝郊祀礼,在处置五帝神的做法上,略有差异,但两朝做法的一致之处,都是将五帝视为上帝神的从属神。

梁、陈不仅使五帝作为上帝的从属神,而且,还使五帝增加了其他的神性。梁普通年间,梁武帝使萧子云编定迎气祭祀五帝的乐歌就有:《歌青帝辞》、《歌赤帝辞》、《歌黄帝辞》、《歌白帝辞》、《歌黑帝辞》[①]。梁朝编定的这些祭祀乐,是在迎气祭祀时分别使用的,而且,也要用这些乐歌分别歌咏青、赤、黄、白、黑五帝对它们所职掌的时节所带来的福佑。这种情况的出现,实际是与梁朝迎气祭祀的五帝被确定为四季一时的受职神的观念联系在一起的。

梁朝、陈朝的五帝神,实际还被看作象征五方的方位神。《隋书》卷七《礼志二》:"后齐五郊迎气,为坛各于四郊,又为黄坛于未地。所祀天帝及配帝五官之神同梁。其玉帛牲各以其方色。其仪与南郊同。"这里提到北齐迎气祭祀的五帝,是与梁朝相同的,并且,还要按五方的不同来供奉祭物。这种情况透露出,梁、陈两朝迎气祭祀的五帝,实际也包含方位神的神性。

综上可见,西晋、梁、陈迎气祭祀的神祇,正是五帝神。但是,在这一历史时期,对五帝神性却存在不同的认识。就西晋的情况而言,当时国家实行的迎气祭祀礼,确实以五帝神为祭祀的对象。然而,西晋却以王肃说阐释五帝的神性,就将五帝置于与上帝等同的地位,因此,也就使至上神与五帝神不可能有明确的区分,从而使东汉迎气祭祀的五帝神所具有的四季一时的受职神和象征五方的方位神的特征都被掩盖了。由于西晋对五帝神采取这种违反传统的认识,自然就带来了东晋、刘宋、南齐中止实行迎气祭

---

① 《隋书》卷 13《音乐志上》,第 299—300 页。

祀礼的结果。但是,从刘宋时期开始,由于国家统治者不再恪守西晋对五帝神性的解释,所以,又将五帝神视为"五时之神",因此,虽然没有恢复实行迎气祭祀礼,但是,却使明堂祭祀五帝包含了迎时气的意义。由于刘宋、南齐改变了五帝与至上神等同的观念,因此,就使梁朝重新实行迎气祭祀礼能够以新的神祇观念作为基础。尽管梁朝重行迎气祭祀礼,是梁武帝全面推行五礼构建所带来的结果,可是,由于迎气祭祀礼的实行,又使五帝神具有了上帝的从属神、四季一时的受职神和象征五方方位神的多重神性。也就是说,使对五帝的认识,回归到东汉人的神祇观念上,所以,也就进一步提高了迎气祭祀礼在梁、陈国家重要祭典中的地位。因此,可以说,五帝的神性由西晋所造成的与至上神的牵强结合,向梁、陈使其神性回归至东汉的传统认识,这应该是迎气祭祀礼在梁、陈社会还能产生重要影响的不能忽视的重要原因。

三、迎气祭祀礼的主要仪式规定

两晋南朝时期,迎气祭祀礼是因为西晋为承袭曹魏国家的礼仪,才实行的。可是,由于对祭祀的五帝神性认识的不同,所以,经历了东晋、刘宋、南齐实行的中断与梁、陈朝又恢复实行的过程。由于两晋南朝时期的迎气祭祀礼的实行是不连贯的,并且,祭祀五帝的神性也是变化的,所以,这些情况都要影响到迎气祭祀礼的仪节。也就是说,两晋南朝的迎气祭祀仪式并不是固定不变的。然而,西晋、梁、陈朝实行的迎气祭祀礼,毕竟与早期的迎气活动和迎气祭祀礼具有联系,所以,这种联系也就决定这一时期迎气祭祀的仪式的基本构成不会有太多的变动。不过,需要看到的是,关于这一时期迎气祭祀礼的记载是缺乏的,因而,也就很难对这一礼仪作全面的考证,所以,这里只对西晋、梁、陈朝迎气祭祀礼的主祭者、献祭仪式和乐舞活动问题做一些阐释。

在迎气祭祀礼中,很重要的规定,就是确定主祭者。应该说,在东汉举行迎气祭祀的仪式中,一般都需要皇帝亲自参与祭祀活动。因为在东汉人看来,"迎气五郊,而车驾稀出,四时至敬,屡委有司,虽有解除,犹为疏废。故皇天不悦,显此诸异。"[①]也就是说,皇帝不参与迎气祭祀,就会有灾异的出现。由于皇帝要参与迎气祭祀,所以,祭祀仪式的主祭者,当然必须要由

---

① 范晔:《后汉书》卷 60 下《蔡邕传》,北京:中华书局,1965 年,第 1992 页。

皇帝担任。可是，这种情况并不是固定不变的。西晋举行迎气祭祀礼，在主祭者的确定上，就与东汉存在差异。因为西晋实行迎气祭祀礼，将"五郊改五精之号，皆同称昊天上帝。"①因此，在举行祭祀仪式时，郊祀礼与迎气祭祀礼，多有相同之处。《晋书》卷二五《舆服志》："爵弁，一名广冕。高八寸，长尺二寸，如爵形，前小后大。增其上似爵头色。有收持笄，所谓夏收殷冔者也。祠天地、五郊、明堂，《翘舞》乐人服之。"又《晋书》卷二五《舆服志》："建华冠，以铁为柱卷，贯大铜珠九枚，古用杂木珠，原宪所冠华冠是也……祀天地、五郊、明堂，舞人服之。"这些记载说明，西晋是将郊祀礼与五郊迎气祭祀礼、明堂祭祀礼，置于相同地位的。尽管如此，郊祀仪式的主祭却与明堂和迎气祭祀不完全相同。就西晋的郊祀礼而言，《晋书》卷一九《礼志一》："太康三年正月，帝亲郊祀，皇太子、皇子悉侍祠。"这说明，一般南郊祭天的仪式，是要由皇帝担任主祭的。可是，北郊祭地的主祭者，却与南郊不同。《宋书》卷一四《礼志一》："北郊斋、夕牲、进孰，及乘舆百官到坛三献，悉如南郊之礼……自魏以来，多使三公行事，乘舆罕出矣。"这就是说，西晋将郊祀礼做了区分，只有在南郊祭天帝，才使皇帝担任主祭，而北郊祭地的主祭者则由三公代替皇帝担任。由此可以看出，尽管西晋的迎气祭祀是国家的重要祭礼，可是，担任祭祀仪式的主祭者的地位，是不会超过北郊祭祀礼的。因此，可以确定，西晋迎气祭祀仪式的主祭者，也应当由国家的重要官员代替皇帝充当。

梁朝恢复实行迎气祭祀礼之后，对祭祀礼中的一些仪式也做了变动。就仪式的主祭的情况来看，实际是与西晋不完全相同的。《隋书》卷七《礼仪志二》："梁制，迎气以始祖配，牲用特牛一，其仪同南郊。"可见，梁朝举行的迎气祭祀是采用南郊祭祀的仪式。然而，梁朝举行的南郊祭祀仪式，皇帝是必须要亲自参与的。《梁书》卷四〇《许懋传》："宋、齐旧仪，郊天祀帝皆用衮冕，至天监七年，(许)懋始请造大裘……改服大裘，自此始也。"郊祀所用"大裘"，正如《周礼·春官·司服》所言："王之吉服，祀昊天上帝，则服大裘而冕。"很明显，梁朝使皇帝改着"大裘"参加郊祀，当然，就是要更突出皇帝在南郊祭祀中，作为主祭者的特殊地位。由于梁朝对迎气祭祀礼的重视，所以，也就要改变这一祭祀的服饰。《隋书》卷七《礼仪志二》："(天监)八年，明山宾议曰：'《周官》祀昊天以大裘，祀五帝亦如之。顷代郊祀之服，皆用衮冕，是以前奏迎气、祀五帝，亦服衮冕。愚谓迎气、祀五帝亦宜用大裘，礼俱一献。'帝从之。"据此可见，梁武帝不仅将皇帝参加郊祀改为大裘，

---

① 《晋书》卷19《礼志上》，第583页。

而且，也使其参与迎气祭祀仪式，也改着大裘。这说明，在梁朝的迎气祭祀仪式中，参加祭祀的皇帝，同样也是主祭者。因为在迎气祭祀仪式中，梁朝由皇帝作为主祭者，因而，也就进一步加重这一祭礼在国家祭典中的重要地位。

西晋、梁、陈朝迎气祭祀礼，都有献祭仪式。实际上，这一祭祀礼中的献祭，正是对落后的原始宗教的祭祀仪式的承袭，实际是要通过这一仪式向所祭祀的神祇表达敬意，因此，这一仪式就是举行迎气祭祀礼的重要仪节。就西晋的献祭而言，由于文献缺少记载，所以，只能依据郊祀献祭仪节做一些推断。《宋书》卷一四《礼志一》载，西晋南郊祭祀仪式中，有三献仪节。北郊祭祀"及乘舆百官到坛三献，悉如南郊之礼。"①显然西晋的南、北郊祭祀要实行"三献"仪式。不过，由于北郊的"三献"仪节，是由三公代替皇帝参加的，所以，西晋迎气祭祀的"三献"仪式，只能与北郊祭礼相同，要由国家重要官员参与献祭活动。

梁朝恢复实行的迎气祭祀礼也有献祭仪式，但这一仪式，实际是在天监七年确定的。《隋书》卷六《礼志一》："（梁武）帝以一献为质，三献则文，事天之道，理不应然，诏下详议。博士陆玮、明山宾，礼官司马褧，以为'宗祧三献，义兼臣下，上天之礼，主在帝王，约理申义，一献为允。'自是天地之祭皆一献，始省太尉亚献，光禄终献。"很明显，在南郊献祭仪式中，开始将"三献"仪节，改为"一献"，省去了"亚献"与"终献"。由于迎气祭祀"其仪同南郊"②，因此，这也就决定梁朝迎气祭祀礼的献祭仪式，也只能为"一献"。梁朝对献祭仪式做这样的变动，当然，是要更突出主祭的皇帝所处的特殊地位。可是，这种改动，却取消了参与助祭的公、卿在献祭中的活动，因此，就不能够展现这些官员在祭祀活动中所处等次的差别，并且，也降低了参与助祭官员的地位。正因如此，陈朝很快在郊祀礼中，改变梁朝的"一献"，"准于宗祧，三献为允"③。陈朝的这种变动，自然就使与郊祀的献祭仪式相同的迎气祭祀礼，也要随之改变。

在西晋、梁、陈朝的迎气祭祀仪式中，乐舞表演是重要的活动。这种祭祀中的乐舞，正如《礼记·祭统》称："夫祭有三重焉。献之属莫重于祼，声莫重于升歌，舞莫重于武宿夜，此周道也。"可以说，迎气祭祀中的乐舞表演，也正是沿续原始宗教的重要仪式，实际是要达到降神、送神的目的。不

---

① 《宋书》卷 14《礼志一》，第 348 页。
② 《隋书》卷 7《礼仪志一》，第 127 页。
③ 《隋书》卷 6《礼志一》，第 112 页。

过,由于西晋与梁、陈朝迎气祭祀的五帝神性存在差异,因此,所采用的乐舞也是不相同的。

从西晋的情况来看,由于当时国家将迎气祭祀的五帝称为"五精"帝,并且,使五帝"皆同称昊天上帝。"①也就是说,五郊迎气祭祀的"五精"帝是被看作与上帝的地位等同的,因此,这也就决定了西晋对郊祀与迎气祭祀的乐歌的编制是不加区分的。泰始二年,晋武帝命傅玄编定的有关迎气祭祀的乐歌就有:《祠天地五郊夕牲歌》《祠天地五郊迎送神歌》《飨天地五郊歌》②。可见,西晋五郊迎气的乐歌是与郊祀天、地共用的。其中《祠天地五郊夕牲歌》,是在祭祀活动前,进行"夕牲"活动表演的。所谓"夕牲",也称为"展牲",《周礼·地官·充人》:"凡散祭祀之牲,系于国门,使养之。展牲则告牷,硕牲则赞。"也就是在祭祀前,对牺牲的检视。而《祠天地五郊迎送神歌》《飨天地五郊歌》则是在进行献祭仪式时表演的乐歌。由此可见,乐歌的表演,基本贯穿于迎气祭祀仪式展开的全过程。

西晋使郊祀与五郊迎气祭祀使用同样的乐歌,与最早实行迎气祭祀礼的东汉有很大的不同。《续汉书·祭祀志中》:"立春之日,迎春于东郊,祭青帝句芒……歌《青阳》,八佾舞《云翘》之舞……立夏之日,迎夏于南郊,祭赤帝祝融……歌《朱明》,八佾舞《云翘》之舞……先立秋十八日,迎黄灵于中兆,祭黄帝后土……车旗服饰皆黄。歌《朱明》,八佾舞《云翘》《育命》之舞……立秋之日,迎秋于西郊,祭白帝蓐收……歌白藏……立冬之日,迎冬于北郊,祭黑帝玄冥……歌《玄冥》,八佾舞《育命》之舞。"很显然,东汉迎气祭祀青、赤、黄、白、黑帝,所采用的乐歌是明显不同的。实际上,《青阳》、《朱明》、《白藏》、《玄冥》是分别歌咏春、夏、秋、冬四季的③。由于在迎气祭祀时,采用这些乐歌,就可以充分表现出顺应时节的目的。然而,西晋国家的做法,却采取了使郊祀与迎气祭祀乐歌合二为一的做法,也就是使迎气祭祀与南、北郊祀共用同样乐曲。因为这样使用祭祀乐歌,所以,这些乐歌只是笼统地表现出对至上神的尊崇和赞美,而且,对所祭神祇,只是企盼能够"光天之命,上帝是皇","佑享有晋,肇庶戴之。畏天之威,敬授人时。"④很明显,西晋使迎气祭祀采用这些乐歌,实际已经与对季节的歌咏完全分离,因而,也就很难表达出"顺时令"的意义。因此,西晋迎气祭祀礼所用的乐歌,也只能起到营造迎、降神氛围的作用。

---

① 《晋书》卷19《礼志上》,第583页。
② 《晋书》卷22《乐志上》,第680页。
③ 张鹤泉:《东汉五郊迎气祭祀考》,《人文杂志》2011年第3期。
④ 《晋书》卷22《乐志上》,第680页。

梁朝重新恢复实行迎气祭祀礼后，在祭祀的乐歌上，采取了与西晋完全不同的做法。普通年间，梁武帝"敕萧子云制词"①，也就是编制祭祀乐歌。其中与迎气祭祀有关的乐歌有：《歌青帝辞》、《歌赤帝辞》、《歌黄帝辞》、《歌白帝辞》、《歌黑帝辞》。显然，这些乐歌是在祭祀青、赤、黄、白、黑五帝时使用的。梁朝在迎气祭祀乐歌的使用上，实行这种做法，主要是因为恢复实行迎气祭祀的五帝神性，已经与西晋不同。正因如此，梁朝迎气祭祀的乐歌，不仅与四季一时的祭祀结合在一起，而且，每祭祀一帝，则采用一首乐歌。这五首迎气乐歌的歌辞，分别歌咏了不同时节的活动。《歌青帝辞》有："帝居在震，龙德司春。"则是表现在春季对青帝的祈祷。《歌赤帝辞》有："炎光在离，火为威德。"歌辞中的"火"为赤帝在五行中的位置。《续汉书·祭祀志中》："立夏之日，迎夏于南郊，祭赤帝祝融。"刘昭注引《月令章句》曰："南郊七里，因火数也。"东汉人的这一观念，为南朝人接受。刘宋谢庄编明堂祭五帝歌辞，有赤帝辞，便是"七言，依火数。"②这说明，《歌赤帝辞》是在夏季，为赞美赤帝所用的歌。《歌白帝辞》有："神在秋方，帝居西皓。"歌辞中提到的西皓，也就是东汉祭白帝所用的《西皓》歌③。因此，《歌白帝辞》正是以西皓，象征秋季的白帝，进而颂扬它的功德。《歌黑帝辞》有："德盛乎水，玄冥纪节。"黑帝在五行中为"水"。"玄冥"则为东汉祭黑帝的乐歌。正如《续汉书·祭祀中》称："迎冬于北郊，祭黑帝玄冥……歌《玄冥》。"因此，这首歌辞正是在冬季祈求黑帝的福佑。

还需要注意的是，梁朝迎气祭祀歌辞中，赋予黄帝特别的地位。《歌黄帝辞》有："郁彼中坛，含灵阐化……宅屏居中，旁临外宇。升为帝尊，降为神主。"可以说，这首歌是要歌咏黄帝在五帝中所处的最尊地位。梁朝所以这样歌咏黄帝，实际正是对东汉祭祀黄帝做法的承袭。《续汉书·礼仪志中》："先立秋十八日，郊黄帝……至立秋，迎气于黄郊，乐奏黄钟之宫，歌《帝临》……舞《云翘》、《育命》，所以养时训也。"东汉祭祀黄帝所用《帝临》为郊祀所用乐。《汉书》卷二二《礼乐志》载《郊祀歌》十九章，便有《帝临》。东汉祭黄帝用《帝临》乐，显然要突出黄帝的特殊地位。虽然梁朝迎气祭祀乐，不能在祭黄帝时，再采用郊祀乐歌，可是，却用特殊赞美的歌辞表现出对作为中土神的黄帝的尊崇。

综上可见，在西晋、梁、陈朝实行的迎气祭祀礼中，乐歌的演奏贯穿祭

---

① 《隋书》卷13《音乐志上》，第297页。
② 《宋书》卷20《乐志二》，第570页。
③ 司马彪：《续汉书·祭祀志中》，北京：中华书局，1965年，第3182页。

祀全过程，因而，也就不能忽视乐歌的作用。可是，这一时期祭祀乐歌的使用却是变化的。应该说，西晋、梁、陈朝迎气祭祀乐歌的编制和演奏，经历了西晋郊祀上帝与迎气祭五帝并用乐歌，向梁朝为迎气祭祀五帝分别编制和使用乐歌的演变。西晋使郊祀至上神与祭五帝并用乐歌，是对东汉迎气祭祀礼乐歌使用的否定，因而，乐歌也就不能表达迎气祭祀礼与"顺时令"相联系的意义。而梁朝为五帝分别编制和使用乐歌，自然是继承了东汉迎气祭祀礼采用乐歌的做法。当然，这种继承只是仿照东汉使用乐歌的模式，并不是全部采用东汉所用乐歌，实际上，梁朝的迎气祭祀乐全部是重新编定的。尽管如此，梁朝迎气祭祀所用乐歌，都是要充分表达对五帝神的崇拜，因此，就使象征四季一时的五帝的受职神性特征得到充分的体现，从而也就在祭祀乐歌所营造的敬神氛围中，更明确地表达了迎气祭祀所包含的顺应时令的意义。

四、结　语

两晋南朝时期，当时国家依然重视"顺时令"的施政方略，所以在国家祭典中，迎气祭祀礼仍然占有重要地位。但是，在这一历史时期，迎气祭祀礼的实行却表现出不连贯性。也就是说，西晋将迎气祭祀礼依然作为国家的重要礼仪来实行。可是，东晋、刘宋、南齐却中断实行这一礼仪。而至梁、陈时期又恢复了这一礼仪的实行。这种情况的出现，当然是由于这一时期的社会条件和神祇观念存在差异所影响的结果。

西晋实行迎气祭祀礼，是为了承袭曹魏礼仪制度，以此表明西晋禅代曹魏的合理性。然而，由于西晋以王肃的礼学说来阐释迎气祭祀的五帝神，因而，使五帝神的地位与至上神上帝等同，因而，就混淆了举行这两种不同祭祀礼的目的，所以西晋迎气祭祀礼与时令联系是不明确的。同时，西晋还使"读五时令"的施政活动与祭祀活动完全脱离。因为受西晋这些做法的影响，所以就促使东晋、刘宋、南齐将迎气祭祀礼排除在国家的祭典之外。

梁朝采取不同于东晋、刘宋、南齐的措施，又重新恢复实行迎气祭祀礼，并为陈朝所沿续。然而，梁朝国家采取这种做法，并不是要将"读五时令"再与迎气祭祀活动结合起来，而是要适应梁武帝构建完备的五礼体系的需要，因而，重新实行的迎气祭祀礼的仪节规定是很完善的。由于梁武帝将迎气祭祀的对象确定为五帝神，所以，又将祭祀五帝与顺应时令的理念结合在一起,所以,就客观意义而言,通过这一礼仪的实行,也就进一步体现了"顺时令"施政措施的重要性。正因如此,梁、陈所实行的迎气祭祀礼,依然为隋、唐所沿续,但这并不只是在形式上承袭这一祭礼,实际上,还是要将实行这一祭礼继续作为"顺时令"施政理念的一种表现,因此,对梁、陈恢复实行迎气祭祀礼产生的这种重要影响,显然是应该有充分的估计的。

北朝士族音韵之学与南北交聘

史　睿

一、导论：南北朝士族语音变迁的文化背景

魏晋南北朝时期，语音作为士族的外在标志，十分重要，陈寅恪、缪钺均有精要论述①。魏晋以降，士族中形成以洛阳语音为基础语音的雅言。永嘉之乱以后，洛阳语音随士族南渡。东晋南朝定都建康，士族仍以洛阳语音为雅言，但稍稍掺杂江南方音，形成金陵之音。颜之推云："共以帝王都邑，参校方俗，考核古今，为之折衷，摧而量之，独金陵与洛下耳。"溯其源，金陵与洛下不二；观其流，南北语音有别，差异归结为"南染吴越，北杂夷虏"②。虽然南北语音各有深弊，然而南北优劣尚有说焉。颜之推对比南北不同阶层的语音，得出如下结论：

> 冠冕君子，南方为优；闾里小人，北方为愈。易服而与之谈，南方士庶，数言可辨；隔垣而听其语，北方朝野，终日难分。"③

此条于南北朝语言文化史关系极大，故诸家无不再三致意焉。周祖谟释

---

① 陈寅恪：《东晋南朝之吴语》，《中央研究院历史语言研究所集刊》第 7 本第 1 分，1936 年，第 1—4 页。又《从史实论〈切韵〉》，《岭南学报》第 9 卷第 2 期，1949 年，第 1—18 页。又《述东晋王导之功业》，《中山大学学报》1956 年第 1 期，此据《金明馆丛稿初编》，上海：上海古籍出版社，1980 年，第 54—55 页。缪钺：《六朝人之言谈》，《思想与时代》第 34 期，1944 年 5 月，此据《缪钺全集》第一卷（下），石家庄：河北教育出版社，2004 年，第 331—337 页。
② 颜之推撰、王利器集解《颜氏家训集解（增补本）》"音辞篇"，北京：中华书局，1993 年，第 529 页。
③ 《颜氏家训集解》"音辞篇"，第 529—530 页。

之云：

> 盖自五胡乱华以后，中原旧族多侨居江左，故南朝士大夫所言，仍以北音为主。而庶族所言，则多为吴语。故曰易服而与之谈，南方士庶，数言可辨。而北方华夏旧区，士庶语音无异，故曰隔垣而听其语，北方朝野，终日难分。惟北方多杂外族之音，语多不正，反不若南方士大夫音辞之彬雅耳。至于巷闾之人，则南方之音鄙俗，不若北人之音为切正矣。[①]

此论单从语音上讨论，固然正确，然于当时南北士族语音的文化分析尚觉不足。在南方没有士族雅音（即洛阳旧音）的社会语言环境，南渡士族非常注重保持自己独特的雅言传统，并将其作为士族文化身份的重要标志。士族家庭的语音教育十分严格，颜之推曰："吾家儿女，虽在孩稚，便渐督正之；一言讹替，以为己罪矣。"[②]同时，江南士族也要努力学习雅言，放弃吴语，以明确自己的士族身份。陈寅恪先生指出，南朝宋世贵达之士坚持吴语不变者极少，惟有会稽孔季恭、灵符、吴兴丘渊之、顾琛等人，此外鲜有其人[③]。如果语音不正，如掺有傒语、楚音之类，则不能与士族联姻，更无从获得士族身份。南齐傒人胡谐之受齐武帝任用，武帝欲使谐之与士族联姻，但谐之家人操傒语，语音不正，于是武帝派四五宫人到谐之家中教其子女改正语音，孰知二年之后，胡谐之家人不但没有学会正音，反而令雅言宫人改操傒语，联姻士族之事只得作罢[④]。相反，北方士族的雅言与当地方言较为相似，反而较少坚守洛阳旧音的文化意识。与颜之推同时的北齐杨愔每每称叹河东裴让之、诹之、瓛之兄弟，云："河东士族，京官不少，唯此家兄弟，全无乡音。"[⑤]故知河东士族任职京师（邺城）者，除裴氏兄弟之外，往往杂有乡音，不够纯正[⑥]。又经过多年的战乱和反复的胡语入侵，前朝典籍久经散佚，耆宿亦已物故，洛阳旧音难以保存。陈寅恪于此早有确论：

---

① 周祖谟：《颜氏家训音辞篇注补》，《问学集》，北京：中华书局，1966 年，第 412 页。
② 《颜氏家训集解》"音辞篇"，530 页。
③ 《宋书》卷 81《顾琛传》，北京：中华书局，1974 年，第 2078 页。参考陈寅恪：《东晋南朝之吴语》，《中央研究院历史语言研究所集刊》第 7 本第 1 分，第 2 页。
④ 《南史》卷 47《胡谐之传》，北京：中华书局，1975 年，第 1176 页。参考缪钺：《六朝人之言谈》，第 333 页。
⑤ 《北史》卷 38《裴瓛之传》，第 1386 页。
⑥ 参考陈寅恪：《从史实论〈切韵〉》，《岭南学报》第 9 卷第 2 期，第 5 页。

江左二百余年来,乃侨人统治之世局,当初侨人以操洛阳正音标异于南人,洛生咏遂得见重于江表;此后北语、吴语成为士庶阶级之表征,洛阳旧音之保守自必因此而愈固矣。若中原旧壤,则迭经大乱,永嘉纷扰,伊洛丘墟。贵戚重臣,骈颈受戮于胡羯;文儒名士,接踵寄命于江东,衣冠礼乐,流散既多,太学音辞,保存匪易。迨北魏孝文帝迁洛,禁断胡语,一从正音,然其时洛阳之音辞,经二百年自然之嬗蜕讹变,当已非永嘉时之旧矣。况六镇乱后,洛阳又为秀容契胡所摧残,复受北镇鲜卑之统治乎?是知颜黄门(颜之推)以南方士族之语音更胜于北方朝野者,乃以洛阳旧音为标准而比较言之。明乎此,然后于陆法言《切韵》之语音系统,始可得一正确之了解。①

职此之故,语音在士族文化认同上具有非常重要的地位,而其标准仍以洛阳旧音为定。相较而言,南方士族反而在洛阳旧音方面有其优势。但就本地的文化环境而言,北方士族的语音问题并不凸显,但是在南北士族交往之中,语音是否雅正,就变得十分重要。当时南北交聘皆以士族出使,旨在展现各自政权的文化软实力。使者的言谈举止都是社会关注的焦点,所有精彩对话或者错漏都会广泛流传。史云:"既南北通好,务以俊乂相矜,衔命接客,必尽一时之选,无才地者不得与焉。梁使每入,邺下为之倾动,贵胜子弟盛饰聚观,礼赠优渥,馆门成市。宴日,齐文襄使左右觇之,宾司一言制胜,文襄为之抚掌。魏使至梁,亦如梁使至魏,梁武亲与谈说,甚相爱重。"②因此派遣聘使首重语音,南朝士族保持洛阳旧音,全无顾虑,而北朝士族若非讲求音切之族,必然杂有方言,难以胜任。既有研究对于南北交聘中聘使的文化背景虽有研究,但对于士族音韵之学和交聘的关系则罕有瞩目,今以南北朝史籍为主,就此问题稍加释证。

二、颜之推所见邺下正音士族考

颜之推曾经历南北不同地域,与各地士族皆有交往,对于古人以及其他同时代人撰写的字书、韵书与各种古书的音注,都很精熟,《颜氏家训》中

---

① 陈寅恪:《从史实论〈切韵〉》,《岭南学报》第 9 卷第 2 期,第 8 页。
② 《北史》卷 43《李崇附李谐传》,第 1604 页。

所引到的这一类书籍有四十种①。颜之推还曾参与撰写陆法言《切韵》，是审定语音的重要人物，最有资格评述各地士人语音的得失。他所许可之北朝士人寥寥可数，"洛阳亦闻崔浩、张伟、刘芳，邺下又见邢子才（邵）"②，又云："至邺已来，唯见崔子约、崔赡叔侄，李祖仁（岳）、李蔚兄弟，颇事言词，少为切正。"③此外士人率多"音辞鄙陋"④，或即成霄、姜质之流⑤。颜之推所亲见邺下之士，尤其重视清河崔氏和顿丘李氏两家族的语音。

清河崔氏是北方高门，"一门婚嫁，皆衣冠美族，吉凶仪范，为当时所称"⑥，崔赡之父崔甗为当时士大夫之典范，其人"伟风貌，寡言辞，端嶷如神，以简贵自处"⑦，"赵郡李浑将聘梁，名辈毕萃"，李浑出任聘使，固为翘楚，送行之人亦是一时之选，而崔甗一到便压倒群辈。名望而外，其人仪容、风姿、才学、音辞亦皆高于众人。故"郑伯猷叹曰：'身长八尺，面如刻画，謦欬为洪锺响，胸中贮千卷书，使人那得不畏服！'"⑧"謦欬为洪锺响"非仅谓其声音洪亮，更有语音雅正之义。

崔氏本宗家教渊源如此，又吸收江南经史音韵之学。崔日常交往最为密切的友人是南朝梁朝宗室萧祗和士族明少遐⑨，当从此二人学习雅言正音。崔赡少年时代，恰逢梁朝士族颍川荀济自梁亡命入洛，馆于崔家，故崔赡得师从荀氏，经史之学甚有师法⑩。荀济传授经史典籍必用江南士族所操之洛生咏，为北朝士人所不及，故当时"邺下士大夫多传〔荀〕济音韵"⑪。荀氏既为

① 缪越：《颜之推的文字、训诂、音韵、校勘之学》，《读史存稿》，北京：生活·读书·新知三联书店，1963年，第95页。

② 《颜氏家训集解》"勉学篇"，第177页。

③ 《颜氏家训集解》"音辞篇"，第530页。按，崔赡原作崔瞻，据周祖谟《颜氏家训音辞篇补注》（《问学集》，414页）改。

④ 《颜氏家训集解》"勉学篇"，第177页。

⑤ 《颜氏家训集解》"文章篇"云："近在并州，有一士族，好为可笑诗赋，诮撒邢、魏诸公，众共嘲弄，虚相赞说，便击牛酾酒，招延声誉。其妻，明鉴妇人也，泣而谏之。此人叹曰：'才华不为妻子所容，何况行路！'至死不觉。"（第254页）按，《魏书》卷79《成淹传》云：淹"子霄，字景鸾，亦学涉，好为文咏，但词彩不伦，率多鄙俗。与河东姜质等朋游相好，诗赋间起，知音之士，所共嗤笑，闾巷浅识，颂讽成群，乃至大行于世。"（北京：中华书局，1974年，第1755页）王利器疑姜质其人即颜氏所谓并州士族也。

⑥ 《北史》卷24《崔传》，第873页。

⑦ 《北史》卷24《崔传》，第872页。

⑧ 《北史》卷24《崔传》，第872—873页。

⑨ 《北史》卷24《崔传》云："以籍地自矜，常与萧祗、明少遐等高宴终日"（第873页）。按《北史》卷29《萧祗传》云：萧祗字敬式，梁武帝弟南平王伟之子也。少聪敏，美容仪……太清二年（549），侯景围建业，祗闻台城失守，遂来奔。以武定七年（549）至邺。"（第1059页）《北史》卷47《阳休之传》云："平原明少遐，风流名士也，梁亡奔邺。"（第1726—1727页）

⑩ 《北史》卷24《崔赡传》，第874页；同书卷83《文苑·荀济传》，第2786页。

⑪ 《北史》卷83《文苑·荀济传》，第2786页。

崔家教师,崔赡必能得其正音。清河崔氏家学和江南荀氏音韵,成就了崔赡的语音之学。门第、礼法之外,崔氏正因语音雅正,而有出任聘使的资格。东魏天平(534—537)末年,朝议推举崔赡为聘梁使主,崔推让曰:"文采与识,不推李谐;口颊翩翩,谐乃大胜"①,自认应对机敏不如李谐,于是以李谐为使主,卢元明、李业兴为副使聘梁。崔虽未出使,其家族子弟则少时就曾接触南朝使人,季弟崔子约曾"潜观梁使刘孝仪",而令南朝使节的宾从见而骇目②。其子崔赡于北齐武成帝"大宁元年(561),除卫尉少卿。寻兼散骑常侍,聘陈使主"。他虽曾患"热病,面多瘢痕",然仍得到"雍容可观,辞韵温雅"的赞誉,当时"南人大相钦服,陈舍人刘师知见而心醉,乃言:'常侍,前朝通好之日何意不来? 今日谁相对扬者!'"③可见崔赡语音确得南朝士人的首肯。这位接待北齐使者的陈朝舍人刘师知亦曾于陈天嘉二年(562)出使北齐,其副使即撰有《北征道里记》的江德藻④。

清河崔氏所交往的世家大族,多为音辞修饬之士。崔与顿丘李谐友善,其子崔赡又"与赵郡李概为莫逆之友"⑤。顿丘李氏,也是颜之推所云的"颇事言词"之家,代表人物为李岳、李蔚兄弟。顿丘李氏为聘使之职,始于东魏,天平四年(537)七月李岳之父李谐任聘梁正使,以卢元明、李业兴为副使⑥,此为东魏首次正式遣使梁朝,故聘使遴选非常严格,而且较通常规格增加了一位副使。此次聘梁,接续了中断了近四十年的南北睦邻关系,获得极大成功。梁朝君臣首次与北方士大夫接触,印象深刻,史载:"梁武使朱异觇客,异言谐、元明之美。谐等见,及出,梁武目送之,谓左右曰:'朕今日遇勍敌,卿辈常言北间都无人物,此等何处来?'谓异曰:'过卿所谈。'"⑦之所以此次东魏聘使的成功,显然与李谐"口颊翩翩"⑧、音辞典雅有关。史云"是时邺下

---

① 《北史》卷43《李谐传》,第1604页。
② 《北史》卷24《崔子约传》,第879页。
③ 《北史》卷24《崔赡传》,第876页。
④ 《陈书》卷34《文学·江德藻传》云:"天嘉四年,兼散骑常侍与中书郎刘师知使齐,著《北征道里记》三卷。"(第457页)按,四年据校勘记当作二年,《北征道里记》据《隋书》卷33《经籍志》,北京:中华书局,1973年,第986页。《北征道里记》,参拙稿《南北朝交聘记的基础研究——以〈酉阳杂俎〉为中心》(第二届"中国中古史青年学者联谊会"论文,2008年,待刊)。
⑤ 崔与顿丘李谐之交见《北史》卷43《李谐传》(第1604页),崔赡与赵郡李概之交见同书同卷《崔赡传》(第875页)。
⑥ 《魏书》卷12《魏孝静帝纪》,第301页。李业兴原作李邺,据《北史》卷43《李谐传》(第1604页)、《魏书》卷84《儒林·李业兴传》(1862页)改。
⑦ 《北史》卷43《李谐传》,第1604页。又《北史》卷30《卢元明传》云:"天平中,兼吏部郎中,副李谐使梁,南人称之。"(第1083页)
⑧ 《北史》卷43《李谐传》,第1604页。

言风流者,以〔李〕谐及陇西李神儁、范阳卢元明、北海王元景、弘农杨遵彦(愔)、清河崔赡为首。初通梁国,妙简行人,神儁位已高,故谐等五人继踵①。李谐之子李庶,"以华辩见称"②,"常摄宾司,接对梁客,梁客徐陵深叹美焉"③。颜之推记录了李庶与梁朝客使的问答:

> 梁世有蔡朗者讳纯,既不涉学,遂呼莼为露葵。面墙之徒,递相仿效。承圣(552—555)中,遣一士大夫聘齐,齐主客郎李庶问梁使曰:"江南有露葵否?"答曰:"露葵是莼,水乡所出。卿今食者绿葵菜耳。"李亦学问,但不测彼之深浅,乍闻无以核究。④

此外,李"庶弟蔚,少清秀,有襟期伦理,涉观史传,兼属文词。昆季并尚风流,长裾广袖,从容甚美,然颇涉疏放。唯蔚能自持公干理,甚有时誉……位尚书左中兵郎中,仍聘陈使副。江南以其父(李谐)曾经将命,甚重焉。"⑤李"蔚弟若,聪敏,颇传家业,风采词令,有声邺下"⑥,与清河崔儦"俱见称重,时人为之语曰:'京师灼灼,崔儦、李若。'"⑦入隋,亦曾出使陈朝⑧。李氏父子兄弟前后衔命出使,得南人钦重,实因其家族"颇事言词,少为切正"之故,诚如颜之推所言。

与崔赡交谊笃厚的赵郡李概家族亦讲究音韵,故李氏兄弟子侄屡为聘南使臣。东魏、北齐,"〔李〕浑与弟绘、纬具为聘梁使主,湛又为使副,是以赵郡人士,目为四使之门"⑨。武定(543—550)初,李浑"兼散骑常侍、聘梁使主",以其风姿言语得梁武帝赞赏"伯阳之后,久而弥盛,赵李人物,今实居多"⑩。浑弟李绘"每霸朝文武总集,对扬王庭,常令绘先发言端,为群僚之首。音词辩正,风仪都雅,听者悚然,文襄(高澄)益加敬异"⑪,音词辩正是赵郡李氏的家风,故"武定初,〔李绘〕兼散骑常侍,为聘梁使主……绘敷

---

① 《北史》卷43《李谐传》,第1604页。
② 《北史》卷56《魏收传》,第2028页。
③ 《北史》卷43《李庶传》,第1605页。
④ 《颜氏家训集解》"勉学篇",第231—232页。庶原作恕,据李慈铭校勘记改。
⑤ 《北史》卷43《李庶传》,第1605—1606页。
⑥ 《北史》卷43《李蔚传》,第1606页。
⑦ 《隋书》卷76《文学·崔儦传》,第1733页。
⑧ 《隋书》卷1《文帝纪》云:"〔隋开皇五年九月〕丙子,遣兼散骑常侍李若、兼通直散骑常侍崔君赡使于陈。"(第23页)
⑨ 《北史》卷33《李湛传》,第1207页。
⑩ 《北史》卷33《李浑传》,第1206页。
⑪ 《北史》卷33《李绘传》,第1207页。

对明辩,梁武称佳"①。李绘之弟李纬亦承家学,"梁使至,侍中李神隽举〔李〕纬为尚书南主客郎。纬前后接对凡十八人,颇为称职。邺下为之语曰:'学则浑、绘、纬,口则绘、纬、浑。'"②接对南朝客使与出聘南朝使臣一样,必须学问优长、音词辩正,"学"和"口"正是这两项特征。李纬才能卓著,曾因回答南使提问而得罪当权的博陵崔暹,然仍然自信"虽失要人意,聘梁使不得舍我",其后果然"武定五年(547),兼散骑常侍,使梁"③。李浑族兄之子李概,字季节,著有音韵之书,《隋书·经籍志》载李概有《续修音韵决疑》十四卷、《音谱》四卷④。姚振宗《隋书经籍志考证》卷十于《续修音韵决疑》下曰:"按此似即所修所续《音谱》之决疑,故日本书目亦称《音谱决疑》。犹今之考异也。旧本附于《音谱》之后,合为一家言。本志杂置于此,殊为不伦。"⑤《颜氏家训·音辞》中说李季节著《音韵决疑》,时有错失,可见李概的音韵著作为颜之推所见,陆法言《切韵》亦曾参考李季节《音谱》⑥。颜之推虽然批评李概"《音韵决疑》时有错失",但是又说:"北人之音,多以举、莒为矩;唯李季节云:'齐桓公与管仲于台上谋伐莒,东郭牙望见桓公口开而不闭,故知所言者莒也。然则莒、矩必不同呼。'此为知音矣。"⑦可见李概音韵学水平颇高,故颜之推称为通晓音韵之士⑧。此后,隋代文士刘善经曾读过李概《音韵决疑》,亦称其为知音之士⑨。另外,他与被俘而入北朝的南方士族荀仲举为挚友⑩,想必亦传荀氏的江南音韵。职此之故,故得聘使之职。

赵郡李氏另外一支李顺,北魏初年曾出使凉州十二次,当与避难凉地

① 《北史》卷33《李绘传》,第1207页。
② 《北史》卷33《李纬传》,第1208页。
③ 《北史》卷33《李纬传》,第1208页。
④ 《隋书》卷32《经籍志》,第944页。李概著《音谱》,又见《北史》卷33《李概传》,第1212页。
⑤ 姚振宗:《隋书经籍志考证》,二十五史刊行委员会编《二十五史补编》本,北京:中华书局,1955年,第181页。
⑥ 陆法言:《切韵序》,张涌泉主编《敦煌经部文献合集》第5册,北京:中华书局,2008年,第2604页。参考赵少咸:《〈切韵序〉注释》,《中华文史论丛增刊 语言文字研究专辑(上册)》,上海:上海古籍出版社,1982年,第30—40页。
⑦ 《颜氏家训集解》"音辞篇",第554页。
⑧ 王允亮:《南北朝文学交流中的赵郡李氏》,《民族文学研究》2011年第5期,第81—82页。
⑨ 空海撰、王利器校注:《文镜秘府论校注》,北京:中国社会科学出版社,1983年,第104页。
⑩ 《北齐书》卷45《文苑·荀仲举传》云:"荀仲举,字士高,颍川人,世江南。仕梁为南沙令,从萧明于寒山被执……仲举与赵郡李概交欸,概死,仲举因至其宅,为五言诗十六韵以伤之,词甚悲切,世称其美。"(北京:中华书局,1972年,627页)南北朝晚期梁陈之际南人入北的背景参考牟发松:《梁陈之际南人之北迁及其影响》,《魏晋南北朝隋唐史数据》第14辑,1996年,第30—38页。

的士族多有交往，闻其正音①。李顺后人李宪对接梁使萧琛、范云②，宪子李骞为聘梁使③，骞子李孝贞亦曾出使周、陈④。同族李同轨"永熙二年(533)，出帝(西魏孝武帝元修)幸平等寺，僧徒讲说，敕同轨论难，音韵闲朗，往复可观，出帝善之"⑤，"兴和(539—542)中，兼通直散骑常侍，使梁，梁武深耽释学，遂集名僧于其爱敬、同泰二寺，讲涅槃大品经，引同轨豫席，兼遣其朝士并共观听，同轨论难久之，道俗咸以为善"⑥。正是因为李同轨讲谈音韵闲朗而出任聘梁使，在梁朝又受到武帝的赞赏。

然北朝士族多有语音不正，甚至全操方音之人，若任聘使，则必遭南人嘲笑。如东魏出使梁朝的李兴业，其家"家世农夫，虽学殖，而旧音不改。梁武问其宗门多少，答曰：'萨四十家。'使还，孙腾谓曰：'何意为吴儿所笑！'"⑦李兴业之所以语音鄙俚，被南朝士人嘲笑，一方面是方音不改，一方面是因为他追随的经师读书之音即非雅正，其人正是人称"羌博士"的徐遵明。史云："业兴少耿介志学，晚乃师事徐遵明于赵、魏之间。时有渔阳鲜于灵馥亦聚徒教授，而遵明声誉未高，著录尚寡。业兴乃诣灵馥黉舍，类受业者。灵馥乃谓曰：'李生久逐羌博士，何所得也？'"⑧按，徐遵明，华阴人，此地正是羌人活跃之处，故人称"羌博士"，后虽至中原求学，但主要是师事上党屯留王聪、燕赵张吾贵、范阳孙买德等人⑨，此数人皆非洛阳周边人士，即使操洛生之咏，恐终究参杂乡音。徐遵明诵读经典的语音，必同于传业之师，之外难免仍有华阴方音，皆非雅正。徐氏弟子李兴业为上党人，操乡音，读书又传"羌博士"语音，遭士族讥讽，不难理解。

颜之推常所交往的北朝学士还有魏收、邢邵、温子升、刘逖，此数人或为聘使，折冲樽俎，或为主客，对扬宾客，事迹、学问播在人间，见诸《魏书》、

---

① 《魏书》卷36《李顺传》，第829—833页。北魏克统万城，李顺得其藏书数千卷(同书同卷，第830页)，极有可能是汉晋旧籍。
② 《魏书》卷36《李宪传》，第835页。
③ 《魏书》卷36《李骞传》，第840页。李骞出使梁朝又见段成式《酉阳杂俎》，北京：中华书局，1981年，第38,67—68,112页。
④ 《北史》卷33《李孝贞传》，第1218页；《唐李思谅墓志》，胡戟、荣新江主编：《大唐西市博物馆藏墓志》，北京：北京大学出版社，2012年，第136—137页。又《隋书》卷57《李孝贞传》云："不妄通宾客，与从兄仪曹郎中骚、太子舍人季节、博陵崔子武、范阳卢询祖为断金之契。"(第1404页)
⑤ 《魏书》卷36《李同轨传》，第848页。
⑥ 《魏书》卷36《李同轨传》，第849页。
⑦ 《北史》卷81《儒林·李兴业传》，第2724页。
⑧ 《北史》卷81《儒林·李兴业传》，第2721—2722页。
⑨ 《北史》卷81《儒林·徐遵明传》，第2720页。参考陈寅恪：《从史实论〈切韵〉》，《岭南学报》第9卷第2期，第5页。

《北史》,兹不详述。

三、撰定《切韵》北朝学士考

陆爽、陆法言父子与隋代长安贤达共同撰定的《切韵》是南北朝音韵之学的集大成之作,对于当时和后世影响重大。《切韵序》载,参与撰定《切韵》者除陆爽、陆法言父子外,有"刘仪同臻、颜外史之推、卢武阳思道、魏著作彦渊、李常侍若、萧国子该、辛咨议德源、薛吏部道衡"八人[①]。王国维考证此八人皆为陆爽之友,陆法言之父执[②]。其中琅琊颜之推、兰陵萧该、沛国刘臻为江南士族,兹不论。其余范阳卢思道、巨鹿魏彦渊(澹)、顿丘李若、陇西辛德源、河东薛道衡、河南陆爽、陆法言皆为北朝士族。《切韵》一书,实由颜之推、萧该为主导,而其他北朝学士参定。以上北朝学士之所能够与颜、萧等江南学士在音韵问题上对谈,并撰定风行天下的《切韵》,正在于其家族长于音韵之学。我们仔细梳理以上参与撰定《切韵》的北朝学士,不难发现有两方面的共同特征,其一是各家均通达音韵之学,其一是各家均与南北交聘有关,他们或者本人曾任聘使,或者其家族中曾有人担当聘使。今详考于下。

范阳卢思道,先祖是与崔浩通婚的卢度世,和平元年(460)"十有一月,诏散骑侍郎卢度世、员外郎朱安兴使于刘骏(宋孝武帝)"[③]。卢思道自幼勤于读书,史载其事云:

> 思道聪爽俊辩,通侻不羁。年十六,遇中山刘松,松为人作碑铭,以示思道。思道读之,多所不解,于是感激,闭户读书,师事河间邢子才。后思道复为文,以示刘松,松又不能甚解。思道乃喟然叹曰:"学之有益,岂徒然哉!"因就魏收借异书,数年之间,才学兼著。[④]

---

① 陆法言:《切韵序》,张涌泉主编《敦煌经部文献合集》第 5 册,北京:中华书局,2008 年,第 2604 页。

② 王国维《书巴黎国民图书馆所藏唐写本〈切韵〉后》云:"案《隋书·陆爽传》:爽字开明,魏郡临漳人。自齐入周,隋时为太子洗马,开皇十一年卒官。年五十三。子法言,敏学有家风。释褐承奉郎。据此,则开皇初法言与萧颜诸公论韵时,年才弱冠,而诸公多显于梁魏齐周之初,于法言均为丈人行矣。"(《观堂集林》卷 8,北京:中华书局,1984 年,第 356 页)参考祝注先《陆法言和〈切韵〉》,《吉首大学学报》1989 年第 3 期,第 77—81 页。

③ 《魏书》卷 5《高宗纪》,第 119 页。又《魏书》卷 47《卢度世传》云:"〔卢度世〕除散骑侍郎,使刘骏。"(第 1046 页)

④ 《隋书》卷 57《卢思道传》,第 1397 页。《北史》卷 83《文苑·樊逊传》云:"杨愔言于众曰:'后生清俊,莫过卢思道。'"(第 2790 页)

北齐灭亡，卢思道为入关十八学士之一，显然已是山东一流学者。卢思道"与同辈阳休之等数人作《听蝉鸣篇》。思道所为，词意清切，为时人所重。新野庾信遍览诸同作者，而深叹美之"①。庾信是南朝著名文人，因出使被留北朝。卢思道所作《听蝉鸣篇》获得庾信称赏，当有音韵之美。

巨鹿魏澹，字彦渊。其父魏季景与魏收同族，才名在魏收之前②。"前废帝（498—532）初，除国子博士，参议正声，甚见亲遇，待以不臣之礼"③。天平（534—537）初，与魏收、邢子才、卢景裕等著名学者并列，同被朝廷征召④。武定二年（544）"五月甲午，〔东魏孝静帝〕遣散骑常侍魏季景使于萧衍"⑤。魏季景与曾任聘使的李浑、卢元明、李骞、魏收等人为友，史云：

> 友人常景、李浑、王元景、卢元明、魏季景、李骞等十许人于墓傍置酒设祭，哀哭涕泣，一饮一酹曰："裴中书魂而有灵，知吾曹也。"乃各赋诗一篇。李骞以魏收亦与之友，寄以示收。收时在晋阳，乃同其作，论叙伯茂，其十字云："临风想玄度，对酒思公荣。"⑥

卢季景与李浑、卢元明等人曾经同为聘使，有相似的学问和好尚，诗酒往还之际，必然讲求正音。卢季景之子魏澹承其家风，"专精好学，博涉经史，善属文，词采赡逸"，在北齐曾"与尚书左仆射魏收、吏部尚书阳休之、国子博士熊安生同修五礼，又与诸学士撰御览，书成，除殿中郎中、中书舍人，复与李德林俱修国史"⑦，北齐《五礼》、《修文殿御览》、《国史》皆为重要典籍，参撰学士皆一时之选，魏澹以博学善文而履膺其任。入隋，"为散骑常侍，聘陈主使"，使还之后，"除太子舍人，废太子勇深礼遇之，屡加优锡，令注庾信集，复撰笑苑、词林集，世称其博物。数年，迁著作郎，仍为太子学士"⑧。同宗卢恺在北周时"转礼部大夫，为聘陈使副，先是，行人多从其国礼，及恺为使，一依本朝，陈人莫能屈"⑨。

---

① 《隋书》卷57《卢思道传》，第1398页。
② 《北史》卷56《魏收传》，第2028页。
③ 《魏书》卷84《儒学·卢景裕传》，第1859页。正声指音律，而语音与音律相通。
④ 《魏书》卷84《儒学·卢景裕传》："天平中，还乡里，〔卢景裕〕与邢子才、魏季景、魏收、邢昕等同征赴邺。"（第1859页）又《魏书》卷85《文苑·邢昕传》："天平初，〔邢昕〕与侍中从叔子才、魏季景、魏收同征赴都。"（第1873页）
⑤ 《魏书》卷12《孝静帝纪》，第307页。
⑥ 《魏书》卷85《文苑·裴伯茂传》，第1873页。
⑦ 《隋书》卷58《魏澹传》，第1416页。
⑧ 《隋书》卷58《魏澹传》，第1416页。
⑨ 《隋书》卷56《卢恺传》，第1383页。

顿丘李若,李谐之子,李岳、李蔚之弟,入关十八学士之一。顿丘李氏家族音韵之学与南北交聘的关系已见前考。李若于隋开皇五年九月"丙子,遣兼散骑常侍李若、兼通直散骑常侍崔君赡使于陈"①。

陇西辛德源,为北齐名臣辛术族子,"沉静好学,年十四,解属文。及长,博览书记,少有重名。齐尚书仆射杨遵彦、殿中尚书辛术皆一时名士,见德源,并虚襟礼敬,因同荐之于文宣帝"②。在北齐两度任聘使,先是"兼员外散骑侍郎,聘梁使副",后"兼通直散骑常侍,聘于陈"③。辛德源"素与武阳太守卢思道友善,时相往来"。史载"秘书监牛弘以德源才学显著,奏与著作郎王劭同修国史,德源每于务隙撰集注春秋三传三十卷,注扬子法言二十三卷⋯⋯有集二十卷,又撰政训、内训各二十卷"④。

河东薛道衡,在东魏之日,当朝人物对薛道衡皆赞誉有加:

> 尚书左仆射弘农杨遵彦,一代伟人,见而嗟赏。授奉朝请。吏部尚书陇西辛术与语,叹曰:"郑公业不亡矣。"河东裴谳目之曰:"自鼎迁河朔,吾谓关西孔子罕值其人,今复遇薛君矣。"⑤

北齐武成帝太宁(561—562)初年,"兼散骑常侍,接对周、陈二使"⑥,后主武平年间(570—576),"陈使傅縡聘齐,以道衡兼主客郎接对之。縡赠诗五十韵,道衡和之,南北称美,魏收曰:'傅縡所谓以蚓投鱼耳。'"⑦入隋,开皇四年"冬十一月壬戌,〔隋文帝〕遣兼散骑常侍薛道衡、通直散骑常侍豆卢寔使于陈"⑧。史云"江东雅好篇什,陈主尤爱雕虫,道衡每有所作,南人无不吟诵焉"⑨,不仅因其辞藻优美,更为明于音韵。

河南陆爽、陆法言本姓步六孤氏,先世为鲜卑,随北魏孝文帝迁洛,改为陆氏。自陆叡之世与博陵崔氏联姻⑩。陆爽"少聪敏,年九岁就学,日诵二千余言。及齐灭,周武帝闻其名,与阳休之、袁叔德等十余人俱征入关,

① 《隋书》卷1《文帝纪》,第23页。
② 《隋书》卷58《辛德源传》,第1422页。
③ 《隋书》卷58《辛德源传》,第1422页。
④ 《隋书》卷58《辛德源传》,第1422页。
⑤ 《隋书》卷57《薛道衡传》,第1405—1406页。
⑥ 《隋书》卷57《薛道衡传》,第1406页。
⑦ 《隋书》卷57《薛道衡传》,第1406页。
⑧ 《隋书》卷1《文帝纪》,第22页;又《隋书》卷57《薛道衡传》云:"兼散骑常侍,聘陈主使。"(第1406页)
⑨ 《隋书》卷57《薛道衡传》,第1406页。
⑩ 陆氏先世事迹见《北史》卷28《陆俟传》,第1007—1023页。

诸人多将辎重,爽独载书数千卷"①,"朝廷以其博学,有口辩,陈人入境,常令迎劳"②。陆爽伯父陆操东魏元象元年(538)聘使于梁③。陆彦师北齐时"每陈使至,必令高选主客,〔陆〕彦师所接对者,前后六辈"④。

撰定《切韵》曾参考吕静《韵集》、夏侯该《韵略》、周思言《音韵》、阳休之《韵略》、李季节《音谱》、杜台卿《韵略》等音韵著作,以上诸书作者中阳休之、李季节、杜台卿亦为北朝学士。李季节即前述赵郡李概,不赘述,今考述阳休之、杜台卿两人事迹如下。

《颜氏家训》云:阳休之造《切韵》,殊为疏野。然隋刘善经《四声指归》云:"齐仆射阳休之,当世之文匠也,乃以音有楚、夏,韵有讹切,辞人代用,今古不同,遂辨其尤相涉者五十六韵,科以四声,名曰《韵略》。制作之士,咸取则焉,后生晚学,所赖多矣。"⑤史载阳休之"兴和二年,兼通直散骑常侍,副清河崔长谦使于梁"⑥,休之与南朝学士明少遐交往最密:"太子中庶子平原明少遐,风流名士也,梁亡奔邺,昔因通聘,与休之同游。及少遐卒,其妻穷敝,休之经纪振恤,恩分甚厚"⑦,阳休之与明少遐相识通聘之时,后明少遐奔邺城,两人诗酒往还,或有共论音韵之事。北齐灭亡,北周征召十八学士入关,阳休之名列其中。

京兆杜台卿,父即东魏、北齐名臣杜弼,史载"弼幼聪敏,家贫无书,年十二,寄郡学受业,讲授之际,师每奇之。同郡甄琛为定州长史,简试诸生,见而策问,义解闲明,应答如响,大为琛所叹异"⑧,学问由此奠定基础。后杜弼任高欢父子的首席幕僚,"典掌机密,甚见信待"⑨,地位特殊,不便出使。然杜弼善谈名理、玄学和佛经,曾注《老子》、《庄子》、《易经》,学兼三玄,"息栖儒门,驰骋玄肆,既启专家之学,且畅释老之言"⑩,可谓儒玄双修,正是南朝士族学问的途径。玄老之学必须讲论,杜弼与东魏孝静帝讲佛法,与邢邵讲名理,皆是讲论的遗迹。而语音切正是讲论的首要条件,故推测杜弼在音韵方面亦曾措意。杜弼之子"蕤、台卿,并有学业,台卿文笔

① 《隋书》卷58《陆爽传》,第1420页。
② 《隋书》卷58《陆爽传》,第1420页。
③ 《魏书》卷12《孝静帝纪》,第303页。
④ 《隋书》卷72《孝义·陆彦师传》,第1662页。
⑤ 空海:《文镜秘府论》引,《文镜秘府论校注》,第104页。
⑥ 《北齐书》卷47《阳休之传》,第562页。休之弟俊之亦曾出使,《北史》卷47《阳俊之传》云:"俊之,位兼通直常侍,聘陈副,尚书郎。"(第1728页)
⑦ 《北史》卷47《阳休之传》,第1726—1727页。
⑧ 《北齐书》卷24《杜弼传》,第346页。
⑨ 《北齐书》卷24《杜弼传》,第347页。
⑩ 《北齐书》卷24《杜弼传》,第348—349页,353页。

尤工,见称当世,蕤,字子美,武平(570—576)中大理少卿,兼散骑常侍,聘陈使主"①。杜台卿虽不在入关十八学士之目,但隋开皇仍征为著作郎,在长安仅一年有余②,其间参与撰定《切韵》。

四、北朝正音士族间的交往与知识共享

北朝讲求正音的世家大族之间有强烈的文化认同感,他们往往互相推重,同学共读,音韵之学因而得以在其间流行。其主要途径有二:其一为共享典籍,其二为互为师长。

前述河清崔氏与范阳卢氏、陇西辛氏、顿丘李氏皆为聘使家族,此四家子弟少年时代便同以洛阳旧音读书,稍长则互相标榜,倚为声势。例如,清河崔赡之弟崔儦"少与范阳卢思道、陇西辛德源同志友善。每以读书为务,负恃才地,忽略世人。大署其户曰:'不读五千卷书者,无得入此室。'"③故此诸家子弟读书当不减五千卷之数。崔儦又"与顿丘李若俱见称重,时人语曰:'京师灼灼,崔儦、李若。'〔李〕若每谓其子曰:'卢思道、崔儦,杳然崖岸,吾所重也,汝其师之。'"故知此诸家皆互为师长,传授共同的学问。

类似者还有河东裴氏与陇西辛氏、赵郡李氏、顿丘李氏、清河崔氏、弘农杨氏的交往。裴让之兄弟六人之母为陇西辛氏,"高明妇人,又闲礼度,夫丧,诸子多幼弱,广延师友,或亲自教授,内外亲属有吉凶礼制,多取则焉",故河东裴氏与陇西辛氏家学、家礼无异,其共同特征就是音辞切正。故弘农杨愔每叹曰:"河东士族,京官不少,唯此家兄弟,全无乡音。"④裴让之在东魏曾为主客郎中,接对客使,亦曾为聘梁使⑤,必是正音士族。裴让之弟谳之虽年少,不妄交游,唯与陇西辛术、赵郡李绘、顿丘李构、清河崔赡为忘年友。按,赵郡李绘、清河崔赡皆曾出使,以音辞典正著称。陇西辛术家有江南典籍。顿丘李构为李谐之侄,李谐曾出任东魏最早出使梁朝的正使,而李构亦"早有名誉,历官清显,常以雅道自居,甚为名流所重"⑥,史言"雅道",以当时士流所重视的文化修养而言,必然包括语音雅正。裴让之

---

① 《北齐书》卷24《杜台卿传》,第354页。
② 《北齐书》卷24《杜台卿传》,第354页。
③ 《北史》卷24《崔儦传》,第877页。
④ 《北史》卷38《裴谳之传》,第1386页。
⑤ 《北史》卷38《裴让之传》,第1384—1385页。
⑥ 《北史》卷43《李崇附李构传》,第1603页。

弟诹之"少好儒学,释褐太学博士。尝从常景借书百卷,十许日便返。景疑其不能读,每卷策问,应答无疑。景叹曰:'应奉五行俱下,祢衡一览便记,今复见之裴生矣。'"①按,常景下意搜求异书,"清俭自守,不营产业,至于衣食,取济而已。耽好经史,爱玩文词,若遇新异之书,殷勤求访,或复质买,不问价之贵贱,必以得为期"②。常景为知音之士,曾作《四声赞》,表彰沈约四声论,见空海《文镜秘府论》③。裴诹之能读常景之书,当得正音之义。让之同宗裴伯茂与常景、李浑、王元景、卢元明、魏季景、李骞等人为友,常景之外诸人皆曾为聘使,已见前述。

裴氏姻亲陇西辛术"清俭寡嗜欲,勤于所职,未尝暂懈,临军以威严,牧人有惠政。少爱文史,晚更勤学,虽在戎旅,手不释卷。及定淮南,凡诸赏物,一毫无犯。唯大收典籍,多是宋、齐、梁时佳本,鸠集万余卷,并顾、陆之徒名画,二王已下法书,数亦不少,俱不上王府,唯入私门"④。辛术所得南朝书籍中当有韵书、音义之属,除去饟遗贵要之外,想必与友朋分享,河东裴氏兄弟、赵郡李氏、顿丘李氏、清河崔氏等家族或曾寓目。河东裴让之不仅与陇西辛氏为姻亲,且与上述参与撰定《切韵》、两度出任聘使的辛德源(辛术族子)交厚,史云"辛德源沈静好学,十四解属文,及长,博览书记。美仪容,中书侍郎裴让之特相爱好,兼有龙阳之重"⑤。两人可能也分享辛术所得江南典籍。

论及东魏、北齐之世藏书家,见于樊逊奏议,略云:"今所雠校,供拟极重,出自兰台,御诸甲馆。向之故事,见存府阁。即欲刊定,必藉众本。太常卿邢子才(邵)、太子少傅魏收、吏部尚书辛术、司农少卿穆子容、前黄门郎司马子瑞、故国子祭酒李业兴并是多书之家,请牒借本参校。"⑥樊逊所云多书之家,可补兰台之缺,可见非等闲之辈。陇西辛术有平淮南所得图籍,已见上述。邢邵虽未担任聘使,但是作品流播江南,为南人称许,其家"有书甚多,而不甚雠校,见人校书,笑曰'何愚之甚!天下书至死读不可遍,焉能始复校此,日思误书,更是一适。'妻弟李季节,才学之士,谓子才曰:'世间人多不聪明,思误书何由能得?'子才曰:'若思不能得,便不劳读书'"⑦。邢邵与李季节为姻亲,李氏撰有《音谱》、《音韵决疑》,必当参考邢

① 《北史》卷38《裴诹之传》,1385页。
② 《魏书》卷82《常景传》,第1805页。又,常景与顿丘李谐交厚(同书同卷,第1806页)。
③ 《文镜秘府论校注》,第101页。
④ 《北史》卷50《辛术传》,第1823—1824页。
⑤ 《北史》卷50《辛德源传》,第1824页。
⑥ 《北史》卷83《文苑·樊逊传》,第2789—2890页。
⑦ 《北史》卷43《邢邵传》,第1593页。

卲藏书。此外,穆子容、李业兴皆为聘使之家①,其书或者来自江南。

北朝正音士族与南朝来奔士人的交往也是学习洛阳旧音的一种途径。前述颜之推、荀济等人皆在北朝广交士人,传江南音韵。平原明僧绍、明少遐父子曾为聘魏使,明少遐"博涉群书,有词藻。仕梁,位都官尚书。入齐,甚为名流王元景、阳休之等所礼"②。阳"休之早得才名,为人物所倾服,外如疏放,内实谨厚","太子中庶子平原明少遐,风流名士也,梁亡奔邺,昔因通聘,与休之同游。及少遐卒,其妻穷敝,休之经纪振恤,恩分甚厚"③。又,明少遐与清河崔常常高宴,诗酒往还。王元景、阳休之、崔皆为聘使家族,当受益于明氏熟知的洛阳旧音。

五、结 论

自晋室永嘉南迁,江南倚仗南渡士族的文化优势以及长江流域经济的提升,抗衡北方的胡族铁骑,维持中华正统垂四百年。尤其经过梁武帝五十年的承平之世,侨姓与吴姓结合为一个坚强的共同体,开创了文化上的伟业,江南自可傲视山东、关右,而山东、关右亦望之以为文化正朔所在④。南北通聘是各方文化、经济交流的通道,亦是士族文化认同与较量的舞台。从史籍记载而言,我们发现北朝史书备载交聘往来之事,而南朝史书却往往付之阙如;就评价而言,北朝反复强调本朝聘使在江南获得声誉,而相同的记述在南朝缺没有能够印证的史料,无论正史还是使臣的交聘记,这样的差别皆非常显著⑤。本文分析的士族语音问题祇是南北士族文化的一

---

① 穆子容为聘使见东魏武定八年(550)《后魏修太公庙碑》,结衔为"通直散骑常侍聘梁使平东将军中书侍郎恒州大中正修左史汲郡太守穆子容"(王昶《金石萃编》卷32,《石刻史料新编》第一辑第一册,台北:新文丰出版公司,1982年,第557页),其藏书事迹见《太平御览》619"学部"一三:"《后魏书》曰:穆子容少好学,无所不览,求天下书,逢即写录,所得万余卷。"北京:中华书局,1963年,2780页);李业兴为聘梁使见《魏书》卷12《魏孝静帝纪》(第301页)、《北史》卷43《李谐传》(第1604页)、《魏书》卷84《儒林·李业兴传》(第1862页)。

② 《北史》卷83《文苑·明少遐传》,第2809页。

③ 《北史》卷47《阳休之传》,第1726—1727页。

④ 参考陈寅恪:《述东晋王导之功业》,《金明馆丛稿初编》,第48—68页;《隋唐制度渊源略论稿》,第90—92页。

⑤ 参考牟发松:《梁陈之际南人之北迁及其影响》,《魏晋南北朝隋唐史数据》第14辑,第30—38页;吉川忠夫《岛夷と索▪のあいだ——典籍の流▪を中心とした南北朝文化交流史》,《东方学报》第72卷,2000年,第133—158页;以及拙稿《南北朝交聘记的基础研究——以〈酉阳杂俎〉为中心》,待刊。

个侧面,却是南北朝文化态势的清晰映像。

北朝士族出任交聘使,成为超逸群辈、光耀门楣的一种独特标志,于此念念不忘。举凡聘使士人,多将聘使记入结衔,例如上述穆子容之例;后世子孙仍据当事人所撰交聘记或行状、碑志,将此荣耀时代传承。今所见唐人墓志中,赵郡李孝贞(元操)之孙《李思谅墓志》[①]、清河崔儦之孙女《崔柔仪墓志》[②]、清河崔彦穆玄孙《崔哲墓志》[③]、赵郡李希骞(即李骞)五世孙《李岗墓志》等,均将出任聘南朝使臣之事记入墓志作为家族的荣耀,而其事迹皆可与传世史籍勘合。今后,从不同侧面研究交聘中的南北朝文化史,仍是尚待开掘的领域。

---

① 《唐李思谅墓志》,胡戟、荣新江主编:《大唐西市博物馆藏墓志》,北京:北京大学出版社,2012 年,第 136—137 页。
② 周绍良主编:《唐代墓志汇编》,上海:上海古籍出版社,1992 年,第 761—762 页。
③ 《唐代墓志汇编》,第 977—978 页。

试析唐高宗朝的礼法编纂与武周革命

吴丽娱

唐高宗一朝,由于武则天的立后,引起了激烈的斗争和反复,而礼法的编纂,也在此际十分频繁。礼和法的编纂,是政治变革的晴雨表,帝王意志也通过礼法来体现。于此《旧唐书·礼仪志》的一段文字,很给人以启发:

> 高宗初,议者以《贞观礼》节文未尽,又诏太尉长孙无忌、中书令李义府……等重加缉定,勒成一百三十卷。至显庆三年(658)奏上之,增损旧礼,并与令式参会改定,高宗自为之序。时许敬宗、李义府用事,其所损益,多涉希旨,行用已后,学者纷议,以为不及贞观。上元三年(676)三月,下诏令依贞观年礼为定。仪凤二年(677),又诏显庆新修礼多有事不师古,其五礼并依周礼行事。自是礼司益无凭准,每有大事,皆参会古今礼文,临时撰定。然贞观、显庆二礼,皆行用不废。[①]

此段文字为治唐史者熟知,读者大都会因此注意到《显庆礼》的制作及高宗朝礼法的变化。以往史睿撰文,即曾对《显庆礼》的制作及礼典与法典的关系做过考论[②];笔者也注意到《显庆礼》的制作与武则天改礼的关系[③]。不久前,又因专门讨论礼书的形态与格敕的关系,发现礼法的交融和格的制作正是在高宗朝得到促进和加强[④]。问题在于,高宗朝的政治在不同时期有不同的主旨和表现,如仔细重读这段文字,就会发现其文不仅使我们得

---

① 《旧唐书》卷21《礼仪志一》,北京:中华书局,1975年,第817—818页。

② 史睿:《〈显庆礼〉所见唐代礼典与法典的关系》,高田时雄主编:《唐代宗教文化与制度》,京都大学人文科学研究所2007年,第115—132页。

③ 吴丽娱:《朝贺皇后:〈大唐开元礼〉中的则天旧仪》,《文史》2006年第1辑,第109—137页。《〈显庆礼〉与武则天》,《唐史论丛》第10辑,西安:三秦出版社,2008年,第1—16页。

④ 吴丽娱:《从唐代礼书的修订方式看礼的型制变迁》,《中国古代法律文献研究》第8辑,2014年。

窥高宗朝礼法的门径,也透露出彼时一波三折之复杂政治气息。由于以往的研究很少对此加以解读,因此本文拟从此出发,通过礼法编纂进一步破解高、武时代的政治密码,从而对高武朝政的理解提供新的角度和认识。

一、《显庆礼》与《永徽格》"中本"的制作

唐代高宗朝的礼法之修,是在高宗即位初即开始的。《唐会要·定格令》记永徽二年(651)闰九月十四日,"上新删定律、令、格、式";在太尉长孙无忌、开府仪同三司李𪟝、尚书左仆射于志宁、尚书右仆射张行成等的领导和参与下,"勒成律十二卷,令三十卷,式四十卷,颁于天下",并修成格两部,"曹司常务者为《留司格》,天下所共者为《散颁格》。散颁格下州县,留司格本司行用"。永徽三年五月又诏令中书门下监定律疏,于四年十(按当作"十一")月上之,"诏颁于天下"①。说明律、令、格、式、律疏早于永徽中撰成,而当代格法的建构方式也由此确立。当时高宗即位不久,格应当主要是总结前朝制敕。史称永徽之政有贞观遗风②,所以永徽法令主要是为了继承和完善贞观,包括律、令、格、式都不应与贞观原则有太大矛盾。

与此法令制作同时,更有礼典的修撰。同上书卷三七《五礼篇目》称永徽二年,以《贞观礼》未备,又诏太尉长孙无忌、中书令杜正伦及李义府、许敬宗等修礼,"至显庆三年(658)正月五日奏上之。高宗自为之序,诏中外颁行焉"③,此即著名的《显庆礼》。

可以知道的是,礼、法修订的主持者最初都是长孙无忌,但礼的成书最终却晚于律令,笔者曾对此加以讨论,认为与高宗废王立武有关。这一变化带来的结果是反对昭仪立后的长孙无忌开始失势,许敬宗、李义府取而代之。而从显庆元年开始,以许、李为首,进行了一系列与礼仪有关的重大改革,包括由许敬宗提出的将圆丘、南郊、明堂等用"郑玄六天之义"改为专祀昊天上帝的一天之说,以及郊丘合一之制、历代帝王之祀,以及李义府提出的取消皇帝凶礼的主张等④,无一不突出皇帝的独尊,而与《贞观礼》在礼仪和礼义上发生了极大的矛盾和不同。《旧唐书·礼仪志一》说《显庆

---

① 《唐会要》卷39《定格令》,上海:上海古籍出版社,1991年,第820页。
② 《资治通鉴》卷199,永徽元年正月条,北京:中华书局,1956年,第6270—6271页。
③ 《唐会要》卷37《五礼篇目》,第782页。
④ 内容见《旧唐书》卷21《礼仪志一》,第821—825页;《新唐书》卷20《礼乐志一○》,北京:中华书局,1975年,第441页,并参见吴丽娱《〈显庆礼〉与武则天》。

礼》"增损旧礼,并与令式参会改定",并批评许、李的新编"多涉希旨"。《新唐书·礼仪志一》也指出《显庆礼》的"其文杂以式令"和许、李二人"希旨附会"①,所以《显庆礼》与贞观相对,是附和新政及皇权意旨的产物。

其结果,一方面自然是贞观礼法本身遭到批判,即不仅否定贞观礼则,更直指某些相关的律令格式。如许敬宗反对圆丘同祭昊天上帝和五方帝,提出"据祠令及新礼,并用郑玄六天之义"。又关于圆丘和南郊,提出"且检吏部式,惟有南郊陪位,更不别载圆丘。式文既遵王肃,祠令仍行郑义,令、式相违,理宜改革"问题。而他提出取消神州,将方丘祭地与神州合而为一,也同时请求"仍并条附令式,永垂后则"②。据知显庆元年修礼官请求将服制中舅为甥缌麻改为小功,更是批评原来"修律疏人不知礼义,舅报甥服,尚止缌麻,于例不通,理须改正",故"今请修改律疏"③。由是可知改礼的同时也在批判及修改令式和律法的相关条目。这些法条的纠正或增删被敕批正是以后修格的基础。

另一方面,作为高宗朝初次修礼的成果,其修撰过程本身却伴随着残酷的斗争。最终对以长孙无忌为首的贞观旧臣及其追随者的诛杀贬逐,使原关陇贵族为主的宰相班子几乎完全覆灭而朝廷为之一空。这自然影响到同时之人对礼本身的评价,也无疑启迪了日后的礼法纷竞和权力争夺。所以,就政治较量和人事纷争而言,《显庆礼》的颁行不过是开始,更隐秘的对抗还存在于日后礼法制作的反复之中,这左右了高宗一朝的政治,是不能不注意到的事实。而上述对《显庆礼》的批评显然直指它一味承顺帝后旨意而不惜改变礼学宗针的实用做法,这其中不仅关系到对政治和学术取向的质疑,更包括对制作者行事和人品的反感,可见反对者在对待《显庆礼》的态度问题上是观点鲜明的。

尽管如此,在《显庆礼》刚完成的一段时间中,其礼则应当是被大力贯彻的,而修礼的活动也并没有中止,而是被继续下去。由于礼书的撰作不再进行,相关礼法的内容都反映在随时形成的制敕之中。因此与之相应,格式的编纂也渐被提上日程。《唐会要·定格令》记载称:

> 龙朔二年(662)二月,改易官名,敕司刑太常伯源直心等复位格

① 《新唐书》卷11《礼仪志一》,第308页。
② 《旧唐书》卷21《礼仪志一》,第823—825页。
③ 《唐会要》卷37《服纪》上,第787页。按《唐会要》此处修礼官为长孙无忌,疑此为长孙无忌为改善与高宗的舅甥关系而奏。但《册府元龟》卷585《掌礼部·奏议一三》作许敬宗奏(中华书局,1960年,第7004—7005页),存疑。

式，唯改曹局之名，而不易篇第，至麟德二年（665）奏上之。至仪凤二年（677），官号复旧，又敕删辑。三月九日，删辑格式毕，上之。①

可知在永徽二年颁下律令格式以后，高宗朝另有两次格式的编纂。其成果即《旧唐书·经籍志》题源直心等撰《永徽留本司行〔格〕中本》十八卷、《永徽散行天下格中本》七卷和刘仁轨撰《永徽留本司格后本》十一卷②。此外在原有的《永徽成式》十四卷之外，又有《永徽中式本》四卷，不著撰人，未知是否属此二次编纂的成果。

如将格式相比，格的编纂更占有主要地位。并且从上述说法，似乎两次修格都是以改易官名官号为动因的。《旧唐书·高宗纪》上言龙朔二年二月甲子，改京诸司及百官名，又改六宫内职名，证明龙朔二年修格确是与官府衙司及官职名称的变动同时。而据《册府元龟》卷六一二《刑法部·定律令》四也称："龙朔二年改易官号，因敕司刑太常伯源直心、少常伯李敬玄、司刑大夫李文礼等复位格式，惟改曹局之名，而不易篇第。麟德二年奏上之。"③所谓奏上者即上述源直心等所撰"留司格"（十八卷）和"散行格"（七卷）的"中本"。此次的编纂明显以刑部官员为主，领衔的也是司刑太常伯即刑部尚书。史料记载的此次修格虽规格不甚高，但时间从龙朔二年（662）二月直至麟德二年（665）奏上，至少三年有余。

那么，龙朔二年为何要改变官职机构的名称且随之而修格呢？对此史料并未明言，研究者对此则看法不同。有的学者从武则天与高宗权力斗争的角度提出，龙朔改革"是武后掌权的标志"④。或者认为，"龙朔二年官府改名，出自武则天的主张，标新立异，与传统不符"⑤。但是近年孙英刚撰文，反对以政治斗争来解释，指出龙朔改革是植根于纬学"戊午革运、辛酉革命、甲子革令"的思想，认为龙朔元年岁次辛酉，高宗在龙朔三年预先公布次年（甲子）改元，是纬书的需要，是接受隋朝灭亡的警示。而"高宗于龙朔二年改易百司及官名，正是自行革命之事的举动"⑥。

---

① 《唐会要》卷39《定格令》，第820页。
② 《旧唐书》卷46《经籍志上》，第2010页，下同。
③ 《册府元龟》卷612《帝王部·定律令四》，第7345页。
④ 杨友庭：《三省六部制的形成及其在唐代的变化》，《厦门大学学报》1983年第1期，第64—73页，说见第72页，下文评价光宅改官名引同。
⑤ 韩升：《上元年间的政局与武则天逼宫》，《史林》2006年第6期，第40—52页，说见第44页。
⑥ 孙英刚：《神文时代：谶纬、术数与中古政治研究》下篇第二章《"辛酉革命"说与龙朔改革：7—9世纪的纬学思想与东亚政治》，上海：上海古籍出版社，2014年，第344—370页，说见第364、366页。

笔者认为，改元或者确有其谶纬学上的原因，孙文也提到甲子、辛酉在纬学的特殊意义和仁寿四年（604）隋炀帝即位之例等，这至少可以说明龙朔改革发动之契机。但也有说不通之处，例如他将原因归之于高宗本人"自行革命"，如其如此，那么为何到咸亨元年（670）才不过五年就要改回，难道"革命"祇是为应付一时历象的幌子，过后就可以自行推翻？再说如果是自行革命，岂不就承认自己的政权存在是有问题的吗！

因此仅以谶纬说解释官名改革仍有不足。反观历史上帝王相信并且响应谶纬的不多，倒是附应谶纬造假、为己所用的不少。此事亦不例外。鄙意以为若从"革命"出发，恐怕仍然摆脱不了武则天干政的影子。从当时的情况看，高宗朝政局的变化及武后权力的提升都是不能无视的事实。据《资治通鉴》，显庆五年（660）冬十月条有"上初苦风眩头重，目不能视，百司奏事，上或使皇后决之。后性明敏，涉猎文史，处事皆称旨。由是始委以政事，权与人主侔矣"①。显庆五年是龙朔元年的前一年，此时已近年末。因此如记事不误，则龙朔之初，武后已参决百司奏事，开始权侔人主。所以官名官号的改变，可以看作是她从幕后登场的一种信号，表达了政治更新的姿态和面貌。其官名官称抛弃汉魏南北朝以来传统而仿宇文泰作法，以周礼为号召，取复古之形式。即《旧唐书·高宗纪》言将旧名"各以义训改之"，但实际是模仿《周礼》的格局和冠名习惯，如官名称司称掌，称伯称大夫，官职正副则称太称小等等，其名称多刻意标新而不伦不类，这与武后建政后于光宅元年（684）改官名不能不说是有相同的意向。

光宅与龙朔相比，祇是某些机构官名（如六尚书分称天、地、春、夏、秋、冬官）与《周礼》相似更甚。杨友庭评价光宅改官名，也指出"这实际上是武后登台前的一场序幕"。光宅官名用于武周一朝。神龙元年（705）中宗复位，"不久复国号为唐，一切制度名号都回到永淳以前，显然是表示废弃武周，恢复李唐江山之意"。可见光宅改官名与龙朔目标一致，完全是前事的重演。反推龙朔官号也是武则天针对李唐官制的改革，且至少是营造新政的产物。利用《周礼》为谋夺政权服务者，王莽、宇文泰之后唯有武则天，其以周代唐虽在高宗死后，但托古改制标新立异却是一贯的。更何况从《周礼》的角度看，官称也是一种礼，或言施政之基础，修格活动配合此举，意图显然是一致的。

正是基于此，与龙朔改官名绑定在一起的格，必然与武则天的要求一致。也就是说，格必须沿着显庆以来的方向而不能反其道行之，改官名及

---

① 《资治通鉴》卷 200，第 6322 页。

修格祇能是显庆政治的继续（详下）。当然这样做的结果是加强了武后的专权。"及得志，专作威福，上欲有所为，动为后所制，上不胜其愤"。麟德元年十二月发生了上官仪为高宗草诏废后被杀事件，《通鉴》于其事末称：

> 自是上每视事，则后垂帘于后，政无大小，皆与闻之。天下大权，悉归中宫，黜陟、杀生，决于其口，天子拱手而已，中外谓之"二圣"。①

上官仪事正发生在此次修格其间。而以此为标志，彼时的武后不但胜利铲除政敌，且已从后台走上前台，正式参与外朝生杀黜陟决策。而所说"天下大权，悉归中宫"、"天子拱手而已"虽未必全是事实，但造成诸多朝政大事须通由"二圣"并裁的格局，恐怕不是臆断。既然如此，则格式编纂这样大事，也绝不会脱离皇后控制。

龙朔修格承继显庆，固然也有其司法方面的必要性。问题乃在于格这种法律文书编纂方式及作用相对律、令、式有不同。格是依朝代立名，但格有延续性，其内容可以吸收前朝。戴建国总结格的条文体例有三种，一种正像敦煌所见《神龙散颁刑部格》②一样，格文起始无"敕"字，末尾不署格文的颁布年月；第二种是格文以"敕"字起始，末尾不署颁布年月；第三种是格文以"敕"字起始，末尾署有年月。但他认为严格来说格只有前两种，第三种"其实是未修入永法之格但具有法律效力的长行敕"③。从目前史料来看，其结论具有可信性。而格的编修，由于取消年月且重新编写排列，因此也可以说是已经整理规范化的法律文本。且根据史料中常将律、令、式称为"刊定"而不改其名，格称为"删定"而其名常作更新的情况，可以知道每次修格也须将格的内容加以调整和增删。即使在同一个朝代，前格与后格之间内容也不是简单的重复或者增补。不仅某些具体规定和文字可能会不一致，且原则也可修改，如果朝廷发生了政治改革或人事变更，更不能想象格在制度大节和倾向上不发生转移。《通典》卷一七〇《刑法》八有一条敕文被标为"开元格"：

> 周朝酷吏来子殉、万国俊、王弘义、侯思止、郭霸、焦仁亶、张知默、

---

① 以上见《资治通鉴》卷 201，第 6342—6343 页。

② P. 3078 和 S. 4673《神龙散颁刑部格残卷》，录文见刘俊文《敦煌吐鲁番唐代法制文书考释》，北京：中华书局，第 246—269 页。

③ 见戴建国：《唐宋变革时期的法律与社会》"唐格的修纂体例"，第 137—152 页。说见第 138、148—149 页。

李敬仁、唐奉一、来俊臣、周兴、丘神绩、索元礼、曹仁悊、王景昭、裴籍、李秦授、刘光业、王德寿、屈贞筠、鲍思恭、刘景阳、王处贞。右二十三人，残害宗支，毒陷良善，情状尤重，身在者宜长流岭南远处。纵身没，子孙亦不许仕宦。陈嘉言、鱼承晔、皇甫文备、傅游艺。右四人，残害宗支，毒陷良善，情状稍轻，身在者宜配岭南。纵身没，子孙亦不许近任。敕依前件。①

此条文末署"开元十三年三月十二日"，戴建国认为所谓《开元格》，依时间应指开元二十五年《开元新格》，此敕即当时所删修的长行敕。由于是针对特定的某些人而无普遍的社会意义，故以格后敕的形式保留。是否如此姑待考，但无论如何，处置武则天酷吏的整条原始敕文放入格中，说明格反映时代政治的作用是鲜明而突出的。

另外，如上所述从《显庆礼》的制作开始，"其文杂以令式"的情况出现了。所说虽是"令式"，但以何种令式入礼显然由制敕决定，而且改礼也要通过制敕，礼的实施必须通过制敕，所以礼入制敕、由敕定礼的情况必然愈来愈多。换言之，礼的制定实施必须通过现行法来确认。史睿曾认为，《显庆礼》杂以令式的做法"推动了唐代礼仪制度的法典化"②，其原意是制定过程中注意了礼法的协调和统一，强调和提高了新礼现行中的权威性，但如果认为是因礼入制敕而导致礼的修撰转化为格，其实也完全符合唐朝的动向。一个明显的事实是，高宗、武则天时代虽然有大量礼仪的论争，却不再见到礼书的重修而祇有格的编纂，给人的印象是格的重修几乎取代了礼。那么为何如此？祇能认为是格的作用可以代替礼。基于此，唐朝《开元礼》、《唐六典》修撰之前也有《格后长行敕》或者《格式律令事类》、《开元新格》的编纂，以作为修礼的准备和基础。至唐后期贞元元和间则直接将礼的"删定施行"落实为《开元格后敕》、《元和制敕》一类的制敕编订，礼书形态与格敕法书进一步发生混同③，而推源其始，高宗时代几次格的修撰已经初露端倪。

《永徽格》初本颁于永徽二年，至龙朔二年已超过 10 年，期间由于武则天的立后和《显庆礼》的制定，使礼制发生巨大变动，均被记载于制敕之中。而随着武则天对朝政干预的强化，前后礼法中的矛盾亦愈来愈多。当然除礼之外，恐怕还有颠覆贞观格式法条的其他大量制敕，故其整顿势在必行，

① 《通典》卷 170《刑法·开元格》，北京：中华书局，1988 年，第 4430—4431 页。此条史料由赵晶提示，特此说明并致谢。
② 史睿：《〈显庆礼〉所见唐代礼典与法典的关系》。
③ 以上讨论参见吴丽娱《从唐代礼书的修订方式看礼的型制变迁》，第 155—172 页。

纬书的说法和龙朔官名官号的改变乃一契机而已。官府衙司及官员设置本为施政，内外职司和官吏名称变了，颁行的法令凡提到处自然也应随之变更。更重要的是此次修格亦是为了将显庆以来制敕所定之礼法更加定式化、规范化，是对其政治方向的彰显和肯定。试想显庆前后观念相违，对于诸多不相适应或者根本不兼容的制敕格条，必须辨析矛盾，论列是非，淘汰不适用者而建立统一标准，故修格乃是一次对礼法的重新检阅和甄别。虽然由于史料不足，我们很难知道新修礼法究竟包含哪些具体内容，但可以肯定最后形成的《永徽留司格》、《散颁格》"中本"在内容原则上，与永徽二年所修、代表贞观治政方向的初本是有着巨大反差的，新修的格本自然要以显庆以后的制度方向为原则。以礼而言，曾经高宗敕批的具体礼条如圆丘、南郊、明堂等用"郑玄六天之义"改为专祀昊天上帝的一天之说，以及郊丘合一之制等等纳入《显庆礼》的重大条款，没有理由不被收入格中。前揭《旧唐书·礼仪志》说，"上元三年（676）三月，下诏令依贞观年礼为定"，又仪凤二（三?）年韦万石说"显庆已来新修礼祀昊天上帝，奉乾封二年敕祀五帝，又奉制祀昊天上帝"，说明乾封，甚至仪凤以前一直按《显庆礼》行事，此无疑也是格的原则。

因此如果说是"革命"，祗能理解为新修格对贞观礼法的颠覆和否定，而且发动"革命"的主角不是高宗而是武则天。是武则天利用纬学、天象来为自己服务，强调和证明自己为主导的路线正确，为其参政造声势、唱赞歌、提供理论依据——当然这样做在当时是心照不宣，并没有大张旗鼓在史料中明示，这是因为毕竟是在高宗朝——祗有这样去理解，才可以明了为何改官名也好，修格也好，不久都会被推翻（详后）。

讨论此次格的撰作，还有一个因素也要考虑，即此期效忠武后的大臣仍得重用。高宗初宰相除贞观所遗顾命大臣，也有高宗自己的班底，如高季辅、张行成、李义府、许敬宗等辈，此外还有支持废王立武的李绩。高、张虽永徽四年已亡，许和二李却尚在。李义府虽曾一度被贬普州刺史及丁忧，均旋即复任。龙朔三年迁右相，直至其年四月因犯罪下狱除名，配流巂州才失势①。许敬宗则"任遇之重，当朝莫比"，且一直以来以宰相兼修国史②。龙朔三年八月甲午以右相"乞骸骨"，壬寅即被命为"太子太师、同东西台三品，仍知西台事"，麟德二年五月与李绩等同被任命为检校封禅使。"乾封初，以敬宗年

① 参见《旧唐书》卷82《李义府传》，卷4《高宗纪上》，第2767—2770、78—79、83—84页。
② 《旧唐书》卷82《许敬宗传》，第2763页。

老,不能行步,特令与司空李绩每朝日各乘小马入禁门至内省"①。直至咸亨三年去世,仍得到极高礼遇。显庆以后虽陆续增加多人,但除上官仪、刘祥道(详下),以及许圉师与许敬宗有矛盾被其排挤外,余人不闻有特别之举,且均不足以抗衡。因此,在龙朔、麟德撰格之际,主持权柄的宰相基本上仍是显庆以来朝政的支持者,格的政治方向不会有异变。

至于龙朔参与制作的官员,史料未言其在修格的问题上有何特殊的思想表现。《册府元龟》仅言源直心龙朔二年五月丙申被改官奉常卿②,不知是否因格的制作而改。但据《旧唐书·经籍志》"中本"领衔者仍是他,是于格的撰作不受影响。其他撰作者既皆刑部官员,推测主要是由于职务行为而奉命行事。龙朔、麟德年间,许敬宗既在世而掌权,则格的制作自会承其既定之法。当然除了显庆三年以前的改革条款,之后定礼、改礼的内容如与前无原则冲突,恐怕也是记入其间的。而在这些改礼定礼之中,最重要则莫过于封禅礼了。

封禅礼是在《显庆礼》的郊天礼制定之后,要实践的最重大礼仪。关于封禅礼仪的祭祀神主,早在显庆中已经议定。《资治通鉴》卷二〇〇记显庆四年六月:

> 许敬宗议封禅仪,己巳,奏:"请以高祖、太宗俱配昊天上帝,太穆、文德二皇后俱配皇地祇。"从之。③

许敬宗定封禅仪在《显庆礼》修成之后不久,仍主祀昊天一帝,但配祀却有高宗之前的二帝二后。《新唐书·高宗纪》又有麟德元年"七月丁未诏以三年正月,有事于泰山"的记载④。而据《册府元龟》所载七月丁未诏中已经明确要求"所司详求茂典,以从折衷,其诸州都督刺史以二年十二月便集岳下,诸王十月集东都"⑤。可知封禅仪式举行的具体事宜在麟德初已经决定⑥。而封禅既是昭显帝王盛德,也是武则天参政后极力主张的。可以想见,封禅是《显庆礼》之后,帝后付诸实践的又一件大事。《旧唐书·礼仪

---

① 参见《旧唐书》卷4《高宗纪上》,第83页,卷5《高宗纪下》,第87页。
② 《册府元龟》卷69《帝王部·审官》,第776页。
③ 《资治通鉴》卷200,第6316页。
④ 《新唐书》卷3《高宗纪》,第64页。
⑤ 按《册府元龟》卷36《帝王部·封禅二》(第393页)又言"高宗即位后,公卿数请封禅。龙朔元年十月癸丑诏:'宜以四年正月有事于泰山,所司详求故实,务从折衷,仍以来年二月幸东都。'"若此,则策划封禅事更应提前。但疑龙朔为麟德之误,四年亦应为三年,存疑。
⑥ 《旧唐书》卷4《高宗纪上》,第86页。

169

志》三有"高宗即位,公卿数请封禅,则天既立为皇后,又密赞之"。于是"麟德二年二月,车驾发京,东巡狩,诏礼官、博士撰定封禅仪注"。这个仪注记载于其下,从《礼仪志》可知,有司所奏,乃封祀时日之具体安排,以及设坛、金简、玉匮、石等制度。这些策划应当在诏下不久即完成,也是被批准和后来予以实施的。格的修成既在当年,相关决定应当是被记录的。

但以上仪注没有涉及的尚有一事,这就是封禅的助祭问题。《礼仪志》于此记曰:

> 至其年十二月,车驾至山下。及有司进奏仪注,封祀以高祖、太宗同配,禅社首以太穆皇后、文德皇后同配,皆以公卿充亚献、终献之礼。于是皇后上表曰,云云(下略)。于是祭地祇、梁甫,皆以皇后为亚献,诸王大妃为终献。①

封禅由封泰山祀天、禅社首祭地的两大内容组成。前者由皇帝和大臣进行,后者却由于武则天的强烈要求决定在皇帝主祭后,以皇后为亚献、诸王大妃为终献,此举无疑给了武则天最崇高的地位和荣誉。以往的研究无不关注封禅与武则天的关系,但对其提出的具体时间却不曾措意。《旧唐书·礼仪志》将有司奏仪注与武则天的上表置于封禅前夕有司奏之下,使人容易误会是此时有司才奏上仪注而武则天随之提出亚献的要求。但试想作为如此隆重的大礼,怎么可能在万事具备之际还来研究亚献、终献的人选!

那么这件事发生于何时呢?《旧唐书·高宗纪》上有曰:

> (麟德二年)冬十月戊午,皇后请封禅,司礼太常伯刘祥道上疏请封禅。②

此条皇后与掌礼大臣分别请封禅的说法很令人费解。麟德二年二月车驾已至东都,而且十月丁卯,皇帝即"将封泰山,发自东都",戊午正是出发向泰山的十天之前。此时封禅已定,何以还要"请封禅"呢?据《资治通鉴》将皇后上表"封禅旧仪,祭皇地祇,太后诏配,而令公卿行事,礼有未安,至日,妾请帅内外命妇奠献",和诏令批准"禅社首以皇后为亚献,越国太妃

---

① 以上参见《旧唐书》卷 23《礼仪志三》,第 884—886 页。
② 《旧唐书》卷 4《高宗纪上》,第 87 页。

燕氏为终献"均置于冬十月癸丑(15 日)①;可知此处所指即皇后自请封禅事,惟时间略有不同。又《旧唐书·刘祥道传》亦称:"麟德二年,将有事于泰山,有司议依旧礼,皆以太常卿为亚献,光禄卿为终献。祥道驳曰:'昔在三代,六卿位重,故得佐祠。汉、魏以来,权归台省,九卿皆为常伯属官。今登封大礼,不以八座行事,而用九卿,无乃徇虚名而忘实事乎!'高宗从其议,竟以司徒徐王元礼为亚献,祥道为终献。"②虽未言具体时间,但可知其上驳议就是所谓"请封禅"。此"请封禅"可理解为自请参与封禅之意。刘祥道"请封禅"是关于封祀泰山祭天大典的亚献、终献;而武后"请封禅"则是禅社首的亚献、终献,都是相关封禅的助祭问题,两者同时提出是可能的。按照高宗的封禅时间表,这已是确定皇帝之外祭礼执行人选的最后时日,一切都已准备就绪,祇等皇帝上路,所以时间不可能再拖后了。

不过封禅的助祭是一大事,上表祇是形式,问题的产生显然并不始于此。上述封禅社首以太穆、文德二后配地祇是许敬宗最早提出,如果配后与祭献者对应,那么很可能当时已有使皇后参与封祀的考虑。此一想法惊世骇俗,可想而知对朝野震动甚大,故必然遭致长久反对而难以定夺。刘祥道与武则天同时请求助祭,即似有与武后打擂台之意,这样的记载说明当时朝廷于此是有极大矛盾和争议的。

另外刘祥道提出助祭问题而最后竟能担当登封大礼的终献,说明他本人作为曾经的宰相和掌礼大臣具有崇高的地位,也表明了其人反抗武则天企图的立场。本传言刘祥道曾"以修礼功,进封阳城县侯",这个礼自是指《显庆礼》,但其人并非许、李一党。《旧唐书·李义府传》言义府为人所告,"制下司刑太常伯刘祥道与侍御详刑对推其事"。结果李得罪,"或作《河间道行军元帅刘祥道破铜山大贼李义府露布》,牓之通衢"③,是被作为审判李义府的领袖人物看待。又前揭《资治通鉴》书上官仪事有"右相刘祥道坐与仪善,罢政事,为司礼太常伯",所说"善"固不是指一般的私交,而是有共同的好恶。可以推测他也是反对武则天参政甚至同情上官仪罢后主张的,因此在封祀问题上也不会赞成由皇后亚献。相反他强调封禅主祀以八座行事,或者已暗含驳斥武则天的企图。可见对武则天的所作所为,宰相朝臣中原是有一派反对意见的,上官仪、刘祥道应即其中的代表。《旧纪》将武后和刘祥道"请封禅"放在一起,正暗示了两者的针锋相对。祇是这派宰

① 《资治通鉴》卷 201,第 6344 页。
② 《旧唐书》卷 81《刘祥道传》,第 2795 页。
③ 《旧唐书》卷 82《李义府传》,第 2769 页。

臣的力量尚不足与则天抗衡,因此皇后作为封祀社首的亚献而终得亲身参加封禅,毋庸说是武则天的胜利,而高宗以前右相刘祥道为封祀泰山之亚献不过是为了取得平衡。由于史料没有说明格修成的最后时间,最后皇帝关于亚献、终献的制敕是否被收入格中不能知晓,但封禅的讨论基本在第二次修格期间,而格的完成又在封禅前夕,两者的意向是一致的。封禅最后的结果,也是武则天和越国太妃等组成的内朝格局与皇帝、宰相大臣的外朝格局相对垒,因此我们虽不能说格的编纂就一定是配合封禅或以封禅为中心,但可以说是以武则天的意志开始,也以武则天的胜利而告结束,《永徽格》"中本"的风格和立场因此可以说是不难断定的。

二、《永徽格》"后本"的编纂与高宗朝的政治对抗

据前揭《唐会要·定格令》,仪凤中进行了第三次格式的编纂。这次始撰时间,《唐会要》作仪凤二年,但其年三月九日,即"删辑格式毕",时间短得不可思议。《册府元龟》卷六一二《刑法部·定律令》四则载此次修格的时间是仪凤元年(676)。其撰作者据《旧唐书·刑法志》乃是"(尚书)左仆射刘仁轨、右仆射戴至德、侍中张文瓘、中书令李敬玄、太子右庶子郝处俊、黄门侍郎来恒、左庶子高智周、右庶子李义琰、吏部侍郎裴行俭马载、兵部侍郎萧德昭裴炎、工部侍郎李义琛、刑部侍郎张楚金、〔金〕部郎中卢律师等"①,其中包括刘仁轨以下八人组成的宰相班子及包括刑部在内的四部侍郎等,可见规格大大高于龙朔、麟德的上次制作。

问题在于,此次编纂同样不是律令格式的普遍编修。而上述史料言及修格原因,也仍用"官号复旧,又敕删辑"一言以蔽之。当然格式仍以格为主,其成果即前所云刘仁轨撰《永徽留本司格后本》十一卷。但据诸书,所谓官号复旧,发生在咸亨元年(670)十二月②。既然如此,修格的意向应当开始于此后不久,而不是已过了六七年之久的仪凤元年(676)或是仪凤二年。

那么,为何此时要再次修格,而且是组织如此高规格的班子来负责编修呢? 从这里出发,可以料想此次的编纂并不寻常。如上所说,官名官号

---

① 《旧唐书》卷50《刑法志》,第 2142 页。内"金"字原脱,据《新唐书》卷58《艺文志二》(第 1495 页)补。

② 参见《旧唐书》卷5《高宗纪下》,第 95 页;《资治通鉴》卷201,第6365 页。

可视为政治变迁的某种信号,则龙朔、麟德的编纂以官号的更新为号召,此次的编纂却以官号的全面复辟为标榜,更新、复辟针锋相对,两次编纂也势必取向相反,做这样的修正自然不能是无关紧要。而从朝政来说,自麟德三年(乾封元年,665)至仪凤元年(676),高宗朝的统治又过了十余年。如果说显庆之际武则天处处针对贞观、永徽,以改革和标新立意可称向"左"转,那么自乾封以后,高宗的某些举措,却不无恢复旧制向"右"转的迹象。

《旧唐书·高宗纪》下记总章元年(668)"夏四月丙辰,有彗星见于毕、昴之间。乙丑,上避正殿,减膳,诏内外群官各上封事,极言过失"。群臣上言以为不足劳圣虑,"请御正殿,复常馔"。显庆五年以后,与朝鲜半岛的矛盾和战争加剧,乾封元年,并派李绩攻打高丽。但观高宗之言,不但将天象的"谪见于天",归之于自己的"不德",且对群臣认为"星孛于东北,此高丽将灭之征"的说法也不予认同。有"高丽百姓,即朕之百姓也。既为万国之主,岂可推过于小蕃"的回答,"竟不从其请",可见对以往治政不无忏悔之意。

如果是这样,那么至咸亨初官名的复旧或者也可以认为是对朝政反思和回归的一种表示,当然此期高宗还有不少推翻前事之举。《册府元龟·奉先》三载咸亨四年令刘仁轨、郝处俊修国史,"帝以许敬宗所记多不实处",此国史当指同书《国史部·采撰》所言显庆四年许敬宗所撰《实录》,内从贞观二十三年至显庆三年,亦注明"帝以敬宗所纪多非实录"。而刘仁轨受诏与李敬玄、郝处俊、高智周等同修史,是完全代替了原来许敬宗等人的职司①。试想贞观二十三年至显庆三年何事的记载非"实录"呢?这中间除了武则天立后和压制、贬逐贞观大臣褚遂良等事,没有比许敬宗改革郊天礼更重要,所谓非"实录"者必出其一。可以推测许敬宗对当初所为固是极力赞扬和自我吹嘘,而高宗虽然曾经诏敕批准,但事过境迁,也许不无后悔。或者观点有所改变,或者认为国史中表现自己的手段过于残酷,形象并非完美,于是便会有"多非实录"的批评。可以与此暗合的是《旧唐书·高宗纪》所言上元元年(674)九月"癸丑,追复长孙无忌官爵,仍以其曾孙冀袭封赵国公,许归葬于昭陵新造之茔"。其时虽未给贬逐的贞观大臣全面平反,但至少对长孙无忌部分地恢复了名誉并安抚其家。孟宪实注意到逼令长孙无忌自缢的袁公瑜在此后即命运悲惨②,不能不说与其时的政治动

---

① 参见《册府元龟》卷30《帝王部·奉先三》、卷554《国史部·选任》;卷556《国史部·采撰》;第324、6650—6651、6682—6683页。

② 《唐高宗的真相》,北京:北京大学出版社,2008年,第192—193页。

向是一致的。

与此相应，韩升讨论上元政治和武则天要求高宗传位的"逼宫"，更指出麟德元年(663)上官仪被杀以后的十年中发生了许多事件，"背后隐藏着忠于李唐体制的官员同武则天以皇后身份逐步夺权的激烈斗争"。其中一个标志性的事件就是咸亨三年(672)许敬宗之死，"让压抑的不满获得宣泄口"。而此后包括监修国史、为长孙无忌平反以及高宗使太子监国等事都对武则天擅权造成制约。"由此看来，在许敬宗死时，维护以皇帝为核心的政治体制的朝臣，不约而同地表达共同的政治立场，推动政治向正常体制的回归"①。所以高宗朝的政治始终处于斗争之中。

有一件事深值得注意，即《旧唐书·礼仪志》一所说依《贞观礼》定的上元三年就是仪凤元年，也就是说，礼的变化大致与史料记载的修格同时，所以两事决不能认为互不相关。这一情况也证明上元三年(仪凤元年)与之前依《显庆礼》的方针发生了原则性、根本性的变化。史料有上元三年十一月丁卯，"敕新造上元舞，圆丘、方泽、享太庙用之，余祭则停"的记载；壬申又改元、大赦，似乎大有万象更始之意②。而"下诏令依贞观年礼为定"明显是以"贞观"代"显庆"，这就像批评许敬宗所撰《实录》不实一样，是对《显庆礼》的否定和放弃，实际也代表了对武则天主导礼法的批判。按前引韦万石所说，其争论主要是针对郊天和明堂大享，而且与修格同样，相关礼仪的争论和变化并非从上元、仪凤间开始，而是也有多年的积累。

据《旧唐书·礼仪志》一记载，高宗乾封元年封禅回来，已经恢复了《显庆礼》取消的神州北郊(原与方丘皇地祇合并)之祭，且仍改祈谷为感帝。为此，司礼少常伯郝处俊指出"显庆新礼，废感帝之祀，改为祈谷。昊天上帝，以高祖太武皇帝配。检旧礼，感帝以世祖元皇帝配"，两者配祀不同，他的意见是高祖依旧礼已配圆丘昊天上帝及方丘皇地祇，"若更配感帝、神州，便恐有乖古礼"，并提出北郊神州的祭祀时间问题。另外，他又提出《显庆礼》取消的灵台、明堂五方帝之祭应按郑玄还是王肃的疑问。于是针对神州问题，奉常博士陆遵楷等议以为武德以来礼、令祭神州即用十月，"请依旧十月祭祀"，所以是完全依照《贞观礼》的神州祭祀。而关于五方帝，则皇帝"又下诏依郑玄义祭五天帝，其雩及明堂，并准敕祭祀"③，也是在天帝问题上完全恢复《贞观礼》。由是可知，依《贞观礼》的决定虽然是在上元三

① 韩升:《上元年间的政局与武则天逼宫》，第 40 页(摘要)、第 41—42 页。
② 《旧唐书》卷 5《高宗纪》，第 102 页。
③ 《旧唐书》卷 21《礼仪志一》，第 825 页。

年(仪凤元年)作出,但提议甚早,且其最先提出者,也即后来参与修格的宰相郝处俊。

明堂祭祀在乾封封禅完成以后则是礼仪争论的中心,其中昊天上帝之外是否祭五帝尤其是焦点所在。史载高宗于乾封二年二月十二日下诏要求"采三代之精微,探九皇之至赜;斟酌前载,制造明堂",说明在封禅礼进行后不久,明堂礼的实施也提上日程。乾封二年十二月复下诏,"自今以后,祭圆丘、五方、明堂、感帝、神州等祠,高祖太武皇帝、太宗文皇帝崇配,仍总祭昊天上帝及五帝于明堂",也就是全面复原《贞观礼》包括五方帝在内的祭祀内容,同时确定了高祖、太宗的配祀问题。乾封三年二月丙寅,下诏以明堂制度历代不同,令"增损古今,新制其图"。同月"戊寅,幸九成宫。己卯,分长安、万年置乾封、明堂二县,分理于京城之中"①。《通鉴》也记其年"朝廷议明堂制度略定,三月,庚寅,赦天下,改元"②。说明其时已决定按《贞观礼》实行祭祀并构筑明堂。

因此,作为国家最重大祭祀礼的原则争论是自乾封开始,明堂的建设和祭祀因而此后都没有能顺利展开。从前揭《旧唐书·礼仪志》一所言,是上元仪凤前后又再度兴起了争议,这应当是前事的继续。我们虽然没有根据说高宗朝格的第三次撰作就是因此而兴,但以郝处俊为代表,否定《显庆礼》郊天原则与操作格编纂的宰相是同一批人,则两者动向的一致性完全可以肯定。郊天问题涉及的"一天"、"六天"、配祀之帝乃至祭祀方式、祭祀月日,不仅关系礼仪形式,也是关乎朝廷理念和信仰的大事,即今所谓最大之政治。采取哪个礼或者哪种仪式,既代表制定者或实行者的立场,也代表了对某种政治意念的肯定和追求。《显庆礼》是武则天授意许敬宗等人的制作成果,也可以视为武则天登台的理论依据。针对《显庆礼》核心的郊天礼的支持或反对也就是对武则天干政、治政的拥护或否定,所以上元三年依《贞观礼》为定祇能说是朝廷的风向变了,而这个变化又以格的制作为表征和确认。

这样来看,便得知从国史到礼制再到格,并非无关,而是一系列有步骤、有目标的"回归",这一回归针对武后干政反其道而行之,带有明显的纠偏和复辟倾向,表明第三次所修《永徽格》"后本"与前此"中本"取向是相反的。不可否认的是,高宗对这次修格和否定《显庆礼》的做法给与了支持,

---

① 参见《旧唐书》卷22《礼仪志二》、卷21《礼仪志一》,卷5《高宗纪下》,第855—856、827、91页。

② 《资治通鉴》卷201,乾封三年(总章元年)三月,第6355页。

否则不可能下诏批准。而如果说龙朔修格或曰《永徽格》"中本"是秉承武则天的意志和维护《显庆礼》的继续，那么仪凤二年修成的《永徽格》"后本"，就是礼法和朝政的又一次颠覆。

礼法和朝政有这样的变化自不奇怪，对于武后的执政和强权，反对的议论自不会少，也不会随着显庆的变故而完全湮灭。高宗一朝从未停止过争议，复杂的人事纠纷始终存在，派别的对立十分明显，宰相的人选和倾向十分关键。如果说龙朔、麟德间的宰相上官仪、刘祥道辈尚不足与武后抗衡，那么在高宗第三次修格期间双方的力量对比却不无变化。这是因为许敬宗死后，反对的力量亦开始集结。上述八人的宰相班子约在上元、仪凤间陆续组成，正在第三次格式编纂前夕，内以刘仁轨为首领衔。

刘仁轨曾率兵随高宗征辽而伐新罗、平百济，又曾以太子太傅辅佐太子留守京城，深受倚重。史载其任给事中时，曾受诏按李义府杀毕正义事，"义府衔之"，出为青州刺史。后以运粮失船，逼令自杀。又上言必斩仁轨，结果仁轨被"诏削官爵，令于辽东效力"①，是曾与李义府辈有深仇者。《旧唐书》本传记则天临朝后，加授他特进，复拜尚书左仆射、同中书门下三品，专知留守事。刘仁轨上疏辞以衰老，请罢留守之任，"因陈吕后祸败之事"。从武后给他的答书引其文有"吕后见嗤于后代，禄、产贻祸于汉朝"之句②，足可见其反对之立场。于此其子刘浚墓志也可作参考。墓志言武后意欲"禅篡"，曾借吊刘仁轨丧之机，使人令刘浚上表劝进。"公（浚）曰：'忠臣守节，不附邪谋，死而后已，未敢闻命。'便被密奏，长流岭南，终于广州，春秋卅有七"。又说："太后自永昌（689）之后，宽典刑焉，如公数家，例还资荫。夫人诫其子曰：'用荫足免征役，不可辄趁身名。汝祖父忠贞，亡身殉国，吾今食周粟，已愧明灵，汝倘事伪朝，如何拜扫！'二子亲承训诲，甘守乡园。"③"祖父忠贞"云云即指刘仁轨和刘浚。因此不惟刘仁轨，其子、媳乃至全家对武周代唐都采取了憎恨不合作的态度。事虽在武则天掌政和即位后，但刘仁轨对武后专政擅权的反对必当一以贯之，推测他领衔修格之际早就如此。

宰相中，来恒是褚遂良一派的来济之兄，"有学行，与济齐名"④。他的政治立场应不无其弟影响。而反抗武后更有作为的是郝处俊和李义琰。

---

① 参见《册府元龟》卷522《宪官部·私曲》，第6231页；《资治通鉴》卷201，第6348页。

② 《旧唐书》卷84《刘仁轨传》，第2796页。

③ 周绍良主编：《唐代墓志汇编》开元304《大唐故十学士太子中舍人上柱国河间县开国男赠率更令刘府君墓志》，上海：上海古籍出版社，1992年，第1365—1366页。

④ 《旧唐书》卷80《来济传》附，第2743页。

《旧唐书·高宗纪》下记上元二年：

> （三月）丁巳，天后亲蚕于邙山之阳。时帝风疹不能听朝，政事皆决于天后。自诛上官仪后，上每视朝，天后垂帘于御座后，政事大小皆预闻之，内外称为"二圣"。帝欲下令令天后摄国政，中书侍郎郝处俊谏止之。①

《旧唐书》本传言事记载更详：

> （上元）三年，高宗以风疹欲逊位，令天后摄知国事，与宰相议之。处俊对曰："尝闻礼经云：'天子理阳道，后理阴德。'则帝之与后，犹日之与月，阳之与阴，各有所主守也。陛下今欲违反此道，臣恐上则谪见于天，下则取怪于人。昔魏文帝著令，身崩后尚不许皇后临朝，今陛下奈何遂欲躬自传位于天后。况天下者，高祖、太宗二圣之天下，非陛下之天下也。陛下正合谨守宗庙，传之子孙，诚不可持国与人，有私于后族。伏乞特垂详纳。"中书侍郎李义琰进曰：'处俊所引经旨，足可依凭，惟圣虑无疑，则苍生幸甚。'帝曰：'是。'遂止。②

其事《通鉴》也记在上元二年三月③。但《旧唐书·李义琰传》言："上元中，累迁中书侍郎，又授太子右庶子、同中书门下三品。时天后预知国政，高宗尝欲下诏令后摄之国事，义琰与中书令郝处俊固争，以为不可，事竟寝。"④据知郝处俊任中书令在上元二年八月，李义琰以中书侍郎同三品亦在三年四月⑤，上述说法虽不甚一致，但时间相差不远。

此事的相关记载说明，虽然从"二圣"局面到几令"摄知国事"，武后涉足国政的程度愈来愈深，但与武则天作对的显然一直大有人在。郝处俊和李义琰因将天后摄知国政看作是高宗欲"传位天后"、"持国与人"，即唐朝政权的实际转移而极力反对之，其结果自然是直接断绝了武后进一步主政和独裁的可能。因此，宰相中以刘仁轨、郝处俊、李义琰为代表，都是武则天的反对派，这里还不包括后来因劝谏则天以吕后为戒，反对立武氏庙和主张

---

① 《旧唐书》卷5《高宗纪下》，第100页。
② 《旧唐书》卷84《郝处俊传》，第2797—2798页。
③ 《资治通鉴》卷202，第6375—6376页。
④ 《旧唐书》卷81《李义琰传》，第2756页。
⑤ 《旧唐书》卷5《高宗纪下》，第100—101页。

归政中宗被杀的裴炎,裴炎的立场也是以李唐政权的存续和安危为定夺的。

有一点应当明确,即这时的形势已不是显庆之初,宰相们对高宗自然是支持和拥护的,其对武则天的反对最初或者只是源自维护传统的立场。女性的摄政很难说是顺理成章即被接受,更遑论武则天本就处心积虑地意欲取代皇帝!这是忠于李唐的传统派大臣绝对不能允许的,所以反对是自然的。此即韩升所说"忠于李唐的势力正在重新集结,通过回归贞观政治和维护体制内的正常政治运作,特别是支持太子监国以造成正常的接班态势,显现皇后听政的不正常、不合法性";"拥护李唐体制的大臣根深蒂固,最多祇能容忍她在高宗身旁以皇后身份干政,而不支持她越过这条界线"①。这一点恐怕也代表了整个宰相班子的态度。前揭修格以复辟官名为始,便代表了复旧的趋向。即使如韩文所说武则天上元逼宫,使得斗争白热化,高宗和忠于李唐的势力又因太子李弘之死遭受到打击;他们也并没有一蹶不振,而是通过明堂礼和修格等行动压制武则天。执政柄的宰相大臣既基本采取共同立场,其结果自然是造成武则天的孤立和无人可用,于是不得不另辟蹊径。《通鉴》在记述郝、李劝止高宗事后有曰:

> 天后多引文学之士著作郎元万顷、左史刘祎之等,使之撰《列女传》、《臣轨》、《百僚新戒》、《乐书》,凡千余卷。朝廷奏议及百司表疏,时密令参决,以分宰相之权,时人谓之北门学士。②

北门学士无疑是武则天试图通过文学培养的政治集团,其参决百司奏事,与宰相分权无疑是与整个宰相班子为敌。尽管如此,其时修国史撰格法,掌撰作之权的却仍是宰相。当然这之中不能不提到的是高宗的态度。史料虽然一再强调郝、李对高宗的"固争",但不能否认高宗本人的决策权。其实,纵观上官仪被诛等一系列事件的发生,高宗对武后参政始终是有所保留的,从最初的因循不得已,到后来愈来愈难以驾驭,乾封元年武则天在封禅活动中的强势很可能更引起高宗对她的不满。所以,与其说是高宗本人欲"传位天后",不如说是以此为试探——即借助宰相的支持,才坚定了压制武后的态度。而从此意图出发,他使宰相重新编纂格式也是大有深意的,即表明不再依从《显庆礼》和龙朔格"中本"的立场,而在大方向上恢复《贞观礼》和贞观政治。

---

① 韩升:《上元年间的政局与武则天逼宫》,第48页。

② 《资治通鉴》卷202,上元二年三月,第6376页。

这里或者还可以高宗与郝处俊的关系来印证这一点。《旧唐书》本传言郝处俊仪凤二年加金紫光禄大夫，行太子左庶子，并依旧知政事，监修国史。后代张文瓘为侍中，又迁太子少保。"自参综朝政，每与上言议，必引经籍以应对，多有匡益，甚得大臣之体"，而其死后之哀荣也足可证明高宗对他的肯定。开耀元年（681）薨，"高宗甚伤悼之。顾谓侍臣曰：'处俊志存忠正，兼有学识。至于雕饰服玩……处俊尝保其质素，终始不渝。虽非元勋佐命，固亦多时驱使。又见遗表，忧国忘家，今既云亡，深可伤惜。'即于光顺门举哀，一日不视事。终祭以少牢，赠绢布八百段，米粟八百石。令百官赴哭，给灵舆，并家口递还乡，官供葬事"①。可见高宗对郝处俊的评价和感情，说明高宗对郝处俊始终是依赖和信任的，如此对他的支持自然也是不言而喻。

因此可以认为是以武后及其拥趸为一方，以宰相朝臣中的传统派为另一方，均借助礼仪表达自己的立场，由此也因礼仪而引起激烈的争论。格的制作不过是被双方当作权力施压的武器。第三次修格和格"后本"的制作既在刘仁轨、郝处俊等人的主持下进行，其企图借助皇帝压制武则天的立场也是毫无疑义的，由此也可以肯定，此次格法的修成是传统派们反击、对抗武后专政的一大成果。

三、武则天在封禅大礼后的礼仪
建设与武周政治的先期实践

格"后本"虽然采取了与"中本"不同的立场，并可能吸收了关于郊礼明堂的新敕，但新本的修成并没有终止礼仪的争论。前揭《旧唐书·礼仪志》一载仪凤二年（677）七月太常少卿韦万石奏，再次提出"明堂大享，准古礼郑玄义，祀五天帝，王肃义，祀五行帝。《贞观礼》依郑玄义祀五天帝，显庆已来新修礼祀昊天上帝"的不同。他的问题是"奉乾封二年（667）敕祀五（方）帝，又奉制兼祀昊天上帝。伏奉上元三年（676）三月敕，五礼并依贞观年礼为定。又奉去年敕，并依周礼行事。今用乐须定所祀之神，未审依古礼及《贞观礼》，为复依现行之礼"？但"时高宗及宰臣并不能断，依违久而不决。寻又诏尚书省及学者详议，事仍不定。自此明堂大享，兼用贞观、显

---

① 《旧唐书》卷 84《郝出俊传》，第 2800 页。

庆二礼"①。

此处叙累年双方争执，即"自是礼司益无凭准"语的具体来源。不过前引《旧唐书·礼仪志》开始一段及《资治通鉴》卷二〇二均记依周礼行事在仪凤二年，故韦万石奏事当从《册府元龟》作仪凤三年。《旧唐书·音乐志》一载仪凤二年十一月六日太常少卿韦万石与刊正官等奏有"先奉敕于圆丘、方泽、太庙祠享日，则用上元之舞"云云②，所言奉敕当即相关郊庙乐舞的诏敕，也证明韦万石的奏请应在此后。无论如何，关于明堂祭昊天还是五方帝的问题又重新提起，由此可知在第三次格编成不久，即发生了新一轮郊祀的争端，诏令甚至一度"依周礼行事"。所谓周礼，既非贞观，亦非显庆，不过郊天礼可能更接近贞观，所以是贞观、显庆的一种折衷，很可能是消弭两派矛盾的一种努力。说明论争相当激烈，"依违久而不决"以致无法分出胜负。

关于明堂乃至整个郊祀礼究竟祀昊天还是兼祀五方帝的问题，是儒学史上郑王之争的宿题，也因《显庆礼》的制作和许敬宗等持议而占据了高宗一朝。对此，我们自然可看作是学术争端。但两派意见反复登场，轮流坐庄，且争议经久不息，这就不仅是礼义上的纠结，而是代表着极端对立的政治争锋。可以认为，礼仪上对《显庆礼》的攻击和批判不过是传统政治观念对新政治企图的压制，而以武则天为一派、刘仁轨、郝处俊等所代表的另一派正分别是这两种观念的支持者。他们均不会放弃自己的立场及理念，更不会轻易退出历史舞台。所以，即使高宗通过制敕以《贞观礼》否定《显庆礼》，并对刘仁轨等所修新格予以支持，但无论是所改的礼抑或新修的格都没有取得其应有的权威性，一遇时机便旧话重提。我怀疑仪凤二年或三年关于明堂的再度争论就起因于武则天的反扑。正是武则天势力的一再对抗才会有如此针锋相对、旷日持久的礼仪争端。

而事实上，武则天也从未因朝廷群臣不满或者受到压制而变更主张或稍有收敛，对她的反对或者更刺激她追求权力的欲望。史料记载她于乾封元年参与封禅成功之后，更有多次更改礼仪、突出个人权力的行为。首先即是论者均注意到的武后在上元元年的活动，此即史载其年八月戊辰，在追尊六代祖和增高祖、太宗及后谥的同时，有"皇帝称天皇，皇后称天后，以避先帝、先后之称"，并进行了改元、大赦③。此即武后向高宗"逼宫"的结

---

① 《旧唐书》卷21《礼仪志一》，第827页。

② 《旧唐书》卷28《音乐志一》，第1048—1049页。

③ 参见《资治通鉴》卷202，第6372页；《新唐书》卷3《高宗纪》上元元年，第71页。按关于上元改元的意义及与武则天的关系，参见孙英刚《神文时代：谶纬、术数与中古政治研究》下篇第一章《"朔旦冬至"与"甲子革令"：历法、谶纬与中古政治》，第313—343页。

果,意味着武则天不但可与皇帝一起上拟列祖列宗,而且也取得了与皇帝同等的权力。

而武则天在争得与皇帝平起平坐的同时更提出其施政的主张。《资治通鉴》上元元年(674)十二月壬寅条有天后上表,"请令王公以下皆习老子,每岁明经,准孝经、论语策试。又请'自今父在,为母服齐衰三年'。又,京官八品以上,宜量加俸禄。及其余便宜,合十二条,诏书褒美,皆行之"①。此十二条,是北门学士协助其制定的政治纲领。其中"父在为母服三年",乃最为离经叛道的内容。此前虽然唐太宗、高宗朝都有服制改礼破经的先例,但无如此条对古礼经制的冲击最大。观天后父在母服的上表,直击古礼关于男女、夫妻的尊卑纲常观念,明指父在母服"心丧三年,服由尊降"的不平等②,但目的其实并不在于解决服制问题。父母服制不过是象征,通过服制抨击传统,为自己取得侔于皇帝的至尊地位张本,才是最中心的目标。所以开元中元履冰说:"原夫上元肇年,则天已潜秉政,将图僭篡,预自崇先。请升慈爱之丧,以抗尊严之体,虽齐衰之仪不改,而几筵之制遂同。"说"将图僭篡"也许早了点,但至少"以抗尊严之体"③、"几筵之制遂同"却是分毫不爽。

因此上元仪凤年间是两派斗争最激烈的时期。与此同时,武后也在通过各种礼仪活动彰显其至上尊严和权威。《资治通鉴》载曰:

> (上元二年)三月,丁巳,天后祀先蚕于邙山之阳;百官及朝集使皆陪位。④

先蚕礼在武后册为皇后以后共进行四次,前三次分别是显庆元年(656)、总章二年(669)、咸亨五年(上元元年,674)的三月。首次大约与《显庆礼》制作同时。今本《大唐开元礼》有《皇后季春吉祀享先蚕·亲桑》和《季春吉祀享先蚕于公桑有司摄事》两仪目,内皇后享先蚕是由皇后主献而由贵妃、昭仪亚献终献⑤,笔者认为很可能是承袭《显庆礼》旧仪。武后于高宗朝竟然行先蚕礼四次,可见是她作皇后时最看重的礼仪形式之一。新城理惠指出,这个礼仪正是在封禅礼之后被加强的。皇后祀先蚕礼与皇帝藉田礼相

---

① 《资治通鉴》卷202,第6374页。
② 《唐会要》卷37《服纪上》,第789页。
③ 《唐会要》卷37《服纪上》,第791页。
④ 《资治通鉴》卷202,第6372、6375页。
⑤ 见《大唐开元礼·总目》并卷48、49,第8、274—282页。

对,先蚕礼是皇后职务和形象的展示,与武则天即位后作为皇帝举行的明堂礼是不同的,武则天最大限度地利用来作为自身权力的象征①。由于高宗藉田礼一般在京师举行,而武后上元二年的典礼则在"邙山之阳"的东都。相对于皇帝主宰礼仪的舞台是长安,武后举行的先蚕礼已经创出了以洛阳为中轴线的新的礼仪空间②。其实仅从仪式看,先蚕礼虽然只是皇后与内外命妇举行的内朝典礼,却有外朝百官及朝集使观瞻,韩升文也已指出这是武则天与高宗和大臣对抗,公然以检阅百官而僭越逼宫的表现,这一点应当是没有疑问的。

同书同卷又载:

> (仪凤)三年(678),春,正月,辛酉,百官及蛮夷酋长朝天后于光顺门。③

百僚朝贺皇后之礼,自武则天婚礼始行,且此仪被纳入《显庆礼》,又被《开元礼》吸收,故今《开元礼》的《纳皇后》和《临轩册后》、《临轩册命皇太子》和《内册皇太子》及《皇后正至受群臣朝贺》都能见到此仪。而仪凤三年正月辛酉,及元日之后四日即在此举行百官及蕃夷酋长专门朝贺皇后的仪式,正是《显庆礼》的继续和实践。朝贺皇后是如同朝贺皇帝一般的顶礼,如果考虑到仪凤三年正在上述格修成之后不久,则如此典礼相对于皇帝和宰臣限制皇后权力的努力,毋宁说是一种示威。

而与上述作法相关,此前在封禅泰山成功之后,武后还试图扩大战果:

> (仪凤元年二月)天后劝上封中岳;癸未,诏以今冬有事于嵩山……(闰三月)己卯,诏以吐蕃犯塞,停封中岳。

事也起于仪凤初,而调露元年(679),其议再起。《旧唐书·高宗纪》下言其年"秋七月己卯朔,诏以今年冬至有事嵩岳,礼官学士详定仪注"。然也未能成行。同书《礼仪志》三又曰:

> 高宗既封泰山之后,又欲遍封五岳。至永淳元年(682),于洛州嵩

---

① 新城理惠:《先蚕仪礼と唐代の皇后》,《史论》第 46 集,1993 年,第 37—50 页,说见第 43—45 页。
② 新城理惠:《绢と皇后——中国の国家·礼と·蚕》,《岩波·座:天皇と王·を考える》第 3 卷《生·と流通》,第 141—159 页,说见第 153 页。
③ 《资治通鉴》卷 202,第 6384 页,下引文见第 6379 页。

山之南,置崇阳县。其年七日,敕其所造奉天宫。二年正月,驾幸奉天宫。至七月,下诏将以其年十一月封禅于嵩岳。诏国子司业李行伟、考工(功)员外郎贾大隐、太常博士韦叔夏裴守贞辅抱素等详定仪注。①

《礼仪志》将嵩山的封祀完全归因于高宗。但据《旧唐书·高宗纪》下言永淳二年(683)十一月"癸亥,幸奉天宫。时天后自封岱之后,劝上封中岳。每下诏草仪注,即岁饥、边事警急而止。至是复行封中岳礼,上疾而止"。是高宗病重之际,仍在武则天的督劝之下企图封禅嵩岳,甚至已经到达当地的奉天宫。因此与前揭《通鉴》所言一致,嵩山封祀之举乃来自武则天的主张。论者也指出相关嵩山封祀的一应行动与在洛阳行先蚕礼的呼应,与在新兴官僚支持下,将洛阳转移为国都的背景及其先期准备的关系②。

当然在高宗一朝统治的中后期,与武则天最有关系的还是明堂礼。从时间来看,明堂是作为与封禅相对的两项大礼看待的。前文已说明,明堂制度实乃当时礼仪争论的中心,武则天既支持封禅,就绝不会在明堂制度上放弃自己的参与和主张。中宗时太常少卿上表议明堂,有"则天太后总禁闱之政,藉轩台之威,属皇室中圮之期,蹑和、熙从权之制"③,是说明堂与武则天摄政建政之关系,但武则天对明堂的干预实自高宗朝始。《旧唐书·礼仪志》二言总章二年三月诏书关于明堂建筑具体的"规制广狭"后,有"诏下之后,犹群议未决,终高宗之世,未能创立";《通鉴》也在同年三月"丁亥,诏定明堂制度……皆法天地阴阳律历之数"下有"诏下之后,众议犹未决,又会饥馑,竟不果立"④,似乎说的都是建筑,但明堂礼的祭祀和配帝等问题其实也仍在争议之中。从前揭史料关于仪凤二(三?)年太常少卿韦万石上奏"时高宗及宰臣并不能断,依违久而不决。寻又诏尚书省及学者详议,事仍不定"的说法,可以知道乾封中高宗已下诏明确的"仍总祭昊天上帝及五帝于明堂",实无法落实。此足可见出坚持《显庆礼》的武后一派势力的猖獗和皇帝宰相等面对其挑战的无奈。不过,值得注意的一点是,史载其矛盾和争议的最终结果或者是"其五礼并依周礼行事",或者是"自此明堂大享,兼用贞观、显庆二礼"。虽然如何依周礼行事,如何兼用二礼,均不甚清楚,但由于争论而不得不采用折衷之法却是可以看得出来的。

总之,高宗朝与武后有关或者以其为中心的礼仪,包括后三次先蚕礼,

① 《旧唐书》卷23《礼仪志三》,第889页。
② 新城理惠:《先蚕仪礼と唐代の皇后》,第45—47页。
③ 《旧唐书》卷22《礼仪志二》,第874页。
④ 参见《旧唐书》卷22《礼仪志二》,第862页;《资治通鉴》卷201,第6358页。

大都产生于麟德封禅以后。那么,仪凤二年制成的格"后本"是不是都会因收入制敕而将它们不折不扣地忠实记录在案呢? 史料不详,很难弄得清楚,但此点颇值得怀疑。仅以则天上元元年提出的"父在为母服三年"为例,前揭《唐会要》卷三七《服纪》上在武后上表"遂下诏依行焉"之下即明确说道:"当时亦未行用,至垂拱年中,始编入格。"元履冰也强调其制"数年之间,尚未通用。天皇晏驾,中宗蒙尘。垂拱之初,始编入格;垂拱之末,果行圣母之伪符(下略)"。据此可以知道,"父在为母服三年"直到武后自己的《垂拱格》才被收入,所以显然没有被格"后本"采纳。以此类推,当时"诏书褒美"的十二条,恐怕最多也只是行之一时,不一定都收入新格。高宗仪凤以后不曾再制定格式,那么可以认为,自此至他去世,格"后本"应基本是被作为当朝法令准则。这些条文既不收入,实际的效用便可想而知。当然仪凤二年以后高宗身体每况愈下,诸事是否更多由武后定夺就不得而知了。

如此,我们可以推测仪凤的第三次修格对武则天还是起到了暂时的压制作用,而武则天对《永徽格》"后本"的制成及内容当然也是极度不满的,由是便不难理解为何武则天甫一建政就有《垂拱格》、《式》的制作。《唐会要》卷三九《定格令》称"至垂拱元年(685)三月二十六日,删改格式,加《计帐》及《勾帐式》,通旧式成二十卷。又以武德以来垂拱已前诏敕便于时者,编为新格二卷","其二卷之外,别编六卷,堪为当司行用,为《垂拱留司格》"。武后在式的方面,不过是根据一直以来的发展需要增加了篇目,但对格的制作,竟然是重新梳理了武德以来的诏敕,虽然卷数不多,却明显是为其所用。估计她主要是取消了那些郊天礼中与《显庆礼》相矛盾的格条,而补入了一直以来由她主张或于她有利的一些制敕和礼法内容。"父在为母服三年"也是其中之一。《旧唐书》载韦方质则天初任鸾台侍郎、地官尚书同凤阁鸾台平章事,"时改修垂拱格式,方质多所损益,甚为时人所称"①。"多所损益"或者可以说明垂拱格式对以往格式的修改。所以《垂拱格》可以认为是对《永徽格》"后本"的推翻和重建。

或有学者会提出,武后垂拱已临朝称制,那么为何不直接宣布恢复《显庆礼》而要编修《垂拱格》呢? 这是由于不仅前后格之间更有针对性;且从《显庆礼》制定的显庆三年(658)至垂拱元年(685)不到 30 年,中间几经波折早已物是人非,执行中无法回到原样一成不变。更何况,还有一些随时增定的礼仪,包括麟德三年封禅仪注等都是《显庆礼》无法概括的。

例如除了修改前朝格令,以及纳入诸如"父在为母服三年"那样的诏

---

① 《旧唐书》卷 75《韦云起传附韦方质传》,第 2633 页。

救,我们发现武则天垂拱中还有关于某些皇帝礼的新定。如藉田礼,《新唐书·礼仪志》四言:"垂拱中,武后藉田坛曰先农坛。"而中宗神龙初祝钦明、韦叔夏等奏议也称藉田坛"永徽中犹言藉田,垂拱后乃为先农"①。祝钦明、韦叔夏都是则天朝定礼者,藉田坛虽然只是名称之改,但事涉藉田礼和祭祀问题,说明武则天是修改过藉田礼的。此事若在垂拱初,则自然应收入格中。

另外包括明堂礼和封禅嵩山在内,也在武则天主持下很快实行。《旧唐书·礼仪志》二说"则天临朝,儒者屡上言请创明堂。则天以高宗遗意,乃与北门学士议其制,不听群言"。是明堂之制则天摆脱了高宗朝的一些儒者官僚,而由北门学士主持修建。至垂拱四年,毁东都乾元殿,建成明堂,号万象神宫。《资治通鉴》永昌元年(689)正月乙卯朔,大飨万象神宫。时太后服衮冕为初献,皇帝为亚献,太子为终献。"先诣昊天上帝座,次高祖、太宗、高宗,次魏国先王,次五方帝座。太后御则天门,赦天下,改元"②。

永昌元年是身为皇帝的武则天第一次享祀明堂,从明堂祭祀相关程序来看,武则天实现了她在高宗朝未能成就的梦想。据《通典·吉礼》三载垂拱元年,有司议圜丘及南郊、明堂严配之礼,其时根据凤阁舍人元万顷、范履冰等议,否定了"今议者引《祭法》、《周易》、《孝经》之文"的"稽古之词",确定了"郊丘诸礼,皆以(高祖、太宗、高宗)三祖俱配"③。从所说"谨按见行礼,昊天上帝等祠五所,咸奉高祖神尧皇帝、太宗文武圣皇帝兼配"来看,包括圆丘、方丘、南郊、北郊及明堂在内的五祠在祭祀昊天上帝和配帝方面是一致的。而永昌祀明堂正是本着这一精神,以昊天为主而以三帝为配,只是增加了"魏国先王"。另外在此后增加了五方帝座。五方帝排位最后,最多只算从祀。我怀疑仍受高宗朝明堂礼影响。武后上台不久,不欲扩大矛盾,所以这里五方帝虽被压制却仍然在座。

天授二年(691)正月乙酉,武则天再次亲祀明堂,但这次不但实行了天地合祭,且"以周文王及武氏先考、先妣配,百神从祀",实现了完全的以周代唐。但春官郎中韦叔夏奏以为明堂祀百神事乃不经,"望请每岁元日,惟祀天地大神,配以帝后",取消五岳以下的陪祀④。观其所云虽仍以郑玄说的"偏祭五方帝于明堂"作为"明堂正礼,唯祀五帝"的依据,但有"伏惟陛下追远情深,崇禋志切,于明堂享祀,加昊天上帝、皇地祇,重之以先帝、先后

① 《新唐书》卷14《礼仪志四》,第357—358页。
② 《资治通鉴》卷204,则天后永昌元年,第6456页。
③ 《通典》卷44《礼四·沿革》三《大享明堂》,第1226—1227页。
④ 《旧唐书》卷22《礼仪志二》,第864页。

配享，此乃补前王之阙典，弘严配之虔诚"，可以知道仍秉承《显庆礼》精神以昊天为主祭。但以五方帝为陪祀的做法也延续下去，很可能启迪了后来《开元礼》的明堂和郊天。

至于武则天对嵩岳"亲行登封之礼"也在万岁登封元年(696)的腊月甲申实现，这次封禅也像明堂礼一样，武则天成为仪式的主角，而完成了由皇后到皇帝的蜕变。象征皇后权力的先蚕礼被代表皇帝的封禅、明堂礼所取代，从这一过程，我们可以知道武周政治的实现其实是逐步的。礼法作为不可阙失的环节，与权力转变的步骤完全一致，而武则天在高宗朝所行不过是武周革命之前奏。可以知道的是，即使武则天执政和即位之后，也不表明其斗争的终结。从武则天对刘仁轨的态度来看，其即位初鉴于反对派领袖还有较高的权力和威望，故不得不采用缓和及拉拢的姿态，以至对他们的报复最终不得不通过制裁、惩罚子弟以实现。如刘仁轨之子刘浚终被流放至死，而郝处俊虽已死于高宗时代，其子郝象贤却最终在垂拱四年夏四月戊戌被杀。《资治通鉴》载："初，太后有憾于处俊，会奴诬告象贤反，太后命周兴鞫之，致象贤罪"；"象贤临刑，极口骂太后，发扬宫中引慝，夺市人柴以击刑者；金吾兵共格杀之。太后命支解其尸，发其父祖坟，毁棺焚尸"[1]。由是可以知道，刘、郝等因反对武后干政而利用礼仪、格法压制武则天激起仇恨，其深刻程度远不是一点人事纠纷可以解释。礼法曾经阻绝武后争权之野心，但终能作为其登峰造极之手段和凭借，则礼法在政治场中运作的意义确实是难以想象的。

四、结语——余论

以上，本文讨论了《显庆礼》及其后两次格法的制作与高宗朝政治的关系，以及礼法的对立对武则天权力扩张的影响。可以知道，高宗朝礼仪制作与永徽二年律令和第一次格式编修同时开始，但因武则天立后而改变方向。按照武则天的指示和意愿，修成的《显庆礼》以礼仪象征和强调了皇帝的独尊，增加了帝后礼的内容，但伴随礼书的制作和撰成，却是一大批贞观元老重臣的贬逐诛杀。与此相应，《显庆礼》既为武则天登上政治舞台张本，是她本人取得成功的标志，其利用礼仪原则也对《贞观礼》进行了批判和否定。

---

① 《资治通鉴》卷204，则天后垂拱四年，第6447—6448页。

龙朔二年(662)开始了高宗朝第二次格式编纂,据永徽二年(651)律令格式的首次成书已超过10年,历经《显庆礼》的制作和礼法的激烈变化,格式的重修固有其总结礼法的意义和依据。但此次修格与改革官名官号同兴,实因武则天借助纬学,为个人干政,参决百司奏事张本。其格法的编纂尤意在突出武则天的新政和对贞观、永徽礼法的"革命",麟德元年诛杀上官仪事件更加强了武则天的权力。在此期间,许敬宗等亲武后派的大臣仍执掌权力,故修成的《永徽格》"中本"仍遵照《显庆礼》的方向,是秉承武后意志的产物。与此相关,已经开始的封禅活动是这一段时间最具亮点的礼仪大事。武则天赢得封禅社首"亚献"的礼仪角色,是她在这一段时间内取得的重大成功。

　　咸亨以至仪凤年中的第三次格式编纂带来了政治上的变更,新组成的以刘仁轨为首的宰相班子登场,从国史到礼到格式的修撰编纂,反其道行之。这次格式的编纂虽仍以官名官号的变更为标榜,但与前次方向相反,目标对立,其实是企图实现政治的复辟,阻绝武后摄政。传统派的宰相大臣通过明堂礼辩论主张试图恢复《贞观礼》,表明了与《显庆礼》和龙朔格"中本"对立的立场。而所修成的《永徽格》"后本"不过是对这一思想倾向的认定,是对《显庆礼》的否定和放弃,实际上也代表了对武则天主导礼法的批判。

　　从这一思路来观察,便可以发现与其说是礼,不如说是政治派别的申明和标榜。所有郊天和明堂礼的"六天"说也好,"一天"说也好,在时人早已不是遵守经学家法的问题,而是意味着对贞观传统抑或显庆新政的选择。显庆郊天礼原则的产生,以及龙朔、麟德的封禅礼实践和乾封以后的明堂礼对峙都是不同阶段内政治意向的表达,也代表着不同派别观点的胜负。由于礼仪的象征意义通过格敕以落实,因此如以修礼和三次修格作为两种政治势力较量的分水岭,即可以观察到高宗朝政局的变化。永徽二年第一次修格式和礼仪之际继承贞观方向不变,但从《显庆礼》的成就到麟德三年(乾封元年)封禅之前,高宗依靠以东宫旧僚为主的宰相班子,而武则天的权力也顺势得到很大发展,龙朔第二次修格基本贯彻其意图,"二圣"局面的打造和封禅的成功是这一阶段的结果。仪凤年间完成的第三次修格,是传统派的宰相大臣试图对武则天势力有所反击和压制,格的修成也是代表他们与武则天对立的立场和取得胜利的标志。

　　然而武则天在反对力量的阻击下并没有收敛或退缩,所以又有仪凤三年以后的争斗。并且她通过数次先蚕礼的实行以及其他礼仪活动营造可与皇帝相拟的尊严和排场,扩张皇后的权力,一再为中岳的封禅和明堂礼的实现而努力。同时也因坚持《显庆礼》明堂和郊天礼立场而给试图恢复《贞观礼》的宰相造成困扰,使已经形成定论的格敕无法实行。因此,不得不说武周政治的实践并不仅在武则天登基之后,而实在高宗朝已经预演,武周建立后则天所行的封禅、明堂诸礼不过是她在高宗朝施为的继续,是她登上权力绝顶的最终实现和对旧日缺憾的弥补。

最后,谈到高宗朝政治的曲折表象,或者会令人感到其中不无矛盾的成分,这里即无法忽略高宗本人的态度。武则天获得权力,无疑是在高宗的默许、纵容之下,但仪凤宰相大臣通过礼法的修改和编撰压制排斥武则天,同样也获得高宗支持。否则,高宗不会诏令批准明堂祭祀依照《贞观礼》,更不会让与武则天处在敌对状态的宰相编纂格式。

那么何以会如此呢?窃以为这里必须将高宗和武则天作为政治人物而看待他们之间既相互利用又相互排斥的关系。一方面,武则天的册后及与长孙无忌的斗争是秉承高宗意志,此点早为前人所论[1],这是因为皇帝希望摆脱元老大臣的控制。而《显庆礼》所赋予皇帝的独尊和崇高地位也是为高宗需要和令其欣喜的,包括后来的封禅泰山和嵩山、明堂典礼,无一不为皇帝所赞成,在这一点上,帝、后立场是一致的。故史载"高宗既封泰山之后,又欲遍封百岳",甚至病重仍前往嵩岳;而关于明堂,也有"则天以高宗遗意"云云的说法。既然如此,就不能不听从武则天的策划,甚至顺从其愿望满足其野心。但另一方面,高宗又不愿意武则天权力过重以致事事掣肘,更不能允许她取李唐而代之成为实际的君主——于是也就一定会发生高宗借助宰相压制皇后的情节,在这方面两者又是相互对立的。于是两种矛盾现象兼容并存,不可避免地发生政治的扭曲,而斗争也就在这种情况下或明或暗、波涛汹涌地继续下去。进而皇帝则不得不力求在两种势力的对抗中取得平衡,反映在礼仪的征象中,就成了一忽儿贞观,一忽儿显庆,一忽儿古礼,"自是礼司益无凭准。每有大事,皆参会古今礼文,临时撰定。然贞观、显庆二礼,皆行用不废"的情况。由于完全以当时的具体情势和力量对比作决定,故不能将此仅理解为高宗的"昏懦"。且所谓贞观、显庆二礼行用不废,其实亦并非指二礼仪注的并行,而是以它们为标榜的两种敌对政治势力在朝廷的激烈角逐和轮番擅场。如此才是不同礼仪存在的基础和空间,故言礼仪是政治的晴雨表,其毋乃如是乎!

由此也可以重新估量礼法运作作为政治斗争手段的意义。礼和格的

---

① 孟宪实:《永徽政治论》,樊英峰主编:《乾陵文化研究》六,西安:三秦出版社,2011年,第196—210页。并参见氏著《唐高宗的真相》。

制作，从来都是被敌对双方当作武器来运用的。武则天建立、强化自己的权力，提升、展示自己的形象，宣扬、表达自己的立场和需求，无不借助礼仪。而宰相大臣打击压制武则天，也是通过对礼仪的批判或改建。格的制作与礼配合，不过是要将代表某种礼仪、某种意向的一时制敕定式化、经常化，法律化。在此意义上，礼法便不但是政治理念的核心，也是敌对双方实现目标最有价值的理论工具。可以说，高宗朝的斗争是逐渐从人事纷争的表面状态走向更深的礼法层次。而礼法——更准确说法是格——的制作和增削也随同朝廷政治的起伏变更，代表着不同时段的政局走向，乃至不同派别的胜负成果。所有微小的改变都可能预示着风云突起的大变故，故如能将礼法与政治运作做等同观，理解其中内外、表里两重含义，对高、武时代乃至唐全期的政治发展史即不难有更为准确和恰如其分的把握了。

书仪
——中古时代简便实用的"礼经"

赵和平

书仪,是供人们撰写公文及书札的程式和范本,体现了制度和文化的传承,中古时代士庶之间信函往来颇受重视,因此,出现了一批专供撰写书札时参考的书仪。现在,五代以前传世的书仪十分稀少。据我们所知,流传至今的最早传世作品是西晋人索靖的《月仪帖》。是否出于索靖之手,清代姚鼐曾有怀疑。此帖很可能是唐人摹写。姚氏认为文字亦非晋人所撰,但未举出充分证据,文字本身仍当出于晋人之手。台湾故宫博物院所藏唐人真草两体《月仪帖》(又名《十二月友朋相闻书》,内缺三个月),可能是现今传世的唯一一种唐代书仪。北宋则有司马光《书仪》十卷流传至今。在敦煌写本中,却保存了相当一批书仪,经整理研究,有一百几十件,使我们对中古时代的书仪有了更直观和准确的了解。

一、敦煌写本书仪的概况

中外历史学界一般的看法,认为中国历史上的世家大族出现于魏晋,兴盛于东晋南北朝,衰落在唐末五代。作为士大夫行动轨范准则的书仪兴衰,与世家大族的命运相表里,几乎和世家大族的盛衰相始终。

《隋书·经籍志》仪注类有多种书仪的著录,两《唐书》内著录的书仪,除去南北朝时流传下来的若干部外,唐人著述也只有三五部。宋朝以后,每况愈下。而唐朝以前的系统性、综合性的书仪早已散佚。赖敦煌写本的出现,才使我们看到唐五代时各种具有不同时代风貌的书仪。

在一百多件的敦煌本书仪中,可分为两种情况,三种类型。一种情况是写本中原有书题或尾题称为书仪的;其中又可分为两种类型,第一种类型是《朋友书仪》,类似唐人《月仪帖》,前部是年叙凡例、节候用语,又称"十二月相辩文"，后部是按月编排，每月往复各一通书札，专叙友朋思念渴仰之情，内容远比《月仪帖》丰富。第二种类型是综合性书仪，包括序言、年叙凡例、吉凶往来、公私表疏、婚丧仪礼、门风礼教等内容，现存武则天时期至沙州归义军曹氏时期的残卷有二十多种，是最重要的一种书仪。另一种情况是写本没有明确书题，或原书题不称书仪，称"杂别纸"或"记室备要"、"杂谢贺"之类，多数内容为应酬官场中的上下左右各种关系的书、启、状之类范文，少数是友朋往来的书札，据其性质，我们也把它们视为书仪的一种，列为第三种类型。第二种类型，综合类书仪，或曰吉凶书仪。这是写本书仪中最有史料价值的一种，也是今存唐代书仪中内容最为丰富的一种，几乎涉及唐代士庶社会生活的各个方面。作为古籍，有的是久已散佚的，有的则是从未见于著录的；有的留有作者姓名，大致可以考定年代；有的虽未有姓名，但也可以推出大致著述年代；从时间上看，由武则天当政时期一直到曹氏沙州归义军时期；从地域分布上看，既有中原"名家"之作，又有敦煌当地士人所撰，其意义是显而易见的。经初步研究整理，这种写本书仪保存内容较多的大约有二十多种。

在这二十多种综合类型的吉凶书仪，P.3900 号书仪是时间最早的一种，从中间的避讳及正文看，成书于武则天改东都为神都，改唐时夏正为周正的七世纪末至八世纪初的十余年内。最晚的是《新集书仪》，约略在中原后唐政权时的曹氏归义军时期。尤可注意的是，《新唐书》著录的杜有（友）晋书仪和郑余庆书仪，因写本残卷的存在而使我们对唐代书仪有直观的认识。

吉凶书仪所包容的内容十分广泛，简直可以说是唐代士大夫们的生活指南，亦或行动准则。郑余庆《大唐新定吉凶书仪一部并序》，残存一百七十八行，但有完整的序言和书仪三十篇的篇目，从中可以看到书仪的编撰目的及吉凶书仪的应有内容。序中说："人之有礼则安，无礼则危，此识材通明于仪礼。是以士大夫之家，吉凶之重用，而诸礼经繁综浩大，卒而难以检寻。乃有贤士撰集纂要吉凶书仪，以传世所用，实为济要。"略而言之，礼经繁杂，简化为实用济要的吉凶书仪，以"传世所用"。郑余庆书仪三十篇的篇目是："年叙凡例第一，节候赏物第二，公私平阙式第三，祠部新式第四，诸色笺表第五，僚属起居第六，典史起居启第七，吉凶凡例第八，四海吉书第九，内族吉书第十，外族吉书第十一，妇人吉书第十二，僧道吉书第十三，婚礼仪注第十四，凶礼仪注第十五，门风礼教第十六，起复为外官第十七，四海吊答书第十八，内族告丧书第十九，僧道凶书第廿，国哀奉慰第廿一，官遭忧遣使赴阙第廿二，敕使吊慰仪第廿三，口吊仪礼第廿四，诸色祭文第廿五，丧服制度第廿六，凶仪凡例第廿七，五服制度第廿八，妇人出嫁为本家父母服式图第廿九，公卿士庶内外族殇服式图第卅。"从所载篇目看，除吉凶书疏、婚丧庆吊外，书仪中还包括了"节候赏物"，即节日里君主和家长对臣妾和晚辈赐物的礼品名称；"公私平阙式"则除了传世文献中的公中表奏"平阙式"和"不阙式"外，私家书疏也要"准式平阙"，这是史籍中所不载；"祠部新式"则是记国忌日及活动、节日、假日来源及休假的天数；此外，婚礼、凶礼的仪注，五服制度，服式图，门风礼教甚至口吊辞也在其中了，可以说几乎包括了士庶生活中（官场、家庭、朋友、僧道等）的各方面，可见其内容之丰富。

需要指出的，我们仅以郑余庆书仪为例来说明，实际上，二十多种吉凶书仪都有自己的个性，其特点限以篇幅不再赘述。

据两《唐书》和《宋史》艺文志所载，唐五代著有书仪的有裴矩、虞世南、郑余庆、裴茝、裴度、杜有（友）晋、郑珣瑜、刘岳等人，这些人的多数在正史中有传。裴矩、裴度是河东大族；二郑是荥阳郑氏；虞世南是被唐太宗誉为人伦之美的江南士族；刘岳及其子刘温叟被五代宋初士大夫们视为楷模；杜有（友）晋史书无传，但写本书仪书题下标"京兆杜友晋撰"，可见也是"京兆韦杜，离天尺五"的高门大族；裴茝出于河东裴氏东眷房道护支。所以，编撰书仪的人都具有出身于世家大族这样一个特定身份。

如所周知，魏晋以来的世家大族是具有特定内涵的贵族阶层：他们以婚、宦保持其血统的高贵，以讲究门风礼法、闺门整肃为特点，具有较高的文化素养。时至唐代，世家大族已走入穷途末路，但是，为了保持他们的社会地位，力图挽救必然衰亡的结局，编撰具有行为生活准则一类的书仪，就是他们的这种努力之一。

二、吉凶书仪是简便实用的"礼经"

历来的正史，多记述帝王将相的政治活动、典章制度，于社会文化生活没有给以过多的笔墨。而野史、笔记之中，又多记文人轶事、神仙鬼怪、灵异报应之类，虽有一些反映社会文化的内容，但多零散和曲折。像书仪这样，将"繁综浩大"的礼经实用化，记述封建社会士大夫生活准则中各个方面的存世文献，真可谓是凤毛麟角。

一个民族、一个国家、一个社会，除有其固定地域的空间外，最重要的特征之一是具有共同文化心理。政权可以更迭，社会制度可以递遭，经济基础和上层建筑可因生产力的发展而变化,人们的社会文化心理却可以保持相对的稳定性,有不少内容是可以超越时间界限的。因此,要对历史进行反思,对社会文化生活史的探讨是极为重要的一个方面,而写本书仪正是提供了这方面的素材。

毛泽东同志说:"中国只有地主阶级有文化,农民没有文化。"书仪是封建社会中士大夫阶层的行为规范,但它是统治阶级的思想,必将对全社会发生决定性的影响。从战国时代起,封建制度已基本确立,至秦代形成为专制主义中央集权多民族的统一国家,皇帝成为全国封建地主阶级的总代表,具有至高无上的地位。封建国家的政权和机构以及法令制度,都是维护这一种专制集权的。与暴力和法令相适应,还有协调地主阶级内部关系的"礼",保证传统社会中的等级尊卑和社会秩序。从汉代的叔孙通开始,历代新王朝建立之后,第一件大事就是修礼经,定律令。相对于律,礼经的篇幅相当大,众所周知,现存最完整的中古时代《大唐开元礼》即有 150 卷之巨。而书仪,特别是综合类型的书仪,正是化"繁综浩大"的礼经为"传世所用"的书仪,制约着传统社会内士大夫阶层的相互关系。

在中国传统社会中,尊卑、君臣、上下、亲疏的关系是不容紊乱的,这既有律令的保证,也有礼经的制约。书仪正是把律令、礼经的内容融在其中,处处渗透着尊卑森严的等级关系。我们试从书仪中平阙、称谓、书札专用语、服图等几个方面加以说明。

1. 吉凶书仪中的"平阙式"

郑余庆书仪的第三篇即为"公私平阙式"。所谓"平",指行文遇到特定的字要平出,"阙",指行文遇到特定的字要上空两字或一字,"不阙",指行文遇到特定的字不必阙文。平出、空格、不阙均有法令规定,称之为"平阙式"或"不阙式"。《大唐六典》卷四礼部郎中员外郎条下即载有平阙式;又,P. 2504 号写本(按:中有天宝元载题年)中载有"平阙式"、"不阙式"、"新平阙令"及"旧平阙式"。关于公中表疏笺启中的平阙及不阙,海内外学者均已论及,此不赘。郑余庆书仪中除公中表疏笺启的平阙规定外,又有"家私书疏"的"平阙式",是不见诸史籍的。郑氏书仪中说:"高祖、曾祖、祖、翁婆、外族耶娘、慈颜、尊亲、尊体、动止、起居、寝膳、伯叔姑舅姨、桑梓、坟垅;右前件家私书疏,准式并平阙。"其下又载"墓所、营(茔)所⋯⋯望问、清誉"等数十个词,"清誉"下有脱文,疑脱"右前件家私书疏,准式阙二字"等十二字。家私书疏的平阙,"准式"而行,告诉我们这样一个历史事实,公中表奏有"准式"平阙,家私书疏也须依"式"而行。可见,书疏中严明尊卑名分,不仅行之于君上,也施之于尊长。这种书疏中的平阙,一直延续到 1949 年;

在解放后也可偶尔见之,可见其影响的深远。

2. 吉凶书仪中对官员的称谓

既要书牍往来,必得有互相称谓,在封建社会中,称谓的轻重也是有严格的规定。由 S. 329 与 S. 361 拼合后的杜友晋《书仪镜》中说:"内外文官三品云阁下,左右丞相节度使云节下,五品云记室,已下侍者,左右,唯执事之语,不论重平并通用。内外武官三品云麾下,太守管军亦云麾下,节下,折冲已下无管押与文官五品已下同。"杜友晋《书仪镜》成书于开元末、天宝初。而元和六、七年成书的郑余庆《大唐新定吉凶书仪》中载:"凡前人官至郎中已上并须云阁下,员外已下至悬(县)令并云记室;如赐绯云记室,赐紫〔云〕阁下,六品已下云执事。"大中年代,由河西归义军节度使掌书记张敖撰《新集吉凶书仪》中载:"但看前人高位,如重即言合(阁)下,如是节度使亦云节下,武官职即云麾下,平怀亦记室,次亦侍者、执事,余任酌量轻重行用。"细心的读者会发现,从开元末天宝初的杜氏书仪,到大中时的张敖书仪,一百多年中,唐人书疏中的称谓由严格趋向混乱,由高位者所专用的称呼已"降格"到"如重即言阁下"。这种变化,反映出唐王朝由盛至衰,礼崩乐坏的渐变过程。

唐人笔记中的类似记载可以与书仪的称谓相比较。赵璘《因话录》卷五载:"古者三公开阁,郡守比古之侯伯,亦有阁,所以世之书题有阁下之称。前辈呼刺史太守,亦曰节下。韩文公与使主张仆射书,呼执事,即其例也。其记室本王侯宾佐之称,他人亦非所宜。执事则指斥其左右之人,尊卑皆可通称。侍者、士庶可用之。近日官至使府御史及畿令,悉呼阁下。至于初命宾佐,犹呼记室;今则一例阁下,亦谓上下无别矣。其执事才施于举人,侍者只行于释子而已。今又布衣相呼,尽曰阁下。虽出于浮薄相戏,亦是名分大坏矣。又中表疏远卑行,多有座前之目,尤可惩怪。夫阁下去殿下一阶,座前降几前一等,此之乖僭,其可行耶? 宗从叔姑及姨舅之行,施之可也。(原注:近见房州刺史李使君所著《资暇集》,亦与此说相符耳。)从《因话录》的载文中可知,称谓的混乱,被视之为"名分大坏","尤可惩怪","乖僭";而遵从称谓轻重尊卑的区别,才是士大夫阶层的正途。而书仪中提供给人们使用的称谓,就是使士庶书札往来时严守名分,不可乖僭。

3. 身份不同书仪用语不同

以 P. 3637 为底本,校以他本的杜友晋《新定书仪镜》尾部"通例第二"中规定了尊卑、亲疏不同,书札中的不同用语,兹征引如下(文中的阙漏误已补改):"凡与祖父母疏云,言疏、违离、违侍、尊体起居、思慕、焦思、惶灼、奉告、约束、寝膳、眠食、珍和、涕恋、恋慕、拜侍、不备等，若疾病违和乖豫，新妇同子孙。凡与伯叔父母书云，言疏、违离、尊体、胜豫、思恋、拜觐、奉告，自外尊亲行姑等并皆准此。凡与兄书云，白疏、驰结、连奉、体内胜常等语，自余长行准此。凡下情不具、不宣、伏惟、伏愿、珍重等语，通施尊长。自叙皆云蒙恩，若患？不指陈其状，不得云劣勿等语。凡惟倾仰、驰系、旷奉、辞奉、安恙、奉问等语，皆是平怀施小重；自叙亦可云推免。凡倾仰、枉问、白书、勤仰、咨叙、翘企、所履清适、休宜、敬重、敬厚等语皆平怀；自叙得云诸弊等语。凡如宜、佳适、佳致、叙对等语皆小轻。论卑下云佳健、无恙。凡忆念、佳宜、不多、不悉皆施卑下。"以上是书札用语中尊长、平怀、卑幼的严格区别，而书末用语也十分注意："凡书末，尊行皆告，长皆报疏，长加敬字；舅云问疏；加丈人云敬；谓女婿云白；平怀云谨咨；小重云呈、云疏，皆为姑族已上。""凡尊长通称吾，小重平怀皆称名，平怀以上通用谨字。""凡书题，父母云几前，尊长云座前，小重云前或云谨通，平怀云谨咨，小重云呈简、卑幼云省，子孙云发。"题书以下语，是说书信完了，在封题上的字。从书札正文、书末及书题所用词语的严格区别中，我们可以看到尊卑上下的思想确已深入到传统社会中人们生活的所有细节之中。

4. 以律令为保证的服制

就在这个以 P.3637 为底本的《新定书仪镜》凶仪卷下之首，列了三幅图，其一是"内族服图"，其二是"外族服图"，其三是"妇为夫族服图"。"内族服图"以"身"为中心，从为父母服三年最近，依次为周、大功、小功，远及高祖、玄孙、三从兄弟姊妹缌麻三月，使人一目了然地弄清内族血缘的远近。"外族服图"以"身妻"为中心；"妇为夫族服图"以"夫"为中心；两图都是远及缌麻三月止。这种以血缘关系远近定服制轻重的办法来源于先秦的《周礼》和《仪礼》，降及唐代，被用律令的办法固定，强制人们去实行。在三幅服图前"律五服"下注："丧葬令称三年廿七月，匿徒二年。称周十三月服，匿徒一年。称大功九月，匿杖九十。称小功五月服，匿杖七十。称缌麻三月服，匿笞五十。"显然，唐令对于隐匿服制的人有严厉的惩罚。与此相对应，根据丧服轻重，给予一定的丧假。S.1725 唐前期书仪"礼及令"中引四条唐令，"准令裹（齐）衰期给假卅日，葬五日，除服三日"；大功九月等"给假廿日，葬三日，除服二日"；"依令小功五月给假十五日，葬二日，除服一日"；"准令缌麻三月，给假七日，出降服，给三日。"四条唐令，依据日本学者仁井田陞的《唐令拾遗》，上文四条唐令似为开元七年令。把保证丧服制度执行的律令编入书仪之中，可见血缘关系远近，服制的轻重，得到国家的肯定和保护。

从上文对书仪中关于平阙、称谓、书札用语及服图的规定来看,将"繁综浩大"的礼经,压缩成简便实用的书仪,将"齐家""治国"同样看待。书仪中尊卑上下、亲疏远近的规定,体现在社会生活中的各个方面。多年来,海内外学者探讨中国传统社会长期稳定的原因,除去政治、经济原因外,这种渗入到人们社会文化生活中等级森严的尊卑关系,已经"融化"到人们的血液中,无时无刻不在发挥着作用,这也是中国传统社会得以长期延续的一个重要原因吧。

三、杜友晋《新定书仪镜》中的三幅服图

(一) 内族服图

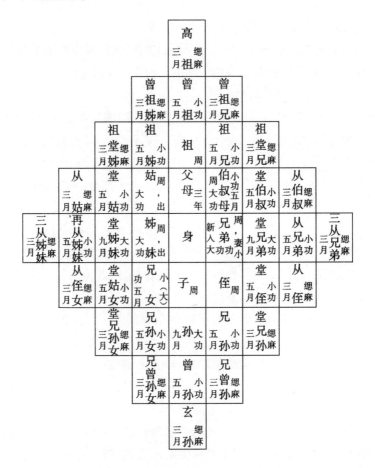

（二）外族服图

<table>
<tr><td></td><td>外祖　大功　九月</td><td></td></tr>
<tr><td>姨　在室　小功五月　大功九月</td><td>妻父母　緦麻三月　新入小功五月</td><td>夫伯叔　大功　九月</td></tr>
<tr><td>姨子　緦麻　三月</td><td>身妻　周</td><td>舅子　緦麻　三月</td></tr>
<tr><td>姑子　緦麻　三月</td><td>外孙　緦麻　三月</td><td>外甥　小功　五月</td></tr>
<tr><td></td><td>女婿　緦麻三月　新入小功五月</td><td></td></tr>
</table>

（三）妇为夫族服图

	夫祖 九月 大功	
夫姑 五月 小功	夫父母 三年	夫伯叔 九月 大功
夫姊妹 五月 小功	夫 三年	夫兄弟 九月 大功
夫伯叔母 三月 缌麻	夫侄 五月 小功	妯娌 五月 小功
	夫侄妇 三月 缌麻	

这三幅图是对礼经的一种直观化，既准确，又一目了然，对中国社会的影响深远，在《大明律》中就有与"内族服图"相同的服图。可见，中古时代的吉凶书仪就是一种简便实用的"礼经"。

唐宋时期地方社稷与城隍神之间纠葛探析

王美华

社稷祭祀源于先民对土地及谷物的崇拜①，周时已被纳入国家礼制体系之中，天子、诸侯皆祭祀社稷以"求福报功"。汉代从中央到地方郡县皆置社稷，此后王朝沿用其制。至唐宋时期，随着国家礼制体系的不断发展完善，社稷祭祀被列入官方礼典，成为国家祭祀的重要内容之一，在地方层面中社稷祭祀更正式成为州县祀典②的首要内容。然而值得注意的是，从文献记载来看，恰恰是在唐宋时期，地方社稷却遭遇到了来自城隍神的强力威压，往往被视"无为"，祭祀"多不如礼"，其在地方祭祀体系中的地位更有被城隍侵夺的明显迹象。那么，唐宋时期地方社稷的真实状态到底如何，其是否真如文献记载的那样，因为城隍地位的晋升、城隍信仰的盛行而衰颓了呢？分析这一时期地方社稷祭祀演变的真实过程③，探讨其与城隍神之间的纠葛关系，深入阐释国家祭祀在地方社会中的实态与格局，无疑对今人更趋准确地界定探究唐宋国家的祭祀体制以及全面把脉唐宋社会的变迁趋势有着重要意义。

---

① 《白虎通义·社稷篇》云："王者所以有社稷何？为天下求福报功。人非土不立，非谷不食。土地广博，不可遍敬也；五谷众多，不可一一而祭也。故封土立社，示有土尊；稷，五谷之长，故封稷而祭之也"。

② 祀典，一般指官方规定的祭祀礼仪，有时也指官方记载祭祀礼仪的典籍文本、簿册。

③ 学界对于唐、宋时期"社"的研究关注颇多，自20世纪上半叶那波利贞等学者的研究开始，其后宁可、郝春文、孟宪实、杨际平、高明士等学者亦对"社"展开系列的深入研究。其关注范围从汉魏、晋隋直至唐五代、两宋，主要是将"社"作为一种基层社会组织，区分官社和私社，重点关注民间私社的类型、职能、组织形态等方面。在以往的这些研究中，官社的相关研究甚少，尤其是县及县以上的春秋二社祭礼的具体规制以及实际举行情况，地方州县社稷的实际地位等问题，更是未见明确探讨。本文的讨论立足于国家祭祀体系建制的视角，审视作为州县礼制的重要组成部分的社稷祭礼的规制和举行情况。从一定意义上来讲，本文所讨论的问题与学界以往研究关注的作为基层社会组织形式的"社"（社邑）的范畴有所不同，着重探论官府致祭州县社稷的仪制问题。

一、从境内最尊到被视无为：唐宋 地方社稷祭祀的现实窘境

李唐建国之初沿用古礼传统，重视社稷祭祀，除了在中央设太社太稷①，以仲春仲秋二月上戊日及季冬蜡之明日举祭礼之外，亦在地方行政区划中依照行政等级建置州县各级社稷，要求州县于春秋二时按制举行社稷祭祀礼仪②。唐玄宗开元年间撰制的国家礼典《大唐开元礼》中规定，中央太社太稷是为中祀③，州县社稷是为小祀等级，明确规定州县社稷坛的建制规格④及州县社稷祭礼仪制。

按照开元礼典的规制，州县于仲春仲秋祭祀社稷，按小祀等级牲用少牢（羊、猪）。诸州祭社稷时主祭为诸州刺史，需备三献之礼，刺史为初献，上佐为亚献，录事参军及判司通为终献。若刺史及上佐有事故，并以次差摄。祭祀之前，刺史及与祭之官皆需斋戒；祭日，诸祭官及从祭之官按仪制规定各服其服。祭礼步骤大致为：刺史先至社坛，跪奠币于社神座前，再至稷坛，跪奠币于稷神座前；然后，刺史诣社神座前跪奠爵，祝跪读祝文，彰显社神"载生品物，含养庶类"的神职，刺史饮福受胙；刺史再至稷神座前跪奠爵，祝跪读祝文，彰显稷神的"播生百谷""功济畎黎"的神职，刺史饮福受胙，如社坛之仪。在初献刺史行礼之后，亚献、终献随之依次行其仪，升献概如刺史，唯不读祝文，不受胙而已⑤。诸县祭社稷，由县令为主祭，亦备三献之礼，步骤仪节及相关规制与诸州祭祀基本相同⑥。由上述仪节内容可见，唐代州县社稷祀礼隆重繁琐，州县长官主祭，属官参祭，三献俱备，彰显着国家祭祀的庄严威穆。唐人韦彤著《五礼精义》一书中就曾针对州县社稷"皆小礼""何用三献"的问题，特别指出曰："州县社稷，对国则为小祀，

---

① 唐代在太社、太稷之外，一度另有帝社、帝稷的设置，其礼议定自有一番争议。参见任爽《唐代礼制研究》，长春：东北师范大学出版社，1999 年，第 43—45 页。

② （宋）王应麟：《玉海》卷 99《郊祀·社稷》，扬州：广陵书社，2003 年，第 1800 页。

③ 唐时的祭礼等级有大祀、中祀、小祀三类。

④ 《大唐开元礼》规定：州县社稷二坛，各方二丈五尺，高三尺，四出陛，三等；设社、稷神座各于坛上近南北向，又设后土氏神座于社神之左，后稷氏神座于稷神之左，俱东向。

⑤ （唐）萧嵩等：《大唐开元礼》卷 68《诸州祭社稷》，北京：民族出版社，2000 年，第 351—354 页。

⑥ （唐）萧嵩等：《大唐开元礼》卷 71《诸县祭社稷》，北京：民族出版社，2000 年，第 361—364 页。

在本境得自为尊。故牲用少牢,礼行三献"①。因州县社稷代表了国家对本行政区划辖境地区的统治权,故需要甚重其祭,"牲用少牢"而长吏亲事"礼行三献"。在春秋二时常规祭祀外,唐时还规定地方久旱祈雨时,首先要祈于州县社稷,然后再祈于境内其他诸神②,亦在凸显社稷在本境内"得自为尊"的首要地位。

与州县社稷祭礼相对应,《大唐开元礼》还特别规定了明显较为简略的诸里祭社稷仪。其仪由社正主祭,诸社人参祭,既无三献仪节,亦不建社稷坛,惟于神树下祭拜行礼,牲牢、礼器皆简易③。祭拜之后社人聚餐会饮。诸里社稷祭礼列入礼典,表明国家对基层社会里坊乡村春秋社日祭祀活动的规制,然这种规制却非常态。因为汉代以来的惯制是县及县以上的社由官府设置并致祭,作为国家统治权的象征,而乡里之社是为民间私社由乡民自己举行祭祀活动④。唐高宗、武后时禁断私社推广官社,由官府掌控乡村春秋二时的社祭活动,开元礼中的诸里社稷祭礼规制正是这种政策的反映⑤。但开元以后,随着私社兴盛而官社推行不力,唐朝廷很快放弃了对乡里社稷的规范和控制,诸里社稷祭祀的规制亦随之被废止。由此而言,唐代地方社稷礼仪的重点始终是州县社稷祭祀,贯彻执行一套从中央太社太稷到州县社稷的从中央到地方的社稷祭礼仪制。

唐代确定的地方州县社稷祭礼仪制,在五代十国时期承袭不断。赵宋立国后,朝廷仪制多本唐礼而损益之,其时的州县社稷祭礼无论是祀礼等级划分、祭祀时日,还是社稷坛建制、州县长官主祭,乃至具体仪节步骤,对唐礼的沿袭都是十分明显的。需要指出的是,北宋时期在承袭唐代地方社稷祭祀体制的基础上,又进一步议定了祭礼中的一些细节仪规,涉及礼器、

---

① (宋)欧阳修等:《太常因革礼》卷48《诸州县祭社稷》,丛书集成初编本,北京:中华书局,1985年,第290页。

② 按《大唐开元礼·序例下》所载:"凡州县旱则祈雨,先社稷,又祈界内山川能兴云雨者……祈用酒脯醢,报以少牢。"

③ (唐)萧嵩等:《大唐开元礼》卷71《诸里祭社稷》,北京:民族出版社,2000年,第364—365页。

④ 宁可在《汉代的社》文中指出:汉代中央、郡国、县、乡、里等各级行政机构都立有社,分别称为帝社、郡社、国社、县社、乡社、里社等。县和县以上的社由政府设置,官府致祭,作为国家政权管辖土地的象征,与人民生活关系不大。而"县以下的乡社、里社,则由居民自己组织祭祀",其祭祀宴饮费用由全里民分摊,有时也采取捐献的办法。《文史》第9辑,北京:中华书局,1980年。

⑤ 孟宪实:《唐朝政府的民间结社政策研究》,《北京理工大学学报(社会科学版)》2001年第1期。

祭服、坛壝、石主、祝文等各方面,使地方社稷祭礼仪规更趋严明①。南宋偏安一方,政权稳定之后,作为地方祀典之首的州县社稷祭祀同样得到充分重视,朝廷特颁诏强调州县长吏到任之际需亲谒社稷,并行春秋二时祈报之仪。在沿袭政和礼制的基础上,南宋朝廷屡屡强调地方社稷坛壝、祭祀器服诸事及祭仪中升降跪起之节等,还专门讨论规制地方遇水旱祈祷于州县社稷的典仪②。

从制度规定层面而言,唐宋时期社稷在地方州县祭祀体系中无疑始终处于"得自为尊"的地位,为本地祀典之首。由唐至宋朝廷亦采取各种举措强调社稷的尊崇地位,努力将社稷祭仪推行于地方州县。唐武德九年正月诏令有司将社稷祭礼"具立节文,明为典制"③,以便地方州县春秋按制"致祀"社稷。天宝元年,唐玄宗颁敕要求地方州县"尽心""备礼"谨祀社稷④。与唐代相比,宋人显然对地方社稷祭礼的实际推行给予了更多的关注,其举措和手段亦有推进。例如,宋真宗景德四年,敕下有司参取社稷礼文仪式"著为令甲",督促州县皆令长吏"躬亲祀祭""以尽事神之道"⑤。大中祥符二年,诏太常礼院详定州县社稷"正祀"礼器形制及数目,并图其制摹印颁之⑥;大中祥符四年,诏令礼官"检定"社稷坛壝制度颁下州县⑦,督责地方按礼建制社稷二坛。再如,宋徽宗大观中颁祭服制度于州县⑧,政和元年诏立州县社稷坛之式"颁图于天下"⑨,并具体要求坛壝之外别立大墙

① 宋徽宗朝颁行官方礼典《政和五礼新仪》中明列了"州县祭社稷仪",按照政和制礼"以类相并"的原则,将州、县二者合并为一,并未如开元礼典一般将诸州祭社稷与诸县祭社稷二者分开,但具体仪制并未有特别明显变化。

② (元)佚名:《宋史全文》卷27上《宋孝宗七》记载:淳熙十年七月,礼部、太常寺进奏提出:"《开宝通礼》州县水旱,则祈社稷,典礼具存。《政和五礼新仪》虽不该载,见今朝廷或遇水旱,亦行祈祷。今欲从臣僚所陈,遇有水旱,令州县先祈社稷,委合典礼"。哈尔滨:黑龙江人民出版社,2005年,第1879页。

③ (宋)王溥:《唐会要》卷22《社稷》,上海:上海古籍出版社,2012年,第498页。

④ (宋)王溥:《唐会要》卷22《社稷》,上海:上海古籍出版社,2012年,第494页。

⑤ (宋)欧阳修等:《太常因革礼》卷48《诸州县祭社稷》,丛书集成初编本,北京:中华书局,1985年,第290页。

⑥ (宋)欧阳修等:《太常因革礼》卷48《诸州县祭社稷》,丛书集成初编本,北京:中华书局,1985年,第291页。

⑦ (宋)李焘:《续资治通鉴长编》卷76,真宗大中祥符四年十月壬子条,北京:中华书局,2004年,第1737页。

⑧ (元)脱脱:《宋史》卷102《礼志五》,北京:中华书局,1977年,第2485页。《政和五礼新仪》卷首之御笔指挥中记载:大观元年七月十六日,奉御旨:"可依所奏,以衣服制度颁之。使得郡自制,则听其改造,庶简而易成。"台北:文渊阁四库全书本。

⑨ (宋)梁克家:《淳熙三山志》卷8《公廨类二·社稷坛》,台北:文渊阁四库全书本,第484册第184页。

围,斋厅立石刊刻增立法制,守令上任三日躬诣等等。至南宋时期,淳熙七年礼官以社稷祭仪及郡县坛壝、冕服诸制等"参类为书,镂版以赐"①,颁行于四方,以规范地方层面的春秋祭礼。淳熙十年时,礼部、太常寺又奏请修定"州县水旱则祈社稷"仪注并颁行天下②。从将社稷祭仪"具立节文、明为典制"到"参类为书、镂版以赐",显然推行地方社稷祭礼的举措在不断演进,日趋细致、明确、务实。

唐宋时期朝廷还屡屡强调对地方社稷祭祀活动的巡视和监察。天宝中唐玄宗颁敕州县谨祀社稷,"庶事之间"应"倍宜精洁",并明令"两京委御史台,诸郡委采访使,有违犯者,具录闻奏"③。北宋景德四年,著令督责州县长吏亲行其礼④;元丰七年诏令提点刑狱官先次点检州县社稷坛壝,"如有未应法式,并令依应增改,遇损坏,即令修饰"⑤;崇宁二年明诏敦促州县"谨祀社稷"⑥,令监司巡历所至"察不如仪者"⑦。南宋绍熙三年,光宗特诏州县按制修葺社稷坛壝、精严祠祭,督责守令到任之初"首诣社稷之所",凡有水旱"必先致祷"于社稷⑧。凡此种种皆在于敦促州县谨祀社稷,彰显国家将社稷祭礼从制度规定推向实践层面、从中央推行于地方州县的明确意旨。

各种文献记述表明,在国家强力推行之下,唐宋时期地方州县的社稷祭祀确实普遍展开了。然从文献记载中亦可看到的是,宋代的州县社稷祭祀明显呈现颓衰之状,与其境内"得自为尊"的地位俨然名实不相符⑨。其时州县祭社稷或者"长吏多不亲行事,及阙三献之礼"⑩,"例委行事于掾佐"⑪,姑应有司令式以备监察而已。或者社稷坛址"墙垣颓毁,坛壝芜没,并无斋厅,亦

① (元)马端临:《文献通考》卷82《郊社考十五》,北京:中华书局,2011年,第2531页。
② (元)佚名:《宋史全文》卷27上《宋孝宗七》,哈尔滨:黑龙江人民出版社,2005年,第1879页。
③ (宋)王溥:《唐会要》卷33《社稷》,上海:上海古籍出版社,2012年,第494页。
④ (宋)欧阳修等:《太常因革礼》卷48《诸州县祭社稷》,丛书集成初编本,北京:中华书局,1985年,第290页。
⑤ (宋)李焘:《续资治通鉴长编》卷348,神宗元丰七年九月庚申条,北京:中华书局,2004年,第8360页。
⑥ (元)脱脱:《宋史》卷19《徽宗本纪一》,北京:中华书局,1977年,第368页。
⑦ (宋)王称:《东都事略》卷10《徽宗皇帝本纪》,台北:文渊阁四库全书本,第382册第82页。
⑧ (清)徐松:《宋会要辑稿》礼二三,上海:上海古籍出版社,2014年,第1138页。
⑨ 杨建宏认为:宋代社稷神的地位较之唐代实有降低。参见杨建宏《宋代礼制与基层社会控制研究》,四川大学博士论文2006年,第224页。
⑩ (宋)李焘:《续资治通鉴长编》卷65,真宗景德四年四月甲戌条,北京:中华书局,2004年,第1451页。
⑪ (宋)周必大:《文忠集》卷59《汀州长汀县社坛记》,台北:文渊阁四库全书本,第1147册第628—629页。

无门户"①,乃至"荒榛蔓草牛羊践焉"②;欲行祭礼则略加修葺,及燔燎甫毕又"芜废如初"③,甚至可能荒草丛生"过其旧矣"④。其祭祀行事常常"取具临时乃或器用弗备,粢盛弗蠲,斋被弛懈,裸献失度"⑤。不仅春秋常祀敷衍了事,遇水旱首祈之制亦不被谨行。一些州县地方遭遇水旱灾害时,官民奔走祈禳遍祀群神,却无顾社稷,乃视其"无为也"⑥。州县社稷祭祀多不如礼,社稷的首尊地位被忽视,这一局面显然甚不副"祀典之意"也⑦。

既有礼文仪制的规定,又有国家的强力推行,何以会出现祭不如礼、被视无为的局面呢? 这其中或许会有地方长吏不尽心行事的原因,但是更与州县民众鬼神信仰直接相关,最值得注意的就是城隍神地位晋升对社稷祭祀的冲击。宋人陆游就曾明确指出:"自唐以来,郡县皆祭城隍,至今世尤谨。守令谒见,其仪在他神祠上,社稷虽尊,特以令式从事,至祈禳报赛,独城隍而已。则其礼顾不重欤!"⑧州县地方尊崇城隍神而轻忽社稷之祀,城隍神侵夺社稷护佑地方之权,以至于地方祀典之首的社稷祭祀呈现衰颓窘境。

二、从淫祀杂祠到城之最尊:唐宋时期城隍神的晋升历程

关于城隍神的起源,学界考证甚多,众论不一。事实上唐宋时人对城隍神的源起认知亦有含糊不清之处,唐李阳冰认为城隍神"祀典无之,吴越有之"⑨;宋赵与时曾云"州县城隍庙,莫详事始"⑩。城隍神祭祀较早的实

① 《续资治通鉴长编》卷483,哲宗元祐八年四月甲寅条,北京:中华书局,2004年,第11481页。
② (宋)周必大:《文忠集》卷59《汀州长汀县社坛记》,台北:文渊阁四库全书本,第1147册第628—629页。
③ (宋)周必大:《文忠集》卷59《汀州长汀县社坛记》,台北:文渊阁四库全书本,第1147册第628—629页。
④ (宋)叶适:《水心集》卷11《温州社稷记》,台北:文渊阁四库全书本,第1164册第223页。
⑤ (宋)王稱:《东都事略》卷10《徽宗皇帝本纪》,台北:文渊阁四库全书本,第382册第82页。
⑥ (宋)叶适:《水心集》卷11《温州社稷记》,台北:文渊阁四库全书本,第1164册第223页。
⑦ (宋)王稱:《东都事略》卷10《徽宗皇帝本纪》,台北:文渊阁四库全书本,第382册第82页。
⑧ (宋)陆游:《渭南文集》卷17《宁德县重修城隍庙记》,台北:文渊阁四库全书本,第1163册第436页。
⑨ (清)董诰等:《全唐文》卷437,李阳冰《缙云县城隍神记》,北京:中华书局,1983年,第4461页。
⑩ (宋)赵与时:《宾退录》卷8,上海:上海古籍出版社,2001年,第4222页。

例出现于南北朝时期,至唐时明确的国家祭祀体系中未见其名,检索两《唐书》亦不见有关城隍神的任何记述,今人可见的唐代城隍神记述多从杂史、笔记或文集中而来,其事多出现于江南地域。① 这些记述表明城隍神在当地被民众信奉尊崇,遭遇水旱灾害时官民会祈祷于神。然在相关记述中亦可见,城隍神究竟是祀典范畴内的神祇还是祀典范畴外的杂祠淫祀,是存在争议的。一方面城隍神被认为是"淫昏之鬼,不载祀典"②,而另一方面某些地方官会以地方长官身份祭拜城隍神,祝辞皆按循官方祭祀的规制行事,以其"是关祀典"③。

　　争议的存在,表明此时官府对城隍神这样的地方性鬼神信仰的性质判定还没有达成共识;而争议的存在也恰恰反映出城隍神在江南地域极大影响力,致使州县地方长官不得不正视其存在,乃至顺从民众信仰进行祀拜、祈祭。例如,唐缙云县令李阳冰明言城隍神"祀典无之",但在久旱无雨时,因当地"水旱疾疫""必祷"于城隍的风俗,"躬祈于神"④。又如,鄂州刺史韦良宰曾以城隍为淫昏之鬼,在本州遭逢水灾时,亦祷于当地城隍神⑤。又如,韩愈任职潮州时以入夏淫雨为灾,"谨卜良日,躬率将吏,荐兹血毛清酌嘉羞",乞祭拜本地城隍神⑥;及迁任袁州又以久旱不雨,"谨告于城隍神之灵"以祈雨⑦。中晚唐江南地域中地方官城祭拜祈祷隍神的事例确实数量不少,此时就这些地方而言,城隍神不只是民间自行遵奉的鬼神,事实上已经进入到州县的祭祀体系之中成为官方祭祀对象了。当一些地方遭遇水旱灾害时官民首祈于城隍神,甚至有地方官在上任之初参谒于城隍神时,其实这些地区的城隍神已经冲击着礼典规定的州县社稷的地位。但就唐代而言,城隍神信仰主要还是局限于江南地域之内,也并没有取得国家

---

① 《全唐文》中收录了州县城隍神祭文以及城隍庙记共计16篇,检视这些文章,可见有关城隍祭祀事例的记载多发生在南方地区,且集中在唐中期以后。

② (唐)李白:《李太白全集》卷29《天长节使鄂州刺史韦公德政碑并序》,北京:中华书局,1977年,第1361页。

③ (清)董诰等:《全唐文》卷233,张说《祭城隍文》,北京:中华书局,1983年,第2357页。

④ (清)董诰等:《全唐文》卷437,李阳冰《缙云县城隍神记》,北京:中华书局,1983年,第4461页。

⑤ (唐)李白:《李太白全集》卷29《天长节使鄂州刺史韦公德政碑并序》,北京:中华书局,1977年,第1361页。又按郁贤皓《唐刺史考全编》卷164《江南西道鄂州(江夏郡)》所列,此文中"韦公"实为从至德二载至于乾元二年任职鄂州刺史的韦良宰。合肥:安徽大学出版社,2000年,第2378页。

⑥ (唐)韩愈著、阎琦校注:《韩昌黎文集注释》卷5《潮州祭神文》之三,西安:三秦出版社,2004年,第483页。

⑦ (唐)韩愈著、阎琦校注:《韩昌黎文集注释》卷5《袁州祭神文》之一,西安:三秦出版社,2004年,第485页。

层面的正式意义上的祀典"认证"①。这一局面至唐末五代时期才有所改变。

唐末五代时期,随着南方诸政权建国立制,纷纷尊崇本地域的民间神祠②,江南各地信奉的城隍神遂有机会获得国家层面的认可,正式进入国家祭祀体系之中,晋升成为祀典。这一时期城隍神的晋升主要通过两种途径:一是附属于中原政权的吴越、楚等国奏请中原政权颁敕赐封,例如后唐清泰元年,因吴越钱元瓘奏请,封杭州城隍神为顺义保宁王,封湖州城隍神为阜俗安城王,封越州城隍神为兴德保阓王③;二是建国称帝的南方诸国自行加封,例如南唐就曾封赠诸州城隍神④。一些地区的城隍神获得封爵,亦即获得了国家的合法认证,正式进入国家祭祀体制中,从杂祠淫祀晋升到祀典行列,真正完成了从民间神祠到国家祭祀的转变⑤。当赵宋政权统一江南地域时,亦不得不接受并承认这些已经获得封爵的州县城隍神的合法身份,甚至其后因封赐民间神祠政策的推行,使得那些未曾获得合法身份的州县城隍神亦有机会纷纷获得封赐,进入官方祭祀体系之中⑥。以至于南宋赵与时著《宾退录》中论及城隍神时,曰:"其祠几遍天下,朝家或赐庙额,或颁封爵;未命者,或袭邻郡之称,或承流俗所传,郡异而县不同。"⑦正因获得封爵赐额,晋升进入祀典,宋代城隍神信仰迅速盛行起来,

---

① 雷闻在《唐代地方祠祀的分层与运作——以生祠与城隍神为中心》一文中,将唐代地方祠祀分为三个层次:首先是由国家礼典明文规定并全国通祀者,其次是由地方政府所赋予合法地位的祠祀,最后则是由州县官府判定为淫祠者。第二层与第三层之间的界限并不绝对,对于为数众多、来源各异的地方祠祀,国家并不将其简单作为"淫祠"加以禁毁,更多是通过将其纳入国家礼制系统而赋予官方地位,其正当性来源于地方政府的认可。这也是地方政府灵活掌握的一种权力。《历史研究》2004 年第 2 期。

② 杨俊峰在《五代南方王国的封神运动》一文中提出:兼具地方与国家双重性格的南方王朝,重视那些在大一统王朝眼中的"偏居一隅"的神祇。统理"一境"的视野,成为南方王朝推行境内封神活动的重要动力。《汉学研究》第 28 卷 2 期,2010 年。

③ 《五代会要》卷 11《封岳渎》,上海:上海古籍出版社,2012 年,第 193 页。秦蕙田在《五礼通考》卷 45《社稷·城隍附》中指出"此城隍封号之始"。其实是忽略了后梁开平元年对镇东军神祠的封赐。

④ (清)董诰等:《全唐文》卷 873,陈致雍《议废淫祀状》,北京:中华书局,1983 年,第 9134 页。

⑤ 南方地域中的城隍神祭祀获得合法封号,成为地方祀典仪制之一的过程,其实亦恰是南方地域性神祠信仰影响和冲击官方礼典规范之下的地方祭祀体制的过程。关于五代十国时期的城隍神封赐问题,还可参见拙著"十国礼仪制度考"一文,收入任爽主编《十国典制考》,北京:中华书局,2004 年,第 44—48 页。

⑥ 王延、宋永志的《宋代城隍神赐额封爵考释》则认为宋代是城隍神信仰迅速发展的时期,宋代朝廷通过对城隍神的封爵赐额这一手段对其加以控制和管理,使宋代城隍神的官方化色彩和人格化形象深入人心。《河南大学学报》2006 年第 3 期。

⑦ (宋)赵与时:《宾退录》卷 8,上海:上海古籍出版社,2001 年,第 4222 页。

已经不再局限于江南地域社会之内了。

随着城隍神地位的晋升,其职能认知和定位亦渐趋明晰起来。宋人真德秀云:"城隍之有神,犹郡国之有守,幽明虽殊,其职于民则一而已"①。即将城隍神与人间守令相对应,以城隍神为州郡的神界守护神,职责是守护治理本地域的民众。罗濬著《宝庆四明志》中则记曰:"社稷为一州境土最尊之神,城隍为一城境土最尊之神。"②明确将城隍神定位为一座城的最尊之神,亦即城市的守护神,将其排序在一州最尊之神的社稷之下。这两种对城隍神的定位认知明显矛盾,这种矛盾认知其实就在于很难轻易解释新晋升的城隍神与传统的州县社稷之间究竟孰轻孰重的问题。因为从文献记述中可以看到,当地方州县遭遇水旱灾害、匪盗袭击甚至虎患、疾疫之际,官民祈祷求助的对象首先是城隍神,而非社稷。一些地方官任职地方之初,甚至有置社稷不顾而只重祭城隍神的情形。社稷是国家规定的州县祭祀体制中的首尊,而城隍神无疑就是现实生活中的尊崇。

在"所赖者皆祭"的原则下,城隍神"以保民禁奸通节内外,其有功于人最大"③,守令谒见"其仪在他神祠上","特以令式从事"④的社稷祭祀是无法与之相比的。清人秦蕙田在考究城隍祭祀的时候,曾提出:"祈报之祭,达于王公士庶、京国郡邑,而无乎不遍者,在古唯有社稷,而后世则有城隍。且其义其秩颇与社稷类,而威灵赫濯,奔走巫祝,为民物之保障,官吏之所倚庇者,则更甚于社稷。"⑤显然获得了合法身份进入到官方祭祀体系之中的城隍神,成为地方的实际守护神,为一方官民所信赖,其所受礼遇甚于社稷,其影响大于社稷。州县社稷被忽视,其祭祀往往敷衍行事"多不如礼",呈现废颓之状。那么,州县社稷是否就因此趋向衰落而其地方祀典之首的地位亦被城隍神所取代了呢?

---

① (宋)真德秀:《西山文集》卷52《城隍祝文》,台北:文渊阁四库全书本,第1174册第840页。

② (宋)罗濬:《宝庆四明志》卷2《郡志二·叙郡中》,台北:文渊阁四库全书本,第487册第27页。

③ (宋)陆游:《渭南文集》卷17《宁德县重修城隍庙记》,台北:文渊阁四库全书本,第1163册第436页。

④ (宋)陆游:《渭南文集》卷17《宁德县重修城隍庙记》,台北:文渊阁四库全书本,第1163册第436页。

⑤ (清)秦蕙田:《五礼通考》卷45《社稷·城隍附》,台北:文渊阁四库全书本,第135册第1153页。

三、强宾夺主还是收编整顿：唐宋地方
社稷与城隍神纠葛的内在实态

唐宋时期地方州县社稷与城隍神之间纠葛的表象之下，有着需要进一步辨析的内在实态，只有辨析明了其中的内在，才能对社稷祭礼的废颓、城隍神的晋升以及二者之间的纠葛有更趋准确的认知。而揭示纠葛表象下的内在实态，其实就是要辨析：由唐至宋地方社稷祭祀是否真的由盛转衰了；城隍神何以能凌侵社稷之尊而被礼重。

首先，唐宋时期地方社稷祭祀是否真的是由盛转衰了。按照上文所述，宋代州县社稷祭祀多不如礼，屡屡坛址荒废，长官不亲行礼仪惟遣署吏行事，由此可以推论，由唐至宋州县社稷祭祀渐趋颓废衰落，有学者据此认为宋代的地方社稷神的地位明显比唐代降低了[①]。然这种推论却并不准确，因为这种推论是建立在唐代地方州县社稷祭祀皆按制如礼、备受地方重视的前提下的，事实上唐代地方社稷祭祀遵行的具体情况并不能详知，其相关事例记述极少。今能见者，例如张文琮于建州建置社稷的事例。唐高宗时，建州刺史张文琮见其州尚淫祀，不立社稷，遂始建祀场[②]。此事例往往被学者视为社稷祭礼推行于地方的典型。然早在武德九年朝廷已诏令州县谨祀社稷，至永徽年间建州地区仍无社稷祭祀，此例恰恰说明州县地方并未按照朝廷诏令行事。由此亦可推断，其时地方州县未行社稷祠祭者绝非建州一地。当然，其后随着朝廷不断强调和督责，州县层面社稷祭祀逐渐推广起来了，但这是否就意味着社稷在地方备受尊崇礼重，春秋二时守令长官亲行祭享，遭遇水旱灾害则首祈之呢？唐代地方社稷相关的另一记述是福州迁社稷的事例。唐宣宗大中十年，福州刺史杨发迁州社稷坛于新址，史载其新坛配以风雨二坛，"广狭高下有制度，斋庐皆具"[③]。在此

① 参见杨建宏《宋代礼制与基层社会控制研究》，四川大学博士论文 2006 年，第 224 页。

② (宋)欧阳修等：《新唐书》卷 113《张文瓘传附文琮传》，北京：中华书局，1975 年，第 4187 页。

③ (宋)梁克家：《淳熙三山志》卷 8《公廨类二·社稷坛》，台北：文渊阁四库全书本，第 484 册第 183 页。濮阳宁著《闽迁新社记》文中，记述了福州社稷迁新坛之制，称曰："坛社稷，其广倍丈有五尺，其高倍尺有五寸，主以石。坛风师，其广有五尺，其高尺有五寸。坛雨师，广丈而高尺。"《全唐文》卷 791，濮阳宁《闽迁新社记》，北京：中华书局，1983 年，第 8292—8293 页。

之前福州社稷的状况是：坛址低洼"污湿"①，"南邪西隙，蚌蠏污蓁，负蒲苇之豪，家禽牧野，触践无禁"②，无论晴雨皆污浊不堪。春祈秋报但趋"闽候官县吏办治"③敷衍行事而已。旧坛之侧亦无风雨二坛。社稷坛侧置风伯雨师坛，始于唐玄宗天宝四年诏令④，但经历百年福州社稷坛侧始终未置风雨坛，直到大中十年迁于新址之际才配置了风雨坛。上述地方官致力推行社稷祭礼的事例恰恰表明，唐代地方社稷祭礼仪制规定其实并不能及时达于地方，州县社稷祭祀亦可能多是敷衍了事，不严格依据礼典仪制执行。简言之，不能因为没有屡屡谴责地方社稷祭礼不如礼的记述出现，就认为唐代地方的社稷祭礼是较为兴盛的。

推论地方社稷祭礼渐趋颓衰的最重要依据，是文献中频现宋人对州县社稷祭事疏漏多不如礼的记述。一方面是朝廷层面纠责不断，例如，景德四年判太常礼院李维指出：州县祭社稷时长吏多不亲行事"及阙三献之礼"⑤，甚非为民祈福之意。元祐八年礼部奏议谴责"鄧州社稷坛墙垣颓毁，坛壝芜没，并无斋厅，亦无门户"的荒废局面⑥。又如，崇宁二年朝廷颁诏指斥州县令守以社稷为"不急之祀"，春秋行事敷衍⑦。另一方面文人士大夫的抨击屡屡可见。例如，周必大曾指责汀州长汀县社稷坛址颓垣败壁，春秋二时祭祀之际略加修葺而已，事后芜废如初⑧。叶适批评温州社稷坛陛颓缺，"旁无四墉，敝屋三楹""徐薙茀蔓草"的状况⑨。若只局限于两宋，则由这些或谴责或抨击的记述很容易得出结论，宋代地方社稷已渐趋衰败了。然前观唐代地方社稷祭礼的实际状况，则可知这一结论显然并

---

① （宋）梁克家：《淳熙三山志》卷8《公廨类二·社稷坛》，台北：文渊阁四库全书本，第484册第183页。

② （清）董诰等：《全唐文》卷791，濮阳宁《闽迁新社记》，北京：中华书局，1983年，第8292—8293页。

③ （宋）梁克家：《淳熙三山志》卷8《公廨类二·社稷坛》，台北：文渊阁四库全书本，第484册第183页。

④ （宋）梁克家：《淳熙三山志》卷8《公廨类二·社稷坛》，台北：文渊阁四库全书本，第484册第183页。

⑤ （宋）李焘：《续资治通鉴长编》卷65，真宗景德四年四月甲戌条，北京：中华书局，2004年，第1451页。

⑥ （宋）李焘：《续资治通鉴长编》卷483，哲宗元祐八年四月甲寅条，北京：中华书局，2004年，第11481页。

⑦ （宋）王称：《东都事略》卷10《徽宗皇帝本纪》，台北：文渊阁四库全书本，第382册第82页。

⑧ （宋）周必大：《文忠集》卷59《汀州长汀县社坛记》，台北：文渊阁四库全书本，第1147册第628—629页。

⑨ （宋）叶适：《水心集》卷11《温州社稷记》，台北：文渊阁四库全书本，第1164册第223页。

不妥当。

尽管没有明确"多不如礼"的记述，唐代地方社稷祭礼的遵行仍是明显不如宋代的；即使屡现祭事敷衍"多不如礼"，宋代地方社稷祭礼的实际状态比唐代更为推进，这一点是毋庸置疑的。今从宋人撰制的地方志中就可看到，宋代地方社稷祭祀已经遍及州县的事实。例如，《会稽志》中列述社稷祭祀仪制及用乐，并云："国朝之制，县社稷祠祭与郡等，会稽八邑皆有社稷焉"①。《赤城志》中详载本州及诸县社稷坛的建置②。《宝庆四明志》中列述地方祀典时，首列社稷，更具文记述州县社稷祭礼规制、本地社稷坛建置、祭器及祭服等事③。由此可知，"郡之祀典，社稷为重"④的礼制观念已经普及州县，宋代地方州县基本能够遍行其祭事。至于指责社稷被轻忽、祭事多敷衍的言论频现，其实与宋代国家对地方社会中的礼制推行的关注和督责加强有关，亦与宋代官僚士大夫群体对礼教的重视相关。对礼制推行于地方的明确关注直接影响了宋人的视角，在社稷祭祀已遍及地方之际，着重审查其是否按制行事、周备行礼。

其次，城隍神何以能凌侵社稷之尊。唐宋时期，城隍神之所以能够被州县谨祀、为民众尊信，与其具体历史人物形象直接相关。据《宾退录》所载，城隍神皆为具体历史人物，其中既有类似纪信、灌婴、英布、萧何、范增之类的距时较远的人物，亦有游茂洪、白季康之类的近世之人，甚至还有宋朝当世之人⑤。这些历史人物，或者曾是本地守令，对本地有善政、功勋，或者与本地有一定联系，亦或者直接迁就附会而来，以这样的具体历史人物为城隍神，很容易获得本地区民众的认同，使民众产生共同归属感。这些城隍神不仅受到官方的祭祀祈拜，还是民众个体祭祀祈拜的对象，民众可以自行祈祭于城隍神。就这一点而言，其与社稷是迥然不同的。汉代以来，州县社稷由官方设置、官方致祭，主要彰显着国家政权对州县土地的管辖⑥，民众没有资格对州县社稷进行祭拜祈祷。"用石为主"⑦的州县社稷，既无具体人物形象，又不受民众祈拜，显然是一种被抽象提升起来的远离

① （宋）施宿等：《会稽志》卷 1《社稷》，台北：文渊阁四库全书本，第 486 册第 18 页。
② （宋）陈耆卿：《赤城志》卷 4《公廨门一》，台北：文渊阁四库全书本，第 486 册第 603 页。
③ （宋）罗濬：《宝庆四明志》卷 2《郡志二》，台北：文渊阁四库全书本，第 487 册第 26—27页。
④ （宋）罗濬：《宝庆四明志》卷 2《郡志二》，台北：文渊阁四库全书本，第 487 册第 26 页。
⑤ （宋）赵与时：《宾退录》卷 8，上海：上海古籍出版社，2001 年，第 4223 页。
⑥ 参见宁可《汉代的社》，《文史》第 9 辑，北京：中华书局，1980 年，第 7—13 页。
⑦ （宋）李焘：《续资治通鉴长编》卷 351，神宗元丰八年二月庚辰条，北京：中华书局，2004年，第 8407 页。

民众感知层面和现实生活的神祇。而城隍神则正是贴近并融入民众生活实际的神祇,其祠庙"殿宇崇峻,侍卫甲仗严肃"①,其神"紫袍金带"升殿坐,殿下刀斧手,旁立黄巾力士、紫衣功曹②,无不凸显城隍"为是神管郡"的城市守护者、管理者的形象③。与州县社稷的"载生品物"及"播生百谷"的较为单一的职能不同,城隍神的职能庞杂,法力延展。除了护城保民之外,城隍神还有掌管人间生死、旱涝灾异、求子祈福、除兽降贼驱妖、生病罹祸、科考名籍、婚姻嫁娶等多方面的职能④,可谓"司此城邑,事无巨细皆所治"⑤,为民生之保障,为官吏之倚庇。也正因此,城隍神遂被与州郡之守相对应,其庙宇俨然成为神界设于人世间的"地方官署"⑥。

当然,由唐至宋融入民众生活实际的城隍神的地位晋升,亦与其填补了城市民众的信仰空间直接相关。由唐至宋社会经济发展迅速和商业繁荣,促进了城市的发展,城市数量增多,城市人口比重提升。城市生活是区别于乡村生活的,随着城市的发展,城内民众的社会生活距离耕土、播种以及祈求风调雨顺、五谷丰收的春祈秋报越来越远,而能够保护城邑安全,法力强大,职能广泛,又可以接受民众个体祈祷、求助的城隍神,也就成为官民心理依赖、信仰尊奉的对象,地位越来越重要,从而呈现备受礼遇崇敬以至凌侵社稷之尊的"迹象"。

需要指出的是,所谓城隍神礼尊于社稷,其实只是地方社会祭祀活动的表象而已,在国家祭祀体系中,州县社稷始终保持着地方祀典的首尊地位,列入祀典的城隍神是位卑于社稷的。自唐末五代开始,南方地域中的一些城隍神因为护佑地方有功、神迹灵验,经官府审核而获得国家封爵进入祀典之中。城隍神地位的晋升在一定意义上代表着南方地域神祇信仰对代表中原文化的国家传统祭祀体制的冲击,但同时也意味着国家祭祀体系对民间神祠的收编和整顿。城隍神进入祀典之后,被直接镶插到国家祭

① (宋)李昉等:《太平广记》卷303《神十三·宣州司户》,北京:中华书局,1961年,第2400页。
② (宋)洪迈:《夷坚志》之三志壬卷第三《张三店女子》,北京:中华书局,1981年,第1490页。
③ (宋)李昉等:《太平广记》卷303《神十三·宣州司户》,北京:中华书局,1961年,第2400页。
④ 参见王涛:《唐宋时期城市保护神研究——以毗沙门天王和城隍神为中心》,北京:中国社会科学出版社,2012年,第175—185页。
⑤ (宋)佚名:《分门古今类事》卷20《李纪杀生》,台北:文渊阁四库全书本,第1047册第193页。
⑥ 参见王涛:《唐宋时期城市保护神研究——以毗沙门天王和城隍神为中心》,北京:中国社会科学出版社,2012年,第118页。

祀体系的原有诸神序列之中,成为州县社稷位次之下的神祇。今从宋人所著《社稷神风雨雷师城隍诸庙祈雨祝文》、《社稷神风雨雷师城隍诸庙祝文》、《社稷神风雨雷师城隍诸庙祈晴祝文》①名目中,就可清晰看出城隍神在地方祭祀体制中的神位排序了。

即使在现实社会生活中,我们也不能因为一些地方城隍神备受礼重甚至呈现"强宾夺主"态势,就轻易认定唐宋时期城隍神已有取代州县社稷的趋向了。一方面城隍神信仰是有明显地域性的,虽然宋代城隍神信仰已由江南地域逐渐扩展开来,然仍无法达到天下州县皆置的程度,且并不是所有地方城隍神皆能被国家封爵,因此其与州县社稷遍及天下的格局是无法相比的。另一方面,地方民众的鬼神信仰是繁复庞杂的,各州各县并不类同,其中充斥着佛道、人鬼乃至自然精怪,难以轻易厘清。往往"释老教行"、神祠亦增,雕墙峻宇"殆遍城郭"②;经常"怪淫诬诞之说起",民众迷惑其中,"乞哀于老佛,听役于鬼魅,巨而龙罔,微而鳝蝘",笃信其"执水旱之柄,擅丰凶之权"③。当地方遭灾遇害时,"神祠佛宫"无不遍祈④,官民奔走"祈禳之不暇"⑤。即使其地有城隍神祠庙,亦可能只是祈拜对象之一,也有可能被置于一侧忽视不理。例如《湘山野录》中记载:北宋郑獬知荆南,遇虎入市啮伤数人,"郡大骇,竞修浮图法禳之"。郑公乃谕士民曰:"惟城隍庙在子城东北,实闾井系焉,荒颓久不葺,汝曹盍以斋金修之"。独一豪陈务成者前对曰:"某愿独葺,不须斋金也"。因修之⑥。荆南之地本有城隍神,但遭遇虎害时士民争相祈拜于佛门行浮图之法,完全不顾城隍神,荒颓久废的城隍庙是在地方官的努力之下才被修缮的。官方将城隍神纳入祭祀体系之中,对其进行管理规范之余,亦用以对抗不被认可的或者不能纳入到国家祭祀体系中的佛门祈禳及其他祭拜活动。地方社会中的城隍信仰,存在着明显的不确定性,这也是城隍神不能取代州县社稷的重要原因。

① (宋)真德秀:《西山文集》卷 54《城隍祝文》,台北:文渊阁四库全书本,第 1174 册第 864 页。
② (宋)周必大:《文忠集》卷 59《汀州长汀县社坛记》,台北:文渊阁四库全书本,第 1147 册第 628—629 页。
③ (宋)叶适:《水心集》卷 11《温州社稷记》,台北:文渊阁四库全书本,第 1164 册第 223 页。
④ (元)佚名:《宋史全文》卷 27 上《宋孝宗七》,哈尔滨:黑龙江人民出版社,2005 年,第 1879 页。
⑤ (宋)周必大:《文忠集》卷 59《汀州长汀县社坛记》,台北:文渊阁四库全书本,第 1147 册第 628—629 页。
⑥ (宋)文莹:《湘山野录》卷中,北京:中华书局,1984 年,第 25—26 页。

所谓"礼与时宜，则神随代立"，时变世迁中现实生活的需求和祈愿在不断变化，城隍信仰的盛行、城隍神地位的晋升与此有着直接的关联，传统社稷祭祀礼仪推行于州县之间，遭遇到敷衍了事的窘境亦与此有关。由唐至宋地方社稷与城隍神之间的纠葛，表面看来是城隍神地位晋升冲击了州县社稷的尊崇地位，其实质却是唐宋国家对地方州县层面祭祀活动的管理和掌控的不断加强，国家祭祀体制开始收编并整顿城隍神之类的民间神祇，将之纳入祀典序列加以管理。国家祭祀体制亦因为收编了城隍神这样的具有民众信仰基础的神祇，更趋接近民众生活实际而容易获得地方民众的认同，从而更具代表性和影响力。

北宋太常礼院及礼仪院探究

张志云　　汤勤福

　　中国古代以宋代"三冗"现象最为突出，其中"冗官"不仅表现为官职设置的繁复、官员队伍的庞大，还体现在官署机构的重叠。以礼仪官署为例，有宋一代，除礼部与太常寺外，北宋元丰改制前中书门下设置制敕院兵礼房、中书门下附属机构有太常礼院、礼仪院；枢密院设置枢密院礼房；元丰正名后尚书省有尚书省礼房、门下省有门下省礼房、中书省有中书省礼房，徽宗时期还设置了临时官署议礼局、礼制局等①。宋代设置礼仪之官署有些混乱、重床叠屋②，然对宋代礼仪官署的置废、职能等问题，目前学界很少有人问津③。而这一问题实关系到宋代礼制机构、礼仪制定的诸多方面及其变化，很有必要加以论述。鉴于宋代礼仪官署设置的交错复杂，本文仅选取北宋中书门下附属机构太常礼院与礼仪院加以探究，舛误之处，冀方家指正。

---

① 宋代礼仪官署制敕院兵礼房参见(清)徐松辑，刘琳等点校：《宋会要辑稿》职官一，上海：上海古籍出版社，2014年，第2946页下。礼仪院参见(宋)王应麟：《玉海》卷168《祥符礼仪院》，南京：江苏古籍出版社，1988年，第3088页。太常礼院参见《玉海》卷168《天圣太常礼院》，第3088页；枢密院礼房参见《宋会要辑稿》职官六，第3161页下；尚书省礼房参见《宋会要辑稿》职官四引《崇宁格》，第3097页上；门下省礼房参见《宋会要辑稿》职官二，第2986页上；中书省礼房参见《宋会要辑稿》职官3，第3024页下；议礼局参见《宋会要辑稿》职官五，第3132页下；礼制局参见(宋)杨仲良：《皇宋通鉴长编纪事本末》卷134，哈尔滨：黑龙江人民出版社，2006年，第2263页。

② 参见汤勤福、王志跃：《宋史礼志辨证》，上海：上海三联书店，2011年，第64页。

③ 目前关于宋代制礼机构的建置研究，仅有台湾学者张文昌《制礼以教天下——唐宋礼书与国家社会》第四章《礼官与制礼机构的建置》之第四节《两宋的礼典修撰机制》中有所论及。台北：台湾大学出版中心，2012年。此外，王风所撰《宋代修礼机构研究》一文完全抄袭张文昌先生上述章节内容，该文载于《河北科技大学学报》2013年第6期。

一、北宋太常礼院的设置及职掌范围之变化

唐代礼院的始置情况不详①，其设置亦不见于《唐六典》。据正史记载，唐高宗咸亨年间已有礼院之名②，虽然系属太常寺，但有其相对独立性，由太常博士单独主导，太常寺的长官太常卿是无权过问太常礼院的事务的③。从唐代太常礼院所设礼院修撰、检讨官、礼院礼生等官职④及其参与之活动来看，其职掌大致有三：其一、制定五礼仪注；其二、筹办南郊等大礼时提供咨询；其三、参与拟定王公勋臣谥号⑤。

赵宋立国之初，官职设置因袭唐后期、五代之制。南宋徐自明指出："唐制，省部寺监之官备员而已，无所职掌，别领内外任使，而省部寺监别设

---

① 唐太宗贞观四年二月以"太常卿萧瑀为御史大夫，与宰臣参与朝政。"（参见《旧唐书》卷 3《太宗纪下》，北京：中华书局，1975 年，第 39 页）可见唐沿袭隋设九卿，太常卿即主管礼仪事务的最高长官，然唐初未见有"礼院"之称。

② （宋）王应麟《玉海》卷 167《唐礼院》认为唐玄宗开元十九年（731 年）始置礼院，《旧唐书》卷 8《玄宗纪上》亦称开元十九年夏四月"壬午，于京城置礼院"，第 196 页。吴丽娱认为此礼院应指置于京城崇仁坊之诸王孙公主婚嫁之礼会院，与太常礼院并非一事。参见吴丽娱《唐代的礼仪使与大礼使》，载于《中国社会科学院历史研究所学刊》（第五集），北京：商务印书馆，2008 年，第 141 页下注文。《旧唐书》卷 82《许敬宗传》载许敬宗于高宗咸亨三年（672 年）死，太常将定谥，博士袁思古请谥为"缪"，敬宗孙太子舍人彦伯不胜其耻，请改谥。博士王福畤以为"若顺风阿意，背直从曲，更是甲令虚设，将谓礼院无人"，第 2764—2765 页。吴丽娱认为此处博士所在礼院即为太常礼院，此说甚确。但此并非太常礼院的最早记载。史称"太常博士萧楚才"曾在高宗初参与修撰《显庆礼》，于显庆三年（658 年）奏上，早于许敬宗定谥时间，笔者以为萧楚才当为太常礼院的博士，然亦不能说这是礼院建署的时间。参见《旧唐书》卷 21《礼仪志一》，第 818 页。

③ （宋）王溥撰，牛继清校证：《唐会要》卷 65《太常寺》记大中九年八月，"太常卿高铢决罚礼院礼生，博士李慭引故事见执政，以礼院虽系太常寺，从来博士自专，无关白者。太常三卿始莅事，博士无参集之礼，今之决罚，有违故事。时宰相以铢旧德，不能诘责，铢惭而请退。"西安：三秦出版社，2014 年，第 970 页；此又见《新唐书》卷 177《高铢传》，内容稍略，第 5276 页。《旧唐书》本传未记载此事。

④ （宋）欧阳修、宋祁撰《新唐书》卷 48《百官志三》载曰："（太常寺）有礼院修撰、检讨官各一人"，"太常寺、礼院礼生各三十五人。"北京：中华书局，1975 年，第 1242 页。

⑤ （后晋）刘昫等撰《旧唐书》卷 19 下《僖宗纪下》光启二年（886 年）以王重荣函襄王首赴行在，"刑部奏请御兴元城南门，阅俘馘受贺，下礼院定仪注"，博士殷盈孙否之，"遂罢贺礼"，第 725—726 页；《旧唐书》卷 21《礼仪志一》载元和十五年十二月，将行南郊亲祭，"穆宗问礼官：'南郊卜日否？'礼院奏：'伏准礼令，祠祭皆卜。自天宝以后，凡欲郊祀，必先朝太清宫，次日飨太庙，又次日祀南郊。因循至今，并不卜日。'从之。"第 845 页。《旧唐书》卷 52《后妃传下》载元和十一年三月，顺宗庄宪皇太后之丧，"太常少卿韦绶进谥议，公卿署定，欲告天地宗庙。"礼院指出："天子谥成于郊，后妃谥成于庙。今请准礼，集百官连署谥状讫，读于太庙，然后上谥于两仪殿。既符故事，允和礼经。"第 2195 页。

主判官员额。"①显然徐氏所指为唐代后期官制,宋代前期同样保留了三省、六部、九寺、五监等行政机构,但仅是名义上存在而已,实际上其职能已被宋初所设置的新机构及临时差遣分割②。以礼仪官署而言,宋初延续唐制,在礼部、太常寺之外别置太常礼院。史书记载:"宋初,旧置判(太常)寺无常员,以两制以上充,丞一人,以礼官久次官高者充。别置太常礼院,虽隶本寺,其实专达。有判院、同知院四人,寺与礼院事不相兼。"③可以看出宋初的太常礼院名义上隶属于太常寺,其实并不受太常寺控制,而是直接对皇帝负责。

宋初这三个机构的职能分工大致如下:礼部设判礼部事二人,以两制及带职朝官充,所掌职事甚少,仅为"制科举人,补奏太庙郊社斋郎、室长、掌座、都省集议、百官谢贺章表、诸州申举祥瑞、出纳内外牌印之事,而兼领贡院。"④太常寺设判寺官一人或二人,仅掌"社稷及武成王庙、诸坛斋宫习乐之事。"⑤对于太常礼院的职掌,史书记载,"凡礼仪之事,悉归于太常礼院。"⑥龚延明在《宋代官职辞典》中标注:"(太常礼院)在宋前期侵太常寺职权,掌礼乐制度、仪式事。"⑦通过比较可知,宋初的太常礼院在礼仪事务中占主要地位。

有学者认为:与唐代后期太常博士主领太常礼院事务有所不同,宋代前期太常博士无职事,仅为转迁官阶⑧。实际上,宋初太常博士并非如此:

> 太祖皇帝乾德元年闰十二月二十八日,国子司业兼太常博士聂崇
> 义上言:"皇家以火德上承正统,应五行之王气,纂三元之命历,恭寻旧
> 制,存于祀典。伏请奉赤帝为感生帝,每岁正月别尊而祭之。"事下尚

① (宋)徐自明撰,王瑞来校补:《宋宰辅编年录校补》卷1,建隆元年八月甲申,北京:中华书局,1986年,第6页。

② 除太常礼院外,其他的新机构如中书门下旁,又立三司;吏、兵部旁,另设审官东、西院、三班院、流内铨;刑部之旁,又建审刑院;秘书省之侧,另设三馆秘阁(崇文院)等等,以分割相权、省部寺监之权。参见龚延明:《宋代官制总论》,载《宋代官制辞典》,北京:中华书局,1997年,第5页。

③ (元)脱脱:《宋史》卷164《职官志四》,北京:中华书局,1985年,第3883页。可以看出宋初就已经设置太常礼院,南宋王应麟在《玉海》中仅列出"天圣太常礼院"条目,显然有阙漏。参见(南宋)王应麟:《玉海》卷168《宫室院下》,第3088页。

④ (清)徐松辑:《宋会要辑稿》职官十三,第3369页上。又(元)马端临《文献通考》卷52《职官考六》"礼部尚书"条载同,北京:中华书局,2011年,第1522—1523页。

⑤ (清)徐松辑:《宋会要辑稿》职官二十二,第3623页上。

⑥ (清)徐松辑:《宋会要辑稿》职官十三,第3369页上。

⑦ 龚延明:《宋代官制辞典》,北京:中华书局,1997年,第97页。

⑧ 龚延明认为太常博士在宋前期无职事,为文臣迁转官阶;大中祥符间为职事官,始有博士掌定谥等;元丰正名,太常博士始掌五礼仪式、拟订谥文、参与祠祭等,止为职事官。参见龚延明:《宋代官制辞典》,第274页。

书省集议，请如崇义之奏。①

太祖乾德元年十一月二十日，太常博士和岘言："今月十六日亲祀南郊，合飨天地，准画日二十九日冬至祀昊天上帝。谨按《礼记祭义》云：'祭不欲数，数则烦，烦则不恭。'又按《开元礼义纂》云：'当禘祫之月，不行时飨，以大包小，礼所从也。'望依礼令权停南至之祀。"诏可。②

乾德元年十二月七日，孝明皇后崩，始诏有司议置后庙，详定殿室之制，及孝惠、孝明二后先后之次。太常博士和岘议曰："按唐睿宗追谥刘氏为肃明皇后，窦氏为昭成皇后，同于亲仁里立庙，名曰'仪坤'，四时飨祀，皆准太庙之礼。伏请孝惠、孝明共殿别室。恭惟孝明皇后早正位于内朝，实母仪于天下，伏请居于上室。孝惠皇后缘是追尊，元敕止就陵置祠殿，今祔别庙，宜居次室。仍依太庙例，以西为上。"从之。③

乾德二年二月敕："应内外文武职官仪制等，宜令尚书省集台官、翰林学士、秘书监、国子司业、太常博士等详议。"④

上述第一条史料还可勉强说聂崇义是"兼职"，而二、三两条则明确是职事官，第四条更为清楚表明太常博士与其他职事官一起详议有关"内外文武职官仪制"，可见宋初太常博士并非完全是迁转定阶的闲职，虽无制礼之权，但仍是有参与议礼权的职官。

北宋太常礼院先后设置判太常礼院、同判太常礼院、知太常礼院、同知太常礼院等差遣。其中，判太常礼院掌领本院有关仪注、典礼公事，以待制以上侍从官兼判。他们多长于礼学，如真宗时期"龙图阁待制孙奭见判礼院，深于经术，礼学精博。"⑤如果资历稍浅者判太常礼院则带"同"字，同判太常礼院多带馆职，共四员，规定须轮置礼院。宋前期太常礼院另置知太常礼院和同知太常礼院，此二者位次低于判礼院；如止置一员，则称知礼院，若置数员，则称同知礼院。据史料记载，宋代知太常礼院相当于唐代太常博士之职⑥。

① （清）徐松辑：《宋会要辑稿》礼二十八，第1300页上。
② （清）徐松辑：《宋会要辑稿》礼三，第539页上。
③ （清）徐松辑：《宋会要辑稿》礼十，第681页上。
④ （清）徐松辑：《宋会要辑稿》仪制八，第2452页。
⑤ （宋）李焘：《续资治通鉴长编》卷78，大中祥符五年六月己未，北京：中华书局，2004年，第1772页。
⑥ （宋）李焘：《续资治通鉴长编》卷111，明道元年五月庚辰载："初，同知太常礼院薛绅言：'汉、魏以来，朝廷大政，必下礼官博士定议。《唐六典》太常置博士四人。今知礼院官，盖古博士之任也。'"第2581页；（宋）王应麟《玉海》卷168《天圣太常礼院》也载："今知院，古博士职也。"第3088页；（宋）宋敏求《春明退朝录》记载："同知院，即博士也。"北京：中华书局，1980年，第12页。

《旧唐书》载，唐代"太常博士掌五礼仪式，本先王之法制，适变随时而损益焉。凡大祭祀及有大礼，则与卿导赞其仪。凡公以下拟谥，皆迹其功行，为之褒贬。"①因此我们可以推断宋代知太常礼院的主要职能为掌五礼仪式、参与祭祀及大礼、为公以下官员拟谥。司马光在皇祐四年（1051年）四月任同知太常礼院时，在给宋仁宗上《论夏竦不当谥文正》奏折中提到，"按令文，诸谥王公及职事官三品以上，皆录行状申省，考功勘校，下太常礼院拟谥讫，申省议定奏闻。"②司马光认为夏竦生前所为不适合授予"文正"谥号。

宋初曾规定同知礼院要每天轮值礼院，"国朝，同知院四员，日更直本院，其后或别领职事，因循废直。"③可见这项制度由于同知院兼领其他职事而未很好地执行。到了咸平元年（998年）正月，朝廷再次"敕太常礼院同判院官轮一员在院点检典礼公事"。这次把轮值太常礼院的官员由同知院改为同判院，提高了一个级别。大中祥符七年（1014年）四月，"敕同判院官四员张复、杨崿专领祠祭，而宋绶、晏殊常在礼仪院祗应文字。"由于四位同判院官都身兼其他公务，而且"同判院官皆带馆职，因而更不赴"。这说明咸平元年正月的敕令在施行中又被中断。到仁宗朝明道元年（1032年）五月庚辰，又"诏太常礼院日轮知院一员，在院点检典礼公事。"以上可以看出，宋前期无论是知礼院官还是判礼院官在执行轮流值院的问题上出现多次反复，导致朝廷一再颁行诏敕，其主要原因还是这些差遣官员往往"别领职事"或"皆带馆职"，如英宗朝同知礼院李育便身兼秘阁校理④。馆职即昭文馆、史馆、集贤院、秘阁官职通称。在北宋前期，宋人视馆职为仕途终南捷径，两制、宰执官多取自馆职⑤。因此，这些身带馆职的礼院官们无意去履行轮流值院之责了。

太常礼院另一重要职能为保存礼乐文字并编修礼文。真宗大中祥符五年（1012年）六月，修国史院需要编修《礼志》，由于材料不够详备转而向太常礼院寻求相关礼制文字。史料记载，真宗大中祥符五年"修国史院言：'所修《礼志》，旧《日历》止存事端，并礼院取索国初以来礼文损益沿革制作之事及议论评定文字，尚虑或有遗落，致国家大典有所不备。'"⑥当时判礼院官孙奭因为精通经术与礼学，被专门委以"检讨供报"

① （后晋）刘昫等：《旧唐书》卷44《职官志三》，第1873页。
② （宋）赵汝愚编：《宋朝诸臣奏议》卷95司马光等《上仁宗论夏竦不当谥文正》，上海：上海古籍出版社，1999年，第1023页。
③ （宋）李焘：《续资治通鉴长编》卷111，明道元年五月庚辰，第2581页。
④ （宋）李焘：《续资治通鉴长编》卷206，治平二年八月乙卯，第4992页。
⑤ 龚延明：《宋代官制辞典》，第145页。
⑥ （宋）李焘：《续资治通鉴长编》卷78，大中祥符五年六月己未，第1771—1772页。

的重任。

宋代太常礼院参与编修的礼典有：天圣五年十月太常博士、直集贤院、同知礼院王皞编撰《礼阁新编》60卷①；庆历四年正月太常礼院上奏新编《太常新礼》40卷及《庆历祀仪》62卷，参知政事贾昌朝任提举官②；治平二年九月姚辟、苏洵编修《太常因革礼》100卷，欧阳修任提举官③；熙宁十年正月，太常礼院以"庆历五年以后祠祭沿革，参酌编修成《祀仪》三本。"④元丰初年，龙图阁直学士宋敏求同御史、阁门、礼院详定《朝会仪注》46卷、《祭祀》191卷、《祈禳》40卷、《藩国》71卷、《丧葬》163卷⑤。

以上礼典仅《太常因革礼》保存至今。欧阳修在任同判太常寺时，鉴于太常礼院文字多有散失，上奏请求差官编修。朝廷原本准备重新置局，只命礼官负责此事。由于礼官们有的负责"祠祭斋宿"，有的兼校馆阁文字，或者别领他局等原因，礼文编修工作因此停滞。直到嘉祐六年，秘阁校理张洞奏请挑选幕职、州县官文字该赡者两三人置局编修，命一名判寺官总领此事。是年七月，项城县令姚辟、文安县主簿苏洵被任用编纂礼文，欧阳修时任参知政事，故被任命为提举编纂礼书。姚辟、苏洵二人以幕职州县官身份来编修礼书，知制诰张瓌上奏反对，认为应挑选"有学术方正大臣，与礼官精议是非、厘正绲绎"，才可以编修礼书。苏洵据理力争并驳斥张瓌的指责，张瓌奏议未被批准⑥。姚辟和苏洵嘉祐六年七月入礼院被授予太

---

① （宋）李焘：《续资治通鉴长编》卷105，天圣五年十月辛未，第2451页。
② （宋）李焘：《续资治通鉴长编》卷146，庆历四年正月辛卯，第3533页。
③ （宋）李焘：《续资治通鉴长编》卷206，治平二年九月辛酉，第4996页。
④ （宋）李焘：《续资治通鉴长编》卷280，熙宁十年正月庚申，第6850页。
⑤ （元）脱脱：《宋史》卷98《礼志一》，第2422页。实际上，此处"详定"应为"原已有成书，重新审核而已"。对于详定礼文一事的时间，《礼志》用"未几"一词，当为元丰元年事，同时，"详定"并非同年之事，如《郊庙奉祀礼文》始于元丰元年正月、《朝会仪注》始于元丰二年六月、《景灵宫四孟朝献仪》等于元丰五年十月审核完毕。参见汤勤福、王志跃著《宋史礼志辨证》，第51—52页。
⑥ 有学者指出，张瓌的奏议被拒，或者亦在其反对欧阳修修书主张之故。姚辟与苏洵二人皆为欧阳修之亲近，逢其时而入礼院编修礼书，秉承欧阳修编书宗旨尤为明确。参见王美华：《〈太常因革礼〉与北宋中期的礼书编纂》，《古籍整理研究学刊》2014年第1期。笔者认为这种说法值得商榷。其一，姚辟、苏洵以幕职、州县官入礼院编修礼书是缘于秘阁校理张洞的奏请。其二，欧阳修编修《新唐书》、《新五代史》力图仿效《春秋》之春秋笔法为尊者讳，而苏洵在《议修礼书状》一文中指出："今先世之所行，虽小有不善者，犹与《春秋》之所讳者甚远，而悉使洵等隐讳而不书，如此，将使后世不知其浅深，徒见当时之臣子至于隐讳而不言，以为有所大不可言者，则无乃欲益而反损欤？"参见（宋）苏洵著，曾枣庄、金成礼笺注：《嘉祐集笺注》卷15，上海：上海古籍出版社，1993年，第434页。这段文字可以看出苏洵是反对曲笔回护的修书原则的，因此，认为苏洵"秉承欧阳修编书宗旨"的观点是无法成立的。

常礼院编修礼书的差遣①,直到治平二年九月,历时四年的礼书编修工作才结束。欧阳修上奏,"已编成礼书百篇,诏以《太常因革礼》为名。"该礼典以《开宝通礼》为基础,记载自建隆到嘉祐年间的礼仪变革。

我们还必须注意,在礼典制定过程中,除礼部、太常寺、太常礼院等官署外,馆阁部门的官员也常参与其中。南宋程俱《麟台故事》记载:"祖宗时,有大典礼政事讲究因革,则三馆之士必令预议,如范仲淹议职田状、苏轼议贡举者,即其事也。详议典礼,率令太常礼院与崇文院详定以闻,盖太常礼乐之司,崇文院简册之府,而又国史典章在焉。合群英之议,考古今之宜,则其施于政事典礼,必不诡于经理矣。"②范仲淹议职田状时任秘阁校理,苏轼议贡举时任直史馆,崇文院与太常礼院协同议定典礼,这正是宋代集议制度在礼仪事务领域的体现。

太常礼院为制订礼仪的官署,而御史台等官署也在一定程度上参与其事③,但太常寺主要职能在于礼仪的日常施行。但随着时代变迁,太常寺逐步扩大参与礼仪制订的权力,即对太常礼院职权一步步加以限制,最终使其职能归并太常寺,成为太常寺的附属机构。为便于分析,先罗列下表:

北宋太常礼院职掌范围变化表

时间	史料记载	史料来源
宋初至康定元年 (960—1040年)	宋初……别置太常礼院,虽隶本寺,其实专达。有判院、同知院四人,寺与礼院事不相兼。	《宋史》卷164《职官志四》,第3883页
	凡礼仪之事,悉归太常礼院。	《宋会要辑稿》职官13,第3369页上
康定元年十一月 (1040年)	(太常寺)置判寺、同判寺,并兼礼仪事。	《宋会要辑稿》职官22,第3623页下
熙宁三年五月 (1070年)	以太常礼院治所为审官西院,其礼院归太常寺置局。	《续资治通鉴长编》卷211熙宁三年五月丁巳,第5138页
元丰五年五月 (1082年)	(太常寺)元丰正名,始专其职焉。	《宋会要辑稿》职官22,第3623页下

---

① (宋)李焘:《续资治通鉴长编》卷208,治平三年六月壬辰记载:"赠故霸州文安县主簿、太常礼院编纂礼书苏洵光禄寺丞。"第5054页。可见苏洵生前在礼院编修《太常因革礼》时便被授予了"太常礼院编纂礼书"差遣官名。龚延明在《宋代官制辞典》之"太常礼院编纂礼书"条中,认为此差遣官是嘉祐六年(1061年)二月始置,而姚辟、苏洵进入礼院为嘉祐六年(1061年)七月。因此,龚延明的"嘉祐六年二月"当是"七月"之误。

② (宋)程俱撰,张富祥校正:《麟台故事校证》卷3,北京:中华书局,2004年,第144页。

③ 御史台与太常礼院共同制订礼仪的记载并不罕见,如《宋史》卷120《礼志二三》载"熙宁二年,御史台、太常礼院详定臣僚御路上马之制"便是明证。中书、秘书省等其他部门有时亦参与议定礼仪。

从上面表格中可以看出,康定元年是太常礼院职权发生变化的分水岭。在此之前,太常寺虽可在一种程度上参与礼仪制订,与可以对施行的礼仪进行评议,但它是无权干预太常礼院的礼仪制订职权的。史书记载,真宗朝谢绛在判太常礼院期间,曾建言:"太常寺本礼乐之司,今寺事皆本院(笔者注:指太常礼院)行之,于礼非便。请改判院为判寺,兼礼仪事。其同知院凡事先申判寺,然后施行,其关报及奏请检状,即与判寺通签。"①这段文字可以看出,在真宗朝谢绛任判礼院时,太常礼院担负了原本属于太常寺的礼仪事务。谢绛认为这种职权分配极不合理,应该提高太常寺的权力、缩小太常礼院的职权。然而谢绛的建议迟迟未得到响应。直到仁宗朝康定元年十一月,以判太常寺、翰林侍读学士、兼龙图阁学士李仲容兼礼仪事,判太常礼院知制诰吴育、天章阁待制宋祁并同判太常寺、兼礼仪事。自此太常寺的判寺官从太常礼院获取了"兼礼仪事"的权力,这对太常礼院而言乃是非同小可的事件,意味着其独立地位开始动摇。

熙宁三年(1070年)五月,在王安石建议之下,朝廷为分割枢密院考核武官之权设立审官西院,以太常礼院治所为审官西院,把礼院归于太常寺置局②。太常礼院的办公场所移为他用,从宋初"虽隶本寺(太常寺),其实专达"回归到由太常寺置局,标志太常礼院的地位再次下降以及太常寺对太常礼院的进一步制控。元丰五年(1082年)五月更改官制,太常寺"始专其职",完全接管了此前太常礼院所掌"礼仪之事",因而太常礼院亦不复存在了③。据《宋史》载:"熙宁末,尝诏太常礼院讲求亲祠太庙不及功臣礼

---

① (宋)李焘:《续资治通鉴长编》卷129,康定元年十一月乙丑,第3056页。

② (宋)李焘:《续资治通鉴长编》卷211,熙宁三年五月丁巳,第5138页。另王应麟在《玉海》中记载,熙宁"四年六月二十四日,以旧审刑院为太常礼院。"似乎太常礼院回归太常寺一年后又移出。参见(宋)王应麟《玉海》卷168《天圣太常礼院》,第3088页。然《续资治通鉴长编》《宋会要辑稿》《宋史》等文献均未记载。

③ 对于元丰五年更改官制之后太常礼院是否罢废,学界有不同看法。龚延明在《宋代官制辞典》"太常礼院"条认为"元丰五年五月行新制,罢礼院。"其标注史料来源于(宋)谢维新:《古今合璧事类备要后集》卷33《太常卿》。然查阅此书,谢氏并未记载元丰五年新制罢礼院。《续资治通鉴长编》《宋史》《宋会要辑稿》等文献均未明确记载元丰五年罢礼院。张文昌引用《玉海》卷168《天圣太常礼院》中记载"(太常礼院)元丰五年更官制,以太常卿少领之",指出宋神宗在元丰年间对官制进行大规模改革,太常礼院由太常卿掌管。参见张文昌:《制礼以教天下——唐宋礼书与国家社会》,第282页。然而笔者检索《续资治通鉴长编》,元丰五年更官制后再未出现"太常礼院"或"礼院"等记录,据此可以推断太常礼院在元丰改制中已罢废。按:史称"神宗元丰元年,详定郊庙礼文所",元丰三年有"详定礼文所"的记载,两者当为一件事。然当时仍有太常礼院:"神宗元丰元年,详定郊庙奉祀礼文,枢密院直学士陈襄上言:'合祀天地于圜丘为非礼,请依古礼,祭地于方泽。'诏礼院集议。"(《文献通考》卷76《郊社考九》,第2356页。)那么礼院还有什么事做?说元丰五年似无更过硬资料证实。《文献通考》卷85《郊社考十八》:"宋神宗元丰四年,天章阁待制罗拯言:'高禖坛在南郊,制不甚广,上设神位三,皆密列祭器,执事之人殆不容足,祀官奠献,或侧身拜于褥位。乞令修展,以叶礼制。'诏太常、礼院详定以闻。"显然元丰四年仍有太常礼院。第2605页。

例"①,而《宋会要辑稿》载元丰六年七月九日,尚书礼部言"太常寺修定北郊坛制"②云云,显然太常寺已经正式接替礼院制订礼仪了,从这两条史料中大致可见太常礼院的废罢时期。

二、北宋礼仪院的兴废及其运作方式

北宋前期新增礼仪官署除太常礼院之外,真宗大中祥符六年八月将起居院详定所改置成礼仪院③,其仅存十年,于仁宗天圣元年四月罢废。尽管宋代礼仪院设置时间短暂,然而其兴废原因,尤其是它的运作模式值得我们关注。为便于了解礼仪院之演变脉络,兹先列《续资治通鉴长编》相关材料:

> 大中祥符元年四月"(起居院)详定所自(大中祥符)元年四月置。"④
> 大中祥符六年八月"改起居院详定所为礼仪院,以兵部侍郎赵安仁、翰林学士陈彭年同知院事。"⑤
> 大中祥符七年二月"以参知政事丁谓判礼仪院,翰林学士陈彭年知院。"⑥
> 天圣元年四月"罢礼仪院,从枢密副使张士逊等所请也……大中祥符中,又增置礼仪院,以辅臣领其事,于是始罢。"⑦

实际上,真宗自澶渊之盟后,趁着与契丹和好的时机,大肆置办东封泰山、祭祀汾阴及崇奉天书、圣祖等祭祀活动,于大中祥符元年四月就专门设置了

---

① (元)脱脱等《宋史》卷 109《礼志一二》,第 2629 页。吕大临为张载写行状,称其熙宁十年任职同知太常礼院,参见(宋)张载著,章锡琛点校:《张载集》附录《吕大临横渠先生行状》,北京:中华书局,1978 年,第 381 页。
② (清)徐松辑:《宋会要辑稿》礼三,第 540 页。
③ (宋)李焘:《续资治通鉴长编》卷 81,大中祥符六年八月庚午载:"改起居院详定所为礼仪院,以兵部侍郎赵安仁、翰林学士陈彭年同知院事。初置详定所,即命彭年领之,彭年时修起居注,故就起居院置局,於是徙起居院於三馆。详定所自元年四月置,于是改名礼仪院。"第 1845 页。(宋)王应麟《玉海》卷 168《天圣太常礼院》记载同,第 3088 页。
④ (宋)李焘:《续资治通鉴长编》卷 81,大中祥符六年八月庚午注文,第 1845 页。
⑤ (宋)李焘:《续资治通鉴长编》卷 81,大中祥符六年八月庚午,第 1845 页。
⑥ (宋)李焘:《续资治通鉴长编》卷 82,大中祥符七年二月庚辰,第 1866 页。
⑦ (宋)李焘:《续资治通鉴长编》卷 100,天圣元年四月辛丑,第 2320 页。

详定所来制定相关仪注。史书记载:"真宗承重熙之后,契丹既通好,天下无事,于是封泰山,祀汾阴,天书、圣祖崇奉迭兴,专置详定所,命执政、翰林、礼官参领之。"①最初设置的详定所由翰林学士陈彭年主持,由于当时陈彭年在起居院修起居注,因此详定所就设置在起居院。史载真宗对陈彭年非常赏识,不仅作歌赐予他,而且对他主持的详定所给予高度评价,认为"详定所事无大小,皆俟彭年裁制而后定,此一司不可废也。往者参酌典礼,虽遍历攸司,而所见皆出胥吏,今已为定式矣。"②真宗强调了详定所的重要性,并指出之前的仪注礼典虽经过群臣议定,实际编撰出自胥吏,今后详定所仪注须经陈彭年裁定。大中祥符六年八月,"改起居院详定所为礼仪院,以兵部侍郎赵安仁、翰林学士陈彭年同知院事。"③知礼院与同知院职事同,如止置一员,则称知礼院;若置数员,则称同知礼院④。起居院也因礼仪院的设立而移于三馆,此后礼仪院又从三馆移出至右掖门外⑤。

尽管礼仪院是真宗时期因"符瑞繁缛"的需要而产生,但由于受到真宗重视而职掌甚广,除裁定举行典礼所用仪仗、法物等各项制度之外,还掌管以往送至中书礼房的各种内外书奏文字,甚至在不同部门之间发生职务相涉时,也由礼仪院来统筹协调,礼仪院实际在某种程度上替代了太常寺、太常礼院与中书礼房的大部分职权⑥。大中祥符七年二月礼仪院设置判礼仪院,以参知政事丁谓担任,翰林学士陈彭年继续任知礼仪院,自此多以参知政事兼判礼仪院、以学士丞郎、诸司三品以上官员知礼仪院⑦。不过枢密使有时亦可兼判礼仪院。史载天禧元年三月,枢密使王钦若言:"礼仪院实司容典,以奉禋祀。创置已来,皆参知政事兼判。昨者宣读天书之际,臣受诏权令管勾,方当大礼,不敢固辞。今请别选官以总其事。"⑧当时王钦若并非参知政事,认为自己身份不适合总理礼仪院事务,真宗遂下诏让王钦若以枢密使兼判礼仪院。由于礼仪院事务繁多,以至于常常从三司、在

① (元)脱脱:《宋史》卷98《礼志一》,第2422页。
② (宋)李焘:《续资治通鉴长编》卷80,大中祥符六年六月己巳,第1830—1831页。
③ (宋)李焘:《续资治通鉴长编》卷81,大中祥符六年八月庚午,第1845页;宋敏求亦记载,"大中祥符中,符瑞繁缛,别建礼仪院,辅臣主判,而两制为知院。"参见宋敏求:《春明退朝录》,北京:中华书局,1980年,第11页。
④ 龚延明:《宋代官制辞典》,第97页。
⑤ (宋)王应麟:《玉海》卷168《天圣太常院》,第3088页。
⑥ (宋)李焘:《续资治通鉴长编》卷82,大中祥符七年二月庚辰记载:"凡礼仪院揭榜,刻印,移文他局,并以银台司为准。制度文物,及祠祭所用有未合礼者,悉令裁定。内外书奏中书礼房所掌者,尽付之。诸司职务相涉者,咸得统筹。"第1866页。
⑦ (宋)王应麟:《玉海》卷168《天圣太常礼院》,第3088页。
⑧ (清)徐松辑:《宋会要辑稿》职官二十二,第3626页下。

京百司中挑选胥史来充当礼仪院令史,有时选调礼部礼直官和其他诸司官员轮流赶赴礼仪院当差。如果遇到紧急公事,便直接用印纸札子填写来及时处理①。当时朝廷崇奉祠祭尤其谨慎,但凡有祭祀事务,其微小细节都要进行事先规划制定。

宋代官府文书制度及运作模式较为复杂,有学者将其分为上行、下行及平行三种类别②。北宋前期礼仪院掌管揭榜、刻印、移文他局等事务,都按照银台司③流程为准。如果是中书门下、枢密院判院,移文诸司时宣徽院用"头子"、御史台用"牒",其余部门都用"札子"。如果不是由中书门下、枢密院大臣任判礼院,移文他局就要用公"牒",只有库务依旧用"札子",对于三司用"帖"。如果涉及其他礼仪、仪仗、祠祭等部门,礼仪院以"札子"送达。对于诸路转运司,以及两京、诸州府,用"牒"或者"札子"。如果需要向中书、枢密院商议请示必须用"申状";如果传达圣旨或日常小事,则按照阁门④旧例书写"札子"、盖印之后送达相关部门。礼仪院负责详定仪注、仗卫祀祭等事,出具札子与其他部门次第商量后,最后进呈中书门下;如果涉及抽差执仪兵士及鞍马事务,也依此例向枢密院进呈札子。若是遇到紧急礼仪活动,则要立即报告相关部门,依照阁门"札子"惯例、盖印发文。有时也会遇到公文被相关部门驳回,那么礼仪院则要重新审察公文后再次发送;至于相关部门有所申请或禀报事项,礼仪院要及时记录备案⑤。

自真宗东封之后,朝廷若举行大礼,以往太常礼院及详定所积累的礼仪文字,都要送至礼仪院统一编录收掌、准备检阅。其他相关部门的礼仪条制,也由礼仪院分门别类加以编录。凡涉及礼仪、仪仗、祠祭及相关礼事,则委托相关官署比对现有礼仪,如果礼文不适宜,该官署可以自行筹划

---

① (清)徐松辑:《宋会要辑稿》职官二十二,第 3625 页下。

② 平田茂树认为宋代由下级官僚、官府向上级官僚、官府或者皇帝传送的上行文书以"表"、"启"、"申状"、"奏状"、"札子"为代表;由皇帝或者上级的官僚、官府向下级官僚、官府传达的下行文书,以"诏"、"敕"、"札子"、"帖"等为代表;同级官府间往来的平行文书,以"关"、"牒"、"咨报"为代表。其中被称为"札子"的文书有两种:以"上殿札子"为代表,呈递给皇帝的上行文书;以及从中书、枢密院等颁下的下行文书。(日)平田茂树:《宋代文书制度研究的一个尝试——以"关"、"牒"、"咨报"为线索》,《汉学研究》第 27 卷第 2 期,2009 年,第 47 页。

③ 宋代银台司掌接受全国奏状案牍,抄写条目经通进司上送皇帝,及发付有关官司,督促及时处理。参见(元)脱脱:《宋史》卷 161《职官志一》,第 3782 页。

④ 阁门在此处应为东、西上阁门司之简称。东、西上阁门原本为上朝之仪,其后成为官署,宋代东上阁门司掌赴前、后殿朝会、宴集、常朝起居臣僚蕃客朝见、辞谢范仪与分班次、引班;例赐礼物,承受点检,称旨宣答;纠弹失仪;行幸前导;外国信使到阙授书、庆贺拜表;宣麻引案等有关吉礼事。西上阁门司掌辰忌慰礼进名、行香、临奠、问疾等有关凶礼事。参见(清)徐松辑:《宋会要辑稿》职官三十五,第 3877 页。

⑤ (清)徐松辑:《宋会要辑稿》职官二十二,第 3626 页上。

并申报礼仪院参议后改更。对于行礼所用放置于各官署的仪仗礼服,各取一件进行查验,如发现有故意隐瞒玩忽职守者则呈报惩处,损坏仪仗礼服则另送三司相关机构负责修整。礼仪院内有不合典礼事件则要别定制度。遇到皇帝升坛行礼,升坛殿时各部门所抽调供职人的衣服冠帻等,须另外调用一次,故设置封桩库保管。如有制度不合法令,立即参议确定。对于因行礼及坛殿所用的帐设什物,令仪鸾司①登记造册,另设封桩库保管,平时不得杂用。各部门所抽调的供职者,每日轮换一人等候传唤安排公事。每次遇到行礼及升坛殿等祭祀活动,涉及的各部门职掌不同,规定在操练礼仪前五日,各部门必须拟定人数、姓名,按时赶赴礼仪院②。

礼仪院公用钱按照太常礼院惯例,每月给十千文。另外礼仪院还设置主押人,每月额外支钱三千文,如果前、后行任此职则减为二千文。若是守阙官在礼仪院任职,须入仕及三周年才依例分拨食直、笔墨钱。入仕三周年且曾经在大礼中供职又无过失,即可向御史台申请考试书札,通过者可补各司正职、叙理劳考。如犯过受杖以下刑一次则要停一年;礼仪院如遇文字繁多,可以在馆阁或诸司守阙官吏中选择协助抄写③。

礼仪院原本因真宗崇奉天书符瑞而设,但实际上,它的设置确实是重床叠屋,与早已存在的太常礼院职责重复,且使太常礼院处于十分尴尬的境地,仁宗即位后,官员们开始议论礼仪院的存废问题。史载天圣元年(1023年)四月枢密副使张士逊等言:"礼仪院占公人二十二人,岁费钱千七百余贯,非泛行礼支给在外,日逐行祗应不多。详定仪制,久来属太常礼院管勾,今请停罢所有承受宣敕、行遣公案诸般文字,并付本院。"④这些官员们认为礼仪院不仅耗费大量人力、财力且与太常礼院的职权重复,此外礼仪院也不像设立之初那样事务繁多,逐渐失去其存在的必要,故请求将罢废礼仪院,其掌管各种文书交付太常礼院。宋仁宗采纳了张士逊等人的建议,于天圣元年(1023年)四月⑤下诏罢废了礼仪院。

---

① 宋仪鸾司隶卫尉寺,掌供奉皇帝乘舆亲祠郊庙、朝会、巡幸、宴享及宫殿内供设幕帘帷帐等事。参见(清)徐松辑:《宋会要辑稿》职官二十二,第3617页上。
② (清)徐松辑:《宋会要辑稿》职官二十二,第3626页上。
③ (清)徐松辑:《宋会要辑稿》职官二十二,第3626页下。
④ (宋)李焘:《续资治通鉴长编》卷100,天圣元年四月辛丑,第2320页。
⑤ 《续资治通鉴长编》卷100,天圣元年四月辛丑条明确记载"罢礼仪院"、"(礼仪院)于是始罢"(第2320页),可是同书卷161庆历七年(1047年)七月庚午却记载:"景祐南郊,礼仪使言:'天圣五年敕,礼仪院奏,宰臣、参知政事摄事宗庙'"。(第3893页)按:天圣元年已经罢废礼仪院,不可能在天圣五年再次出现,考虑到"元"与"五"很相似,故卷161庆历七年七月庚午所载"天圣五年敕"很可能是传抄错误,当为"天圣元年敕"。

三、太常礼院与礼仪院之异同及关联

作为北宋先后出现的礼仪机构太常礼院与礼仪院具有很多相同特征。

其一，二者皆隶属北宋前期中书门下，它们的设置均分割了礼部与太常寺等礼仪官署的职权。史载北宋前期"三省、六曹、二十四司，类以他官主判，虽有正官，非别敕不治本司事，事之所寄，十亡二三"①。其职事为中书门下、三司、枢密院所分割之外，并分归中书门下所属新设机构履行②。太常礼院与礼仪院便是职掌礼仪事务的新设机构。

其二，二者都有详定仪制、掌管礼仪书奏文字之职能。前文已罗列了太常礼院参与编修多部礼典，礼仪院也会修订相关礼制③，然而文献并未记载北宋礼仪院曾颁行过成文礼典。我们所能看到的仅有丁谓、李宗谔等撰《大中祥符封禅记》50 卷④和丁谓等撰《大中祥符祀汾阴记》50 卷⑤。

其三，二者最终都被罢废。罢废的主要原因也相似，太常礼院分割了太常寺及礼部的主要职能，而礼仪院的设置则侵占了太常礼院及太常寺的相关职能。二者罢废之后，礼仪院职能并入太常礼院，而太常礼院职能并入太常寺。

然而，宋代前期太常礼院与礼仪院也有许多不同之处。

其一，设置背景、原因及目的不同。太常礼院是宋初延续唐后期、五代之制，为分割省部监寺之权而设的新机构，目的是加强皇权与中央集权；而礼仪院是因真宗崇奉天书符瑞而设置，其目的是为真宗举行大型祭祀和大礼服务，诸如典礼前的议定仪制、典礼中对各部门的统一协调、礼制文书的上传下达等等。

其二，存留时间长短不同。太常礼院于宋初（960 年）设置，元丰五年（1082 年）罢废，跨越太祖到神宗等六朝长达 120 余年之久；宋礼仪院于真宗大中祥符六年（1013 年）设立，天圣元年（1023 年）废除，存留时间仅

---

① （元）脱脱：《宋史》卷 161《职官志一》，第 3768 页。

② 龚延明：《宋代官制辞典》，第 16 页。

③ 史载真宗朝，详定所"改为礼仪院，任岁增修，纤微委曲，缘情称宜，盖一时弥文之制也。"此处的"弥文之制"当为真宗朝举行大型祭祀活动时，礼仪院制订的繁复详尽的礼制。参见（元）脱脱：《宋史》卷 98《礼一》，第 2422 页。

④ （宋）李焘：《续资治通鉴长编》卷 74，大中祥符三年十月庚申，第 1692 页。

⑤ （元）脱脱：《宋史》卷 157《艺文志三》，第 5132 页。

10年。

其三,职掌范围大小不同。宋代太常礼院职掌范围大于礼仪院。宋初"凡礼仪之事,悉归太常礼院"。太常礼院不受太常寺节制而独自运作,宋代知太常礼院之职事近于唐代太常博士。不过,随着时代变迁,太常礼院的礼仪事务被太常寺逐渐回收最终并入太常寺。礼仪院职掌裁定举行典礼所用仪仗、法物等各项制度、统掌有关送中书礼房的各种内外书奏文字等,由于其设置时间较晚,故其也分割了太常礼院的职能。

其四,二者历史地位及历史作用不同。从宋代太常礼院和礼仪院存在时间长短、职掌范围大小以及参与编撰修订的礼典数量而言,显然太常礼院是宋前期极为重要的制礼机构,参与大量礼仪的讨论与制订,因此其历史地位及作用要远远高于礼仪院。

宋礼仪院设置之后,太常礼院自然也同时存在,它们之间也并非完全互不关联。真宗大中祥符七年,参知政事丁谓判礼仪院,规定"诸司职务相涉者,(礼仪院)咸得统焉。"[1]这说明在真宗朝举行祭祀大礼时,礼仪院有权统一协调相关部门,这其中就包括太常礼院。由于礼仪院掌内外书奏文字,事务繁忙时,"又选判(太常)礼院官二人赴(礼仪)院编修"[2]。如宋绶和晏殊任同判太常礼院时,就"常在礼仪院祗应文字"[3]。作为太常礼院的同判礼院竟然时常参与礼仪院的文字编修事务,这说明礼仪院分割太常礼院职权后,职事繁杂,又因人手不够等原因,只能从太常礼院或其他部门选调人员协助处理了。这些被选入礼仪院的太常礼院官员仅是临时协助修礼的性质。不过,需要强调的是,这两个机构尽管职能重叠且有事务往来,但是它们之间并非隶属关系。从天圣元年礼仪院罢废后,礼仪院所有宣敕、公案文字等全部交付太常礼院来看,宋代礼仪院可以视为一个分割太常礼院等机构职能最终又将职权回归太常礼院的特设礼仪机构。

综上所述,北宋太常礼院和礼仪院皆为北宋前期中书门下附属机构,它们的设置均分割了礼部与太常寺等礼仪官署职权。太常礼院除详定礼仪、参与祭祀大礼外、还编修了大量礼典。随着时代变迁,太常寺对太常礼院职权逐步加以限制最终实现权力回收,太常礼院也于元丰改制中罢废。礼仪院因真宗崇奉天书符瑞而设,它在文书的上传下达、礼典的协调安排上均有严密制度。礼仪院在完成其处理"符瑞繁缛"的历史使命之后罢废,

---

① (宋)李焘:《续资治通鉴长编》卷82,大中祥符七年二月庚辰,第1866页。
② (宋)王应麟:《玉海》卷168《天圣太常礼院》,第3088页。
③ (宋)李焘:《续资治通鉴长编》卷111,明道元年五月庚辰,第2581页。

其职权最终回归太常礼院。太常礼院与礼仪院在设置背景及目的、存在时间、职掌范围、历史地位等方面都不尽相同，二者尽管有些职能重叠且有事务往来，但互不统摄。

由外向内：宋代礼制发展趋势新说

王志跃

著名史家刘子健先生在《中国转向内在：两宋之际的文化转向》中说道："北宋的特征是外向的，而南宋却在本质上趋向于内敛。"①并从文学、经学及史学等方面对这一论断进行了论述。总体来看，作者所谓的外向是指开创性、多元性与实用性，内敛是指继承性、一元性和道德性。此后，漆侠先生也在其论著中表达了颇为相近的看法②。而具体到宋代礼制，笔者认为其在两宋总体上也呈现出了由外向到内敛的转变。以下将结合两宋礼制的史实，对此观点予以阐述。不妥之处，尚祈方家批评、指正。

一、进步还是保守：开创转为继承

唐对昊天上帝与五方帝、佛道与礼制、正祀与淫祠等关系的处理均有开创性举措，并且产生了《开元礼》、《郊祀录》、《曲台新礼》等一大批对后世影响深远的礼制成果。北宋在礼制发展史上的地位，则不像盛唐那么显赫，也未对礼制进行大刀阔斧的改革，但在政治、经济、军事、科举、宗教及民族等制度及形势的转变下，其礼制也多所调整与变革，并为南宋所继承与发扬。主要体现为如下数端。

首先，官方礼制成果丰硕且具开创性。其丰硕体现在：北宋官方礼典

---

① （美）刘子健：《中国转向内在：两宋之际的文化转向》，赵冬梅译，南京：江苏人民出版社，2002年，第10页。

② 漆侠认为："宋学从创始阶段到发展阶段，亦即从范仲淹到王安石，一再把经世济用的经学放在社会实践上……宋学之所以在南宋逐步衰落，宋学之所以蜕变为理学，也就在于经世致用之学与社会政治生活日益脱节，仅限于'道德性命'之类的空谈，仅限于著书立说（陆九渊则走得更远，连著书也都加以反对）。"也就是说，宋学在两宋经历了从务实用到重道德的转变。详参漆侠《宋学的发展和演变》，《文史哲》1995年第1期。

现存有《太常因革礼》、《政和五礼新仪》。而据《宋史·礼志一》,北宋官方礼典尚有《重集三礼图》、《开宝通礼》、《通礼义纂》、《礼阁新编》、《太常新礼》、《祀仪》(仁宗时)、《大享明堂记》、《祀仪》(神宗时)、《朝会仪注》、《祭祀》、《祈禳》、《蕃国》、《丧葬》、《吉礼》、《祭服制度》、《元丰郊庙礼文》等 16 种。不难看出,北宋九朝几乎都邃密于礼。而南宋官方礼典则仅有《中兴礼书》及其续编传世,其礼制成果也止于中兴之高、孝、光、宁四朝。其开创性体现在:北宋在南郊、明堂、天地分合等重大礼仪上均有变更与创新,而南宋在诸多礼仪上则只是继承北宋而已。如关于五方帝,《宋史·礼志》载"绍兴仍旧制,祀五帝于郊"①。又,朝日夕月,史载"《五礼新仪》定二坛高广、坎深如皇祐,无所改。中兴同。"②而关于灵星、寿星、风师、雨师、雷师、七祀、司寒、马祖等,《宋史·礼志》也均载其"南渡后","并仍旧制"③。

其次,私家礼也多所创新。经过唐末、五代的社会大动荡,至北宋,门阀贵族已所剩无几。同时,士庶之间的区别也不再像魏晋时那样判若云泥。官府所下诏令,每每"士庶"并称,或"士庶工商"连称④。尤为重要的是,与宋代庶民生活相近的中小地主阶层大量步入仕途⑤。因为他们来自社会基层,且曾亲睹公卿婚嫁尚且"一出于委巷鄙俚之习"⑥的情景,故能真切感受到为士庶阶层制定礼仪的紧迫性。又,北宋统治阶层中部分人员有家国一体的观念⑦。程颐即言:"父子兄弟夫妇各得其道,则家道正矣。推一家之道,可以及天下,故家正则天下定矣。"⑧,显然,程颐把家道提到了极高的地位,认为正家道是教化天下的根本。正是在上述大背景下,北宋家礼具有了治家以维国和化俗以济民的双重特点。据《宋史·艺文志三》,北宋相继产生了杜衍《四时祭享仪》、韩琦《参用古今家祭式》、司马光

① (元)脱脱《宋史》卷 100《礼志三》,北京:中华书局,1977 年,第 2461 页。
② 《宋史》卷 103《礼志六》,第 2506 页。
③ 《宋史》卷 103《礼志六》,第 2516 页。
④ 详参杨志刚《中国礼仪制度研究》,上海:华东师范大学出版社,2001 年,第 202 页。
⑤ 据研究,神宗时,仅代表中小社会阶层的南方官员所占比重就高达百分之六十二。详参李华瑞《王安石变法的再思考》,《河北学刊》2008 年第 5 期。
⑥ (宋)赵汝愚:《宋名臣奏议》卷 96《上神宗请定婚嫁丧祭之礼》,文渊阁四库全书本,第 174 页。
⑦ 家国一体观念,《周易》一书中载为:"家人有严君焉,父母之谓也。父父,子子,兄兄,弟弟,夫夫,妇妇,而家道正;正家而天下定矣。"参见黄寿祺、张善文:《周易译注》,上海:上海古籍出版社,2004 年,第 281 页。
⑧ (宋)程颢、程颐:《二程集》,北京:中华书局,1981 年,第 885 页。

《居家杂仪》、张载《横渠张氏祭仪》、程颐《伊川程氏祭仪》等多部私家礼书①。虽然这些私家礼书现今多已亡佚，但通过对其人文集、书信、语录中与家礼相关内容的考察，仍可捕捉到部分信息。如杜衍主张"吉凶祭祀、斋戒日时币祝从事，一用其家书……不迁于世俗"②，而韩琦则告诫子孙："他日朝廷颁下家祭礼，自当谨遵定制云。"③还有一些私家礼著则完整保存了下来，如《蓝田吕氏祭说》、《家祭仪》及司马光《书仪》等。上述家礼著作的不少内容，为南宋礼家所继承与引用。朱熹即言冠婚之礼"亦自可行。某今所定者，前一截依温公，后一截依伊川"④，又言："某之《祭礼》不成书，只是将司马公者减却几处。"⑤而吕祖谦虽未明言采录北宋先贤家礼，但审其《家范》注文"止从《书仪》"、"以温公《书仪》裁定"、"并温公《书仪》"、"温公《书仪》"诸语，可知对北宋家礼内容也多所承袭。

需要指出的是，北宋疑经思潮的勃兴，为家礼的发展也注入了巨大的活力。儒生们不再拘泥于章句之学，而是从经的要旨、大义、义理之所在来理解经典的涵义，从而对不少经书提出了质疑。这其中也包括礼经。如《周礼》之"诛以驭其过"，刘敞认为当作"诛以驭其祸"⑥。又，《仪礼》中礼制是否可信，程子曰："信其可信。如言昏礼云，问名、纳吉、纳币、皆须卜，岂有问名了而又卜？苟卜不吉，事可已邪？若此等处难信也。"⑦随着礼经在人们心目中神圣地位的急剧动摇，兼家礼并非国家之大典⑧，北宋诸儒在家礼的制定上遂掺入了从俗、从宜等灵活的原则。从俗，如关于夫妻同牢的方位，司马光言："古者，同牢之礼，壻在西，东面；妇在东，西面。盖古人尚右，故壻在西，尊之也。今人既尚左，且须从俗"⑨；从宜，如关于冠服，程子言："今行冠礼，若制古服而冠，冠了又不常著，却是伪也，必须用时之服。"⑩北宋礼家在家礼上的从俗、从今等实用化制礼思想，为南宋所继承与进一步发扬。主要表现在：一是扩大到了

---

① 详参《宋史》卷 204《艺文志三》，第 5132—5133 页。
② （宋）欧阳修：《文忠集》卷 31《太子太师致仕杜祁公墓志铭》，文渊阁四库全书本，第 244 页。
③ （宋）韩琦：《安阳集》卷 22《韩氏参用古今家祭式序》，文渊阁四库全书本，第 338 页。
④ （宋）黎靖德：《朱子语类》卷 89《礼六》，北京：中华书局，1986 年，第 2271 页。
⑤ 《朱子语类》卷 90《礼七》，第 2313 页。
⑥ （清）纪昀等：《公是七经小传提要》，文渊阁四库全书本，第 2 页。
⑦ 《二程集》，第 286 页。
⑧ 即便国家礼典，其部分地方也摆脱经典限制而做出了屈从私情的改变，详参朱溢：《事邦国之神祇——唐至北宋吉礼变迁研究》，上海：上海古籍出版社，2014 年，第 195 页。
⑨ （宋）司马光：《书仪》卷 3《亲迎》，文渊阁四库全书本，第 477 页。
⑩ 《二程集》，第 180 页。

其他仪节上,如祭食,吕祖谦即主张"从家之旧俗,用素馔"①。而告祠堂时间,"古礼筮日",朱熹则认为"今不能然,但正月内择一日可也"②。二是对原有仪节进一步删减。如婚、丧之礼,司马光虽然采用了从俗、从简、从众等原则,以便于民,但"读者见其节文度数之详,有若未易究者,往往未见习行而已有望风退怯之意。又或见其堂室之广、给使之多、仪物之盛,而窃自病其力之不足。是以其书虽布,而传者徒为箧笥之藏,未有能举而行之者也。"③因此,朱熹对婚、丧等礼进行了再次简化,并婚礼六礼为三礼,删丧礼 37 节为 21 节。此外,对冠礼、祭礼也多所删削,从而大大方便了人们的实施。

再次,礼制在政教关系上得到了开创性的运用。佛、道是影响封建国家政权较大的两个教派,因此,处理好与二者的关系极为重要。唐代虽已将道教纳入礼制,但尚未处理好佛教与礼制的关系④。时至北宋,佛教徒则主动开始向君主称臣。《五灯会元》即载:"'帝曰:禅宗方兴,宜善开导。'师(圆照禅师)奏曰:'陛下知有此道,如日照临。臣岂敢自怠!'"⑤而北宋君主也认为"浮屠氏之教有裨政治"⑥。又,北宋君主继承了唐神道设教的做法,在礼制上对道教亦大力扶植⑦。于是我们看到了在御楼肆赦仪中"有司设百官、亲王、蕃国诸州朝贡使、僧道、耆老位宣德门外"⑧,在封禅仪中百官、诸军将校、州县官吏、僧道等同心上表请封⑨,在上元节时"天子先幸寺观行香,遂御楼,或御东华门及东西角楼,饮从臣。四夷蕃客各依本国歌舞列于楼下……大宫观寺院,悉起山棚,张乐陈灯"⑩等三教和谐相处的场景。北宋的这一成功举措,为南宋所继承与沿用。如在祈报礼中,绍兴七年,"雨泽稍愆","乃命往天竺祈晴"⑪。在太上皇、皇帝生辰,宋光宗

---

① (宋)吕祖谦《东莱集》别集卷 1《宗法》,文渊阁四库全书本,第 176 页。
② (宋)朱熹:《家礼》卷 2《冠礼》,载《朱子全书》(第七册),上海:上海古籍出版社;合肥:安徽教育出版社,2002 年,第 889 页。
③ (宋)朱熹:《晦庵集》卷 83《跋三家礼范》,文渊阁四库全书本,第 731 页。
④ 唐代佛教对是否向世俗君主称臣仍存异议。参见陈戍国:《中国礼制史》(隋唐五代卷),长沙:湖南教育出版社,1998 年,第 504 页。
⑤ (宋)释普济:《五灯会元》卷 16《天衣怀禅师法嗣》,北京:中华书局,1984 年,第 1036 页。
⑥ (宋)李焘:《续资治通鉴长编》卷 24,太平兴国八年十月甲申条,北京:中华书局,1992 年,第 554 页。
⑦ 详参王志跃:《宋代国家、礼制与道教的互动考论》之"国家对道教的扶植"一节,《西南大学学报》2012 年第 4 期。
⑧ 《宋史》卷 117《礼志二○》,第 2773 页。
⑨ 详参《宋史》卷 104《礼志七》,第 2527 页。
⑩ 《宋史》卷 113《礼志十六》,第 2698 页。
⑪ 《宋史》卷 102《礼志五》,第 2502 页。

时规定："每遇太上皇帝、皇帝本命日,依例用道士一十人,就本殿作道场一昼夜,设醮一百二十分位。"①在丧礼中,"杨存中薨,孝宗令诸寺院声钟"②,等等。佛、道二教在南宋礼制中依旧受到重视,显然与北宋开创的"三教合一"局面有着较大关系,因为宋代君主对"祖宗之法"③的遵循是空前的。

南宋君主对北宋在礼制做法上的继承还包括建神御殿、巡幸、视学等。总的来说,继承者多,变更者少。家礼亦是如此。所不同的是,官方礼继承的是制度与根本,削减的是仪节、次数等形式与枝叶;私家礼继承的虽同样是制度,但削减与浓缩的则除了仪节与礼料之外,还包括制度④。故此,官方礼,南宋之后乏善可陈,而私家礼则后来居上,在后世的数百年间,不仅在中国,而且在异域他乡,都大放异彩,持续地维系着人们的礼仪信仰。南宋家礼的发展,无疑坐实了刘子健先生之言:"延续、综合、提炼的趋势并不意味着 12 世纪(或曰南宋)的精英文化走向保守。'保守'一词的字面意思无法揭示 12 世纪文化的真实意涵,事实上,它从未停止发展。相反,它向着比过去更深刻、更纯正,有时甚至是更高明的境界发展。"⑤

二、繁荣转为萧条:多元走向一元

北宋自以"礼崩乐坏"著称的五代而来,成立后不久,除了面临依然紧张的民族形势之外,佛教的侵袭,以及由于封建租佃制代替封建农奴制而带来的社会流动等全新景象,均使得统治阶层不得不重新思考如何对崭新的社会秩序进行有效整合。"安上治民,莫善于礼"⑥,可谓北宋诸学派的共识。甚至,一些不隶属于我们通常所划分的学派的士人也从礼的角度阐述了其有关社会治理的思想。

宋学之初分为王安石学派、司马光学派、苏氏蜀学派和以洛、关为代表

---

① (清)徐松:《宋会要辑稿》礼五之 23,北京:中华书局,1957 年,第 476 页。

② 《宋史》卷 124《礼志二七》,第 2911 页。

③ 邓小南曾说:"宋人心目中的'祖宗之法',是一动态累积而成、核心精神明确稳定而涉及面宽泛的综合体。它既包括治理国家的基本方略,也包括统治者应该循守的治事态度。"恰当地处理政权与佛、道的关系,是多数北宋君主严格遵循的治国方略,故笔者认为亦属宋代的祖宗之法。详参邓小南:《祖宗之法——北宋前期政治述略》,北京:生活·读书·新知三联书店,2006 年,第 9 页。

④ 如《书仪》中有关表奏、公文、书信的格式等,《家礼》就全部删除了。吕祖谦《家范》则连"影堂杂仪"也基本删除一光。

⑤ 《中国转向内在:两宋之际的文化转向》,第 10 页。

⑥ (唐)孔颖达:《礼记正义》,北京:中华书局,2009 年,第 1610 页。

的理学派。不仅学派众多,而且其礼制思想也各具特色。以下分而论之。

王安石学派虽对礼与俗、礼与仁等的关系均有阐述,但其侧重点则在礼之用。"一部《周礼》,理财居其半"①,就是鲜明的体现。而王安石变法中的青苗法、市易法等也均可在《周礼》中找到雏形。同时,王安石从实用的角度出发主张将礼作为科举考试的教材,则展示了其想要士人以礼治国的政治理念。

司马光学派礼制思想的特征主要有三:以礼经国、以礼治家和以礼治族②。司马光一生"居处有法,动作有礼"③,不仅曾长期担任礼官,而且其所作《资治通鉴》、《家范》、《书仪》等书之中也处处含礼。最主要是司马光也具有强烈的家国一体观念,认为"家道正",则"天下定矣"④。或许由此,司马光才撰就了对后世影响极为深远的——《书仪》这部经典的家礼著作。

苏氏蜀学派的主要代表人物为苏洵、苏轼和苏辙三人。苏洵曾论及礼法、礼乐关系及以礼纳贤等,并参撰官方礼典《太常因革礼》。苏轼则论述了礼与德、礼与治乱、礼与行等的关系。其中礼与行关系的论述颇具启发性。如对于戎狄,苏轼认为"彼其不悍然执兵以与我从事于边鄙,则已幸矣","深责其礼,彼将有所不堪而发其愤怒,则其祸大矣"⑤,强调了在与戎狄相处时不宜过分讲求礼节,否则,可能招致祸端。又,苏轼认为"礼节繁多而君臣之义薄",因此,主张"去苛礼而务至诚,黜虚名而求实效"⑥。此外,苏轼所主张的行礼要成习、礼器宜从今等,均是有关礼仪如何顺利施行的良好建议。三苏中年龄最小的苏辙对礼也有深入的认识。如关于礼乐,苏辙言,"郊社、祖庙、山川、五祀,凡礼乐之事,皆所以为政而教民不犯者也"⑦,而对于礼法,苏辙则认为:"废礼而任法,以鞭扑、刀锯力胜,其下有一不顺,常以身较之。民于是始悍然不服。"⑧这些认识对于为政者无疑有很强的警示作用。

洛学代表人物为程颢、程颐。二程对礼与理、礼与性、礼与情、礼与俗、古礼与今礼、礼与宗族等均发表了自己的见解。其中影响较大者有二:一是礼、理关系。二程之前,周敦颐、张载对之已有论及,但二程则从形而上

---

① (宋)王安石:《临川文集》卷73《答曾公立书》,文渊阁四库全书本,第608页。
② 详参王立军:《司马光礼学思想初探》,《中州学刊》2002年第2期。
③ 《宋史》卷336《司马光传》,第10769页。
④ (宋)司马光:《家范》卷1,文渊阁四库全书本,第658页。
⑤ (宋)苏轼:《东坡全集》卷40《王者不治夷狄论》,文渊阁四库全书本,第554—555页。
⑥ 《东坡全集》卷46《策略五》,第642页。
⑦ (宋)苏辙:《栾城集》卷23《上高县学记》,文渊阁四库全书本,第248页。
⑧ 《栾城集》卷23《上高县学记》,第248页。

与形而下两方面做了进一步阐述。二程曾言:"人者,位乎天地之间,立乎万物之上;天地与吾同体,万物与吾同气,尊卑分类,不设而彰。圣人循此,制为冠、婚、丧、祭、朝、聘、射、享之礼,以行君臣、父子、兄弟、夫妇、朋友之义。其形而下者,具于饮食器服之用;其形而上者,极于无声无臭之微"①、"形而上者,存于洒扫应对之间,理无小大故也"②、"视听言动,非理不为,即是礼,礼即是理也。不是天理,便是私欲。人虽有意于为善,亦是非礼。无人欲即皆天理。"③不难看出,二程既将礼从形而下的角度具体化为饮食器服、洒扫应对等日常生活琐事,又将礼从形而上的角度抽象化为"无声无臭之微"、"天理"等不可捉摸的东西,从而使得人们在易于行礼的同时,还能对礼保持着无止境的追求。二是礼与宗族的关系。二程特别强调推行宗子法,认为"今无宗子法,故朝廷无世臣。若立宗子法,则人知尊祖重本。人既重本,则朝廷之势自尊"④。同时,二程提出了以五服为断来确定祭祀先祖的数量:"自天子至于庶人,五服未尝有异,皆至高祖。服既如是,祭祀亦须如是。"⑤此外,二程还主张祭祀始祖、夺宗等,这些思想对后世均产生了重要的影响⑥。

关学代表人物为张载。张载对礼与德、礼与性、礼与理、礼与治族等均曾发表观点。如礼与德,张载言:"从容中礼者盛德之至也。"⑦礼与性,张载言:"礼所以持性,盖本出于性,持性,反本也。凡未成性,须礼以持之。"⑧而关于礼与理,张载认为"盖礼者理也,须是学穷理,礼则所以行其义,知理则能制礼,然则礼出于理之后"⑨,也就是说,张载认为礼从属于理,是理的具体化。由礼与德、礼与性及礼与理关系的阐述可知,张载正尽力把礼从形而下之器发展为形而上之道。虽然张载从哲学高度对礼进行了提升,但行礼、践礼才是其学说的独特之处。如张载任地方官时,"每以

---

① 《二程集》,第 668 页。

② 《二程集》,第 1175 页。

③ 《二程集》,第 144 页。

④ 《二程集》,第 242 页。

⑤ 《二程集》,第 167 页。

⑥ 祭祀始祖使得明人在祭祀四代宗亲之外又获得了一个更为重要的收族对象。因为始祖的收族范围远远大于高祖。而明世宗时,甚至诏准天下臣民通祭始祖。详参常建华:《明代宗族研究》,上海:上海人民出版社,2005 年,第 19 页;夺宗对明代的影响,参见赵克生:《明代士人对宗祠主祭权多元化的思考》,《东北师大学报》2010 年第 2 期。

⑦ (宋)张载:《张载集》,北京:中华书局,1978 年,第 265 页。

⑧ 《张载集》,第 264 页。

⑨ 《张载集》,第 326—327 页。

235

月吉具酒食,召乡人高年会于县庭,亲为劝酬,使人知养老事长之义。"①又,要求"其家童子,必使洒扫应对,给侍长者;女子之未嫁者,必使亲祭祀,纳酒浆,皆所以养孙弟,就成德。尝曰:'事亲奉祭,岂可使人为之!'"②而关于家祭之礼,张载不满于"祭先之礼,一用流俗节序"的现状,遂亲自"治丧服,轻重如礼;家祭始行四时之荐,曲尽诚洁","闻者始或疑笑,终乃信而从之,一变从古者甚众"③,可谓对张载践礼易俗的最好回报。

另一些人如范仲淹、欧阳修、李觏等,虽不属上述学派,但其礼制思想也极具前瞻性与开创性。如范仲淹所言"礼皆从俗",则"熙熙无不获之人"④,便十分明确地指出了俗对推行礼的巨大作用,而欧阳修认定"佛法为中国患千余岁",只有礼义才是"胜佛之本也"⑤的思想,使得无数士人对如何抵制佛法有了更为清醒的认识。李觏的礼制思想虽并未付诸实施,但却有不少独到的发现与创见。如认为"饮食、衣服、宫室、器皿、夫妇、父子、长幼、君臣、上下、师友、宾客、死丧、祭祀",皆是"礼之本也"⑥的看法,便把人们从传统的对"礼"的抽象的教条式的说教中解脱出来,使"礼"还原到了人类物质文明及现实生活的具体事务当中,从而有利于人们理解与践行礼仪。而对礼法的互动关系,李觏说道:"有仁、义、智、信,然后有法制……有法制,然后有其物。无其物,则不得以见法制,无法制,则不得以见仁、义、智、信。备其物,正其法,而后仁、义、智、信炳然而章矣"⑦,即认为礼⑧产生于法制之前,但又必须通过法制表现出来;如果礼遭到破坏,法制也无法正常运行。李觏的另一重要观点是批判了"礼不下庶人"的偏见,认为是"述《曲礼》者之妄"⑨,并指出礼作为社会规范,对社会中的任何成员都起作用⑩。这种观点不仅符合宋代礼制发展的趋势,而且打破了数千年社会上层对"礼"的垄断特权,具有重大的进步意义。

南渡后,随着宋政权亡国灭种危机的出现,政府对金开始贯彻和谈的基本策略以缓和形势。对外战争的多次胜利并没有坚定其御侮的决心,只

---

① 《张载集》,第382页。
② 《张载集》,第383页。
③ 《张载集》,第383页。
④ (宋)范仲淹:《范仲淹全集》,成都:四川大学出版社,2002年,第20页。
⑤ 《文忠集》卷17《本论中》,第136,138页。
⑥ (宋)李觏:《盱江集》卷2《礼论第一》,北京:中华书局,1981年,第5页。
⑦ 《盱江集》卷2《礼论第五》,第17页。
⑧ 仁、义、智、信,乃"礼之四名也",载《盱江集》卷2《礼论第一》,第7页。
⑨ 《盱江集》卷2《礼论第六》,第20页。
⑩ 《盱江集》卷2《礼论第六》,第20页。

是增加了些和谈的资本而已。与此同时，南宋朝廷开始对积极抗战及主张改革的儒生、士人进行不断地打压，最终使得仍然心怀得君行道儒者们的政治理想成为了泡影①。不过，在长期的斗争中，理学却一步步奠定了其独尊的学术地位。

随着理学的一家独大，南宋的礼制思想也最主要是理学家们提出的（证之史籍，亦然）。故此，我们对南宋礼制思想的探讨也相应围绕理学家们而展开。南宋理学主要包括朱熹、张栻等为代表的义理学派和陈亮、陈傅良等为首的事功学派。以下分述两派的礼制思想。

其一，义理学派。其代表人物朱熹曾欲"编次朝廷公卿大夫士民之礼"，"以为当代之典"，然"未及成书而没"②。而朱熹有关家礼的撰著，由上可知，对北宋继承颇多。但有关祠堂的完整理论及对婚、丧等礼的删削与简化，则是朱熹在家礼上的独特贡献，且对后世影响深远。此外，朱熹还曾撰《古今家祭礼》、《仪礼经传通解》等礼书。义理学派的其他人物如张栻、陆九渊等，虽也有关于礼制的言论，但对后世影响甚微。兹不具论。

其二，事功学派。包括陈亮、陈傅良、叶适等人。他们在礼制上的特点为：强调礼之功用、注重礼之实效。陈亮曾言："臣愿陛下尽君道以幸天下，礼、乐、刑、政并出而用之"③，即认为实施礼有助于君道。而陈傅良则通过古今对比阐述了礼制对现实的重要性，其言："唐、虞、三代之时，礼乐修明，风俗醇厚。凡为士者，三揖而进，一辞而退。礼如此其峻也。三十而仕，五十而爵，进如此其迂也。论定然后官，任官然后爵，仕如此其艰也。不传贽为臣，不敢见于诸侯，分如此其严也……后世礼义废，风俗薄，名器滥，爵禄轻，不使官求人，而使人求官"④，显然在暗示君主恢复礼制以整顿吏治。不过，稽核史籍，南宋事功学派对礼之实用的探索较少，且总体上并未超越北宋。

综上，北宋礼家在礼与理、礼与俗、礼与性、礼与治族、礼与日常饮食、礼与庶人等众多方面，在形而上与形而下等不同层面，均发表了超迈前人的见解，并且还进行了部分实践，呈现出的是百家争鸣、气势洪阔的景象，而南宋则由于民族、政治、学术等原因，不仅学派最后减为理学一派，而且进步也缩减到了局部（家礼上）。这种局势不仅对学术不利，而且也造成了

---

① 这其中包括朱熹、吕祖谦、张栻、陆九渊等理学家，详参余英时：《朱熹的历史世界——宋代士大夫政治文化的研究》，北京：生活·读书·新知三联书店，2011年。
② 《宋史》卷98《礼志一》，第2424页。
③ （宋）陈亮：《龙川集》卷11《廷对》，文渊阁四库全书本，第587页。
④ （宋）陈傅良：《八面锋》卷13《天下之弊自上启之》，文渊阁四库全书本，第1072页。

礼制的困顿。

三、求实变为务虚：偏实用转向重道德

北宋建立后不久，所谓的"三冗"问题就开始出现了。同时，由契丹族建立的辽朝和党项族建立的西夏政权给北宋也造成了严重的边患危机。但儒学复兴运动的渐趋高涨，使得士大夫们高扬内圣外王的大旗，力图把学术探索与社会实践结合起来，从而扭转宋积贫积弱的局面。而礼原本就是"经国家，定社稷，序民人"①之具，且北宋士大夫理想中的三代之治也以礼著称，故通过发挥礼的实际作用以实现富强或者外王，毫无疑问成了他们的共识。具体而言，北宋士大夫对礼之实用的阐释主要体现在如下几个方面。

一是认为礼可以维持国家秩序。石介即说《周礼》、《春秋》为万世之大典，"执二大典以兴尧、舜、三代之治，如运诸掌"②，张载则认为"除了礼天下更无道矣"③，司马光在总结五代衰亡之弊后亦曰："天下荡然，莫知礼义为何物矣，是以世祚不永。"④除了对礼之作用模糊性的夸大以外，随着庶民阶层的崛起及宋代社会结构的变化，人们也开始意识到了庶民礼仪的重要性。宋儒颜复即言："士民之礼踵历代之咎未降彝制，下无矜式，使有志之士动虚名失实之叹。此甚可为治朝惜也"，故"诚欲乞皇帝陛下、太皇太后陛下特发德音，下诏礼官会萃经史、古今仪式至诸家祭法、岁荐、时享、家范、书仪之类可取者，高而不难，近而不迫，成士民五礼。不必冕弁以为冠，韠韨以为衣，俎豆以为器，俪皮以为币，驭车而行，坐席而食。就其便安，以颁郡县，缓驱以令，使乐而不骇，劝晓以文，使徐而知义"⑤，从而使得人人懂礼、行礼。

二是认为礼可以改变自身在民族关系中的地位。首先，礼可以夸示夷狄，威慑异族。真宗时，行封禅礼，大臣王钦若言："陛下苟不用兵，则当为大功业，庶可以镇服四方，夸示戎狄也。"上曰："何谓大功业？"钦若曰："封禅是已"⑥，就体现了其时人们的这一认识。其次，灵活使用礼在外交上可

---

① （清）阮元：《十三经注疏》，北京：中华书局，2009 年，第 1736 页。

② （宋）石介：《徂徕石先生文集》卷 7《二大典》，北京：中华书局，1984 年，第 77 页。

③ 《张载集》，第 264 页。

④ （宋）司马光：《传家集》卷 24《上谨习疏》，文渊阁四库全书本，第 247 页。

⑤ 《宋名臣奏议》卷 96《上哲宗乞详议五礼以教民》，第 177 页。

⑥ 《续资治通鉴长编》卷 67，景德四年十一月庚辰条，第 1506 页。

获得主动权。如对于西夏,范仲淹主张像唐高祖、太宗一样隆礼敦信,但"以盟好为权宜;选将练兵,以攻守为实事。彼不背盟,我则抚纳无倦;彼将负德,我则攻守皆宜"[①],就是灵活运用外交礼的体现。

三是认为礼有助于纳贤。于此,又表现为两点:首先,将礼作为科考内容,以搜罗治国安邦人才。王安石曾言"今之进士,古之文吏也"[②],而古所谓文吏者,必也"习礼法",因此他主张以经取士,强调"礼乐之损益,何宜"、"礼器之制度,何尚"[③],然后据其水准作为升黜依据。而司马光也反对以文取士,曾说"就使自作诗得如曹、刘、沈、宋,其于立身、治民有何所用"[④],因此,建议将《周礼》、《仪礼》等经世之籍列为科举考试内容[⑤]。其次,劝君王礼贤下士。欧阳修曾声称,"惟陛下能以非常之礼待人,人臣亦将以非常之效报国"[⑥],认为帝王以礼待臣下,那么大臣便会尽力报效国家,所谓"上之礼其下者厚,故下之自守者重,上非厚礼不能以得士,士非自重不能以见礼于上"[⑦],强调君臣之间通过礼之运用可以形成良好的互动。

四是认为礼可抵制佛教对人们思想的侵袭。欧阳修所言,"佛法为中国患千余岁,世之卓然不惑而有力者,莫不欲去之。已尝去矣,而复大集,攻之暂破而愈坚,扑之未灭而愈炽,遂至于无可奈何。是果不可去邪?盖亦未知其方也……然则礼义者,胜佛之本也。今一介之士,知礼义者尚能不为之屈,使天下皆知礼义,则胜之矣"[⑧],就反映了士人的这一思想。

此外,对以礼维法、以礼易俗等也均有阐述。据上文,北宋士大夫对礼与理、礼与性等形而上或礼之内圣的一面亦有深入探寻,但相对于礼之外王上的全面发掘,北宋士大夫在礼之内圣上的成绩稍显黯淡。

南宋社会形势与北宋大不相同:在朝廷上,专制君主与权相长期掌权且拒绝变革;在吏治上,面对自北宋以来就存在的冗官问题不加整顿;在外交上奉行投降主义似的和谈而少思进取。与之对应的是:理学自身的特点也使得礼制走向了内在或偏道德的一面。理学的发展、壮大与王安石新学有着无数的纠葛。王安石变法之初,关于其"内圣"或道德性命之学,理学先驱张载和二程就对之进行了抨击,认为王安石"内圣"之学不正,是他

---

① 《范仲淹全集》之《一陕西和策》,第 588 页。
② 《临川文集》卷 69《取材》,第 572 页。
③ 《临川文集》卷 69《取材》,第 572 页。
④ 《传家集》卷 42《再乞资荫人试经义札子》,第 392 页。
⑤ 详参《传家集》卷 30《贡院定夺科场不用诗赋状》,第 296—297 页。
⑥ 《文忠集》卷 46《准诏言事上书》,第 354 页。
⑦ 《文忠集》卷 48《问进士策四首》,第 371 页。
⑧ 《文忠集》卷 17《本论中》,第 136、138 页。

"外王"失败的根源所在①。朱熹也说王安石"学术不正当,遂误天下"②,甚至连崇敬他的老乡陆九渊都认为"荆公之学,未得其正"③,显然,理学家们普遍认为是"内圣"错误导致了王安石的"外王"之举失败。因此,"他们转向'内圣'主要是为'外王'的实现作准备的"④。除却对王安石变法失败的反思外,理学原本也以向内作为提升悟道境界的重要法门。周敦颐曾言:"君子以道充为贵,身安为富,故常泰无不足,而铢视轩冕、尘视金玉,其重无加焉尔"⑤,而程颢、叶适、黄干等均信奉《礼记》之言,认为"不能反躬",则"天理灭矣"⑥。在此种认识背景下,南宋礼制也出现了向内的倾向。主要表现在:

首先,由官礼倾向家礼。北宋官方礼不仅成果众多,而且还记载了庶民礼仪。而南宋官方礼则鲜有创制,且官方礼中也不见有庶民礼仪之制。不过,令人欣喜的是,家礼方面南宋则多所推进。主要有三:

一是家礼的具体化。北宋诸儒虽将家礼概括为冠婚丧祭四礼,但对各礼的具体内容则未明确,如吕大防所言"婚丧葬祭皆无法度"⑦、朱光庭所说"冠、昏、丧、祭,礼之大者,莫知所当行之法"⑧,均是模糊的提法。而南宋朱熹则对冠、婚、丧、祭的各个仪节进行了细致厘定,很大程度上方便了人们的实施。

二是家礼的再创造。北宋诸儒虽对家礼进行了删减,并提出了复宗子法、祭始祖等来萃聚族人,但如何具体操作则无系统的论说。而南宋先是吕祖谦在家庙中提出"祠堂"的概念,进而朱熹形成了有关祠堂的完整理论,同时朱熹还并昏礼六礼为三礼、对丧礼大肆删削、创设灰隔之法等,使得家礼呈现出了全新的风貌。

三是家礼的庶民化。北宋也有对家礼践行以化风俗者,如张载等。但总的来说,数量较少,且主要集中在士家大族。而南宋由于政治形势的转变,使得大批理学士人被迫居乡。但他们虽"身居陋巷",仍极力地践行礼

---

① 详参余英时:《宋明理学与政治文化》之自序,长春:吉林出版集团有限责任公司,2008年,第4页。

② 《朱子语类》卷127《神宗朝》,第3046页。

③ (宋)陆九渊:《象山集》卷13《与薛象先》,文渊阁四库全书本,第383页。

④ 余英时:《朱熹的历史世界——宋代士大夫政治文化的研究》,北京:生活·读书·新知三联书店,2011年,第11页。

⑤ (明)吕柟:《周子抄释》卷1《富贵第三十三》,文渊阁四库全书本,第10页。

⑥ 详参《二程集》,第32页;(宋)叶适《习学记言》卷8《礼记》,文渊阁四库全书本,第390—391页;(宋)黄干:《勉斋集》卷1《安庆郡学》,文渊阁四库全书本,第11页。

⑦ 《宋名臣奏议》卷96《上神宗请定婚嫁丧祭之礼》,第174页。

⑧ 《宋名臣奏议》卷96《上哲宗乞详议五礼以教民》,第175页。

仪,以企图为君主稳定地方秩序。如蔡元定、蔡渊父子合两代之力推广宗族礼法,"西山留意宗法,先生(蔡渊)绎先志而修明之,建祠堂,立仪约,规条整然,其谨于礼有如此者"①;周谟"治丧悉用古礼,斥去浮屠老子法,乡人多效之"②;蔡和"居白石村,丧祭酌古礼,乡间化之"③,等等。因此,相较而言,南宋礼制的庶民性特征更为明显。

其次,将礼更加理学化。据上文,周敦颐、张载、二程等北宋诸儒对礼之理已多所阐发。时至南宋,对礼之理进行发掘者亦为数颇多。如张九成言:"礼者何也? 天理也"④,张栻言:"克己复礼之说,所谓礼者,天之理也,以其有序而不可遏,故谓之礼。凡非天理,皆己私也"⑤,及陆九渊言:"礼者,理也。此理岂不在我? 使此志不替,则日明日著如川,日增如木日茂矣,必求外铄,则是自塞其源,自伐其根也"⑥等,均对礼之理学化有所加深。而在南宋儒者心目中理即天理,因此,从天理的高度对礼进行阐释与加权,毫无疑问有助于礼的传播与推行。但以理说礼,也容易造成以"理"代礼,从而产生对礼的误解与扭曲⑦。

南宋礼制展现出的由官礼转向家礼与礼的理学化等内敛的倾向,虽有这样那样的缺点与不足。但其积极意义则更为明显,因为它不仅符合唐宋以来礼制下移之历史大势,尤为重要的是,随着理学逐渐成为封建社会的统治思想及《家礼》在朱熹盛名下的不断传播,最终《家礼》在明代由民间礼上升为了官方礼,并在统治者、官府及大批理学士人的积极倡导下,极大地推进了全国各地礼仪化的进程。而南宋理学家们修身——齐家——平天下之先内圣进而实现外王的政治理想,在数百年后明清时期的礼治秩序上也最终变成了现实。

---

① (清)李清馥:《闽中理学渊源考》卷 25《处士蔡节斋先生渊》,文渊阁四库全书本,第 326 页。

② 《勉斋集》卷 38《周舜弼墓志铭》,第 455 页。

③ 《闽中理学渊源考》卷 27《蔡白石先生和》,第 348 页。

④ (宋)张九成:《横浦集》卷 19《因与石月先生论仁遂作克己复礼为仁说》,文渊阁四库全书本,第 426 页。

⑤ (宋)张栻:《南轩集》卷 26《答吕季克》,文渊阁四库全书本,第 638 页。

⑥ 《象山集》卷 2《与赵然道》,第 266 页。

⑦ 详参殷慧:《朱熹礼学思想研究》,湖南大学博士学位论文,2009 年,第 243 页。

论永嘉礼学

刘　丰

　　永嘉学派是南宋时期与朱、陆鼎足而立的一个学派。全祖望曾指出："乾、淳诸老既殁，学术之会，总为朱、陆二派，而水心断断其间，遂称鼎足。"①在南宋学术思想史上与朱、陆并称的永嘉学，其影响与重要性是显而易见的。

　　永嘉所在的浙东地区，在宋代也是礼学研究昌明发达的地区之一。据学者统计，宋代浙东地区的礼学家主要有：

　　1. 越州

　　会稽：夏休。山阴：傅崧卿、陆佃、孙之宏。新昌：黄度。

　　2. 明州

　　慈溪：黄震、杨简、张虑。奉化：舒璘、王时会、王宗道、赵敦临、竺大年。鄞县：高闶、林保、史定之、史浩、王应麟、郑锷。镇海：沈焕。

　　3. 婺州

　　金华：吕祖谦、薛衡、叶秀发、赵溥。东阳：马之纯、乔行简。永康：陈亮。武义：徐邦宪。兰溪：范浚、范锺、邵囦、徐畸、应镛。浦江：卢祖皋。

　　4. 衢州

　　衢县：郑若。

　　5. 台州

　　天台：车垓、黄宜、贾蒙。黄岩：戴良齐。临海：陈骙、徐昭、杨明复、叶皆。宁海：陈寿、舒岳祥、杨杰。

　　6. 温州

　　平阳：陈尧英。瑞安：曹叔远、陈傅良、王奕。温州：叶味道。永嘉：郑伯谦、陈兼、陈植、戴溪、戴仔、苏太古、薛季宣、徐自明、杨恪、张淳、周端朝、周行己。乐清：王十鹏、陈汲、王与之。

---

　　① 《宋元学案》卷54《水心学案上》，北京：中华书局，1986年，第1738页。

7. 处州

处州：王义朝。括苍：林椅、项世安。青田：蒋继周。遂昌：龚原。①

从这里可以看出宋代浙东地区以及永嘉礼学研究的一个概况。这里提到的一些学者，如吕祖谦、陈亮，虽然也有一些礼学著作，但总体上并不以礼学研究著名。另外，这个统计也有不完备的地方，如永嘉地区研究礼学的学者还有郑伯熊、陈汉、陈汪、李嘉会、胡一桂等，这里都没有包括在内。文中所说的处州地区的林椅，王与之《周礼订义》篇首的"编类姓氏世次"中说"永嘉林椅，字奇卿，有《周礼纲目》"，还是将林椅算在永嘉礼学的群体内②。在中国哲学思想史上，永嘉学的主要内容与特色是事功之学。在传统儒家思想当中，重视事功，探究历代典制，多与礼学以及《周礼》相关，因此永嘉地区的学者也多以研究礼学而著称。

我们所说的永嘉礼学，与学术界通常所说的永嘉学派有密切关系，但又不完全一致。它是指在地域上以永嘉地区为核心，在学术上以礼学为纽带，并由于学术师承等关系而辐射周边地区形成的一个重视礼学研究的学术派别。永嘉礼学在宋代学术史上独具特色，与北宋时期同为地域性的"关中礼学"遥相呼应，值得作专门的深入研究。

一、永嘉礼学的渊源

学术界通常所谓的永嘉学派是指南宋时期以薛季宣、陈傅良、叶适为代表，且以叶适为集大成者的事功之学。永嘉地处南宋的浙东地区，永嘉学也是南宋儒学发展过程中的一支，但永嘉学派以及永嘉礼学都可以上溯到北宋时期的儒学与礼学。

研究永嘉学派的学术渊源，一般都会上溯到北宋时期的二程洛学。全祖望和黄百家在《宋元学案》中指出："永嘉以经制言事功，皆推原以为得统于程氏。""永嘉之学，薛、郑俱出自程子。"③但是，二程洛学的传承流变与

---

① 这里的统计参见程继红：《近两千年浙东学派礼学研究史概观》，载《浙江海洋大学学报》（人文科学版）2010 年第 4 期。该文的统计参考了王锷：《三礼研究论著提要》（增定本），兰州：甘肃教育出版社，2001 年。

② 孙诒让认为林椅"实非永嘉人"，参见孙诒让：《温州经籍志》卷 3，北京：中华书局，2011 年，第 151 页。陈振孙《直斋书录解题》和何镗《括苍汇纪》说林椅为括苍人。孙诒让据此又认为："东岩籍隶乐清，其所著书不应误认他郡人为乡人，疑椅或本贯永嘉，侨寓丽水，亦未可定。"参见《温州经籍志辨误》，《温州经籍志》第四册，第 1788 页。

③ 《宋元学案》卷 56《龙川学案》，第 1830 页、第 1832 页。

以事功著称的永嘉学还是有本质的区别，因此从二程洛学至永嘉学之间，当然还应有比较复杂的思想的传承与变化。

永嘉学术以及永嘉礼学的源流上溯到二程洛学，可以划分为三条途径。其一是周行己。

北宋神宗时期，太学里有周行己、许景衡、刘安节、刘安上、戴述、赵霄、张辉、沈躬行、蒋元中等人，号称"永嘉九先生"。另外还有鲍若雨、潘闵与陈经正兄弟等七人。在这些学者当中，永嘉学派的先驱周行己是二程的弟子。真德秀指出：

> 二程之学，龟山得之，而南传之豫章罗氏，罗氏传之延平李氏，李氏传之朱氏，此其一派也。上蔡传之武夷胡氏，胡氏传其子五峰，五峰传之南轩张氏，此又一派也。若周恭叔、刘元承得之为永嘉之学，其源亦同自出。然朱、张之传最得其宗。（《西山读书记》卷三十）

真德秀所言虽然有强烈的正统意识，但总体上是符合学术传承脉络的。北宋时期的温州地区在文化上是比较落后的，因此周行己等元丰九先生传程学至永嘉，开启了永嘉地区学术发展的先河，其历史意义是应当充分肯定的。陈振孙特别强调周行己对于永嘉学的开创之功，认为"永嘉学问所从出也"①。叶适说：

> 昔周恭叔首闻程、吕氏微言，始放新经，黜旧疏，挈其侪伦，退而自求，视千载之已绝，俨然如醉忽醒，梦方觉也。颇益衰歇，而郑景望出，明见天理，神畅气怡，笃信固守，言与行应，而后知今人之心可即于古人之心矣。故永嘉之学，必兢省以御物欲者，周作于前而郑承于后也。
>
> 薛士隆愤发昭旷，独究体统，兴王远大之制，叔末寡陋之术，不随毁誉，必摭故实，如有用我，疗复之方安在！至陈君举尤号精密，民病某政，国厌某法，铢称镒数，各到根穴，而后知古人之治可措于今人之治也。故永嘉之学，必弥纶以通世变者，薛经其始而陈纬其终也。②

叶适是公认的永嘉学派的集大成者。他在这里所说的其实是一个简

① 陈振孙：《直斋书录解题》卷17《浮沚先生集》，上海：上海古籍出版社，1987年，第515页。

② 叶适：《水心文集》卷10《温州新修学记》，《叶适集》，北京：中华书局，1961年，第178页。

要的永嘉学的发展线索,他也承认永嘉学是从周行己开始的。因此,全祖望也说:"浙学之盛,实始于此。"①

因此,无论是属于永嘉学派的叶适,还是朱子的后学真德秀,都承认永嘉学的先驱是周行己。

第二,永嘉礼学与二程之间学术关系的连接者是胡安国。

永嘉地区从北宋后期逐渐开始出现大量文士,在文化上逐渐发展起来,但其真正作为一个在思想学术界形成独特风貌的永嘉学派,是从薛季宣开始的。全祖望曾说:

> 永嘉之学统远矣,其以程门袁氏之传为别派者,自艮斋薛文宪公始。艮斋之父学于武夷,而艮斋又自成一家,亦人门之盛也。②

全祖望指出,薛季宣的父亲曾学于胡安国,这应是永嘉学术与洛学之间传承的一条线索。元代理学家程端礼指出:

> 余谓士之谈诗书而略事功,其来已久,遂使俗吏嗤儒为不足用,观在心少试学校为人之佐,已如此,使为世用,得行其志,效当如何哉?余少读薛常州《行述》,窃欣慕之,盖其学本濂洛,其自得之,实于经无不合,于事无不可行,莅官文武,应机处变,政无巨细,靡不曲当。(《畏斋集》卷三《送薛学正归永嘉序》,中国基本古籍库收"民国四明丛书本")

程端礼作为正统的程朱理学家,对薛季宣的学术成就与学术风格是充分肯定的,而且他还将薛季宣的学术渊源上溯到濂洛之学。从学术源流的角度来看,这样的说法也是有依据的。薛季宣的父亲薛徽言曾学于胡安国门下,因此从学派传承上来讲,永嘉学派可以上溯到胡安国以及二程洛学。胡安国的学术思想偏重史学,吕祖谦更多地继承了胡安国的学脉,但是若从思想的实质来说,永嘉学与胡安国的思想更为接近。

胡安国重视《春秋》。据胡寅《先公行状》记载:

> 初王荆公以《字说》训释经义,自谓千圣一致之妙,而于《春秋》不

---

① 《宋元学案》卷32《周许诸儒学案》,第1131页。
② 《宋元学案》卷52《艮斋学案》,第1690页。

可以偏傍点画通也,则诋为"断烂朝报",废之,不列于学官。下逮崇宁,防禁益甚。公自少留心此经,每曰:"先圣亲手笔削之书,乃使人主不得闻讲说,学士不得相传习,乱伦灭理,用夷变夏,殆由此乎!"于是潜心刻意,备征先儒。虽一义之当,片言之善,靡不采入。岁在丙申,初得伊川先生所作传,其间大义十余条,若合符节,公益自信,研穷玩索者二十余年,以为天下事物无不备于《春秋》,喟然叹曰:"此传心要典也。"①

其实,孟子已经讲得非常明确,《春秋》是经世之书。使乱臣贼子们感到惧怕的,正是孔子在《春秋》中蕴含的名分思想,因此《庄子》说"《春秋》以道名分"。孔子正名的依据就是周礼,因此,《春秋》的主旨是礼,这是自古以来学者们所一致承认的。胡安国研究《春秋》,"推明克己修德之方,所以尊君父、讨乱贼,存天理,正人心者,必再书屡书,恳恳致详。"②朱熹也认可《春秋》以及胡安国《春秋传》中体现的儒学价值观:"《春秋》大旨,其可见者:诛乱臣,讨贼子,内中国,外夷狄,贵王贱伯而已。"③

胡安国的《春秋传》是受到正统理学认可的。朱熹说:"某平生不敢说《春秋》。若说时,只是将胡文定说扶持说去。"④《四库总目提要》也说:

> 明初定科举之制,大略承元旧式,宗法程朱。而程子《春秋传》仅成二卷,阙略太甚。朱子亦无成书。以安国之学出程氏,张洽之学出朱氏,故《春秋》定用二家。盖重其渊源,不必定以其书也。后洽《传》渐不行,遂独用安国书。⑤

胡安国的《春秋传》是道学家研究《春秋》的代表作品。胡安国的思想学术在《春秋》学,而《春秋》的精义在礼学。从这个角度来看,永嘉礼学也算是胡安国《春秋》学的继承者。

永嘉学与二程洛学之间传承关系的第三条线索,是薛季宣与袁溉之间的师承关系。薛季宣曾写有《袁先生传》,将他自己的洛学渊源追溯到二程门人袁溉。

① 胡寅:《斐然集》卷25,北京:中华书局,1993年,第552页。
② 胡寅:《斐然集》卷25《先公行状》,第552页。
③ 黎靖德编:《朱子语类》卷83,北京:中华书局,1994年,第2144页。
④ 黎靖德编:《朱子语类》卷83,第2150页。
⑤ 《四库全书总目》卷27《春秋传》提要,北京:中华书局,1965年,第219页。

陈亮曾说：

> 吾友陈傅良君举为余言："薛季宣士隆尝从湖襄间所谓袁道洁者游，道洁盖及事伊川，自言得《伊洛礼书》，欲至蜀以授士隆，士隆往候于蜀，而道洁不果来。道洁死，无子，不知其书今在何许？"伊川尝言："旧修六礼，已及七分。及被召乃止，今更一二年可成。"则信有其书矣。道洁之所藏近是，惜其书之散亡而不可见也。因集其遗言中凡参考礼仪而是正其可行与不可行者，以为《伊洛礼书补亡》。庶几遗意之未泯，而或者其书之尚可访也。①

程颐修定礼书之事，在今存《遗书》中也有记载（见《河南程氏遗书》卷十八）。陈亮所言与《遗书》中伊川所言是一致的，但伊川又说："诸经则关中诸公分去，以某说撰成之。《礼》之名数，陕西诸公删定，已送吕与叔，与叔今死矣，不知其书安在也？"②据《遗书》，协助伊川修定礼书的是陕西诸公，即三吕兄弟，且礼书的初稿也在三吕处，并未提及袁溉。

薛季宣说袁溉曾从学二程，但今本《二程集》以及朱熹编定的《伊洛渊源录》中并未提及袁溉，因此袁为二程门人的说法就只是来自薛季宣自己的陈述。据薛季宣写的《袁先生传》："（袁）与王枢密庶故善，王家有伊洛遗书，先生欲传未能。俄而王殁，先生不远千里，从其诸子传录，书毕遽行。"③袁溉曾到处搜罗伊洛遗书，曾在王庶处得到一些，陈亮说袁藏有伊川编的礼书，应该就是在王庶这里得到的。吕祖谦说："道洁语公，伊洛轶书多在蜀。"④魏了翁也说："荆州袁道洁，乃登河南之门，其游蜀访薛翁，亦谓伊洛轶书多在蜀者。"⑤吕、魏的说法应当也都来自薛季宣所写的《袁先生传》。

由上述可知，袁溉为二程门人的说法只是出自薛季宣本人写的《袁先生传》，此外并无其他可以佐证的史料。袁溉藏有程颐编定而未成的礼书，也是薛季宣所说的。另外，原本在吕大临处的礼书初稿，究竟如何流散至蜀地而后为袁溉所收藏，目前依现有文献也是不可知的。

---

① 陈亮：《伊洛礼书补亡序》，《陈亮集》卷 14，北京：中华书局，1974 年，第 163 页。
② 《河南程氏遗书》卷 18，《二程集》，北京：中华书局，1981 年，第 239—240 页。
③ 薛季宣：《袁先生传》，《薛季宣集》卷 32，上海：上海社会科学院出版社，2003 年，第 487 页。
④ 薛季宣：《宋右奉议郎新改差常州借紫薛公志铭》，《薛季宣集》附录，第 617 页。
⑤ 《鹤山全集》卷 42《简州四先生祠堂记》，中国基本古籍库收"四部丛刊景宋本"。

虽然目前有关袁溉的史料很少，但如果我们承认薛季宣本人的陈述，那么，对二程——袁溉——薛季宣之间的学术传承，还是不能轻易否定的。薛季宣指出："先生学，自六经百氏，下至博弈、小数、方术、兵书，无所不通，诵习其言，略皆上口，于《易》、《礼》说尤邃。"①《宋史·儒林传》也记载："季宣既得溉学，于古封建、井田、乡遂、司法法之制，靡不研究讲画，皆可行于时。"袁溉擅长礼学，因此薛季宣师从袁溉，所得也主要在礼学。

由以上三条线索可知，永嘉学与二程洛学之间还是存在一定的学术传承关系。就二程洛学来说，二程虽然也有修定礼书的规划，二程对儒家礼的思想也有很大的发展与贡献，但整体上二程洛学的重点并不在礼学。因此，从礼学的角度来看，永嘉礼学与二程之间并没有直接的传承渊源关系。薛季宣的直接师承袁溉出自二程，这只是薛季宣自己的说法，并未得到朱熹等人的认可，因此这一层关系就显得更加隐晦。但是，无论袁溉是否为二程的亲炙弟子，薛季宣承认与袁溉的师承关系，至少说明薛季宣本人愿意将永嘉礼学的渊源上溯至二程洛学。

永嘉地区作为南宋时期的文化后发地区，在这里兴起的以探究礼学著称的学术派别，一方面确实有一些学术脉络可以上溯到北宋时期的二程，但更主要的是，无论他们与二程之间的传承是否真实可靠，他们自觉地将自己的学术渊源向当时主流的洛学靠拢，这一点更有意义。

此外，还有学者将永嘉礼学的学术渊源上溯到王安石新学。王安石编撰的《三经新义》自北宋神宗时立为官学，并且在相当长的时间里是国家认可的官方教材，因此新学在全国范围内对士人所产生的影响是其他学派所无法比拟的。况且王安石新学的重点在《周礼》学，影响深远的荆公礼学对后起的永嘉学者产生影响，刺激永嘉学者用力于礼学，这样的学术渊源关系是非常自然而合理的。当代有学者指出："新学学者对《周礼》的注解，也刺激了宋代制度之学的兴起，对于南宋永嘉学派可谓有筚路蓝缕的开拓之功。"②这样的评价也是可以的。因此，从整体上说，荆公新学也是永嘉礼学的渊源之一。

具体来说，永嘉之学的开山王开祖，在庆历、皇祐年间与王安石交往密切，相互影响。但王开祖对《周礼》持怀疑态度，他在《儒志编》中说："吾读《周礼》，终始其间，名有礼、经有方者，周公之志为不少矣，其诸信然乎哉？

---

① 薛季宣：《袁先生传》，《薛季宣集》卷32，第486页。
② 刘成国：《荆公新学研究》，上海：上海古籍出版社，2006年，第213页。

罗羽刺介,此微事也,然犹张官设职,奚圣人班班与? 奔者不禁,示天下无礼也;复仇而义,是天下无君也。无礼无君,大乱之道,率天下而为乱者,果周公之心乎? 削于六国,焚于秦,出诸季世,其存者寡矣。圣人不作,孰从而取正哉?"①从他对《周礼》的怀疑态度可以看出,在关于《周礼》的问题上,王安石对他的影响不大②。

蒙文通先生曾指出:"盖自荆公主变法师《周官》,其徒陆佃、方悫、马希孟、陈详道继之,为王门说《礼》四家,而制度之学稍起……至于林、吕而女婺经制之以兴。《浙江通志》言:'龚原少从王安石游,笃志经学,永嘉先辈之学以经鸣者,渊源皆出于原。'此女婺之学有源于王氏者,不可诬也。"③由于《周官新义》的影响,在王门后学中有一批学者研究《周礼》,并且着重探讨《周礼》书中的制度与新法以及与现实社会制度之间的关系,如王昭禹《周礼详解》就是这样一部著作。永嘉学的特征是经制学,也非常注重探讨历史上以及现实社会的制度及其流变,在这一点上永嘉学与荆公新学是相合的。按照蒙文通先生的看法,永嘉礼学与荆公新学的连接者是龚原。龚原著有《周礼图》十卷,《述礼新说》四卷,《宋史·艺文一》均有著录,今佚。《经义考》卷二十引《浙江通志》言:"(龚)原少从王安石游,笃志明经,以经学为邑人倡。是时周、程尚隐于濂、洛,永嘉先辈之学,以经鸣者,渊源皆出于原。"④蒙文通据此认为正是通过龚原,"浙东学者重制度、说《周官》,其于《春秋》不徒以褒贬,又疑其非伊洛之传,而有接于新学之统也。"⑤由于资料所限,永嘉先辈皆出于龚原也仅是一个比较宽泛且模糊的认识,其间具体的学术渊源于传承,尤其是思想的传承与发展,还难以有更深入明晰的了解。

永嘉学的开创者薛季宣与王安石新学之间的关系也是如此。有学者将王安石看做永嘉学"无法回避的前行者"⑥,这样的总体认识是正确的。薛季宣也重视《周礼》,著《周礼释疑》,但是由于资料缺失,难以准确、细致地辨析他们之间的学术影响与传承。

另外还有一种说法,将永嘉学的先辈"永嘉九先生"的学术渊源追溯到张载。全祖望在《宋元学案》中指出:

① 朱彝尊:《经义考》卷120,《经义考新校》第五册,上海:上海古籍出版社,2011年,第2216页。
② 刘成国也指出这一点,参见刘成国:《荆公新学研究》,第213—214页。
③ 蒙文通:《评〈学史散篇〉》,《经史抉原》(《蒙文通文集》第三卷),成都:巴蜀书社,1995年,第411页。
④ 朱彝尊:《经义考》卷20,《经义考新校》第二册,第358页。
⑤ 蒙文通:《评〈学史散篇〉》,《经史抉原》(《蒙文通文集》第三卷),第415页。
⑥ 参见任峰:《薛季宣思想渊源新探》,《中国哲学史》2006年第2期。

世知永嘉诸子之传洛学,不知其兼传关学。考所谓"九先生"者,其六人及程门,其三则私淑也。而周浮沚、沈彬老又尝从蓝田吕氏游,非横渠之再传乎?鲍敬亭辈七人,其五人及程门。①

周、沈从学于吕大临,仅凭此就断言他们为横渠之再传,论据并不充足。虽然礼学也是张载以及关学的重要特征,但我们也不必仅从《宋元学案》的这一段话就将永嘉礼学的渊源追溯到张载的礼学。

由上所述,我们认为,关于永嘉礼学的渊源,无论是薛季宣本人承认的洛学,还是后人推测的关学、王安石新学,所依据的资料都不是十分地清晰可靠,之间还存在很多模糊不清甚至缺失断裂的地方,但是,这并不妨碍我们对永嘉礼学的学术渊源作进一步的分析。从薛季宣本人的陈述中我们可以认为,永嘉作为南宋时期的文化后发地区,它在学术思想方面侧重于经制之学,而且他们有意识地将自己的学脉嫁接在北宋以来主流的、影响甚广的学术思想脉络当中,这就说明,永嘉礼学其实是北宋以来在儒学复兴的背景之下,儒家礼学思想及礼学研究在永嘉地区的传承与发展。从这个角度来看,我们不必太在意永嘉学者师承某人才能算作是永嘉礼学的渊源,而是应从整体着眼,把永嘉礼学看做是北宋以来礼学的进一步发展的结果。

二、永嘉礼学的主要内容

永嘉学派也称作经制之学。永嘉礼学也是以探究三代礼制为主,并且考订古制是为了施于当世。全祖望说薛季宣"其学主礼乐制度,以求见之事功。"②黄百家说他"凡夫礼乐兵农莫不该通委曲,真可施之实用"③。这都指明了永嘉礼学的主要特征。

在传统儒家看来,三《礼》当中的《周礼》是西周礼乐制度的集中反映。前文在谈到《周礼》与宋代儒学的发展时也一再表明,北宋时期的儒家学者在回到"三代"的感召之下,研究《周礼》,探讨《周礼》书中的制度应用于当世的可能性与具体途径。王安石认为《周礼》一书"理财居其半",运用《周

---

① 《宋元学案》卷32《周许诸儒学案》,第1131页。

② 《宋元学案》卷52《艮斋学案》,第1690页。

③ 《宋元学案》卷52《艮斋学案》,第1691页。

礼》的理财思想发动了轰轰烈烈的熙宁变法,将探讨礼乐制度与用之于现实的经世致用传统发挥到了极点。整体上,永嘉礼学也是继承了北宋时期儒家礼学经世的传统。永嘉礼学的创始者薛季宣重视《周礼》,《宋元学案》说:"艮斋后出,加以考订千载,自井田、王制、《司马法》、《八阵图》之属,该通委曲,真可施之实用。"①据王与之《周礼订义》,薛季宣著有《周礼释疑》。孙诒让指出:"艮斋《周礼释疑》,陈止斋《行状》未载其书。盖艮斋卒后,门人编辑遗说为之。其散见于王氏《订义》者,如'释司尊彝之九献'、'大司乐三大祭之乐'、'冯相氏之星土'、'栗氏之钧律',并根据古义,辨析精当。"②孙诒让还指出:"《订义·大司乐职》两引薛《图》,则薛书图说兼备"③。另据冯云濠,薛季宣的礼学著作还有《伊洛礼书补亡》、《伊洛遗礼》等。

薛季宣的继承者陈傅良研究《周礼》,"解剥于《周官》、《左史》,变通当世之治具条画"④。永嘉学的集大成者叶适讲学也很重视《周礼》,认为《周礼》书中体现的是周代的制度。叶适指出,《周礼》一书虽然晚出,但是,"周之道固莫聚于此书,他经其散者也;周之籍固莫切于此书,他经其缓者也。"⑤《周礼》学研究是永嘉礼学的重要内容。

据朱彝尊《经义考》和孙诒让《温州经籍志》,永嘉学者治《周礼》者,除了薛季宣、陈傅良之外,还有王十朋《周礼详说》、陈谦《周礼说》、杨恪《周礼辨疑》、陈汲《周礼辨疑》、郑伯谦《太平经国之书》(《宋史·艺文志》作《太平经国书统集》)、曹叔远《周礼地官讲义》、戴仔《周礼传》、陈汪《周官集传》、王奕《周礼答问》、胡一桂《古周礼补正》、周纲《周礼补遗》、叶嘉楠《周官翊训》以及王与之《周礼订义》和《周官补遗》。治《礼记》者有周行己《礼记讲义》、戴溪《曲礼口义》、《学记口义》、徐自明《礼记说》、陈埴《王制章句》、叶味道《仪礼解》、《祭法宗庙庙享郊祀外传》、缪主一《礼记通考》、郑朴翁《礼记正义》、周端朝《冠婚丧祭礼》以及苏模《古礼书叙略》、王奕《三礼会元》等。这些礼学著作大多已经佚失,但最能代表永嘉礼学成就的应是陈傅良与郑伯谦的《周礼》研究与张淳的《仪礼》研究著作。

1. 郑伯谦《太平经国之书》

在永嘉学的发展历程中,郑伯熊是一位关键人物。郑伯熊字景望,《宋

① 《宋元学案》卷 53《止斋学案》,第 1710 页。
② 孙诒让:《温州经籍志》卷 3,第 114 页。
③ 孙诒让:《温州经籍志》卷 3,第 116 页。
④ 《宋元学案》卷 53《止斋学案》,第 1710 页。
⑤ 叶适:《水心文集》卷 12《黄文叔周礼序》,《叶适集》,第 220 页。

史》无传。与其弟伯英齐名,世称大郑公、小郑公。《宋元学案》说:"乾、淳之间,永嘉学者联袂成帷,然无不以先生兄弟为渠率。"①这一方面说明永嘉学者影响之大,同时也表明郑伯熊为永嘉学的首领。郑伯熊的思想在主体方面还是在洛学的思想框架之内,服膺于二程的理学思想②。但也有学者认为他是永嘉学从性理学转向事功学的关键人物③,这个看法恐怕证据不足。

二程洛学在南宋绍淳年间的复兴,是宋代儒学发展史上极为重要的现象。郑伯熊是洛学复兴的参与者,同时也在这一过程中起了重要作用,具体来说,他的贡献是他在福建任上协助朱熹刊刻二程著作以及朱熹编纂的其他著作。正如有学者所指出的,"朱熹花费许多心力编纂二程著作,不仅是为了洛学传播,而且也是为了清理南宋以来洛学分流所呈现的思想混乱。因此,闽本一出,对于洛学的复振阐扬确实是一大贡献。"④伯熊与朱熹往返书信讨论二程著作的编纂,他对于二程著作的出版以及洛学的兴盛,确实做了很重要的贡献,受到后人很高的评价。

郑伯熊是陈傅良的老师,学问"于古人经制治法,讨论尤精"(《宋史·儒林四·陈傅良传》),《四库提要》引《浙江通志》,认为他"邃于经术"⑤。郑伯熊的著作后世大多散佚,今存《敷文书说》二十六篇是他综合研究《尚书》的著作,但从前人评价可见,他的经学研究还是造诣匪浅。就礼学来看,郑伯熊没有专门的礼学著作传世,但王与之《周礼订义》所收录的宋四十五家中有"永嘉郑氏伯熊"一家,可知伯熊的《周礼》解说在当时是能成一家言的。今人整理郑伯熊文集的时候从《周礼订义》中辑出十九条郑伯熊对《周礼》的训义⑥,由此可以对郑伯熊的礼学有简单的了解。

郑伯熊的礼学著作没有完整流传至后世,但是他的族弟郑伯谦的礼学著作《太平经国之书》则流传至今,成为永嘉礼学的代表作品之一。"是书发挥《周礼》之义,其曰《太平经国书》者,取刘歆周公致太平之迹语也。"⑦据《四库提要》,此书的整体内容是:

① 《宋元学案》卷32《周许诸儒学案》,第1153页。
② 参见何俊:《郑伯熊与南宋绍淳年间洛学的复振》,《复旦学报》2010年第4期。
③ 周梦江:《永嘉之学如何从性理转向事功》,温州文献丛书《二郑集》"代前言",上海:上海社会科学院出版社,2006年。
④ 何俊:《郑伯熊与南宋绍淳年间洛学的复振》,《复旦学报》2010年第4期。
⑤ 《四库全书总目》卷11《郑敷文书说》提要,第91页。
⑥ 参见温州文献丛书《二郑集》之《郑伯熊集》当中的"周礼说"部分,第35—42页。
⑦ 《四库全书总目》卷19,第151页。

前列四图:一曰成周官制,一曰秦汉官制,一曰汉官制,一曰汉南北军。所图仅三朝之职掌宿卫,盖其大意欲以宫中府中、文事武事一统于太宰,故惟冠此四图,明古制也。其书为目三十:曰教化、奉天、省官、内治、官吏、宰相、官民、官刑、揽权、养民、税赋、节财、保治、考课、宾祭、相体、内外、官制、臣职、官民、官卫、奉养、祭享、爱物、医官、盐酒、理财、内帑、会计、内治。其中内外一门,会计一门,又各分为上下篇。凡论三十二篇,皆以《周官》制度,类聚贯通,设为问答,推明建官之所以然,多参证后代史事,以明古法之善。①

《四库提要》还说:"其时武统于文,相权可谓重极,而此书'宰相'一篇,尚欲更重其权。又宋人南渡之余,湖山歌舞,不复措意中原,正宜进卧薪尝胆之戒,而此书'奉养'一篇,乃深斥汉文帝之节俭为非,所论皆不可为训。毋乃当理宗信任贾似道时,曲学附世以干进欤?"②

2. 陈傅良《周礼说》

陈傅良有《周礼说》十三篇(《宋史·儒林传》)。《宋史·艺文志》、《直斋书录解题》、赵希弁《读书附志》、《文献通考》等均有著录。《文献通考》作三卷(有的版本也作"十三卷")③。《文献通考》又引《中兴艺文志》"傅良为《说》十二篇,专论纲领。"④

王与之《周礼订义》"序目编类姓氏世次"说陈傅良"其说有一集及经进四篇",邱葵《周礼全书》说陈傅良有"讲义集说",孙诒让据此认为,陈傅良的礼学著作除了《周礼说》之外,还有一篇《讲义》。孙诒让说:

> 《中兴艺文志》谓《周礼说》十二篇,专论纲领,今以《订义》所引核之,其说于名物度数,琐屑繁碎者,亦多考覈,似不止论纲领。考《订义序目》云:陈说有一集,及《经进》四篇;邱氏《全书》则云:"有《讲义集说》",疑止斋《进说》外,尚有《讲义》之一集,故如释《考工记车制》,综贯群经,释名辨物,最为详审。而于原目所谓"格君心、正朝纲、均国势"者,则无可附丽,其为别有一集,殆无疑义。⑤

---

① 《四库全书总目》卷19,第151页。
② 《四库全书总目》卷19,第151页。
③ 参见《文献通考》卷181《经籍考八》,北京:中华书局,2011年,第5353页。
④ 《文献通考》卷181《经籍考八》,第5353页。
⑤ 孙诒让:《温州经籍志》卷3,第124页。

253

《周礼说》十二篇,曾献给皇帝,是陈傅良综论《周礼》制度的文字,而且流行于科场,如叶适说:"同时永嘉陈君举亦著《周礼说》十二篇,盖尝献之绍熙天子,为科举家宗尚。"①而《讲义》则应是对《周礼》经文的解说。或者《周礼说》十二篇是附于《讲义》之前的纲领。如此说属实,则《周礼说》十二篇与《讲义》一篇,共十三篇,洽合《宋史·儒林传》说陈傅良"以《周礼说》十三篇上之"。

陈傅良的《周礼说》已经佚失。真德秀《西山读书记》摘录了《周礼说》中《格君心》四篇,真德秀认为这是由于这四篇为"朱子之所是,故录之,余不取"。当代有学者从王与之《周礼订义》和真德秀《西山读书记》中辑录出了现存《周礼说》的部分文字②。

陈傅良还著有《周官制度精华》,《玉海》著录为二十卷。朱熹曾经指出:"于丘子服处见陈、徐二先生《周礼制度菁华》。下半册,徐元德作;上半册,即陈君举所奏《周官说》。"③据朱子所言,《周官制度精华》虽是陈傅良与徐元德合著的一部书,但其实陈傅良所作的上半部就是他的《周礼说》。孙诒让说:"不知何人合徐书编之"④。陈傅良与朱子是同时代的人,既然朱子见到的《周官制度精华》已经是陈、徐书的合编,可知《精华》的合编在陈在世时就已经有了。

3. 王与之《周礼订义》

乐清王与之著《周礼订义》八十卷,是宋代礼学研究的一部重要著作。乐清与永嘉毗邻,同属温州地区,因此王与之的《周礼订义》也应当是永嘉礼学的一部代表性著作。

王与之《订义》的价值主要在于汇集了大量宋人关于《周礼》的解说。据《周礼订义》篇首的"编类姓氏世次",《订义》所采旧说共五十一家,唐以前有杜子春、郑兴、郑众、郑玄、崔灵恩和贾公彦六家,其余四十五家皆为宋人。此外,还有不列于序目者,有胡伸、宝严、高闶、徐卿、毛彦清、吕大临、张栻、张沂公、陈彦群、陈宏父、蓝氏、唐氏,以及陈旸《乐书》、《尚书精义》等⑤。这些宋人的解说至今大多已经散佚,仅赖《订义》得以保存片段。《四库提要》评价说"蒐罗宏富,固亦房审权《周易义海》之亚矣"⑥,孙诒让

① 叶适:《水心文集》卷12《黄文叔周礼序》,《叶适集》,第220页。
② 参见王宇:《永嘉学派与温州区域文化》附录,北京:社会科学文献出版社,2007年,第295—340页。
③ 黎靖德编:《朱子语类》卷86,第2206页。
④ 孙诒让:《温州经籍志》卷3,第127页。
⑤ 参见孙诒让:《温州经籍志》卷3,第151页。
⑥ 《四库全书总目》卷19,第152页。

评价为"采摭浩博,为《周官》说之渊椒,易祓、王昭禹诸书莫能及也","搜辑之富,不减卫湜《礼记集说》"①,都突出强调了《订义》汇集、保存资料的贡献。

真德秀在《序》中指出:

> 永嘉王君次点,其学本于程、张,而于古今诸儒之说莫不深究,著为《订义》一编,用力甚至,然未以为足也,方将蚤夜以思,深原作经本指以晓当世,其心抑又仁矣。以是心而为是学,《周礼》一书其遂大明矣。

《四库提要》也说,其书"以义理为本,典制为末,故所取宋人独多矣。"②这是说,王与之《订义》之所以略古详今,汇集《周礼》的解释以今人为主,是因为此书也是"以义理为本",而且王与之为学本于程、张,有理学的背景,这样看来,他的《订义》也是注重从义理的角度汇集、解释《周礼》的。

另外,王与之在《周礼》研究中也主《冬官》未亡之说,因此还著有《周官补遗》一书。据邱葵《周礼全书序》:

> 宋淳熙间,临川俞庭椿始著《复古编》,新安朱氏一见,以为《冬官》不亡,考索甚当,郑、贾以来,皆当敛袵退三舍也。嘉熙间,东嘉王次点又作《周官补遗》,由是《周礼》之六官始得为全书矣。

王与之《周礼订义》前有真德秀序,作于绍定五年(1232)闰九月甲戌。据邱葵,《周官补遗》作于嘉熙间(1237—1240年)。若据此年代推断,《周官补遗》完成于《周礼订义》之后。孙诒让就是这样认为的。但是,《订义》书前还有赵汝腾的序文。据此序,王与之详细搜集前人讲解,间附以己见,"剖析微眇,是否审确",得到真德秀的击节称赞,于是为之作序。"德秀殁,与之益加意删繁取要,由博得约,今其书益精粹无疵矣",并"刊于家"。据此,真德秀作序之时看到的王与之《周礼》研究著作还只是一个未定的稿本。在真德秀作序之后,王与之还对他的书有进一步的修改,最终成《订义》。赵汝腾此序作于淳祐二年(1242)十二月。因此,《订义》未必成于绍定五年。之

---

① 孙诒让:《温州经籍志》卷 3,第 149、151 页。
② 《四库全书总目》卷 19,第 152 页。

后还有进一步的修订。这样看来,《补遗》也未必成于《订义》之后。

4. 张淳《仪礼识误》

张淳《宋史》无传,陈傅良所作墓志及楼钥《书陈止斋所作张忠甫墓铭后》①有片段记载。万历《温州府志·义行传》、雍正《浙江通志》、乾隆《永嘉县志·儒林传》有传。

全祖望说:"永嘉自九先生而后,伊川之学统在焉,其人才极盛。《宋史》不为忠甫(按:张淳字)立传,故其本末阙然。独见于陈止斋所作墓志,乃知其与薛士龙、郑景望齐名,固乾、淳间一大儒也。"②张淳是南宋时期以礼学著称的一位学者。据记载,他"居母丧,无不与《士丧礼》合。间为族姻治丧,亦断断持古制。"③由此可见,张淳是精于《仪礼》学的。全祖望又说:"宋《中兴艺文志》谓《仪礼》既废,学者几不复知有此书,忠甫始识其误,则是经在宋当以忠甫为功臣之首。"④

张淳的《仪礼》学著作是《仪礼识误》。《四库提要》指出:

> 《仪礼识误》三卷,宋张淳撰。淳字忠甫,永嘉人。是书乃乾道八年两浙转运判官直秘阁曾逮刊。《仪礼》郑氏注十七卷,陆氏《释文》一卷,淳为之校定,因举所改字句汇为一编。其所引据,有周广顺三年及显德六年刊行之监本,有汴京之巾箱本,有杭之细字本,严之重刊巾箱本,参以陆氏《释文》、贾氏《疏》,覼订异同,最为详审。近世久无传本,故朱彝尊《经义考》以为"已佚"。惟《永乐大典》所载诸条,犹散附经文之后,可以缀录成编。其《乡射》、《大射》二篇,适在《永乐大典》阙卷中,则不可复考矣。《朱子语类》有曰:"《仪礼》人所罕读,难得善本。而郑注、贾疏之外,先儒旧说多不可复见,陆氏《释文》亦甚疏略。近世永嘉张淳忠甫校定印本,又为一书识其误,号为精密,然亦不能无舛谬。"又曰:"张忠甫所校《仪礼》甚仔细,较他本为最胜。"今观其书,株守《释文》,往往以习俗相沿之字,转改六书正体,则朱子所谓"不能无舛谬"者,诚所未免。然是书存而古经汉注之伪文脱句藉以考识,旧椠诸本之不传于今者,亦藉以得见崖略。其有功于《仪礼》诚非浅小。今覼加检勘,各疏明其得失,俾瑜瑕不掩。⑤

---

① 见《攻媿集》卷77,中国基本古籍库收"清武英殿聚珍版丛书"本。
② 《宋元学案》卷52《艮斋学案》,第1698页。
③ 《宋元学案》卷52《艮斋学案》,第1698页。
④ 《宋元学案》卷52《艮斋学案》,第1698页。
⑤ 《四库全书总目》卷20,第159页。

张淳的《仪礼识误》是校正《仪礼》经注以及《释文》误字的校勘成果，共计三卷。此书在《仪礼》校勘史上具有重要的地位。张淳《识误》的学术价值，首先体现在作者所收集的众多优质底本。张淳所见到的《礼仪》版本，有宋监本、杭州细字本、京师巾箱本、浙江严州本、湖北漕司本、建阳本、开宝《释文》本等，其中以监本、巾箱本、细字本和严本四种质量较高。张淳校正《仪礼》，首先考订版本源流，以监本为最早，为其他本子之祖。他说："监本者，天下后世之所祖"[①]。宋刻《仪礼》重要的版本有北方京师之巾箱本和南方杭州之细字本，南宋时期浙江严州刻《仪礼》，即以巾箱本为底本翻刻，因此说"巾箱者，严之所祖"[②]。辨明版本的源流，这是选择精校本的基础。在《仪礼》的各个本子当中，监本最早，严本最晚。严本虽然晚出，但经过精校对，讹误反而少于监本、巾箱诸本。因此张淳以严本为主校本，以监本、巾箱本、杭州本为参校本。各本皆有疑问时，"不足则质之《疏》，质之《释文》；《疏》、《释文》又不足则阙之，盖不敢以谀见断古经也。"[③]采众本之所长，据实事求是之精神，是《识误》校勘精良的又一重要原因。

阮元《仪礼注疏校勘记》指出《识误》在版本方面以严本为据，参以监本及汴京巾箱本、杭细字本，是"其精审之处，自不可没"[④]。孙诒让也指出："《识误》汇集众本，校列歧异，虽墨守陆氏《音义》，而精覈居多，非毛居正《六经正误》所可并论。其所校各本，若广顺、显德两监本、京本、杭本、湖北漕司本、开宝《释文》，今并亡佚。惟严州本仅有传帙，然亦罕觏，惟藉此书，存其同异。"[⑤]

至于张淳《识误》在校勘《仪礼》方面的具体成就与失误，古今学者都有评判。如朱子指出："永嘉张忠甫所校《仪礼》甚仔细，然却于《目录》中《冠礼》玄端处便错了。但此本较他本为最胜。"[⑥]彭林先生撰《张淳〈仪礼识误〉校勘成就论略》一文，具体指出了《识误》的校勘成就，如"读注疏而得经注之误"、"以经校经"、"以《释文》校经注之误"等方面。彭林先生进而指出：《识误》之功，并非仅用善本全面校订《仪礼》，使此书不致离原貌太远，忠甫之校语为后人留下校勘方法论之识见，不乏精辟之论，足以启迪后学。忠甫不仅有较强之版本意识，且能较纯熟地运用对校、本校、他校等校勘

---

① 张淳：《仪礼识误自序》，见孙诒让：《温州经籍志》卷4，第158页。
② 张淳：《仪礼识误自序》，见孙诒让：《温州经籍志》卷4，第158页。
③ 张淳：《仪礼识误自序》，见孙诒让：《温州经籍志》卷4，第158页。
④ 孙诒让：《温州经籍志》卷4，第165页。
⑤ 孙诒让：《温州经籍志》卷4，第166页。
⑥ 黎靖德编：《朱子语类》卷85，第2194页。

法,足见功力之深厚。此外,忠甫已尝试用理校之法……如此则校勘学之四法,忠甫均已运用,这在校勘学尚未充分发达之宋代,实为难能。"①彭林先生《张淳〈仪礼识误〉校勘成就论略》一文是当代学者对张淳《识误》所作的较为全面的评述,可以代表当代学术界对《识误》的评价。

另外,张淳的外甥叶味道也是永嘉礼学的一位学者。

叶味道(文修)是协助朱子编修礼书的一位重要的学者。朱子曾提到"四明、永嘉"诸人,永嘉指的应是叶文修。文修原名贺孙,《语类》中多处记载他和朱子讨论编修礼书之事。朱子在书信中又提到:

> 《礼书》如何? 此已了得《王朝礼》,通前几三十卷矣。但欲将《冠礼》一篇附疏,以为诸篇之式,分与四明、永嘉并子约与刘用之诸人,依式附之,庶几易了。②

朱熹曾对叶贺孙说:"某已衰老,其间合要理会文字,皆起得个头在。及见其成与不见其成,皆未可知。万一不及见此书之成,诸公千万勉力整理。得成此书,所系甚大!"③从朱熹与叶贺孙的讨论以及这段文字来看,可以确认贺孙是协助朱子编修礼书的得力助手之一。这也说明叶味道的礼学有其家学传统,并深得朱子的首肯。

三、永嘉礼学的主旨

永嘉学也称作"经制之学"或"制度新学",今人一言以蔽之,称之为"事功学派"或功利主义思想。其实,"经制之学"或"制度新学"是就内容而言,"事功"或"功利"是就价值评价而言的。对于永嘉礼学来说,事功学或经制学虽然也涉及到永嘉礼学的一些内容,但是整体来看,这样的评判还不足以概括永嘉礼学的特征。

永嘉礼学研究的重点是《周礼》,通过《周礼》来探究三代的制度与礼制,这是永嘉"经制之学"的主要内容。但是就价值层面来说,永嘉礼学在整体上是以二程洛学为指导的,因此功利主义便不符合永嘉礼学的价值

---

① 彭林:《张淳〈仪礼识误〉校勘成就论略》,《北京图书馆馆刊》1996 年第 3 期。

② 朱熹:《文集续集》卷 1《答黄直卿》,《朱子全书》第 25 册,第 4652 页。

③ 黎靖德编:《朱子语类》卷 84,第 2188 页。

导向。

王安石曾将《周礼》定性为理财之书，遭到而后许多学者的批评。永嘉学者对这一看法也基本持反对的态度。郑伯谦在《太平经国之书》中指出：

> 或问《周礼》真理财之书乎？曰：周之理财，理其出而已矣，非理其入也；理国之财而已矣，非理天下之财也。[①]

郑伯谦研究《周礼》虽然毫不忌讳言“理财”，但他所谓的理财是“理其出”，而不是对民众的敛财。他说：“故财用之出，上无所肆其侈，下无所容其私，上不侈而下不私，则财常足于用，征敛常不至于虐，而民无复有受其病者。”[②]对于治天下来说，理财更不是主要的内容了。

陈傅良指出，《周礼》书中确实有很多涉及到理财的地方。他说：“王荆公尝谓《周礼》一书理财居其半。自有《周礼》以来，刘歆辅王莽专为理财，至荆公熙宁亦专理财，所以先儒多疑于《周礼》。今细考之，亦诚有可疑。”（《周礼订义》卷二十四，文渊阁四库全书本）陈傅良对古今税制和兵制都有非常深入的研究，他认为《周礼》书中名目繁多的征敛项目正是《周礼》“可疑”的地方。《周礼·地官·廛人》：“廛人掌敛市，絘布、总布、质布、罚布、廛布而入于泉府”，陈傅良将此类比为当时的赋税项目。他认为，絘布相当于房廊钱，廛布相当于白地钱，罚布、质布相当于搭地钱，总布相当于不系行钱人，屠布相当于纳筋骨者，如此等等。但是，从整体上来看，理财、赋税等内容在《周礼》属于可疑的部分，而且还不是主要内容。王安石的《周官新义》却将理财判定为《周礼》书中的主要内容，因此之故，陈傅良说：“荆公用《周礼》，遂有坊场、河渡、白地、房廊、搭罚、六色免行、市例之类，无所不有。至使《周礼》之书，后人不得尝试。夫周家之法果如是耶？抑用之者失其实耶？”（《周礼订义》卷二十四，文渊阁四库全书本）

孙诒让指出：“盖其著书宗旨，欲以《周官》职掌分合，考后世官制沿革，以究古今之变。故其说多以史志参互证验，而于宋初制度及王氏变法始末，考辨尤悉。永嘉诸儒，本以经制为宗，止斋为薛文宪弟子，于井田、军赋尤为专门之学，宜其精究治本，非空谭经世者比也。”[③]永嘉学者重视经制之学，尤其探讨《周礼》中的各项制度，其实正是为了正本清源，也从制度入

---

① 郑伯谦：《太平经国之书》卷10《理财》，《二郑集》，第180页。
② 郑伯谦：《太平经国之书》卷10《理财》，《二郑集》，第182页。
③ 孙诒让：《温州经籍志》卷3，第123页。

手,来批驳王安石新学对古代制度的错误理解和运用。但是,经制之学虽然是永嘉礼学的主要内容,但永嘉礼学的最终目的却不止于此。据陈傅良《进周礼说序》曰:

> 尝缘《诗》、《书》之义,以求文、武、周公、成、康之心,考其行事,尚多见于《周礼》一书,而传者失之,见谓非古……熙宁用事之臣,经术舛驳,顾以《周礼》一书理财居半之说,售富强之术,凡开基立国之道,断丧殆尽,而天下遂日多故。迄于夷狄乱华,中原化为左衽,老生宿儒发愤推咎,以是为用《周礼》之祸,诋排不遗力。幸以进士举,犹列于学官。至论王道不行,古不可复,辄以熙宁尝试之效藉口,则论著诚不得已也。故有《格君心》、《正朝纲》、《均国势》说各四篇。(《止斋文集》卷四十)

据这篇序文,陈傅良讲说《周礼》的思想背景是为了反对王安石对《周礼》的解释。在陈傅良看来,王安石对《周礼》性质的判定有误,并进而引发了祸乱,因此必须正本清源,对《周礼》重新做解释。陈傅良认为,通过《周礼》来探讨文、武、周公、成、康之心及其行事,这是《周礼》一书的真正价值。

朱熹说陈傅良"胸中有一部《周礼》"[1]。陈傅良对《周礼》有很精深的研究,并且由于他的《周礼说》还是"讲说举子所习经义"(《陈傅良先生文集》卷二十《吏部员外郎初对第三札子》),是科场举子应举的必备参考书,因此在社会上也有广泛的影响。陈傅良研究《周礼》,作《格君心》、《正朝纲》、《均国势》说各四篇,其实这也正是他解说《周礼》的"三纲领"。其中"格君心"一条,陈傅良有时又作"养君德"。《中兴艺文志》引陈傅良之言曰:"《周官》之纲领三,养君德、正朝纲、均国势也。"[2]王应麟曰:"陈君举说《周礼》,纲领有三:曰养君德,曰正朝纲,曰均国势。"[3]其实,"格君心"与"养君德"名异而实同。

前文已经指出,永嘉学的学术追求是宗奉程学的。程明道曾说:"必有《关雎》《麟趾》之意,然后可行周公法度。"[4]明道的这句话宋人又引作"必有《关雎》《麟趾》之意,然后可以行《周官》之法度"。前文在论述《周礼》与北宋儒学的发展时曾专门讨论过这个问题。这是宋代理学家对于儒学的

---

① 黎靖德编:《朱子语类》卷123,第2960页。
② 《文献通考》卷181《经籍考八》,北京:中华书局,2011年,第5353页。
③ 朱彝尊:《经义考》卷123,《经义考新校》第五册,第2284页。
④ 《河南程氏外书》卷12,《二程集》,第428页。

内外贯通的一个非常典型的概括说明。永嘉礼学的《周礼》学研究正是贯彻了道学的这个指导思想。陈傅良说：

> 尝读《关雎》，知三代而上，后妃极天下之选矣。后妃母仪天下，而嘿嘿然有不足配至尊之意，当是时夫人、嫔若干人，世妇若干人，女御若干人，各以其职奉上，所以共宾祭蕃，子姓之官备矣。后方恻然退想，幽深侧陋之间，尚有遗贤，宜配君子，求而不可得，则中夜不寐，展转叹息，庶几得之，吾当推琴瑟钟鼓之奉与之，偕乐而后慊。后德如此，则宫掖之政，一以听后之所为，奚不可者？今内小臣而下凡阉官，九嫔而下凡妇官，下至于女奴晓祝者、晓书者、晓裁缝者，必属之大臣，则夫员数之增损，职掌之废置，禄秩之多寡，赐予之疏数，皆禀命于朝廷，而后不与。且使内宰得以稽其功绪，而赏罚其勤惰，苟违有司之禁，虽天子不得自以为恩，是故私谒不行而内政举，古之所谓正家者，盖如此。（王与之：《周礼订义》卷十二，文渊阁四库全书本）

上文指出，"格君心"、"正朝纲"与"均国势"是陈傅良解说《周礼》的"三纲领"，每一"纲领"由四篇文字组成。上引这段文字又见于真德秀《西山读书记》卷二十四《礼要旨》。真德秀在这篇读书笔记中首先引用了朱子的话"《周礼》，周公遗典也"，然后照录了陈傅良《周礼说》之《格君心》四篇，最后说"自此而上盖朱子之所是，故录之，余不录"。由此可知，真德秀的读书笔记保留了陈傅良《格君心》四篇，并且说这四篇是得到朱子认可的。上引"尝读《关雎》"一段是《格君心》之第三篇。

"修齐治平"是传统儒家最重要的思想模式，其中"齐家"是一个关键的环节。无论是《周易》的"家人"卦，还是《诗经》的《关雎》篇，儒家都从中引发出齐家的重要性。帝王的家的规模虽非平常之家可比，但原理是相同的。因此学者对帝王的后宫制度也格外关注。陈傅良认为，所谓的"格君心"或"养君德"，应从后宫制度开始。

朱熹对陈傅良的这个看法深表认可。朱子说：

> 如陈君举说，天官之职，如膳羞衣服之官，皆属之，此是治人主之身，此说自是。①
> 大概推《周官》制度亦稍详，然亦有杜撰错说处。如云冢宰之职，

---

① 黎靖德编：《朱子语类》卷86，第2204页。

261

不特朝廷之事，凡内而天子饮食、服御、宫掖之事无不毕管。盖冢宰以道诏王，格君心之非，所以如此。此说固是。①

天官是正人主之身，兼统百官；地官主教民之事，大纲已具矣。春夏秋冬之官，各有所掌，如太史等官属之宗伯，盖以祝、史之事用之祭祀之故；职方氏等属之司马，盖司马掌封疆之政……如此等处，皆是合著如此，初非圣人私意。大纲要得如此看。②

朱熹认为，天官冢宰为百官之长，他的职责就是正君主之身。在这一点上朱子是赞同陈傅良的看法的。

本来，按《周礼》的设计，天官冢宰为百官之首，但其属下所职掌之实际内容，则大多为宫廷内务，凡寝社、膳食、饮料、服装、医药、妇寺，皆统于天官，相当于王室总管。历代有很多学者多对天官的名实不符感到困惑，甚至还有人将此看作刘歆伪造《周礼》的证据之一。朱熹说："五峰以《周礼》为非周公致太平之书，谓如天官冢宰，却管甚宫闱之事！其意只是见后世宰相请托宫闱，交结近习，以为不可。殊不知，此正人君治国、平天下之本，岂可以后世之弊而并废圣人之良法美意哉！"从朱子的这段话中可知，胡宏极力主张刘歆伪造《周礼》，其根据之一就是将宫闱之事列于天官，是不可信的。其实，《周礼》书中天官冢宰名实之间的矛盾，正是战国时期国家形态转型的体现。后世学者没有从历史发展的角度去看待《周礼》书中天官冢宰的职位与职掌之关系，仅仅按后世首辅或宰相的观念去看冢宰，自然觉得冢宰名不副实，而且还主要负责天子的宫闱内务。

但是，陈傅良却认为，《周礼》规定的天官冢宰主要负责天子的个人私生活，这不但无损于冢宰的名位，而且恰好还可以起到正君心、养君德的作用。郑伯谦也有类似的看法：

先王之制，事权欲合于一，而内外庭之势，本不容于分也。宫中府中，俱为一体。③

陈傅良的这种认识，与道学家的看法是一致的。儒家的政治主张自孔子开始，虽然强调"以道事君，不可则止"（《论语·先进》），但另一方面，儒

---

① 黎靖德编：《朱子语类》卷86，第2206页。
② 黎靖德编：《朱子语类》卷86，第2204页。
③ 《太平经国之书》卷6《内外上》，第152页。

家更加重视君主在政治中的关键、枢纽作用。儒家的德治主张首先针对的就是君主,如孔子所说的,"政者,正也。子帅以正,孰敢不正?"(《论语·颜渊》)孟子继承了孔子的看法,而且更加明确地提出"惟大人能格君心之非"(《孟子·离娄上》)。孟子认为,实行仁政的关键系于君心,如果君心端正,则"君正莫不正,一正君而国定矣"(《孟子·离娄上》)。秦汉以后,虽然在现实政治格局中是以法家的思想为主导而形成的君主专制体制,但儒家"格君心之非"的主张则一直延续下来。

宋代兴起的新儒学在儒学史上是一座高峰,但正如李存山老师所指出的,"两宋时期,程朱理学在哲学上比汉唐儒学有重大的发展,但在政治哲学上却鲜有突破,大致是伸张孟子的政治思想"①。宋代以程朱为代表的道学家的政治思想,仍然没有突破先秦时期儒家关于政治的一些基本设定。具体来说,他们依然认为政治的改善关键在于掌握绝对权力的君主道德意识的觉醒和道德水准的提高,因此,"格君心之非"是道学家政治思想的主要内容。

早在治平年间,程颐就写有《为家君应诏上英宗皇帝书》,其中说道:"臣以为所尤先者三焉,请为陛下陈之。一曰立志,二曰责任,三曰求贤……三者之中,复以立志为本,君志立而天下治矣。所谓立志者,至诚一心,以道自任,以圣人之训为可必信,先王之治为可必行,不狃滞于近规,不迁惑于众口,必期致天下如三代之世,此之谓也。"②程颢也有相同的看法:"君道之大……在乎君志先定,君志定而天下之治成矣。所谓定志者,一心诚意,择善而固执之也。"③神宗即位之后,程颐在上神宗的《论王霸劄子》中依然陈述的是治天下以君主立志为本的看法。经过了熙宁的新法,更加坚定了二程的这种看法,他们人为治道最根本的是要"格君心之非"。他们说:

> 治道亦有从本而言,亦有从事而言。从本而言,惟从格君心之非,正心以正朝廷,正朝廷以正百官。④
>
> "君仁莫不仁,君义莫不义"。天下之治乱系乎人君仁不仁耳。⑤

---

① 李存山:《程朱的"格君心之非"思想》,《气论与仁学》,郑州:中州古籍出版社,2009年,第465页。

② 《河南程氏文集》卷5,《二程集》,第521页。

③ 《河南程氏文集》卷1,《二程集》,第447页。

④ 《河南程氏遗书》卷15,《二程集》,第165页。

⑤ 《河南程氏外书》卷6,《二程集》,390页。

二程的思想在熙宁前后有所转变，但他们的政治思想几乎没有任何变化，甚至在经历了新法之后，他们在涵泳天理的同时，更加重视君心在政治中的重要作用。

朱熹的政治思想也继承了二程的以"格君心之非"作为为政之本的思想。朱熹说：

> 熹常谓天下万事有大根本，而每事之中又各有要切处。所谓大根本者，固无出于人主之心术，而所谓要切处者，则必大本既立，然后可推而见也。如论任贤相、杜私门，则立政之要也；择良吏、轻赋役，则养民之要也。公选将帅，不由近习，则治军之要也。乐闻警戒，不喜导谀，则听言用人之要也。推此数端，余皆可见，然未有大本不立而可以与此者，此古之欲平天下者所以汲汲于正心诚意以立其本也。①

四、永嘉礼学与理学

永嘉礼学虽然在价值取向上是有意向程学靠拢的，但从实际内容来看，永嘉学者的礼学研究还是注重对历史与现实社会当中的礼乐制度的探讨。如黄宗羲说："永嘉之学，教人就事上理会，步步着实，言之必使可行，足以开物成务。"②朱熹虽然对陈傅良有一些肯定，但总体上还是对永嘉学者多有批评，认为永嘉学者学问"没头没尾"、"小"。朱熹说："只是他稍理会，便自要说，又说得不著。"又说："大抵只说一截话，终不说破是个甚么；然皆以道义先觉自处，以此传授。"③所谓没有"说破"，应该是批评永嘉学没有贯通。《语类》中还记载：

> 或曰："永嘉诸公多喜文中子。"曰："然，只是小。它自知定学做孔子不得了，才见个小家活子，便悦而趋之。譬如泰山之高，它不敢登；见个小土堆子，便上去，只是小。"④

---

① 朱熹：《文集》卷25《答张敬夫》，《朱子全书》第21册，第1112页。
② 《宋元学案》卷52《艮斋学案》，第1696页。
③ 黎靖德编：《朱子语类》卷123，第2960—2961页。
④ 黎靖德编：《朱子语类》卷123，第2962页。

朱熹还多次批评永嘉学问琐碎:"永嘉看文字,文字平白处都不看,偏要去注疏小字中,寻节目以为博。"①朱子批评永嘉学者"小",不仅是指他们专看注疏小文字,更是指学问的规模还不够宏大。

从朱熹的这些批评来看,所谓永嘉学者的学问小,是自道学家的标准来衡量,永嘉学者还主要是关注于"事"的层面,而对于"理",对于形上问题则兴趣、关注不够。从儒学的整体发展来看,这样的批评也是有道理的。《朱子语类》中有记载:

> 器远言:"少时好读伊洛诸书。后来见陈先生,却说只就事上理会,较著实。若只管去理会道理,少间恐流于空虚。"曰:"向见伯恭亦有此意,却以《语》《孟》为虚著。《语》《孟》开陈许多大本原,多少的实可行,反以为恐流于空虚,却把《左传》做实,要人看。殊不知少间自无主张,只见许多神头鬼面,一场没理会,此乃是大不实也! 又只管教人看史书,后来诸生都衰了……如人乘船,一齐破散了,无奈何,将一片板且守得在这里。"
>
> 又曰:"又有说道,身己自著理会,一种应出底事又自著理会,这分明分做两边去。不知古人说修身而天下平,须说做不是始得。《大学》云'格物而后知至,知至而后意诚'云云,今来却截断一项,只便要理会平天下,如何得!"②

在这里朱熹主要是批评吕祖谦,但也将陈傅良相提并论,认为他们的学问一个重史,一个重事,却将儒学最为重要、关键的心性义理视为虚空。在朱熹看来,《语》、《孟》、《学》、《庸》这些内容既切实可行,又可以从中别开生面,完美地体现出儒学修齐治平、内外贯通的整体局面。而对于儒学的这个特质如果不能整体把握,顾此失彼,则会将完整的儒学"截断一项",打成两截。内圣学是基础,只有将儒学的这个基础建筑牢固了,儒学"为万世开太平"的理想才有根基,才可以实现。

朱熹对于永嘉学者的礼学也是这样认为的。朱熹认为:

> 其(陈傅良)教人读书,但令事事理会,如读《周礼》,便理会三百六十官如何安顿;读《书》,便理会二帝三王所以区处天下之事;读《春

---

① 黎靖德编:《朱子语类》卷123,第2964页。

② 黎靖德编:《朱子语类》卷120,第2896—2897页。

秋》，便理会所以待伯者予夺之义。至论身已上工夫，说道："'形而上者谓之道，形而下者谓之器。'器便有道，不是两样，须是识礼乐法度皆是道理。"①

又说：

礼乐法度，古人不是不理会。只是古人都是见成物事，到合用时便将来使。如告颜渊"行夏之时，乘殷之辂"，只是见成物事。如学字一般，从小儿便自晓得，后来只习教熟。如今礼乐法度都一齐乱散，不可稽考，若著心费力在上面，少间弄得都困了。②

从这里可以看出，朱熹认为永嘉学者读《周礼》、读《书》，只是限于经典的具体内容当中，而没有融会贯通，没有认识到礼乐法度是和天理贯通的。朱熹对于永嘉礼学不仅有一些具体细节上的批评③，而且更为重要的是，由于对儒学内外关系理解的不同，朱熹的道学与永嘉礼学还是有本质的不同。朱熹并非不重视礼，但他认为，不能将学者的气力完全用在稽考古礼上面，而是认为，对于礼学应从大处着眼，把握住了理，则礼自然有章可循。朱子曾指出：

礼学是一大事，不可不讲，然亦须看得义理分明，有余力时及之乃佳。不然，徒弊精神，无补于学问之实也。（《文集》卷五十九《答陈才卿》八）

这段话虽然简短，但看以看做是朱子关于礼学的一个基本主张。它包含了三层含义：第一，礼学作为儒学的重要内容，应该是儒家学者必须重

---

① 黎靖德编：《朱子语类》卷 120，第 2896 页。
② 黎靖德编：《朱子语类》卷 120，第 2896 页。
③ 例如，陈傅良说："如太史、内史掌六典、八法、八则，宜属天官，乃属春官；大小行人、司仪、掌客，宜属春官，乃属秋官……先王设官如此，当时不见文移回复职事侵紊之患，何也？六官之设，虽各有司存，然错综互见，事必相关……后世礼官专治礼，刑官专刑，兵官治兵，财官专治财，并不相关，虽有遗失，他官不得搏节，而旷废多矣。"（王与之：《周礼订义·弁言》，文渊阁四库全书本）据此，陈傅良认为，《周礼》设官的原则是各官虽然各有所掌，但整体上还要互相牵制，所谓"错综互见，事必相关"。但是，朱熹则认为，这样的原则并不符合周公设官的原则。朱熹说："但云主客行人之官，合属春官宗伯，而乃掌于司寇；土地疆域之事，合掌于司徒，乃掌于司马：盖周家设六官互相检制之意。此大不然！何圣人不以君子长者之道待其臣，既任之而复疑之邪？"（《朱子语类》卷 86，第 2206 页）又说："如陈君举说，天官之职，如膳羞衣服之官，皆属之，此是治人主之身，此说自是。到得中间有官属相错综处，皆谓圣人有使之相防察之意，这便不是。"（《朱子语类》卷 86，第 2204 页）这是朱熹对陈傅良所说的《周礼》设官原则的批评。

视、研究的课题之一。第二,研究礼学重要的是研究礼学的思想含义。礼学应与义理之学相结合。第三,研究礼学需要在学问有了一定的根基或基础之后才可以进行,这样可以更好的认识到礼学中的义理,以及礼学在儒学整体中的位置与意义。否则很容易陷入繁琐的名物制度的纠缠中。这个学问的根基就是儒学的心性之学。由此可见,朱熹虽然也重视礼学,但他对于儒家礼学的理解和定位与永嘉礼学还是完全不同的。我们也可以把这段话看做是朱熹对永嘉礼学的一种批评与回应。叶适认为,礼是为学之始,也是儒学的基础。他说:

> 程氏诲学者必以敬为始……以余所闻,学有本始,如物始生,无不懋长焉,不可强立也。孔子教颜子"克己复礼为仁"……是则复礼者,学之始也。教曾子曰:"安上治民莫善于礼。礼者,敬而已矣。故敬其父则子悦,敬其兄则弟悦,敬其君则臣悦,敬一人而千万人悦。"是则敬者,德之成也。学必始于复礼,故治其非礼者而后能复。①

如果仅就这一段话来看,尤其是就着儒家经典当中"克己复礼为仁"、"安上治民莫善于礼"来解说,恐怕是所有的儒家学者都可以承认的。但如果把这些话放在各自的思想脉络当中,叶适与永嘉学者由于重视礼而走向了经制之学的探讨,而道学则由重礼进一步走向了对礼的心性基础和形上基础的探讨,由此也就显示出永嘉礼学与道学的不同学术走向。

---

① 《水心文集》卷 10《敬亭后记》,《叶适集》,第 163—164 页。

试论朱熹的祭祀思想

沈叶露

朱熹言祭祀,与其理气观、鬼神观、修养论以及对国祚的设想与忧虑相关。从自然世界认识论的角度看,他指出神灵以气的形式充盈于天地之间;从方法论的角度,他认为只有正心持敬,才能使心气与神灵交感,统言之便是以一种"气应"的形式两相沟通,因此以诚敬之心卜筮、祭祷、立尸,都是迎神、祭神、使神来格的重要方式,而僭礼的行为则由于非属同类之气无法相通感格而不能有效施行。同时,朱熹继承二程古今殊俗、仪随时变的观点,主张参酌古今礼仪,情文相称地祀享祖先神祇。对国家宗庙祭祀的考虑、僖祖祧庙与否的争议,又再次体现了程朱理学对儒家反本报始思想直接相承的特点以及朱熹对国祚传承的态度与忧虑,但其报祖敬宗的理论因在实践倡导中出现一定程度的悖谬而使其祧庙之议无法有力服众。本文试择取朱熹祭祀思想作以归纳阐述,以期管窥其基于理学义理指导下的祭祀观及其得失。

一、神以气应,非依貌求

对于鬼神的世俗信仰,陈荣捷指出朱熹"大致已走入理性范围",他对怪异"均以阴阳二气释之"[1],观其对祖先神祇的认识亦然。朱熹认为,天地山川、祖先往圣、五祀诸神均以"气"的状态充盈于天地之间:

> 舜功问:"祭五祀,想也只是当如此致敬,未必有此神。"
> (朱熹)曰:"神也者,妙万物而言者也。盈天地之间皆神。若说五

---

① 陈荣捷:《朱子新探索》一三《朱子之世俗信仰》,上海:华东师范大学出版社,2007 年,第 66 页。

祀无神处,是甚么道理?"①

　　朱熹态度鲜明地指出"说五祀无神"是极无道理的,可见他对神明存在的确信,然而他的这种信仰又有别于世俗的盲目崇信,他既以天神地祇往圣先祖皆以气的状态聚散往还,那么便自然区别于世俗将神灵视作纯粹超自然存在的态度。世俗因视神灵为全然无法觅迹把捉的超自然物,因此祭祀神灵时便会塑造一具体之神相,以为祭祷之对象的寄托,朱熹则因其神灵皆"气"的认识而指出世俗这一塑貌相祭祀山川神祇的举动是完全没有认识到义理之本然的,因而是荒谬的:

　　　　如今祀天地山川神,塑貌像以祭,极无义理。②
　　　　是有这祭,便有这神……但不如后世门神,便画一个神象如此。③

　　朱熹将神灵视为自然之物——气,然而却又不是纯客体无感知的自然之物,正如伽德纳(Daniel K. Gardner)所指出的:"他将超自然物'自然化'了。但是,在将鬼神世界拉回尘世,论证鬼神无处不在并以之解释自然的各种现象的同时,他也向这个尘世的领域注入了神性。也就是说,他在将神性'自然化'的同时同样程度地'神灵化'了自然……在朱熹的哲学视野中,这两个领域(自然与神界)是相互交融,无法区分的。"对此伽德纳总结为"大致说来,像传统的中国人一样,朱熹相信鬼、怪和各种精灵现象,他与其他中国人的区别在于,他不断地努力去理解它们,去解释它们的样子,去将它们纳入一个内在一致的世界图景中。"④在与门人的如下这段对话中,朱熹的答语明确地显现出这一"神灵化自然"的认识观:

　　　　(吕焘)问:"鬼神便只是此气否?"

①　黎靖德:《朱子语类》卷90《祭礼》,北京:中华书局,1986年,第2291页。
②　黎靖德:《朱子语类》卷90《祭礼》,北京:中华书局,1986年,第2290页。
③　黎靖德:《朱子语类》卷90《祭礼》,北京:中华书局,1986年,第2290页。
④　*Daniel K. Gardner：Chosts and spirits in the Sung Neo-confucian world,Journal of American oriental society*,115：4(1995),*pp.598-611,cited from confucian studies,edited by Xinzhong Yao and Weiming Tu,Volume 11,Routledge,Taloy & Francis Group,LONDON AND.NEW YORK.*(伽德纳:《宋代新儒学思想世界中的鬼神:朱子论鬼神》,原文载于《美国东方社会杂志》,115：4(1995),*pp.*598—611,收入《儒家研究》卷2)

（朱熹）曰："又是这气里面神灵相似。"①

朱熹既认为神存乎气，那么人若欲与此寓鬼神之外气的沟通，则亦需凭此一身之气。而这体内的气又是由心来掌控的，即心如何动，便产生何种之气，因为人心之于人体之气，亦如神明之寓于气，二者皆为有思虑和感知的，人之精神与神之精明以"气"为媒介得以交流沟通：

> 鬼神只是气。屈伸往来者，气也。天地间无非气。人之气与天地之气常相接，无间断，人自不见。人心才动，必达于气，便与这屈伸往来者相感通。如卜筮之类，皆是心自有此物，只说你心上事，才动必应也。②

心动时，传达给"气"相应的信息，这一信息便立即与外界的气发生感通，基于这一思维理论，朱熹颇为重视卜筮的意义，他认为人们只当以戒慎之心敬听其意：

> "圣人以此斋戒，以神明其德夫！"此言用易之事也。斋戒，敬也。圣人无一时一事而不敬，此特因卜筮而言，尤见其精诚之至。如孔子所慎，斋、战、疾之意也。湛然纯一之谓斋，肃然警惕之谓戒，玩此则知所以神明其德之意也。③

朱熹晚年"以《仪礼》为经，而取《礼记》及诸经史杂书所载有及于礼者皆以附于本经之下，具列注疏"④而编撰《仪礼经传通解》，其于首卷《士冠礼》首句"士冠礼，筮于庙门"疏解中特增益"蓍，草之灵者。《易·说卦》云："'幽赞于神明而生蓍'是也"诸字，又具体陈述了《周易》卜筮之法，此皆为《仪礼》孔颖达疏所不备者，尤可见朱熹用心。

在认识到人由心所动之气与天地间的外气交流沟通的同时，朱熹也强调这种沟通是有限度、并非"随心所欲"的。首先人禀天地之气而生，其所

---

① 黎靖德：《朱子语类》卷 3《鬼神》，北京：中华书局，1986 年，第 34 页。
② 黎靖德：《朱子语类》卷 3《鬼神》，北京：中华书局，1986 年，第 34 页。
③ 朱熹：《晦庵先生朱文公文集》卷 32《答张敬夫问目》，《朱子全书》第 21 册，上海：上海古籍出版社，合肥：安徽教育出版社，2002 年，第 1401 页。
④ 朱熹：《晦庵先生朱文公文集》卷 14《乞修三礼札子》，《朱子全书》第 20 册，上海：上海古籍出版社，合肥：安徽教育出版社，2002 年，第 687—688 页。

受天赋外气的清浊、偏正、优劣、强弱决定了此人的贵贱寿夭、福禄贤愚:

> 大率只是一个气。阴阳播而为五行,五行中各有阴阳。甲乙木,
> 丙丁火;春属木,夏属火。年月日时无有非五行之气,甲乙丙丁又属阴
> 属阳,只是二五之气。人之生,适遇其气,有得清者,有得浊者,贵贱寿
> 夭皆然,故有参错不齐如此。圣贤在上,则其气中和;不然,则其气偏
> 行。故有得其气清,聪明而无福禄者;亦有得其气浊,有福禄而无知
> 者,皆其气数使然。①

朱熹以人一生之成就寿夭皆决定于初生时所遭遇之气,其气定论的观
点相对于天命论而言,虽将"主管权"由假想之天神交予了自然之"气",但
对个体主观能动性的认识与推动而言,并无太大进步意义。然而朱熹这一
世界观的认识与阐发,却为他进一步要求社会各等级的人们自觉遵守自己
的祭祀范围,不越级僭礼提供了较以往更具说服力的理论支撑。既然人受
不同的"气"而生,则其一生的活动便亦受此自然之气的限制,各人依其体
内所禀之气而可与对应相关的外气沟通,如天子对应天地、诸侯对应山川、
大夫对应五祀,子孙又与自己祖先之气相贯通,祭祀时便当谨守其相应相
通之气,越之便不合义理之正,无法感召神灵:

> 所谓来格,亦略有些神底意思。以我之精神感彼之精神,盖谓此
> 也。祭祀之礼全是如此。且"天子祭天地,诸侯祭山川,大夫祭五祀",
> 皆是自家精神抵当得他过,方能感召得他来。如诸侯祭天地,大夫祭
> 山川,便没意思了。②

那么又如何知晓各人系禀何种之气呢? 对这一问题,朱熹提出了理与
气聚、据理体认的观点:

> 此身在天地间,便是理与气凝聚底。天子统摄天地,负荷天地间
> 事,与天地相关,此心便与天地相通。不可道他是虚气,与我不相干。
> 如诸侯不当祭天地,与天地不相关,便不能相通。圣贤道在万世,功在
> 万世。今行圣贤之道,传圣贤之心,便是负荷这物事,此气便与他相

---

① 黎靖德:《朱子语类》卷1《理气》,北京:中华书局,1986年,第8页。
② 黎靖德:《朱子语类》卷3《鬼神》,北京:中华书局,1986年,第47页。

通。如释奠列许多笾豆，设许多礼仪，不成是无此姑谩为之！人家子孙负荷祖宗许多基业，此心便与祖考之心相通。①

气因具有实"理"，便为社会各等之人遵循各自等级范围内的理，从而施行各自等级所属的祭祀活动提出了理论依据与约束。天子因统摄天地之事，故而心气与天地相通；诸侯掌一地之山川安宁，其气便可通其境域之山川；士人传圣贤之道，因而也便承圣贤一脉之心，许多祭祀礼仪，也便气通而可为；子孙承祖宗基业而来，祭祀时也就与祖考之心相通。之所以"神不歆非类，民不祀非族"，只因其理不相同，故其气不相关。明白了这一道理，各阶层的人们便自当自觉地安守其理、安于其分：

> 叔器问："天子祭天地，诸侯祭山川，大夫祭五祀，士庶人祭其先，此是分当如此否？"
> 曰："也是气与他相关。如天子则是天地之主，便祭得那天地。若似其他人，与他人不相关后，祭个甚么？如诸侯祭山川，也只祭得境内底。如楚昭王病后卜云：'河为祟。'诸大夫欲祭河，昭王自言楚之分地不及于河，河非所以为祟。孔子所以美之云，昭王之不失国也宜哉！这便见得境外山川与我不相关，自不当祭。"②

以理气的角度突出祭祀的政治性与等级性，由此我们也看到了朱熹语境中的"理""礼"关系——将"礼"服从于"理"，要求人们行合"理"之"礼"，并向大众明确唯其如此，所行之"礼"才是有效的，能够产生积极效应的。楚昭王以不越礼而保其国，此间虽然没有直接的因果关联，但其克守礼"度"的品格可使他谨慎理国，安镇家邦。朱熹"礼"合于"理"的说理角度以"合情合理"的方式说服各阶层的社会成员敬守礼的等级，自觉避免僭礼行为的发生。

二、敬守己身，不妄祭祷

朱熹虽然提出唯天子之气可与天地相关相通，但并不全然隔断庶人与

---

① 黎靖德：《朱子语类》卷3《鬼神》，北京：中华书局，1986年，第47页。
② 黎靖德：《朱子语类》卷90《祭礼》，北京：中华书局，1986年，第2291页。

天地之间的联系。他明白人处天地间，不可能完全脱离与天地之气的相互影响，那么凡庶之民是否也可得有祭祷天地之"理"呢？回答是否定的：

> （胡叔器）又问："人而今去烧香拜天之类，恐也不是。"
>
> 曰："天只在我，更祷个甚么？一身之中，凡所思虑运动，无非是天。一身在天里行，如鱼在水里，满肚里都是水。某说人家还醮，无意思。岂有斟一杯酒，盛两个饼，要享上帝！且说有此理无此理？某在南康祈雨，每日去天庆观烧香。某说，且慢去。今若有个人不经州县，便去天子那里下状时，你嫌他不嫌他？你须捉来打，不合越诉。而今祈雨，却如何不祭境内山川？如何更去告上帝？"①

朱熹对门人的这段回答提示了两层意思。首先，人之一身皆在天里行，天地之气在此一身之中，随处皆在，如鱼之在水，何用求祷？由此而推导的结论便是：人当谨守此身，思虑营为，持敬存养，敬其一身便是敬天，否则空祷于外，岂非颠倒？这有一点禅家"佛在心中莫浪求"的味道，但更主要的是，朱熹继承二程持敬的修养方法，深刻认识到一心之持守于外事的影响。他曾反复强调心念的作用，在《戊申封事》中便如此劝谕孝宗皇帝：

> 盖天下之大本者，陛下之心也……臣之辄以陛下之心为天下之大本者，何也？天下之事，千变万化，其端无穷，而无一不本于人主之心者，此自然之理也。故人主之心正，则天下之事无一不出于正；人主之心不正，则天下之事无一得由于正……是以人主以眇然之身，居深宫之中，其心之邪正，若不可得而窥者，而其符验之著於外者，常若十目所视，十手所指，而不可掩此。大舜所以有惟精惟一之戒，孔子所以有克己复礼之云，皆所以正吾此心而为天下万事之本也。此心既正，则视明听聪，周旋中礼而身无不正，是以所行无过不及而能执其中，虽以天下之大而无一人不归吾之仁者。（原注：臣谨按《尚书》舜告禹曰"人心惟危，道心惟微，惟精惟一，允执厥中。"夫心之虚灵，知觉一而已矣，而以为有人心道心之别者，何哉？盖以其或生于形气之私，或原于性命之正，而所以为知觉者不同，是以或危殆而不安，或精微而难见耳。然人莫不有是形，故虽上智，不能无人心；亦莫不有是性，故虽下

---

① 黎靖德：《朱子语类》卷90《祭礼》，北京：中华书局，1986年，第2292页。

愚，不能无道心，二者杂于方寸之间而不知，所以治之，则危者愈危，微者愈微，而天理之公卒无以胜乎人欲之私矣。精则察夫二者之间而不杂也，一则守其本心之正而不离也，从事于斯，无少间断，必使道心常为一身之主而人心每听命焉，则危者安，微者著，而动静云为自无过不及之差矣。又按《论语》颜渊问仁，子曰："克己复礼为仁。一日克己复礼，天下归仁焉。"为仁由己，而由人乎哉？夫仁者，本心之全德也；己者，一身之私欲也；礼者，天理之节文也。盖人心之全德莫非天理之所为，然既有是身，则亦不能无人欲之私以害焉。故为仁者必有以胜其私欲而复于礼，则事皆天理而本心之德复全于我也。心德既全，则虽以天下之大而无一人不归吾之仁者，然其机则固在我而不在人也。日日克之，不以为难，则私欲净尽，天理流行而仁不可胜用矣。此大舜孔子之言，而臣辄妄论其所以用力之方如此……）然邪正之验著於外者，莫先于家人而次及于左右，然后有以达于朝廷而及于天下焉……心一不正，则是数者固无从而得其正，是数者一有不正而曰心正，则亦安有是理哉？是以古先圣王兢兢业业，持守此心，虽在纷华波动之中，幽独得肆之地，而所以精之一之，克之复之，如对神明，如临渊谷，未尝敢有须臾之怠……此先王之治所以由内及外，自微至著，精粹纯白，无少瑕翳，而其遗风余烈，犹可以为后世法程也。[①]

朱熹强调克守一心之正，不仅可引导身正而行为中礼，从而使政令合宜、天下归仁，而且内在的思虑确可产生外事同等之效验，故云"符验之著于外"。行文中朱熹又特加按语，引《尚书》"人心惟危，道心惟微，惟精惟一，允执厥中"十六字心法，反复申论持守一心，克服形气之私的重要性。因此圣王必得精一克复，执持此心，须臾而不可离怠，方能使正气感召于外，天下归心，四海复归一统。这是从整个国家政治的角度对帝王提出的要求，及对凡庶之民，亦当居敬持守，方可格物穷理，明心见性而不汨于外物。这是朱熹对胡叔器说的"思虑运动，无非是天"的内在意蕴。

此外，朱熹还提到了一层意思，便是对"越诉"非礼的批评。对于民众私自祷天祈雨等越礼行为，他并没有以礼法的规程条文来约束他们，而是将祭祀祷神"世俗化"为人间求请活动，由此我们当也可以看到，朱熹或正是以这般"以人度神"的方式思考人神、祭祀问题的，对祭祀当遵循怎样的

---

① 朱熹：《晦庵先生朱文公文集》卷11《戊申封事》，《朱子全书》第20册，上海：上海古籍出版社，合肥：安徽教育出版社，2002年，第590—593页。

等级约束与程序？一个是理气相通，另一个则是推之以人间情理。人世间不可越级祭祀，对神祇的尊敬亦然，祭祀也当顾念到对各等次之神灵的尊重。朱熹始终保持着坚定的信仰虔敬之心，也才便如此的切近关照、悉心体会，略不愿有所差失。

三、行仪明义，参酌古今

如上所论，朱熹之于祭祀诸礼，全秉诚敬，因此常对之作切身的体会与思考，而不仅仅以一既定而干枯的仪节待之处之。先秦礼仪至宋代，经历了数次"礼崩乐坏"的磨难，同时随着生活方式的逐渐改变，礼之仪节也不可避免地发生着变异或说变迁。朱熹虽欲考探、整理古礼，但他考礼是为探明真实的礼义，他始终强调变革古礼的必然性与必要性：

> 世固有人硬欲行古礼者，然后世情文不相称。①
>
> 大凡礼制欲行于今，须有一个简易底道理。若欲尽拘古礼，则繁碎不便于人，自是不可行，不晓他周公当时之意是如何。②

朱熹说的古礼难行，主要是指古礼繁文缛节不适宜当今，而当今人情趋于简便的角度提出不必"尽拘古礼"。其实礼之须得更革，不仅因为人情有繁简之别，还在于古今生活方式的变化。二程便已指出古今礼文与礼俗不相称之弊：

> 今之人自是与古之人别，其风气使之，至如寿考形貌皆异。古人皆不减百余岁，今岂有此人？观古人形象被冠冕之类，今人岂有此等人？故笾豆簠簋，自是不可施于今人，自时不相称，时不同也。时上侭穷得理。③

朱熹继承二程礼酌古今的观点，主张礼随俗易以企望神之来享，以尽

---

① 黎靖德：《朱子语类》卷 23《"孟懿子問孝"至"子夏問孝"章》，北京：中华书局，1986 年，第561 页。
② 黎靖德：《朱子语类》卷 63《中庸》，北京：中华书局，1986 年，第 1555 页。
③ 程颢、程颐：《二程集·河南程氏遗书》卷 15《入关语录》，北京：中华书局，1981 年，第 172页。

人之对神灵的虔敬之心：

> 行古礼，须是参用今来日用常礼，庶或飨之。如太祖祭，用簠簋笾豆之外，又设牙盘食用碗楪之类陈于床，这也有意思，到神宗时废了。元祐初，复用。后来变元祐之政，故此亦遂废。①

簠簋、笾豆是古礼中的礼器，牙盘与碗楪是后世使用的食器，朱熹主张祭祀当朝先帝也应用现世所用器物，以其生前习惯为宜，而不应固守古礼陈设。可见朱熹并不是将礼当作单纯的惯行陈规，而是"事神如神在"，尽可能施礼以义，行礼以情，力尽其拳拳供奉承事之心。

又如后世神位排置方向也发生了变化，而人们奠祀时，仍按古礼的方向进行祭拜，朱熹也指出了其妄行礼仪，不明礼义而造成的情文不称之弊：

> 室中西南隅乃主位。室中西牖东户。若宣圣庙室，则先圣当东向，先师南向。如周人禘尝郊稷，尝东向，稷南向。今朝庭宗庙之礼，情文都自相悖，不晓得。古者主位东向，配位南向，故拜即望西。今既一列皆南向，到拜时亦却望西拜，都自相背。②

可见朱熹一方面注重古礼的仪节，一方面又讲求礼的当下性、现实性，他参酌古今之礼，是为了更好地使礼之情文相称，以祭享先帝往圣。

四、立尸尽诚，自有深意

虽然朱熹主张参酌古今之礼，但于古人祭祀用尸之意却颇以诚敬之心认可之。对杜佑以之为朴陋的评价，朱熹平和地表达了不同意见，认为"古人用尸自有深意，非朴陋也"：

> 用之问祭用尸之意。
>
> 曰："古人祭祀无不用尸，非惟祭祀家先用尸，祭外神亦用尸。不知祭天地如何，想惟此不敢为尸。杜佑说，古人用尸者，盖上古朴陋之

① 黎靖德：《朱子语类》卷90《祭礼》，北京：中华书局，1986年，第2293页。
② 黎靖德：《朱子语类》卷90《祭礼》，北京：中华书局，1986年，第2293页。

礼,至圣人时尚未改,(文蔚录云:'是上古朴野之俗,先王制礼是去不尽者。')相承用之。至今世,则风气日开,朴陋之礼已去,不可复用,去之方为礼。而世之迂儒必欲复尸,可谓愚矣! 杜佑之说如此。今蛮夷猺洞中有尸之遗意,每遇祭祀鬼神时,必请乡之魁梧姿美者为尸,而一乡之人相率以拜祭。为之尸者,语话醉饱。每遇岁时,为尸者必连日醉饱。此皆古之遗意。尝见崇安余宰,邵武人,说他之乡里有一村名密溪,去邵武数十里。此村中有数十家,事所谓'中王'之神甚谨。所谓'中王'者,每岁以序轮一家之长一人为'中王',周而复始。凡祭祀祈祷,必请中王坐而祠之,岁终则一乡之父老合乐置酒,请新旧中王者讲交代之礼。此人既为中王,则一岁家居寡出,恭谨畏慎,略不敢为非,以副一村祈向之意。若此村或有水旱灾沴,则人皆归咎于中王,以不善为中王之所致。此等意思,皆古之遗闻。近来数年,此礼已废矣。看来古人用尸自有深意,非朴陋也。"①

对杜佑以用尸为"朴陋"、为"愚"的观点,朱熹并没有急于驳斥,而是引蛮夷猺洞与邵武乡间用尸之遗俗以为分辨。这里我们看到,朱熹举"蛮夷"之"遗意"和乡村之旧俗,其实正符合杜佑"上古朴陋"之说,然而朱熹却是从正面来看待这一礼俗的,"一岁家居寡出,恭谨畏慎,略不敢为非,以副一村祈向之意"诸句,当是朱熹举以为例的要义。如前所论,朱熹认为生人与神祇是以气相通的,气之清明又是由心之诚敬决定的,而戒慎恐惧,如临深渊、如履薄冰的修养方法又是理学家持敬养德的必守之规:

"戒慎""恐惧"及"致中和"乃修道之始终也。②

读《中庸》,见其所论修道之教,而必以戒慎恐惧为始,然后得夫所以持敬之本。③

这个身己,直是顷刻不可不戒慎恐惧。④

自是无时不戒慎恐惧,不是到这时方戒惧。不成说天下已平治,可以安意肆志! 只才有些放肆,便弄得靡所不至!⑤

---

① 黎靖德:《朱子语类》卷 90《祭礼》,北京:中华书局,1986 年,第 2309 页。
② 朱熹:《晦庵先生朱文公文集》卷 35《别纸》,《朱子全书》第 21 册,上海:上海古籍出版社,合肥:安徽教育出版社,2002 年,第 1523 页。
③ 朱熹:《晦庵先生朱文公文集》78《名堂室记》,《朱子全书》第 24 册,上海:上海古籍出版社,合肥:安徽教育出版社,2002 年,第 3732 页。
④ 黎靖德:《朱子语类》卷 35《论语·泰伯篇》,北京:中华书局,1986 年,第 912 页。
⑤ 黎靖德:《朱子语类》卷 72《易》,北京:中华书局,1986 年,第 1836 页。

由此可知,朱熹论学,无论《易》或《论语》《中庸》,可谓时时而拳拳强调此"戒慎恐惧"不可暂放之心。由此反观他以尸之恭谨戒惧沟通神灵之意,正与其正心持敬的修养主张、感通神灵的气应理论相符。他是确乎相信尸之正心养性可通达神灵、护佑乡里的,他以用尸为"自有深意"的结论也是以此为思想基点的。

同时,朱熹认为立尸以享饮食,不仅不为亵神,反而是为尽其诚敬之心的表现:

> 用之云:"祭祀之礼,酒肴丰洁,必诚必敬,所以望神之降临,乃歆向其饮食也。若立之尸,则为尸者既已享其饮食,鬼神岂复来享之!如此却为不诚矣。"
>
> 曰:"此所以为尽其诚也。盖子孙既是祖宗相传一气下来,气类固已感格。而其语言饮食,若其祖考之在焉,则有以慰其孝子顺孙之思,而非恍惚无形想象不及之可比矣。古人用尸之意,所以深远而尽诚,盖为是耳。今人祭祀但能尽诚,其祖考犹来格。况既是他亲子孙,则其来格也益速矣。"因言:"今世鬼神之附着生人而说话者甚多,亦有祖先降神于其子孙者。又如今之师巫,亦有降神者。盖皆其气类之相感,所以神附着之也。周礼祭墓则以墓人为尸,亦是此意。"[①]
>
> 古人用尸,本与死者是一气,又以生人精神去交感他那精神,是会附着歆享。[②]

朱熹首先还是以祖孙一气相传的观点认为同类感格,进而指出祖先之气自附于子孙所为尸之身,尸不仅不会夺取祖先神灵的饮食祭享,反而可使神灵之气有所附着而受享,并能以具体形象抚慰儿孙之心,祭礼深远尽诚之意,正在于此。

五、保留僖祖,德薄为祧

宗庙祭祀历来被视为中国古代社会的重要礼仪活动,北宋太祖建国,有司请立宗庙,兵部尚书张昭等折中三代以来礼制,采用隋唐以来立四亲

---

① 黎靖德:《朱子语类》卷 90《祭礼》,北京:中华书局,1986 年,第 2309—2310 页。
② 黎靖德:《朱子语类》卷 90《祭礼》,北京:中华书局,1986 年,第 2309—2310 页。

庙之法,建置太庙四室,追尊太祖以上高、曾、祖、祢四代,依次定庙号为僖祖、顺祖、翼祖、宣祖。此后自太祖始,有功德的帝王过世后,神主皆以同殿异室之制祔庙。然至南宋,朱熹曾就是否要迁僖祖于祧庙的问题与永嘉学派的代表楼钥、陈傅良等展开激烈论争,"祧僖祖之议,始于礼官许及之、曾三复,永嘉诸公合为一辞。先生独建不可祧之议。"①当时值高宗无嗣,太祖后裔孝宗承继大统,南宋士人多不甘于偏安一隅的家国之耻,雪耻复兴之心时刻期待着激励与喷发,于是张大太祖功业地位,正顺应了时代人心。许及之发"太祖皇帝开基,而不得正东向之位,虽三尺童子亦为之不平"之叹;陆放翁亦启"今乃独尊僖祖,使宋有天下二百四十余年,太祖尚不正东向之位,恐礼官不当久置不议也"之论,楼钥、陈傅良别立僖祖之庙,使太祖正东向位的主张因此而受到了很大的反响。然而朱熹并不赞同迁离僖祖,他指出即使如陈傅良所论,祧迁僖祖而立万世不毁之始祖庙,也不过是再立于一"地步狭窄"的"小小庙宇","名曰尊祖,实贬之也!"②他坚决不同意祧迁僖祖主要是出于两点理由:

其一,别迁僖祖,正太祖东向之位,虽可确立太祖至尊地位,却否认了太宗以来的政治脉络,于长治久安不利;其二,宋代帝王皆为僖祖子孙,以培育之功而论,又岂可无反本报始之心?

太祖、太宗不可析为二脉,尊祖敬宗、敬亡事存又彰显着"尊尊亲亲"的天理人心的理学主题,因此朱熹力排祧迁僖祖之议,正与他强调义利之辨、重义理的理学解剖方式相符相谐③。

然而,朱熹却也持守与纯然的尊祖敬宗不那么相协调的另一宗庙祭祀观:拣择祖宗,德薄为祧。

朱熹主张,先帝祖宗不当无所拣择而一并入祖庙承祀:

> "祖有功而宗有德",是为百世不迁之庙。商六百年,只三宗,皆以有功德当百世祀,故其庙称"宗"。至后世始不复问其功德之有无,一例以"宗"称之。④

可见朱熹认同上古有功德者而称祖宗的观点,对后世于先帝不论功德而一概称"宗"的现象表示了质疑。又:

---

① 黎靖德:《朱子语类》卷107《内任》,北京:中华书局,1986年,第2660页。
② 黎靖德:《朱子语类》卷107《内任》,北京:中华书局,1986年,第2663页。
③ 殷慧:《朱熹礼学思想研究》,湖南大学博士学位论文2009年,第235页。
④ 黎靖德:《朱子语类》卷90《祭礼》,北京:中华书局,1986年,第2296页。

且如商之三宗，若不是别立庙，后只是亲庙时，何不胡乱将三个来立？如何恰限取祖甲太戊高宗为之？"祖有功，宗有德"，天下后世自有公论，不以拣择为嫌。①

子孙后世是可以"拣择"其祖先的，以其功德显著者而入庙，然而朱熹在力排祧迁僖祖时分明将"会生得好孙子"作为论证其功德之论据②，既然物无有无本而生者，尊本敬始是反思本心的首要功夫，那么即使后世帝王有功德未及者，但凡其有可入宗庙之子孙，则其培育生养之功亦不可磨灭，子孙又安可存去取祖宗之心？因此，朱熹在这一论题上不可避免地体现了理论的相悖之失，他以反本报始之心为理义之首务，却又以庙议拣择祖宗为"天下之公议"而非子孙可得以私之：

古人七庙，恐是祖宗功德者不迁。胡氏谓如此，则是子孙得以去取其祖宗。然其论续谥法，又谓谥乃天下之公义，非子孙得以私之。如此，则庙亦然。③

朱熹以"庙亦然"肯定了胡文定子孙可去取祖宗、谥为天下之公义的观点，并将之推广到庙制庙议，以为其理同一。又：

（黄义刚）问："汉诸儒所议礼如何？"
（朱熹）曰："刘歆说得较是。他谓宗不在七庙中者，谓恐有功德者多，则占了那七庙数也。"④

由此可见，朱熹以祖宗必有培育之功的反本报始之义理心与功德当受天下公议的公理心，二者矛盾的根源是祖庙数额是有限的，《礼记·王制》："天子七庙，三昭、三穆，与太祖庙而七；诸侯五庙，二昭、二穆，与太祖祖庙而五；大夫三庙，一昭、一穆，与太祖祖庙而三；士一庙；庶人祭于寝。"

---

① 黎靖德：《朱子语类》卷90《祭礼》，北京：中华书局，1986年，第2296页。
② 朱熹：《晦庵先生朱文公文集》卷83《书程子祫说后》："熹未见此论时，诸生亦有发难，以为僖祖无功德者。熹答之曰：'谁教他会生得好孙子？'人皆以为戏谈，而或笑之。今得杨子直所录伊川先生说，所谓'今天下基本皆出于此人，安得为无功业'，乃与熹言默契。至哉言乎！天下百年不决之是非，于此乎定矣。"《朱子全书》第24册，上海：上海古籍出版社，合肥：安徽教育出版社，2002年，第3924页。
③ 黎靖德：《朱子语类》卷90《祭礼》，北京：中华书局，1986年，第2296页。
④ 黎靖德：《朱子语类》卷90《祭礼》，北京：中华书局，1986年，第2296页。

历代经传中虽然对周代天子七庙的具体解释存在着异议,但庙制的设置,大体仍受其影响,并在它的基础上演变和发展①。当时,连僖祖在内,宋朝庙数已达九数,庙制虽于后汉变而淆乱,唐又达十二庙之多,但朱熹认为其并非古制,故而并不赞成庙数的无限制增加,他欲保留僖祖,以为太祖、太宗共同的始祖,但同时主张"德薄者祧之"的观点,虽有其理论之悖谬性,却也为无奈立论之方:

> 本朝则韩持国本退之禘祫说祀僖祖,又欲止起于太祖。其议纷纷,合起僖祖典礼,都只将人情处了,无一人断之以公。自合只自僖祖起,后世德薄者祧之。②

南宋的祧庙之议终究以正太祖东向之位、朱熹持议的失败而告终,其本身立论的缺陷恐或也是其议论失利的原因之一。

如上我们梳理了朱熹祭祀思想的五个方面,朱熹言祭祀,首先是以神寓于气的观点确信神灵之存在。在此关照下,神灵不再是超自然的,而亦体现为现实可感之物质。神灵既存在于现实之气中,朱熹因而反对塑造假想之神像的做法,而主张存养心性,以正一身之气,并以此清正之气感召神明,达到有效的沟通与祭祀。同时,朱熹以理气论的观点突出人所禀赋之气不同而形成的天然等级性,以及人所从事事件的差异而导致各自与与之相关的理气对应沟通,从而强调祭祀的等级差异性,从认识论的角度反对僭礼的行为。此外,朱熹讲礼主张参酌古今,目的是使情文相称,使礼文仪节真实有效地发挥其作用。对杜佑多反对的"立尸"做法,朱熹则从"自有深意"的角度进行了肯定,这也是与其持心正气,感应神明的修养论与鬼神观符合呼应的。对于国家的宗庙祭祀,朱熹也坚守"义理"的论证,力排陈傅良等祧迁僖祖的提议,然而他以"反本报始"为由倡议保留僖祖于宗庙,却不顾尊祖敬宗而主张祧迁乏于功德的先祖,其理论中悖谬因素的存在或可视为他以"理"议"礼"过程中的差失。

---

① 郝宇变:《北宋宗庙祭祀制度研究》,西北大学硕士学位论文 2007 年,第 5 页。
② 黎靖德:《朱子语类》卷 90《祭礼》,北京:中华书局,1986 年,第 2297 页。

生命彩装：辽宋夏金人生礼仪述略

王善军

在人类社会的发展过程中，逐渐形成了自身生命历程中的各种礼仪活动。这些对生命历程的彩装，既在一定程度上反映着个人的人生观和世界观，也是群体认同特别是民族认同的一个重要方面。辽宋夏金时期，人生礼仪在承继前代的基础上，表现出逐渐向社会下层普及和族际不断交流并日趋认同的趋势，具有鲜明的时代特征。本文在学术界已有成果的基础上[①]，作进一步的探讨和较为全面的总结。

一、诞　辰

作为人生旅途的起点，生命诞生不但首先值得亲人加以庆贺，而且诞生日也是日后自己和亲朋庆贺的重要纪念日。有关诞辰的礼仪，辽宋夏金时期明显呈现出阶层、民族和地区的差异，可谓丰富多彩。

辽代皇后生育仪式非常隆重，"若生儿时，方产了，戎主着红衣服，于前帐内动番乐，与近上契丹臣僚饮酒，皇后即服调酥杏油半盏；如生女时，戎主着皂衣，动汉乐，与近上汉儿臣僚饮酒，皇后即服黑豆汤调盐三分"。其余契丹人家"若生儿时，其夫面涂莲子、胭脂，产母亦服酥调杏；或生女时，面涂炭墨，产母亦服黑豆汤调。番言，用此二物涂面时，宜男女。贫者不具此仪"[②]。"贫者"仪式如何，史载有阙，自然难得其详。幸《辽史·耶律乙辛传》载其出生情况云："乙辛生，适在路，无水以浴，回车破辙，忽见涌泉。

---

① 如朱瑞熙等《辽宋西夏金社会生活史》(北京：中国社会科学出版社，1998年)、宋德金和史金波《中国风俗通史·辽金西夏卷》(上海：上海文艺出版社，2001年)、徐吉军等《中国风俗通史·宋代卷》(上海：上海文艺出版社，2001年)、游彪等《中国民俗史·宋辽金元卷》(北京：人民出版社，2008年)等。

② 王易：《重编燕北录》，《说郛》卷38，北京：中国书店影印本1986年，第17页。

迭剌自以得子,欲酒以庆,闻酒香,于草棘间得二榼,因祭东焉。"①可见,即使贫困,仍需以酒祭东等仪式。

辽代比较有特色的是再生礼。"国俗,每十二年一次,行始生之礼,名曰再生。惟帝与太后、太子及夷离堇得行之。又名覆诞。"②这种说法,在《辽史》的本纪和列传部分得到了不少具体事例的证明。显然,这是统治者借助十二生肖信仰神化其地位的诞辰纪念。

宋代的诞辰礼仪可谓繁富,自出生至周岁,礼仪活动至少有五六次之多。而周岁之后,则可能岁岁具有诞辰纪念活动。诞辰礼仪的具体内容,大致包括:

出生:"凡孕妇入月于初一日,父母家以银盆或錂或彩画盆,盛粟秆一束,上以锦绣或生色帕复盖之,上插花朵及通草帖罗五男二女花样,用盘合装送馒头,谓之分痛。并作眠羊、卧鹿羊、生果实,取其'眠卧'之义。并牙儿衣物褟籍等,谓之催生。就蓐分娩讫,人争送粟米炭醋之类。"③出生礼仪中有不少具有地域特色的礼仪,据宋人记载:"西北人生子,其侪辈即科其父,首使作会宴客而后已,谓之将帽会……广南富家生女,即蓄酒藏之田中,至嫁方取饮,名曰女酒。"④

三日会:"三日落脐、炙囟"⑤。杨彦龄记载蜀地的情况说:"熙宁中,余随侍在成都,兄长房生子,为三日会。有衙前史戴献诗,其警句云:月中又长一枝桂,堂上喜生千里驹。"⑥可见,三日会有献诗祝贺的习俗。苏轼记载闽人"生子三朝浴儿时,家人及宾客皆戴葱钱,曰葱使儿聪明,钱使儿富大"。宋人甚至认为"三日之礼,通古今远近为重尔。"⑦

一腊、二腊、三腊:七日名"一腊",十四日谓之"二腊",二十一日名曰"三腊",女家与亲朋俱送膳食,如猪腰肚蹄脚之物⑧。

满月:至满月,大展洗儿会。"亲宾盛集,煎香汤于盆中,下果子彩钱葱蒜等,用数丈彩绕之,名曰围盆。以钗子搅水,谓之搅盆。观者各撒钱于水中,谓之添盆。盆中枣子直立者,妇人争取食之,以为生男之征。浴儿

① 《辽史》卷110《奸臣·耶律乙辛传》,北京:中华书局,1974年,第1483—1484页。
② 《辽史》卷116《国语解》,第1537页。
③ 孟元老:《东京梦华录》卷5《育子》,北京:中华书局,2007年,第503页。
④ 庄季裕:《鸡肋编》卷下,北京:中华书局,1983年,第118页。
⑤ 孟元老:《东京梦华录》卷5《育子》,第503页。
⑥ 杨彦龄:《杨公笔录》,《全宋笔记》第1编第10册,郑州:大象出版社,2003年,第150页。
⑦ 叶寘:《爱日斋丛钞》卷1,北京:中华书局,2010年,第26页。
⑧ 吴自牧:《梦粱录》卷20《育子》,北京:中国商业出版社,1982年,第175页。

毕，落胎发，遍谢坐客。抱牙儿入他人房，谓之移窠。"①"若富室宦家，则用此礼。贫下之家，则随其俭，法则不如式也。"②

百晬：生子百日，置会，谓之"百晬"③。

周晬：至来岁生日，谓之"周晬"。在周岁生日的这一天，家长罗列盘琖于地，盛果木、饮食、官诰、笔研、算秤等，经卷、针线，应用之物，观其所先拈者，以为征兆，谓之"试晬"。这被认为是"小儿之盛礼"④。"其日诸亲馈送，开筵以待亲朋。"⑤据说宋初名将曹彬在"始生周晬日，父母以百玩之具罗于席，观其所取"。结果他"左手提戈，右手提俎豆，斯须取一印，[馀]无所视"。曹彬是真定人，说明北方地区在五代时期已流行这种礼仪。而在江南地区，也同样具有这样的"遗俗"，民间称之为"试周"⑥。

西夏诞辰礼仪中也有浴儿的习俗，只是洗浴的时间未必等到满月，而应是产后即对婴儿洗浴。"产后心喜，洗浴喂乳。"⑦在信仰佛教的民众中，宗教性的仪式则成为诞辰礼仪的重要部分："凡有子女者，为偶像蓄养一羊。年终或偶像节庆之日，蓄羊者挈其子女携羊至偶像前礼拜。拜后，烤煮羊肉使熟，复礼奉之于偶像前陈之。礼拜祈祷，求神降福于其子女。"⑧

金代生日礼仪活动的特别之处是所谓"过盏之礼"："金国，上至朝廷，下至州郡，皆有过盏之礼。如宰臣百官生日，及民间娶妇生子，若迎接天使、趋奉州官之类，则以酒果为具，及有币、帛、金、银、鞍马、珍玩等诸物，以相赠遗。主人乃捧其酒于宾，以相赞祝、祈恳，名曰过盏。如此结恩释怨。不如是者，为不知礼。"⑨

如果说诞辰礼仪的阶层差别主要表现在出生者的家庭富裕状况，那么诞辰纪念的阶层差别则主要表现出本人的身份地位。辽、宋、金政权，均有皇帝或临朝太后的生辰建节，称为诞圣节。宋代"天子诞节，则宰臣率文武百僚班紫宸殿下，拜舞称庆"⑩。臣僚生日亦有各种庆祝活动。宋代"公卿

---

① 孟元老：《东京梦华录》卷5《育子》，第503—504页。
② 吴自牧：《梦粱录》卷20《育子》，第176页。
③ 孟元老：《东京梦华录》卷5《育子》，第504页。
④ 孟元老：《东京梦华录》卷5《育子》，第504页。
⑤ 吴自牧：《梦粱录》卷20《育子》，第176页。
⑥ 叶寘：《爱日斋丛钞》卷1，第25页。
⑦ 《圣立义海》"母爱惜子"条，克恰诺夫、李范文、罗矛昆：《圣立义海研究》，银川：宁夏人民出版社，1995年。
⑧ 冯承钧译：《马可波罗行记》第1卷第57章《唐古忒州》，上海：上海书店出版社，2001年，第117页。
⑨ 文惟简：《虏廷事实·过盏》，《说郛》卷8，北京：中国书店影印本，1986年，第48页。
⑩ 蔡絛：《铁围山丛谈》卷2，中华书局，1983年，第25页。

诞日,以诗为寿"①。金代女真贵族诞辰纪念则经历了从无到有的过程:"女真旧绝小,正朔所不及。其民皆不知纪年,问之,则曰:'我见草青几度矣。'盖以草一青为一岁也。自兴兵以后,浸染华风。酋长生朝,皆自择佳辰。粘罕以正旦、悟室以元夕、乌拽马以上巳,其他如重午、七夕、重九、中秋、中下元、四月八日皆然。亦有用十一月旦者,谓之'周正'。金主生于七月七日,以国忌用次日。"②应该说,女真人生辰观念的确立,是深受中原文化影响的结果。

二、成　年

成年意味着责任,一个人成年之后,应成为社会礼仪的自觉遵守者,成年的仪式,称为冠笄之礼。《礼记·冠义》云:"冠者,礼之始也。"《礼记·乐记》则云:"婚姻冠笄,所以别男女也。"这说明人在儿童时期可以男女无别,而成年后则需男女有别。

辽代契丹等游牧民族的男子"凡民年十五以上,五十以下,隶兵籍"③,"隶兵籍"成为男子成年的标志之一。豪民男子要成为"舍利",则需向官府交纳一定数量的马牛。"契丹豪民要裹头巾者,纳牛驼十头,马百疋,乃给官名曰舍利。后遂为诸帐官,以郎君系之。"④这个裹头巾的仪式和资格,说明舍利(郎君)可以表示贵族成年男子的身份。汉族等农耕民族,成年礼则应基本继承儒家的传统礼仪。

宋代成年礼主要是继承了儒家传统的冠笄之礼。但随着社会形势的变化,礼仪内容有了若干变化,这主要是为了与宋代的日常生活相适应。

宋代男子年及 15—20 岁,若其父母无期以上之丧,即可举行冠礼。其程序主要有:主人告于祠堂;"择朋友贤而有礼者一人"作为宾客,为冠者加冠巾,再加帽子,三加幞头;宾客为冠者取字;主人以冠者见于祠堂以及见于尊长等⑤。

---

① 吴曾:《能改斋漫录》卷 2《事史·生日祝寿始》,上海:上海古籍出版社,1979 年,第 39 页。
② 洪皓:《松漠纪闻》,《全宋笔记》第 3 编第 7 册,郑州:大象出版社,2008 年,第 125 页。
③ 《辽史》卷 34《兵卫志上》,第 397 页。
④ 《辽史》卷 116《国语解》,第 1536 页。
⑤ 《家礼》卷 2《冠礼》,宋刻本。

笄礼则是女子的成人礼。《礼记·杂记》记载:"女子十有五年许嫁,笄而字。"可见,女子应在许嫁之后举行笄礼、取字。宋代仍然是"女子许嫁,笄",但"年十五,虽未许嫁亦笄"。由"母为主","宾亦择亲姻妇女之贤而有礼者为之",宾客为将笄者加冠笄、取字,仪式比冠礼略简①。

与其他人生礼仪相比,宋代成年礼仪虽然并不繁琐,但却同样受到各种因素特别是经济因素的制约,表现出明显的阶层和地域差别。普通百姓的成年礼仪相当简单,"谓之'上头'而已"②。东南地区由于身丁钱税种的存在,使广大农民即使过了举行成年礼的年龄,依然不敢加冠,而仍冒充儿童。如仁福,"税籍全编户,村童半壮丁"③;严州,"深山穷谷,至有三十余,颜壮老苍,不敢裹头"。而县吏们则"恐丁数亏折,时复搜括相验,纠令输纳,谓之'貌丁'"④。

西夏的成年年龄同样是 15 岁。男子年 15 以上要到官府注籍⑤,承担相应责任。15 岁还是结婚的最低年龄,不论男女。"十五以内定婚,令习文业,十五以上迎娶妻眷,令习武艺。女年十五以内,准备妇礼,十五以上送出嫁也"⑥。西夏皇帝谅祚于奲都五年(1061)行冠礼,恰为 15 岁⑦。只是他作为皇帝,娶妻年龄远早于此。

金代女真族早期的成年礼仪虽史载有阙,但从其"旧俗"来看,应是不可或缺的。"生女直之俗,生子年长即异居。"⑧男子在成年后即分家异居,分家仪式亦成为男子成年的标志;至于女子,则"年及笄行歌于途","以申求侣之意"⑨,说明"行歌于途"是女子成年的标志。金代的汉族,则明显受辽宋遗俗的影响。据庄绰《鸡肋篇》卷上记载:"燕地其良家世族女子,皆髡,许嫁方留发。""留发"成为女子订婚的标志,当然也是成年的标志,只是成年未许嫁者何时由髡发转为留发,尚未可知。这应是燕云地区受契丹习俗影响的结果,而原北宋统治区内,应仍沿袭着中原汉族习俗。

① 《家礼》卷 2《冠礼》。
② 蔡絛:《铁围山丛谈》卷 2,第 23 页。
③ 《两宋名贤小集》卷 284 沈说《庸斋小集·仁福道中》,文渊阁四库全书本。
④ 吕祖谦:《东莱吕太史文集》卷 3《为张严州作乞免丁钱奏状》。
⑤ 《天盛改旧新定律令》第 6《抄分合除籍门》,北京:法律出版社,2000 年,第 262 页。
⑥ 克恰诺夫、李范文、罗矛昆:《圣立义海研究》,银川:宁夏人民出版社,1995 年,第 70 页。
⑦ 吴广成:《西夏书事》卷 20,兰州:甘肃文化出版社,1995 年,第 236 页。
⑧ 《金史》卷 1《世纪》,北京:中华书局,1975 年,第 6 页。
⑨ 徐梦莘:《三朝北盟会编》卷 3《政宣上帙三》,上海:上海古籍出版社,1987 年,第 18 页。

三、婚　嫁

婚嫁礼仪是人生礼仪中的重大喜庆活动。与其他人生礼仪不同，婚嫁礼仪涉及的当事人为2人，而且当事人同时还代表着两个家族。因此，参与人员众多是其基本特色。

辽代社会上层的婚嫁礼仪活动十分隆重，见于记载的"皇帝纳后之仪"、"公主下嫁仪"等，仪式兼容了汉、契民族的一些特色。同时有"百戏、角觝、戏马较胜以为乐"①，可看作是婚姻之家的盛大娱乐时节。

契丹族传统婚礼有其特色，拜奥礼即为其中之一。"契丹故俗，凡婚燕之礼，推女子之可尊敬者坐于奥，谓之奥姑。"②送亲者"拜而致敬，故云拜奥礼"③。近年发现的《大王记结亲事碑》，则反映了奚族议亲和纳彩礼的情况。该碑记载的多起聘礼，一般为"羊三百口，牛马卅头疋，合得金腰带一条，较具二，衣服绫采廿件"之类，多者则达"羊七百口，牛马七十头疋……还以川锦五疋，又银五疋，银炼银五定，脚银一定，较具二付，重绫一十四，吴绫一十匹，袄子卅领，并冬夏衣"④。此碑的记事时间为辽太祖天赞二年（923年），所反映的是辽初的情况。

宋人对婚嫁相当重视，礼仪呈现出日益丰富多彩的趋势。《家礼》一书虽将婚姻礼仪简化为纳采、纳币、亲迎三个阶段，但事实上每个阶段仍可包含相当多的程序。《梦粱录》记载的程序，即有定帖、相亲、插钗、压惊、双缄、回鱼箸、追节、下财礼、兜裹、撒谷豆、坐虚帐、坐床富贵、走送、利市缴门、牵巾、合髻、送三朝礼、会郎、暖女会、洗头、贺满月会亲等。这些程序的具体内容，该书均有详细的记载。由于礼仪的复杂，一般人家很难操办全礼，所以"若士庶百姓之家，贫富不等，亦宜随家丰俭，却不拘此礼"⑤。有些地区甚至"贫家终身布衣，惟娶妇服绢三日，谓为郎衣"⑥。可见，婚姻礼仪的阶层差别十分明显。

宋朝境内两广地区的各少数民族，婚姻礼仪与中原、江南地区差距甚

---

① 《辽史》卷52《礼志五》，第864页。
② 《辽史》卷65《公主表》，第999—1000页。
③ 《辽史》卷116《国语解》，第1539页。
④ 《大王记结亲事碑》，《内蒙古辽代石刻文研究》，呼和浩特：内蒙古大学出版社，2002年，第374页。
⑤ 吴自牧：《梦粱录》卷20《嫁娶》，第175页。
⑥ 庄季裕：《鸡肋编》卷下，第118页。

大。在东部的岭南地区，"嫁女之夕，新人盛饰庙坐，女伴亦盛饰夹辅之，迭相歌和，含情凄惋，各致殷勤，名曰送老"。其表达的意思是"将别年少之伴，送之偕老也"①。在西部的邕州地区，"诸溪峒，相为婚姻。峒官多姓黄，悉同姓婚也。其婚嫁也，唯以粗豪痛扰为尚。送定礼仪，多至千人，金银币帛固无，而酒鲊为多，然其费亦云甚矣。壻来就亲，女家于所居五里之外，结草屋百余间与居，谓之入寮。"②猺人还有一种颇具特点的婚嫁礼仪："每岁十月旦，举峒祭都贝大王。于其庙前，会男女之无夫家者。男女各群，连袂而舞，谓之踏摇。男女意相得，则男咿嘤奋跃，入女群中负所爱而归，于是夫妇定矣。各自配合，不由父母，其无配者，姑俟来年。女三年无夫负去，则父母或杀之，以为世所弃也。"③这种仪式虽然尚简，但父母杀死"为世所弃"的亲生女，未免过于残酷。

西夏党项族的婚姻仪式经历了一个由简单到复杂的过程。早期的情况是："凡育女稍长，靡由媒妁，暗有期会，家不之问。"④在族际交往日益频繁的影响下，逐渐产生了明媒正娶的观念。据《番汉合时掌中珠·人事下》记载："男女长大，遣（将）（媒）（人），诸处为婚，索与妻眷……嫁与他人。送与沿房，亲家翁口，并诸亲戚，尽皆聚集。儿女了（毕），方得心定。"仪式中的催妆、障车、打情、下地安帐、交拜和乘鞍等，应是传统族俗受到汉人礼仪影响后逐渐形成的。

金代建国前后，女真等族的婚嫁礼俗极为简略：男女"邂逅相契，调谑往反，即载以归……有子，始具茶食、酒数车归宁，谓之拜门，因执子壻之礼"⑤。而"渤海旧俗"则是"男女婚娶多不以礼，必先攘窃以奔"⑥。这类婚俗随着民族融合的发展以及金政府的限制甚至"禁绝"而发生了明显变化。据记载，女真等族逐渐形成了相当完备的婚姻礼仪，"婿纳币，皆先期拜门，戚属偕行，以酒馔往。少者十余车，多至十倍。饮客佳酒，则以金银杯贮之，其次以瓦杯列于前，以百数。宾退，则分饷焉。男女异行而坐，先以乌金银杯酌饮（贫者以木）。酒三行，进大软脂、小软脂（如中国寒具）。蜜糕（以松实、胡桃肉渍蜜和糯粉为之，形或方或圆，或为柿蒂花，大略类涮中宝楷糕。人一盘，曰茶食。宴罢，富者瀹建茗，留上客数人啜之，或以粗者煎

① 周去非：《岭外代答》卷4《送老》，北京：中华书局校注本，1999年，第158页。
② 周去非：《岭外代答》卷10《入寮》，第418页。
③ 周去非：《岭外代答》卷10《踏摇》，第423页。
④ 张鉴：《西夏纪事本末》卷10《元昊僭逆》。
⑤ 洪皓：《松漠纪闻》，第119页。
⑥ 《金史》卷7《世宗纪中》，第169页。

奶酪。妇家无大小,皆坐炕上,婿党罗拜其下,谓之男下女。礼毕,婿牵马百匹,少者十匹,陈其前。妇翁选子姓之别马者视之,'塞痕'则留(好也),'辞辞'则退(不好也)。留者不过什二三,或皆不中选,虽婿所乘,亦以充数,大氐以留马少为耻。女家亦视其数而厚薄之,一马则报衣一袭。婿皆亲迎"①。金章宗承安五年(1200年),曾"定本国婚聘礼制"②;泰和五年(1205年),又"制定本朝婚礼"③。显然,这是金统治者有意对全国婚姻礼仪加以规范。

值得一提的是,该时期北方民族仍普遍存在收继婚习俗。契丹"取妇于家,而其夫身死,不令妇归宗,则兄弟侄皆得以娶之。有妻其继母者"④。女真"父死则妻其母,兄死则妻其嫂,叔伯死则侄亦如之,故无论贵贱,人有数妻"⑤。党项,甘州城"男子得娶从姐妹,或其父已纳之妇女为妻,然从不娶其生母"⑥。蒙古"鞑靼可娶其从兄妹,父死可娶其父之妻,惟不娶生母耳。娶者为长子,他子则否,兄弟死亦娶兄弟之妻"⑦。收继婚虽然侧重于内容,在形式上相对简单,但必要的礼仪仍是不可或缺的。在元朝初年的一个案例中,曾提到"先据河间路申,王黑儿下财续亲婶母许留奴"⑧,这应可看作北方民族收继婚习俗对汉人的影响。

四、丧　　葬

死亡是人生的尽头。逝者已矣,然生者需通过丧葬礼仪为逝者画上人生的句号。

契丹族原始的葬俗颇具特色:"父母死而悲哭者,以为不壮。但以其尸置于山树之上,经三年之后,乃收其骨而焚之。因酹而祝曰:'冬月时,向阳食。若我射猎时,使我多得猪鹿。'"以至被中原汉人称为"其无礼顽嚣,于诸夷最甚"⑨。这种丧葬习俗在建国后有所改变。契丹世家大族在处理死

① 洪皓:《松漠纪闻》,第124—125页。

② 《金史》卷11《章宗纪三》,第253页。

③ 《金史》卷12《章宗纪四》,第271页。

④ 文惟简:《虏廷事实·婚聘》,《说郛》卷8,第48页。

⑤ 徐梦莘:《三朝北盟会编》卷3《政宣上帙三》,第17页。

⑥ [意大利]马可·波罗(Marco Polo),冯承钧译:《马可波罗行纪》,上海:上海书店出版社,2001年,第129页。

⑦ [意大利]马可·波罗(Marco Polo),冯承钧译:《马可波罗行纪》,上海:上海书店出版社,2001年,第148页。

⑧ 《元典章》卷18《户部四·婚姻·不收继·侄儿不得收继婶母》。

⑨ 《隋书》卷84《北狄·契丹传》,北京:中华书局,1973年,第1881页。

者尸体时方式更为独特，据宋人文惟简《虏廷事实》记载："其富贵之家，人有亡者，以刃破腹，取其肠胃涤之，实以香药、盐矾，五彩缝之。又以尖苇筒刺于皮肤，沥其膏血且尽，用金银为面具，铜丝络其手足。"这一特殊的丧葬礼仪，已为考古资料所充分证实。与此同时，各游牧民族也逐渐吸收汉族仪礼，在丧葬礼仪方面越来越表现出民族融合的趋势。辽道宗死后，"天祚皇帝问礼于总知翰林院事耶律固，始服斩衰；皇族、外戚、使相、矮墩官及郎君服如之；余官及承应人皆白枲衣巾以入，哭临"。这已是基本接受了儒家的礼仪。同时，辽代还逐渐形成了一种具有北方民族特色的礼仪——"烧饭"："以衣、弓矢、鞍勒、图画、马驼、仪卫等物皆燔之。"①

宋代丧葬礼仪受到儒家孝亲观念影响比较明显。孙奭认为"孝莫重乎丧"、"礼莫大于祭"②；何坦认为"冠昏丧祭，民生日用之礼，不可苟也"③。由于极受重视，所以丧葬礼仪十分繁琐。据《家礼》卷四《丧礼》记载，其基本礼仪包括：初终、沐浴、袭、奠、为位、饭含、灵座、魂帛、铭旌、小敛，大敛，成服，朝夕哭奠、上食、吊、奠、赙、闻丧、奔丧、治葬，迁柩、朝祖、奠赙、陈器、祖奠，遣奠，发引，及墓、下棺、祠后土、题木主、成坟，反哭，虞祭，卒哭，祔，小祥，大祥，禫等。这只是基本程序，就包括了如此多的内容。而每个具体程序，都代表着详细的礼仪规范。如小敛，其具体规范是："厥明，执事者陈小敛衣衾，设奠，具括发麻、免布、髽麻，设小敛牀、布绞、衾衣，乃迁袭奠，遂小敛；主人主妇，凭尸哭擗；祖，括发，免，髽于别室；还，迁尸牀于堂中，乃奠；主人以下哭尽哀，乃代哭不绝声。"

除上述繁琐礼节之外，尚有"居丧杂仪"若干，可见丧葬礼仪之细致和严格。这种过于繁琐和严格的礼仪，甚至使一些体质羸弱的孝子贤孙难以承受，再加上对丧亲过度悲痛，因丧礼而亡者不乏其人。孙唐卿"与黄庠、杨寊自景祐以来俱以进士为举首，有名一时"，惜3位状元皆未及大用而卒。其中孙唐卿入仕不久即"丁父忧，毁瘠呕血而卒"④；杨寊"未至官，持母丧，病羸卒"⑤。杨寊榜排名在他之后的同年王珪、韩绛、王安石，均位至宰相，令人感叹。

宋代南方少数民族在丧葬礼仪上仍有诸多与汉族不同之处。"钦人始死，孝子披发，顶竹笠，携瓶瓮，持纸钱，往水滨号恸，掷钱于水而汲归浴尸，

① 《辽史》卷50《礼志二》，第839页。
② 宋祁：《景文集》卷61《孙仆射行状》，丛书集成初编本，第822页。
③ 何坦：《西畴老人常言·正弊》，丛书集成初编本，第17页。
④ 《宋史》卷443《文苑五·孙唐卿传》，北京：中华书局，1985年，第13099页。
⑤ 《宋史》卷443《文苑五·孙唐卿传附杨寊传》，第13100页。

谓之买水。否则邻里以为不孝。"①其亲人"不食鱼肉而食螃蟹、车螯、蚝、螺之属,谓之斋素,以其无血也。海南黎人,亲死,不食粥饭,唯饮酒食生牛肉,以为至孝在是。"②而更大的不同在于服饰等方面。"广南黎洞,非亲丧亦顶白巾,妇人以白布巾缠头。家有祀事,即以青叶标门浸往来。"③所以"道路弥望,白巾也"。少见多怪的北方人见到这种状况,竟会惊讶地认为:"南瘴疾杀人,殆比屋制服者欤!""又南人死亡,邻里集其家,鼓吹穷昼夜,而制服者反于白巾上缀少红线以表之。"所以有人作诗云:"箫鼓不分忧乐事,衣冠难辨吉凶人。"④

西夏的葬俗主要是土葬和火葬。不同民族间丧葬礼仪相互影响十分明显,但也同时形成了一些民族或地域的特点。其中沙州(今敦煌)一带的居民,其火葬礼仪被马可波罗比较详细地记载下来:

> 焚前,死者之亲属在丧柩经过之道中,建一木屋,履以金锦绸绢。柩过此屋时,屋中人呈献酒肉及其他食物于尸前,盖以死者在彼世享受如同生时。迫至焚尸之所,亲属等先行预备纸扎之人、马、骆驼、钱币,与尸共焚。据云,死者在彼世因此得有奴婢、牲畜、钱财等若所焚之数。柩行时,鸣一切乐器。⑤

金代丧葬礼仪的早期特征是汉人与女真人各有特点。文惟简记载:"北人丧葬之礼,盖各不同。汉儿则遗体,然后瘗之,丧凶之礼,一如中原。女真则以木槽盛之,葬于山林,无有封树。"⑥女真人还继承了匈奴、突厥等北方民族流传的特殊丧葬礼仪——劗面,称之为"送血泪"。即"以小刀轻厉(应为劗)额上,血泪淋漓不止,更相拜慰"。随后"则男女杂坐,饮酒舞弄,极其欢笑"⑦。不过,北方民族与汉人之间的这种礼仪差别已在日益缩小,双方相互影响已是大势所趋。

丧葬礼仪在族际影响下发生变迁,突出的表现是北方民族与中原民族间的互动。火葬原为北方许多民族的主要葬式之一,契丹、渤海、党项、女

① 周去非:《岭外代答》卷6《买水沽水》,第239页。
② 周去非:《岭外代答》卷6《斋素》,第239页。
③ 周辉:《清波杂志》卷10,《全宋笔记》第5编第9册,第113页。
④ 周去非:《岭外代答》卷6《斋素》,第239页。
⑤ 冯承钧译:《马可波罗行记》第1卷第57章《唐古忒州》,第117页。
⑥ 文惟简:《虏廷事实·丧葬》,《说郛》卷8,第48—49页。
⑦ 文惟简:《虏廷事实·血泣》,《说郛》卷8,第49页;徐梦莘:《三朝北盟会编》卷3,第18页。

真等族均流行火葬。由于汉人长期与契丹等族杂居相处,再加上深受佛教的影响,辽代中期以后,火葬在北方地区汉人平民中也逐渐流行开来。"中户以下,亲戚丧亡,即焚其尸,纳之缸内,寄放僧寺与墓户之家"①。汉族礼仪对北方民族的影响更为明显。即使是兴起最晚的蒙古族,至元朝初年也已有人完全采纳了汉族礼仪。"盖北俗丧礼极简,无衰麻哭诵之节,葬则剜木为棺,不封不树,饮酒食肉无所禁,见新目即释服。"及至乃蛮部人别的因居其母"张夫人之丧,始悉用中国礼,遇年乃从吉"②。可见,礼仪上的族际影响,在正常的族际交往情况下,主要是人们日常生活中的自觉行为。

五、后　　论

辽宋夏金时期,人生礼仪表现出来的总体特征是丰富多彩,总体趋势是融汇变迁。民族、地域、阶层间的差别是礼仪差别最主要的表现,该时期自然存在这些差别,而且有些表现十分明显,但随着民族交往、人口流动和社会流动的加强,不同社会群体间的互动同样十分明显。

先看族际礼仪交往和影响的日益加深。虽然少数民族崇尚儒学,礼仪形式向汉族靠拢是时代大趋势,但汉族受少数民族影响同样十分明显。西夏西平府,"其人习华风,尚礼好学"③。而汉族受少数民族特别是北方民族的影响,唐代即已十分明显。苏鹗曾说:"婚姻之礼,坐女于马鞍之侧,或谓此北人尚乘鞍马之义。夫鞍者,安也,欲其安稳同载者也……今娶妇家,新人入门跨马鞍。"④在族际礼仪融合的大趋势,甚至最高统治者也一时难以适应。如西夏建国之初,元昊曾"下令国中悉用蕃书、胡礼"⑤。至奲都五年(1061),谅祚则令在国内停止使用蕃礼,改用汉礼⑥。显然,不管统治者怎样利用行政命令,大趋势均难以扭转。

次看地域间差别的存在及其相互影响。不论地域范围的大小,人生礼仪在地域间存在一定的差别,这是由礼仪的习俗性所决定的。该时期最主

---

① 黄淮:《历代名臣奏议》卷116,毕仲游《乞理会河东土俗埋葬剳子》。

② 黄溍:《金华集》卷28《答禄乃蛮氏先茔碑》。

③ 吴广成:《西夏书事》卷7,第85页。

④ 苏鹗:《苏氏演义》卷上,北京:中华书局,2012年,第20页。

⑤ 沈括:《梦溪笔谈》卷25,《全宋笔记》第2编第3册,郑州:大象出版社,2006年,第187页。

⑥ 《宋史》卷485《外国·夏国传上》,第14001页。

要的地域差别,是并列存在的不同政权统治范围内所表现出来的差别。但同时也应看到,随着该时期人口流动的加强,政权间的更迭与交往,不同地域间人生礼仪的影响亦十分明显。火葬礼仪在不同地域特别是广大北方地区的逐渐流行,试晬礼仪从北方向南方的流行,均是地域影响的具体体现。

再看各社会阶层间的人生礼仪差别。该时期虽不像前代那样差别巨大,但不同阶层间特别是富者与贫者之间仍然存在重大差别。辽代的诞辰等礼仪,许多是专为社会上层而设,或者在社会上层中比较隆重,因而,有些是"贫者不具此仪"①的。相比而言,宋代人生礼仪逐渐向平民普及的趋势明显。李觏曾说:"庶人丧祭,皆有其礼。"②《政和五礼新仪》专门有"庶人婚仪"、"庶人冠礼"、"庶人丧仪"等条目。尽管如此,但各种礼仪也要"随家丰俭,却不拘此礼"③。

可以说,人生礼仪在不同社会群体间的融汇变迁,或者说在一定程度上的趋同意识的出现和发展,是该时期日常生活发展的主流状态。

---

① 王易:《重编燕北录》,《说郛》卷 38,第 17 页。
② 《李觏集》卷 2《礼论第六》,北京:中华书局,2011 年,第 20 页。
③ 吴自牧:《梦粱录》卷 20《嫁娶》,第 175 页。

制度、礼仪与意义：明代文官
恤典中的遣官谕祭

赵克生　宋继刚

　　明代文官恤典中的遣官谕祭指朝廷派遣使者前往已故文官家中或亡
殁之地举行吊唁、奠酒以及宣读御制祭文等仪式，是文官丧礼中的一项重
要内容，体现了朝廷对于死者的哀悼与褒奖。明代针对文官群体的遣官谕
祭经历了一系列的演变过程，在明中叶正式成为一项条文明确、设计严谨
的制度，了解该制度的流变，并结合不同时期的历史背景，有助于了解制度
发展的内在理路以及人如何一步步影响制度①。

一、遣官谕祭的制度流变

（一）制度的准备期：洪武至宣德

　　洪武朝至宣德朝可视作制度的准备期，此时针对文官的遣官谕祭尚无
条文法规作为依托，赐予对象呈现出复杂性，无法从官职、品级等方面进行
明晰的划分，多数情况下，与皇帝关系紧密者往往得到遣官谕祭。
　　洪武朝江西行省参政陶安、翰林院侍读学士张以宁、应天府尹刘仁、
四辅官安然皆是亡元故臣，致仕兵部尚书单安仁为元末一方豪杰，众人

---

① 国内外对于明代文官恤典中的遣官谕祭尚无专门研究。张鹤泉对于汉代官员丧礼中的
遣官谕祭进行了深入细致的研究，并指出这是一种针对中央政府高官的丧礼仪式，朝廷
使者的身份要与祭奠对象的身份相匹配，遣官谕祭已然成为官员丧礼规格的重要标准。
见张鹤泉：《东汉丧葬吊祭考》，《古代文明》2009 年第 4 期，第 88—97 页。鉴于遣官谕祭
的历史延续性，该文为理解明代文官恤典中遣官谕祭的地位与作用提供了重要的参考。
其他学者关注了遣官谕祭仪式中的祭文，探寻其文学特征以及文体的演变。赵逵夫：《祭
文的源流与抒情特征》，《西北民族大学学报》2008 年第 1 期，第 111—114 页。于俊利：
《唐代祭文的文体演变》，《社会科学评论》2008 年第 2 期，第 83—90 页。

于明太祖朱元璋创业之时前来归附,皇帝感念其功其情,予以重用;翰林院编修唐震、礼部尚书门克新由皇帝亲自擢拔,尤其是门克新被越级升迁为礼部尚书;国子监司业前礼部侍郎刘崧、国子监祭酒宋讷皆因学问深厚受到皇帝赏识;致仕兵部尚书兼太子少保唐铎在明太祖起兵之时就侍奉左右,建国后更是受到特别青睐,即便致仕仍委以重任;皇陵祠祭署令汪文和刘英是明太祖儿时的邻里好友,其父母又施恩于寒微之时的朱元璋,皇帝报恩念情,特设官职使二人倍享富贵①。这些文官与明太祖之间关系密切、渊源深厚,生时获得重用,当其过世之后,皇帝特别下令遣官谕祭。

建文朝尽管大兴文治,但现存史料中并无针对文官遣官谕祭的记载②。永乐朝大体上继承洪武朝的做法,由皇帝决定是否赐予遣官谕祭。北平布政司参议成珪、太常寺丞袁廷玉、北京刑部尚书朱浚、太仆寺少卿杨砥、太子少师姚广孝均在不同程度上参与了靖难之役,或坚守城池,或出谋划策,尽心竭力,太宗夺位之后,诸人皆封官受赏;兵部左侍郎卢渊在建文朝曾出言维护燕王而受到贬谪,户部尚书郁新在建文朝自请引退,二人在永乐朝都受到重用;文渊阁大学士兼左春坊大学士胡广出身建文朝进士,在永乐朝积极参与新政权的建设,深得明太宗赏识;光禄寺卿张泌虽未明确支持燕王夺位,但其自洪武末即担任此光禄寺卿,兢兢业业,同样因恪尽职守受到皇帝器重③。可以说,永乐朝文官是否曾参与靖难之役并支持燕王是生时加官进爵、死后获得遣官谕祭的重要指标,对于一些虽然曾位属

---

① 《明太祖实录》卷35,洪武元年九月癸卯;卷61,四年二月戊午;卷118,十一年五月庚子;卷137,十四年四月己未;卷182,二十年五月戊辰;卷187,二十年十二月壬子;卷200,二十三年二月丁酉;卷222,二十五年十一月丙戌;卷246,二十九年五月己酉。王世贞:《弇山堂别集》卷12《皇明异典述七》,北京:中华书局,1985年,第214页。朱元璋:《明太祖文集》卷18《祭署令刘英文》,《文渊阁四库全书》集部第1223册,台北:台湾商务印书馆,第217页。

② 黄佐、廖道南所撰《殿阁词林记》载建文三年九月,翰林院修撰王艮去世,朝廷遣礼部左侍郎黄观谕祭,似乎表明有此制度。但考《明史》,建文四年,燕军攻破京城前夕,王艮服毒自杀,黄观此时任礼部右侍郎,非左侍郎,且于建文四年奏请募兵长江上游,督导各路勤王之师回援京城,行至安庆时,京师陷落。时间、官职、事迹都有出入,所以不能认定王艮死后获得了朝廷的遣官谕祭。见黄佐、廖道南:《殿阁词林记》卷18《恤典》,《文渊阁四库全书》史部第452册,台北:台湾商务印书馆1986年,第370页;张廷玉等:《明史》卷143《王艮传》,北京:中华书局,1974年,第4047—4048页;卷143《黄观传》,第4051—4052页。

③ 《明太宗实录》卷29上,永乐元年五月乙酉;卷45,三年八月戊辰;卷112,九年正月丙寅;卷159,十二年十二月辛卯;卷181,十四年十月甲子;卷196,十六年正月己巳;卷198,十六年三月戊寅;卷200,十六年五月丁巳;卷203,十六年八月丙申。

敌对阵营,但在新朝尽心侍奉主上,以家国政事为重者,皇帝亦能不计前嫌,赐予一祭。

洪熙朝有五位文官获得遣官谕祭。明仁宗感念詹事府少詹事邹济、左春坊左赞善徐善述、王汝玉往昔为维护自己而受到诬陷被逮入狱,尤其是王汝玉惨死于狱中,如今自己贵为天子,特予三人遣官谕祭①。皇帝病重之时,追念太医院院判蒋用文、袁宝往昔侍奉之功,二人亦得遣官谕祭②。宣德朝获得遣官谕祭者多为历经永乐、洪熙、宣德三朝的重臣,亦有自洪武、建文时即为官者,他们普遍拥有较为丰富的个人资历和从政经验,如太子太保兼礼部尚书吕震、行在兵部尚书兼太子宾客张本、致仕行在礼部左侍郎李嘉、太子太师掌户部事郭资都曾在靖难之役中效命,资历深厚。在永乐以后国家从征战转入和平建设的重要时期,文官们在不同领域发挥着作用,或清理冤狱,或抚恤灾民,或转运粮饷③,以切实的功勋与业绩为自己赢得了生前的权力和身后的荣耀。

(二)制度的雏形期:正统至成化

正统朝至成化朝拉开了制度化的序幕,虽然此时的遣官谕祭仍然没有明确的条文,但是,文官的官职、品级与遣官谕祭之间实际上形成了一种对应关系,如中央政府六部尚书死后获得遣官谕祭已经形成一种常态,而地方官和品级较低的中央官则难以获得,这些新出现的状况为后世进行制度建设提供了明确的事实依据。正统、景泰时期,共有二十七位尚书故去,均得到了朝廷遣官谕祭;天顺时期,共有二十二位尚书故去,十六位获得遣官谕祭,具体情况见《明英宗实录》。天顺朝六位未得谕祭的尚书皆在天顺初年故去,而他们身后的待遇与明英宗惩罚景泰朝重臣有关。景泰朝兵部尚书于谦在"土木之变"发生后,为保社稷而不顾明英宗个人安危,英宗回朝后,于谦又坐视明代宗软禁英宗于南宫长达七年之久,对明代宗更易太子

---

① 沈德符:《万历野获编》卷10《词林·宫寮超赠》,北京:中华书局,1959年,第273页。永乐十七年,徐善述去世,当时身为皇太子的朱高炽曾派遣詹事府庶子邹济祭奠徐善述,徐善述的同僚杨士奇、杨荣、钱习礼、陈全等人也曾举行私人祭奠活动,但即便是皇太子参与,也只能视为私人祭奠活动,而且仁宗即位后又对徐善述进行了遣官谕祭。见叶盛:《水东日记》卷11《仁庙赐徐善述书诗》,北京:中华书局,1980年,第119—120页。王汝玉得遣官谕祭见《明仁宗实录》卷6下,洪熙元年正月丁酉。

② 《明仁宗实录》卷15,洪熙元年五月丁丑。

③ 《明宣宗实录》卷16,宣德元年四月丙寅;卷75,六年正月癸酉;卷96,七年十月庚子;卷107,八年十一月甲寅。清狱、抚民、运粮者事迹见《明宣宗实录》卷24,宣德二年正月丙申;卷84,六年十月己亥;卷85,六年十二月丁未;卷91,七年六月己亥。

不加阻拦,吏部尚书王文被误传与太监王诚等人合谋迎立襄王世子为储君,致仕吏部尚书何文渊迎合明代宗,大谈皇位父子相传,并获得加官奖赏。当英宗复位之后,于谦、王文被杀,弃尸于市,何文渊在家中惊惧自杀①。其余三人虽属于正常亡故,但皆在致仕之后。南京户部尚书沈翼在天顺改元之后被令致仕返家,南京礼部尚书张惠在天顺元年致仕,刑部尚书刘广衡在景泰朝任都察院左副都御史,天顺改元,调任刑部左侍郎,进刑部尚书,不久,以病为由申请致仕②。尽管出现了这些波澜,六部尚书死后获得遣官谕祭的情况大体上得到了维系。从前的特例逐渐形成一种惯例,也影响了后来人们的观念。

成化朝开始将文官获得遣官谕祭表述为"赐祭如例",展现了当时朝臣对于文官死后可以获得遣官谕祭待遇,在观念上已经形成了一种共识,在实际的政治生活中业已视作一种惯例。成化朝文官获得遣官谕祭的事例进一步增加,范围也在不断拓展,包括三十三位尚书,二十八位侍郎,六位都御史,二十一位副都御史,以及太常寺、国子监、詹事府、通政司等部门的官长,《明宪宗实录》详尽收录了他们的官职、履历及所建功业。现实情况的发展往往先于观念、理论和法规,因为成型的观念和成体系的理论需要经历现实的沉淀及执政者对过往历史现象的总结,然后在一定的观念和理论基础之上,对过往的政治现象进行阐释,对当下的政治活动进行规范,从而形成具有约束力的条文,创立严谨的制度③。这种总结、阐释在弘治、正德朝得以实现。

(三)制度的成长期:弘治至嘉靖

弘治、正德、嘉靖三朝是遣官谕祭制度形成、发展的关键性阶段,针对文官的遣官谕祭在此期间正式成为一项制度,不再以特例的形式存在,其标志是《明会典》的修撰与颁行。

弘治七年(1494年),礼科左给事中叶绅等人明确提出官员的身份、品级与遣官谕祭之间存在严格的对应关系,而且具有祖制赋予的法律效力。"祖宗以来,京官文职四品有祭无葬,三品以上始有祭有葬。"④这是一次假

---

① 《明英宗实录》卷274,天顺元年正月丁亥;卷277,元年四月丁未。
② 《明英宗实录》卷285,天顺元年十二月戊午;卷292,天顺二年六月辛酉;卷298,天顺二年十二月己巳。
③ 〔加〕卜正民:《明代的社会与国家》,陈时龙译,合肥:黄山书社,2009年,第238页。"那种阐释往往是根据它所表达的政治现实得出的,但却很少是在政治现实发生之前做出的。"
④ 《明孝宗实录》卷126,弘治十年六月壬辰。

托祖制而进行的制度建构,虽然祖制并无相关内容,但是,经此提议,四品中央官死后得祭最终被撰入《明会典》。弘治十年(1497 年),《明会典》开始修撰,弘治十五年(1502 年)正式成书。其后又经过正德朝的整理,于正德四年(1509 年)正式刊行,根据原瑞琴的研究,正德《明会典》并非重修,只是对弘治《明会典》进行校订,所以展现的是弘治朝各项制度的内容①。《明会典》在公侯伯驸马、武官、四夷官之外,列出了专门针对文官的条例,同时确立了文官以品级作为享受遣官谕祭待遇的依凭,"凡两京三品以上官葬祭制度,俱依品级",特别指出四品官也可获得遣官谕祭②,这与叶绅所提内容遥相呼应,而且更进一步,在条文设计中不但参考职事官品级,还顾及到加官、赠官的品级③,品级越高,死后享受的遣官谕祭规格也越高。正德朝一度出现宦官刘瑾弄权,刻意打压、抑制文官群体的情况,其中一项抑制措施就是以恢复洪武制度为由,将文官刚刚得到的丧葬待遇尽数归零,并将这些待遇视为往昔文官专权时违反祖制擅自增加所致④。当刘瑾败亡之后,针对文官的遣官谕祭又恢复到了弘治、正德初年的局面,《明会典》条文得以继续执行。

嘉靖朝的贡献在于落实条文。尽管《明会典》规定四品中央官死后可得一祭,但是条文的推广以及人们观念的改变尚需时日。嘉靖五年(1526年),致仕太常寺少卿潘府去世,礼部认为四品文官例应有祭;嘉靖七年(1528 年),国子监祭酒鲁铎去世,又有人提出四品文臣不应赐祭⑤。反映出嘉靖初年,官员们对此条文仍有争议,又经过了数十年,至嘉靖后期,朝野对四品中央官死后获祭已经达成共识⑥。嘉靖朝延续了弘治朝对于皇帝近臣中品级较低者的关注,弘治朝曾提出品级较低者如有功劳,皇帝可酌情赐予遣官谕祭,嘉靖朝承续此思路,细化此项提案,申明服务于皇室的四品、五品文官,若只授官职而未曾着实效劳,则死后不得遣官谕祭⑦。这些变化为后世更定条款和整理制度提供了丰富的素材。

---

① 原瑞琴:《〈大明会典〉研究》,北京:中国社会科学出版社,2009 年,第 82—84 页。
② 李东阳等:正德《明会典》卷 94《礼部五十三·丧葬》,《文渊阁四库全书》史部第 617 册,第 875—876 页。
③ 李东阳等:正德《明会典》卷 94《礼部五十三·丧葬》,《文渊阁四库全书》史部第 617 册,第 875 页。
④ 陈洪谟:《继世纪闻》卷 2,北京:中华书局,1985 年,第 84 页。
⑤ 《明世宗实录》卷 65,嘉靖五年六月癸酉;卷 95,嘉靖七年十一月乙巳。
⑥ 张廷玉等:《明史》卷 205《唐顺之传》,北京:中华书局,1972 年,第 5424 页。
⑦ 申时行等:(万历)《明会典》卷 101《礼部五十九·丧礼六·恩恤》,北京:中华书局,1989年,第 560 页。

（四）制度的成熟期：隆庆至崇祯

隆庆、万历两朝是制度的成熟期，针对文官的遣官谕祭制度已经非常完备，朝廷只进行有限的调整，而重点在于执行。

隆庆三年（1569 年），《恤典条例》颁布，这是朝廷对于以往恤典条文、事例的总结，是遣官谕祭制度发展史上的里程碑，不但吸收了嘉靖朝以前的各项条文，还正式将嘉靖朝对四品官、五品近侍文官与遣官谕祭的联系条文化、制度化，如讲读官确曾日侍左右，勤劳有加，则五品亦可有一祭，同时严禁不符合条件者妄生希觊①。万历朝续修《明会典》，涉及遣官谕祭的部分，基本上全文誊录《恤典条例》相关内容，未有新增条款。万历中期直至明末，朝野的关注点在于制度的执行情况而非再次进行增订和修改。万历三十三年（1605 年），礼科左给事中萧近高认为《恤典条例》和万历《明会典》已然构建起一个严整的体系，"优恤耆旧，凡祭葬赠官荫谥，载在《会典》及《恤典条例》一书，又犁然备矣。"如今乱象迭生、恩礼混乱乃是臣僚违规陈乞所致②。万历四十一年（1613 年），礼科给事中周永春指出臣僚割裂文义以迁就己欲导致了恩礼混乱，唯有重申《恤典条例》条文内容及重要性，方可制止恩赏冒滥③。崇祯元年（1628 年），明思宗再次强调万历朝《明会典》条文的权威性，下令只有允合条文规定者方许朝臣为其奏请身后恩典④。

从历史回顾中可知，针对文官的遣官谕祭在明初并无条文法规作为依托，历经百余年的演进，终在弘治、正德时期正式制度化，在隆庆、万历时期走向成熟。在不同历史阶段，社会环境及文官自身政治地位的变动引起了观念上的变化，遣官谕祭也从皇帝偶尔为之的特例逐渐变为一种稳定的现象，给赐原则日渐明晰，相关条文也渐趋成熟，具体表现为随着时间的推移，官职、品级等客观性因素成为判定遣官谕祭与否及具体规格的首要条件，而皇帝个人好恶的影响力逐渐被削弱。在制度的成熟阶段，除了皇帝本人对个别重臣予以过问外，皇帝的作用更多是一种程序性存在，多数官员死后的遣官谕祭通过各部门运作而最终落实。

---

① 《明穆宗实录》卷 40，隆庆三年十二月癸亥。
② 《明神宗实录》卷 414，万历三十三年十月己未。
③ 《明神宗实录》卷 506，万历四十一年三月辛巳。
④ 《崇祯长编》卷 6，崇祯元年二月癸丑。

二、遣官谕祭的基本流程

遣官谕祭大致包括题请、审批、执行三个主要步骤,不同的部门及人员各司其职,协同合作,促进朝廷恩典的落实。

(一) 题请阶段

遣官谕祭在明中叶以后逐渐成为四品及以上中央官员死后应得的待遇,所以,每当符合条件的官员亡故之后,其家属或好友便主动上疏朝廷,申请遣官谕祭。若死者家属本身即为具有一定品级的官员,本人可以直接撰写奏疏并上呈朝廷;若家属为平民或低微末吏,则需求助本地官长或死者同僚中有上奏权者代为书写转达。嘉靖三十三年(1554 年),致仕南京都察院右都御史王爌在去世,其子广东南雄府知府王宏上奏朝廷,为父亲申请遣官谕祭①。万历十六年(1588 年),原任南京兵部尚书阴武卿去世,其子阴镕仅仅是一介官生,虽然身处京畿,却无权上疏,只能请其父生前好友继任南京兵部尚书吴文华代为题请,吴文华出于"交承之谊"慨然应允,并专门差遣千户王都携带奏疏前往京师②。针对地方官长可能出现的不作为,万历《明会典》明确规定,地方官若不代为题请,死者子孙可以直接上疏中央,朝廷批准赐予相应待遇之后,对于故意作难的抚按官及其属员进行惩处③。但是,对于子孙微弱、家无余财的家庭而言,寻求高官相助代为题请仍是最主要的途径。万历三十一年(1603 年),南京鸿胪寺卿张朝瑞于任内病故,其子张应太只是一介监生,且张朝瑞为官清廉,家人亦无路费赴京,应得的各种抚恤、褒奖一拖再拖。直至万历三十五年(1607 年),南京官员董应举"摄其衙门,睹记思人,既深景仰",答应张应太之请,代为上疏,为亡故已久的张朝瑞求"一坛之祭"④。

题请奏疏的内容大致包括死者的履历,重点突出其功业和德行,并举

---

① 徐学谟:《徐氏海隅集》卷 2《题南京都察院右都御史王爌祭葬疏》,《四库全书存目丛书》集部第 125 册,济南:齐鲁书社,1995 年,第 238—241 页。

② 吴文华:《留都疏稿》卷 1《代请恤典疏》,《四库全书存目丛书》集部第 131 册,济南:齐鲁书社,1995 年,第 731—732 页。

③ 申时行等:(万历)《明会典》卷 101《礼部五十九·丧礼六·恩恤》,北京:中华书局,1989 年,第 561 页。

④ 董应举:《崇相集》卷 1《代请张鸿胪恤典疏》,《四库禁毁书丛刊》第 102 册,北京:北京出版社,1998 年,第 115 页。

出遣官谕祭的法规及存在于法规之外却被认可的特例，以求死者能够获得高规格的待遇。如嘉靖三十五年（1556 年），致仕南京刑部右侍郎郭持平去世，题请者详细列出死者的履历，特别强调了正德时协助平定宁王朱宸濠的叛乱，嘉靖时亲督民壮追捕越狱的囚徒，捕杀海寇，总理河道工程，皆因功受赏，风评甚佳。而后援引《明会典》对两京三品文官的优待以及近年来南京刑部右侍郎魏有本、户部右侍郎钟芳均获得额外加赐，希望朝廷能够比照先例，一体赐予①。

（二）审批阶段

事涉官员丧礼，题请奏疏首先送至礼部。礼部审阅后，即刻转发吏部，请求文选、考功二清吏司进行信息核对，查看奏疏所列履历、功业是否确实无误，对虚报不实之处要一一指出。礼部在接到吏部的核对结果之后，做出下一步的判断。以致仕南京刑部右侍郎郭持平为例，题请者大谈其功业，而对其为何致仕返家全然不提，后经吏部查证，郭持平曾在嘉靖二十四年（1545 年）被南京礼科给事中游震得等人弹劾，论其为官不尽其责，明世宗下旨命其致仕，有鉴于此，礼部初步拟定削减各项待遇以允合法令②。如果核对结果与奏疏内容相同，则批准所请。嘉靖十九年（1540 年）七月，南京太常寺卿卫道升任南京刑部右侍郎，未满一年，于嘉靖二十年（1541 年）六月申请致仕得允③，嘉靖三十一年（1552 年）病故在家。其子知县卫东吴申请遣官谕祭，经礼部会同其他负责部门详查，认为其卫道"官行无玷，从征有劳"，决定批准所请，并参考《明会典》相关规定，准备转入执行阶段④。

从技术层面上看，吏部对于奏疏内容的审核只需调出档案即可辨明内容的真伪，但是，考虑到已故官员与执政者之间复杂的关系，结论未必尽数公允。嘉靖三十六年（1557 年），致仕大理寺卿牛天麟去世，题请人罗列牛天麟的履历及受赏情况，吏部经过查验，认为其在任时并无被劾之事，允合条文，应按惯例给予各项待遇⑤。但是《明世宗实录》记载，嘉靖十九年

---

① 徐学谟：《徐氏海隅集》卷 2《题南京刑部侍郎郭持平祭葬疏》，《四库全书存目丛书》集部第 125 册，济南：齐鲁书社，1995 年，第 247—248 页。
② 徐学谟：《徐氏海隅集》卷 2《题南京刑部侍郎郭持平祭葬疏》，《四库全书存目丛书》集部第 125 册，济南：齐鲁书社，1995 年，第 249 页。
③ 《明世宗实录》卷 239，嘉靖十九年七月甲辰；卷 250，嘉靖二十年六月癸酉。
④ 欧阳德：《欧阳南野先生文集》卷 15《侍郎卫道祭葬》，《四库全书存目丛书》集部第 80 册，济南：齐鲁书社，1995 年，第 575—576 页。
⑤ 徐学谟：《徐氏海隅集》卷 2《题大理寺卿牛天麟祭葬疏》，《四库全书存目丛书》集部第 125 册，济南：齐鲁书社，1995 年，第 251—252 页。

（1540 年），牛天麟曾经在大理寺卿任上犯过严重错误，将应判斩罪的十七人改为凌迟，明世宗发现后虽宽宥其行，但夺一月俸禄以示惩罚。兵科官员又揭露当其巡抚边地之时，将一位身体肥胖、不便鞍马骑射的肃州参将柳栋说成身体强壮、骑射俱精并向朝廷推荐，真相大白后，牛天麟被降俸一级①。吏部审查牛天麟功过情况时，并未指出这两次过错，只言其致仕为奉旨而行，非朝臣论劾所致。牛天麟是明世宗斋醮祈祷活动的积极参与者、响应者，受到明世宗的回护，虽犯大错亦只受小惩，加之吏部审核时，世宗仍然在位，因此，吏部、礼部官员不能将皇帝的回护之举与牛天麟的过错相联系，只有选择规避，赞其德行俱佳，直到隆庆朝修《明世宗实录》时，才将其失误、过错尽数列出。

除个别受到皇帝关照的官员，大部分官员得到了较为公允的结果，如礼部尚书欧阳德曾论南京工部右侍郎严时泰，"虽经论劾，止论其衰老过恭，别无他疵，迹其平生清谨且有白草番都蛮功"，所以应得的待遇"似难别议革减"②。

审批阶段的最后一个环节是礼部总括各方信息，上呈皇帝，而圣旨通常以一句"准照例与祭"或"是"表明最高统治者业已批准，遣官谕祭可以转入执行阶段。

（三）执行阶段

遣官谕祭是一项礼仪活动，在正式行礼之前，朝廷要进行充分的准备，谕祭文、行礼官员和祭品都要落实，以确保礼仪活动顺利进行。

谕祭文由翰林院负责撰写，"国初置翰林院……职专制诰、史册、文翰等事"③。谕祭文又称御祭文，意在表明是皇帝亲自撰写，也确有极少数皇帝如明太祖、明仁宗、明世宗会亲洒宸翰，但大多数情况下，该文由翰林院的官员模仿皇帝的语气按照一定格式代为完成，以凝练的语句概括官员一生的履历和功业，并表达朝廷对臣僚的褒奖与哀悼。如嘉靖四十四年（1565 年），致仕工部尚书刘麟去世，其谕祭文如下：

> 维嘉靖四十四年八月乙丑朔，越十三日丁丑，皇帝遣浙江等处承宣布政使司分守浙西道右参政张柱谕祭致仕工部尚书刘麟："尔性资直谅，才识瑰奇。始擢贤科，遂闻谠议。刑曹历试，郡牧驰声。秉宪参

---

① 《明世宗实录》卷 237，嘉靖十九年五月癸巳；卷 241，嘉靖十九年九月辛丑。
② 欧阳德：《欧阳南野先生文集》卷 15《侍郎严时泰祭葬》，《四库全书存目丛书》集部第 80 册，济南：齐鲁书社，1995 年，第 576 页。
③ 申时行等：(万历)《明会典》卷 221《翰林院》，北京：中华书局，1989 年，第 1096 页。

藩,廉能益著。仆臣再起,实简朕心。爰自抚台,荐登乡佐。曩因兴建,遂陟司空,荐进群才,底成嘉绩,方深毗倚,遽恳归休,养素丘园,跻于大耋,典刑攸属。胡遽沦亡,追念英贤,良深悼惜,涣颁恩数,加秩易名,谕祭遣官,并营兆域,兹惟异渥,尔尚歆承。"①

参考《明世宗实录》中对于刘麟的介绍:

> 麟,南京广洋卫人,弘治丙辰进士,授刑部主事,历员外郎中,出知绍兴府,以忤刘瑾除名。瑾败,起知西安府,擢陕西参政,迁云南按察使,请告。嘉靖改元,起太仆卿,擢副都御史,出抚真定,已,复请告久之,起大理卿,迁刑部侍郎、工部尚书,以谏织造忤旨,致仕归。会显陵官殿雨漏追论,事在麟。时落职闲住居浙之长兴三十余年,闭门读书,足迹不入城市。貌恂恂长者,其自守介然而不为畛域,以是人尤敬爱之。卒年八十七。②

谕祭文内容高度概括了刘麟的一生,任职于刑部,为官于地方,以工部尚书致仕,在家中殁亡,这些皆可与《明世宗实录》所载履历、事迹一一对应。全篇尽是赞美之词,对刘麟曾因减免江南织造工役致使皇帝袍服供应短绌,从而触怒明世宗的事情只字不提,而刘麟正是为此被勒令致仕③。这种处理方式凸显了朝廷对于往昔功臣的维护,与遣官谕祭所展现的褒扬基调十分契合。

对于行礼官员的委派要针对具体情况。因谕祭对象的亡殁地点有所不同,所以朝廷委派前往行礼的官员也有差别,既可委派中央官员,又可指定地方官员。制度规定,一般情况下由行人司的行人前往丧家或死者亡殁之地行礼。行人司配置行人三十七人,正八品,"职专捧节、奉使之事。凡颁行诏赦,册封宗室,抚谕诸蕃,征聘贤才,与夫赏赐、慰问、赈济、军旅、祭祀,咸叙差焉",通常情况下,基于职有专司,务任专员的原则,"非奉旨,不得擅遣"④。只有在行人司的行人全部被委派完毕,遣官谕祭的人手不敷使用之时,方可调拨其他部门的空闲文官代行其事⑤。但随着遣官谕

---

① 刘麟:《清惠集》卷12《附录·谕祭文》,《文渊阁四库全书》集部第1264册,台北:台湾商务印书馆,1986年,第459—461页。
② 《明世宗实录》卷495,嘉靖四十四年四月辛卯。
③ 《明世宗实录》卷103,嘉靖八年七月丁酉。
④ 张廷玉等:《明史》卷74《职官三·行人司》,北京:中华书局,1974年,第1809页。
⑤ 申时行等:(万历)《明会典》卷117《礼部七十五·南京礼部·行人司》,北京:中华书局,1989年,第612页。

祭等事务的不断增多,朝廷派遣其他部门的官员前往行礼成为一种必然选择。

宣德六年(1431年),太子少保礼部尚书兼武英殿大学士金幼孜病故于北京宅邸,礼部尚书胡濙受皇命前往谕祭[①];景泰元年(1450年),兵部尚书侯琎率军征讨西南,病故于贵州普定卫,行人司行人童守宏领皇命远行贵州举行谕祭仪式以悼念英灵[②];天顺五年(1461年),嘉议大夫礼部右侍郎前翰林学士钱干在家乡江西吉水县去世,明英宗命江西布政司官员前往吉水县谕祭[③]。上文提到的致仕工部尚书刘麟,朝廷委派浙江等处承宣布政使司分守浙西道右参政张柱前往行礼。

祭品原则上由光禄寺备办,万历朝《明会典》中"光禄寺"条目下明确记载"凡谕祭文武大臣,俱本寺备办。"[④]但实际上,备办祭品的部门随官员亡故之地的差别而有相应的调整。殁于京师及直隶地区的文官,祭品由光禄寺备办,而卒于地方者,则由当地政府筹备。嘉靖三十八年(1559年),致仕工部尚书郑绅去世,因其为直隶涞水县人,由"顺天府买办祭物香烛纸,光禄寺备办祭品,就遣本部堂上官致祭"[⑤]。万历三十八年(1610年),吏部尚书建极殿大学士王锡爵在故乡苏州去世,礼部下文令"(南)直隶苏州府转属支给官钱,买办祭物香烛纸,就遣本府掌印官致祭",还列出了祭品详单:"猪一口,羊一羫,馒头五分,果子五色(每包五斤),按酒五盘,凤鸡一只,煤骨一块,煤鱼一尾,鱼汤一分,鸡汤一分,酥饼酥饳各四个,降真香一炷,烛一对(重一斤),焚烛纸一百张,酒二瓶"[⑥]。

朝廷在完成祭品、祭文的准备及人员的调配之后,即转入行礼环节,这是整个遣官谕祭的高潮。明人宋纁《四礼初编》详细记录了行礼官在丧家举行仪式的全过程。为迎接代表朝廷的来使,死者家属要精心准备,灵堂、香案、龙亭缺一不可,恭敬以待。

> 丧家设灵位于堂西,东向,设使者致奠位于东,西向,读祭文位于

① 《明宣宗实录》卷85,宣德六年十二月丁未。

② 陈循:《芳洲文集》卷7《兵部尚书侯公神道碑铭》,《续修四库全书》集部第1327册,上海:上海古籍出版社,2002年,第541页。

③ 萧镃:《尚约文钞》卷10《嘉议大夫礼部右侍郎前翰林学士谥文肃钱公墓志铭》,《四库全书存目丛书》集部第33册,济南:齐鲁书社,1995年,第134页。

④ 申时行等:(万历)《明会典》卷217《光禄寺》,北京:中华书局,1989年,第1081页。

⑤ 徐学谟:《徐氏海隅集》卷4《题工部尚书郑绅祭葬疏》,《四库全书存目丛书》集部第125册,济南:齐鲁书社,1995年,第274页。

⑥ 王锡爵:《王文肃公荣哀录》卷1《礼部札付》,《四库全书存目丛书》集部第136册,济南:齐鲁书社,1995年,第462页。

使者之右,南向,丧主拜位于灵右,北向。祭品至,丧主乌纱帽、青衣、角带跪迎龙亭于大门外,龙亭过即起。入门安龙亭于堂中,设香案于龙亭前,行五拜三叩头礼,使者就致奠位,丧主跪灵筵右,北向。使者上香,执事者酌酒授使者,致奠三,读祝者取祭文立读讫,焚祭文,丧主谢恩,五拜三叩头,礼毕,候龙亭出门,拜谢使者毕,仍更衰服,宴使者于宾次。①

由上可知,行礼仪式大致分为六个步骤:家属跪迎、使者上香、使者致奠、宣读祭文、焚烧祭文、家属跪谢。谕祭文是天子之言,在明代属于诰敕类文书,为此,丧家要备办专门安放诰敕的龙亭来放置谕祭文。因为来使代表着朝廷,所以通常情况下不会亲自宣读谕祭文,由专门的读祝者代劳,焚烧环节中所焚之文应是誊录的副本,谕祭文原件被丧家保留以使后人可以一睹圣恩,"奉手札尊藏,永为世宝"②。

遣官谕祭从题请、审批到最后的执行,不同的部门、人员参与其中,按照制度规定有条不紊地执行,在整个过程中,不同种类的公文传递于各级政府部门之间,体现了明朝政府在文书行政方面的有效性,而这些文书的结构和内容也有助于更深入地了解遣官谕祭在明代是如何运作的。

三、遣官谕祭体现的恩荣有别

遣官谕祭是一项朝廷赐予的荣誉,针对不同身份、品级的官员,其具体规格有重大差异,这种差异体现在时效、行礼官身份、谕祭文撰者、谕祭文数量、行礼次数几个方面。

遣官谕祭是最先赐予死者的恤典内容,通常在第一时间送至丧家,具有很强的时效性。一般来说,在不涉及政治斗争而导致审批刻意延迟的情况下,位高权重、功勋卓著者更容易及时获得朝廷遣官谕祭。万历时,致仕吏部尚书张瀚于武林县家中病故,"讣闻,上嗟悼,亟下所司予恤典,凡遣守臣赐祭者四"③,一个"亟"字突出了皇帝本人对于死者的重视。万历十三

---

① 徐乾学:《读礼通考》卷59《丧仪节二十二·奠礼》,《文渊阁四库全书》经部第113册,台北:台湾商务印书馆,1986年,第434—435页。

② 王锡爵:《文肃王公奏草》卷21《谢赐赙疏》,《四库全书存目丛书》集部第136册,济南:齐鲁书社,1995年,第406页。

③ 王锡爵:《王文肃公文草》卷6《张恭懿公神道碑铭》,《四库全书存目丛书》集部第136册,济南:齐鲁书社,1995年,第300页。

年(1585年)十月十六日,朝廷接到原任少师兼太子太师吏部尚书中极殿大学士张四维在山西蒲州家中去世的消息①,十月十九日即派遣山西布政司左参政刘中立前往谕祭,先后赐予十三道谕祭文②。相比之下,与皇帝关联有限、责权不甚重要的官员如任职于太仆寺、太常寺以及国子监等非六部内阁等核心权力部门者,若无皇帝亲自过问,则要经过漫长的审核过程,加之负责行礼的行人司经常出现诸事繁杂而人员不敷使用的情况,导致恩典难以及时落实。如果涉及政治斗争或死者曾受到皇帝严惩,那么这份恩典可能会迟来更久。嘉靖朝兵部尚书毛伯温因触怒明世宗,于嘉靖二十三年(1544年)被罢官削籍,疽发于背,转年身亡。隆庆二年(1568年),其子毛栋为父陈情雪冤,毛伯温得以恢复原来官职,隆庆五年(1571年),在各方努力之下,正式获得朝廷遣官谕祭③,距离其亡故已有26年,距离其恢复官职也有3年。

行礼官员的身份高下彰显了已故者的地位尊卑以及朝廷乃至皇帝本人的重视程度。礼部、行人司诸中央官以及布政司、府、县等地方官皆可受命行礼,在众多行礼官员之中,中央官以礼部尚书为尊,地方官则以布政司堂上官为尊。获得中央大员谕祭者多是亡故于京师的朝廷重臣,如宣德年间,少保兼户部尚书夏原吉在北京家中去世,朝廷遣礼部尚书胡濙前往行礼④,太子少保礼部尚书兼武英殿大学士金幼孜于任上亡故之后,胡濙亦担任谕祭的行礼官员⑤。若死者并非朝廷重臣,则行礼官的职位、品级要相应降低,如天顺时,金都御史祝暹去世,明英宗委派礼部郎中李和前往祝宅谕祭⑥。由于地理条件的限制,在地方任职或致仕返乡的官员亡故,朝廷通常委派当地官员代表朝廷进行祭奠。洪熙时,明仁宗遣浙江台州府天台县某官谕祭已故左春坊左赞善徐善述⑦;景泰时,江西吉安府知府李继受命谕祭南京翰林院侍讲学士周叙⑧;成化时,浙江布政使左参政左赞受

① 《明神宗实录》卷167,万历十三年十月壬午。
② 张四维:《条麓堂集》卷33《闻丧谕祭文》,《续修四库全书》集部第1351册,上海:上海古籍出版社,2002年,第807页。
③ 毛伯温:《毛襄懋先生荣哀录》卷1《礼部题覆恤典疏》,《四库全书存目丛书》集部第63册,济南:齐鲁书社,1995年,第163—164页。
④ 夏原吉:《忠靖集·附录遗事·御祭文》,《文渊阁四库全书》集部第1240册,台北:台湾商务印书馆,1986年,第540—541页。
⑤ 《明宣宗实录》卷85,宣德六年十二月丁未。
⑥ 李濂:《嵩渚文集》卷81《金都御史祝公传》,《四库全书存目丛书》集部第71册,济南:齐鲁书社,1995年,第268页。
⑦ 叶盛:《水东日记》卷11《仁庙赐徐善述书诗》,北京:中华书局,1980年,第119页。
⑧ 周叙:《石溪周先生文集》卷8《谕祭文》,《四库全书存目丛书》集部第31册,济南:齐鲁书社,1995年,第770页。

命谕祭已故都察院右副都御史夏埙①；弘治时，陕西布政司左布政使汪进受命谕祭养病居家不幸亡故的户部右侍郎张鼎②。嘉靖六年（1527 年）一度出现了从二品江西布政司左布政使叶相受命谕祭本地已故从五品司经局洗马尹襄的情况，皆因尹襄昔日有侍讲之劳，皇帝特赐一祭③，并令地方官长前来行礼，足见对于尹襄的重视。

　　谕祭文通常情况下由翰林院诸学士代替皇帝完成，但是明太祖、明仁宗、明世宗曾经为部分臣僚亲自撰写祭文，尤其彰显了皇帝对于死者的器重。洪武元年（1368 年），江西行省参政陶安卒于任上。陶安在明太祖创业之时即率众归附，操持地方政务，建国后制定各项制度章程，功劳尤著。明太祖哀其亡殁，"亲为文遣使以祭"④。这是洪武朝也是有明一代首位获得皇帝亲撰谕祭文的文官，而后明太祖相继为刘崧、安然、宋讷、刘英、唐铎几位文官撰写谕祭文以表达哀恸之情，同时彰显朝廷眷顾、褒奖之意。对于皇帝为大臣亲自撰写祭文的行为，明人王世贞认为明太祖撰文是有所感触而为之，并非刻意显示皇恩礼遇，但是，后世皇帝亲撰则属于特恩，展现了皇帝对于已故者的眷顾甚至以此补偿死者⑤。洪熙初年，明仁宗亲自撰写祭文遣官谕祭已故左春坊左赞善徐善述⑥，以感念其护主爱上，共历艰辛。嘉靖时，礼部尚书席书、兵部尚书李承勋先后去世，明世宗亲自撰谕祭文，"皆特典，非常制也。"⑦席书在嘉靖朝"大礼议"及引发的政治变动中一直支持明世宗，被倚为亲臣，"眷顾隆异，虽诸辅臣莫敢望"，即使身患疾病屡次申请致仕，皇帝仍予以挽留，优待更甚于往昔⑧。李承勋恰逢嘉靖初年明世宗锐意图治之时，"所信任辅臣之外，独承勋与刑部尚书胡世宁等数人，国有大议，辄咨承勋等，承勋亦孜孜为国，知无不为，甚称上意。"⑨因席书、李承勋在嘉靖前期政治生活中的特殊作用，皇帝亲撰祭文以显示器重，

① 夏鍭：《明夏赤城先生外集》卷 22《谕祭文》，《四库全书存目丛书》集部第 45 册，济南：齐鲁书社，1995 年，第 464 页。

② 王恕：《王端毅公文集》卷 6《嘉议大夫户部右侍郎张公墓志铭》，《四库全书存目丛书》集部第 36 册，济南：齐鲁书社，1995 年，第 215 页。

③ 尹襄：《巽峰集》附录《谕祭文一道》，《四库全书存目丛书》集部第 67 册，济南：齐鲁书社，1995 年，第 265 页。《明世宗实录》卷 75，嘉靖六年四月己未。

④ 《明太祖实录》卷 35，洪武元年九月癸卯。

⑤ 王世贞：《弇山堂别集》卷 14《皇明异典述九·亲撰祭文》，北京：中华书局，1985 年，第 251 页。

⑥ 沈德符：《万历野获编》卷 10《词林·宫寮超赠》，北京：中华书局，1959 年，第 273 页。

⑦ 张廷玉等：《明史》卷 60《礼十四·凶礼三·赐祭葬》，北京：中华书局，1974 年，第 1483 页。

⑧ 张廷玉等：《明史》卷 197《席书传》，北京：中华书局，1974 年，第 5205—5206 页。

⑨ 《明世宗实录》卷 123，嘉靖十年三月己丑。

"亲御翰墨作祭文,皆极谆恳,示不及入相及拜太宰意。"①丧家对于翰林院代撰的御制祭文尚且奉为至宝,更何况收到皇帝亲洒宸翰而成的谕祭文,已故官员在皇帝心目中的重要性可见一斑。

谕祭文的数量展现了死者的身份与地位。谕祭文的数量与朝廷遣官谕祭的次数保持一致,通常情况下,每次遣官谕祭都要委派专门的行礼官前往行礼,而由读祝者进行宣读。根据儒家设计的丧礼制度,对死者家属而言,子女要为父母守丧三年,从亲人去世开始一直到除去丧服回归正常生活一共有十三个时间节点,分别是初丧、首七(俗称"头七")、二七、三七、四七、五七、六七、七七、百日、下葬、周年、再周、除服,每次都要举行隆重的祭奠、悼念仪式,三年总计十三次。在此期间,死者的亲朋好友、长官属吏往来行礼,通过吊唁、奠酒以寄托哀思,朝廷也会委派官员参加其中的几次。

成化九年(1473年)二月,太子少保吏部尚书姚夔去世,姚夔在成化初年担任礼部尚书,明宪宗登基大典的一切礼仪,皆由其规划掌行,后转为吏部尚书,留心人才,奖掖后进,亦敢于罢黜不称职者,为皇帝和当朝士人所敬重,"求之一时大臣中,罕有其比"②。如此重臣、功臣,明宪宗"命礼部尚书邹干谕祭,又命初丧至葬皆遣官祭,敕工部营葬事,兵部具舟归其丧,恩典甚厚。"③从初丧至下葬,总计遣官谕祭十次。万历朝重臣张四维和王锡爵先后担任过内阁首辅,辅助皇帝权衡天下庶务,皇帝感念其功德,均赐予遣官谕祭十三次④,可谓礼极重,恩至渥,有明一代罕有可与二人匹敌者。需要指出,原本万历首辅张居正也享受如此恩典,只是由于明神宗在其亡故不久即开始对其清算,不但谕祭活动戛然而止,其他项曾经由皇帝曾经亲手赐予的优待也几乎被剥夺殆尽。朝廷对张居正的遣官谕祭虽然从万历十年(1582年)六月开始,但是考虑到当年年末,明神宗已然开始进行清算,所以,张居正得到的遣官谕祭可能不到十次,所得谕祭文也在十道以内。

对于官职、品级较低者,朝廷只遣官谕祭一次,赐予一道谕祭文,这也是最为常见的谕祭次数。即便是受到明世宗特别眷顾的司经局洗马尹襄,按照规定也只能谕祭一次。其他获得二次、三次、四次谕祭,并得到对应数额谕祭文的文官虽不及张四维、王锡爵、张居正等国之重臣,亦是一时之英

---

① 王世贞:《弇山堂别集》卷14《皇明异典述九·亲撰祭文》,北京:中华书局,1985年,第251页。

② 《明宪宗实录》卷成化九年二月庚午。

③ 姚夔:《姚文敏公遗稿》卷10《资德正治上卿太子少保吏部尚书赠荣禄大夫少保谥文敏姚公墓志铭》,《四库全书存目丛书》集部第34册,济南:齐鲁书社,1995年,第608页。

④ 王锡爵:《王文肃公荣哀录》卷1,《四库全书存目丛书》集部第136册,济南:齐鲁书社,1995年,第452—453页。《明神宗实录》卷167,万历十三年十月壬午。

杰,为皇帝所倚重。如正统五年(1440 年)五月,少保兼户部尚书黄福亡故于南京,共得朝廷三次遣官谕祭,谕祭文三道①。"福历事五朝,多所建白,公正廉恕,素孚于人,忧国之心,始终不渝。"②正统十二年(1447 年),礼部右侍郎马愉死后得两次遣官谕祭,谕祭文两道③。万历朝吏部尚书张瀚得遣官谕祭四次,谕祭文四道④。黄福、马愉、张瀚皆不失名臣之谓,谕祭次数、谕祭文数量与其高功厚德相匹配。

无论遣官谕祭在具体表现形式上呈现出怎样的差异性,都是荣誉体系的一部分,不管是一次谕祭还是十三次谕祭,礼部尚书行礼还是地方县令奉命祭奠,翰林院诸学士代撰还是皇帝亲撰谕祭文,都展现了朝廷对于死者的褒奖与哀悼,只是重视的程度有所不同,而遣官谕祭带来的荣誉以及该制度的庄严性、权威性不曾因规格较低而受到动摇。在此背景之下,恩荣有别的作用在于激励更多的官员以位尊、功高、德厚之人为榜样,见贤思齐,通过生时的忠君报国之举为自己赢得死后的荣耀。

四、遣官谕祭的意义

遣官谕祭作为文官恤典的一部分,其作用与恤典保持一致。朝廷赐予死者恤典在于以此褒奖死者、激励生者,"惟功大者褒典宜隆,行伟者扬名必远,惟显忠于既往,斯励节于方来"⑤。而遣官谕祭在此基础上有更加具体的作用和意义。

遣官谕祭是来自朝廷的哀悼与褒奖,展现了朝廷对死者本人及其生平功绩的高度评价,是朝廷在官员身后荣典方面的赏酬。成化十八年(1482 年),都察院右副都御史夏埙去世,明宪宗派遣浙江布政司左参政左赞前往谕祭,谕祭文公开表示"追念贤劳,可无恤典?兹特赐以葬祭。"⑥回顾夏埙

---

① 黄福:《黄忠宣公文集》卷 3《谕祭文》,《四库全书存目丛书》集部第 27 册,济南:齐鲁书社,1995 年,第 408 页。

② 《明英宗实录》卷 63,正统五年正月戊申。

③ 马愉:《马学士文集》卷首《敕谕》,《四库全书存目丛书》集部第 32 册,济南:齐鲁书社,1995 年,第 435 页。

④ 王锡爵:《王文肃公文草》卷 6《张恭懿公神道碑铭》,《四库全书存目丛书》集部第 136 册,济南:齐鲁书社,1995 年,第 300 页。

⑤ 于谦:《忠肃集》附录《诰命》,《文渊阁四库全书》集部第 1244 册,台北:台湾商务印书馆,1986 年,第 396 页。

⑥ 夏鍭:《明夏赤城先生外集》卷 22《谕祭文》,《四库全书存目丛书》集部第 45 册,济南:齐鲁书社,1995 年,第 464 页

履历,做御史时,抚按广西、福建,皆有名声,担任广东地方官时深得民心,升任都察院右副都御史巡抚四川,民夷畏服,有功于国,施德于民①,因此,朝廷赏其功、崇其德,遣官谕祭以示褒奖。嘉靖四十年(1561 年),致仕太子少保礼部尚书兼翰林院学士掌詹事府事孙承恩在家乡华亭县去世。孙承恩在嘉靖年间的"大礼议"事件中参与修撰《明伦大典》这一巩固皇帝地位的重要政治典籍,是明世宗的支持者,受到皇帝长期信任与重用,为吏部左侍郎时虽然一度被言官论劾,但皇帝颁特旨慰留,委任其为会试主考官,升礼部尚书,恩宠不衰,又加官太子少保②。值其亡故,明世宗对于曾经的支持者与侍奉者尤为眷顾,"讣闻,上为悼悯,念经筵旧学,敕礼部举恤典以闻,赐祭四坛"③。

遣官谕祭在特殊情况下还可以发挥平反昭雪作用。正统末年,新任兵部尚书于谦在北京保卫战中积极指挥在京军民抵御瓦剌铁骑的入侵,立下不世之功。但是,景泰末年发生了"夺门之变",被软禁于南宫的太上皇明英宗复位之后,改元天顺,因恼怒于谦往昔拥立新君、不念旧主,且有复位之后杀人立威之意,在石亨、徐有贞等人的鼓动下,将于谦等人处斩。于谦蒙冤而死,终英宗之世,皆是罪人之身,不沾一祭之赐,其家人也被流放边地。成化二年(1466 年),于谦之子于冕自流放之地被赦返京,向朝廷讼冤,明宪宗追念于谦保卫社稷、力挫强敌之功,恢复其原有官职,并派遣行人司行人马瞍前往杭州于氏祖坟进行祭奠,"复公故秩,遣行人马瞍祭于墓……中外称快"④。皇帝在谕祭文中特别强调于谦之死是"为权奸之所害",而明英宗"已知其枉",明宪宗"实怜其忠",因此"复卿子官,遣人谕祭"⑤。尽管文中对明英宗冤杀于谦进行了回护,但还是通过实际行动为于谦平反,也变相承认了英宗之过。因遣官谕祭引发的一系列平反、褒奖,使得于谦的家属重获朝廷优待,于谦之子于冕最终官至应天府府尹。

从朝廷角度看,遣官谕祭是对于已故者往昔功业的嘉奖以及品德的认可,此举与授予官职、委以重任互为表里,是朝廷对于有功之臣最为直接的赏酬、嘉奖。此举还具有导向性作用,为生者提供了榜样,激励在世的文官

---

① 《明宪宗实录》卷 194,成化十五年九月乙丑。
② 《明世宗实录》卷 500,嘉靖四十年八月乙酉。
③ 沈恺:《环溪集》卷 26《资政大夫太子少保礼部尚书兼翰林院学士掌詹事府致仕赠太子太保谥文简毅斋孙公行状》,《四库全书存目丛书》集部第 92 册,济南:齐鲁书社,1995 年,第 320 页。
④ 于谦:《忠肃集》附录《神道碑》,《文渊阁四库全书》集部第 1244 册,台北:台湾商务印书馆,1986 年,第 410 页。
⑤ 《明宪宗实录》卷 33,成化二年八月丁卯。

效仿前辈恪尽职守、尽忠报国,死后亦能获得相同规格甚至更高规格的谕祭待遇。从死者家属角度审视,常规的哀悼与褒奖已经使家属倍感荣耀,而具有平反昭雪功能的遣官谕祭尤为珍贵,不但恢复了先人的名誉,肯定了往昔的功业与人品,还使今人受益,摆脱了罪人家属的身份,也增强了家属对于现政权的认同。

论明末清初天主教传教士对
中国道教信仰的认知

李　媛

明末清初，大批天主教传教士来到中国。面对中国原有宗教信仰和文化，这些传教士采取了较为灵活的传教策略，尤其是以利玛窦（Matteo Ricci）为代表的耶稣会士，不仅积极学习中国语言和文化，还努力将天主教与儒家思想中的相似之处加以融通，并对当时中国广泛流行的佛教信仰进行批判，指出其不足信，这些策略习惯上被概括为"补儒易佛"。值得注意的是，中国传统社会历来是多种信仰融合并存的社会，除了佛教以外，道教信仰也占有重要地位，西方传教士显然无法回避或无视这个问题，那么他们对于道教信仰的态度又如何呢？目前学术界关于这个问题的研究成果甚少，[①]有的学者在讨论明末清初天主教传教士对待中国传统宗教信仰的态度时，甚至并未注意到佛、道二教的区别，往往笼统地等而视之，然而现有史料提示我们，二者并不完全相同。基于此，笔者尝试将反映天主教传教士对道教认知的史料进行梳理和补充，并将之与对待佛教的态度进行比较，分析二者的差异及其原因，借此丰富对于中西不同宗教信仰相遇时如何做出应对的认知。

---

① 相关研究主要有[法]荣振华：《入华耶稣会士中的道教史学家》，载[法]谢和耐、戴密微等著，耿昇译：《明清间耶稣会士入华与中西汇通》，北京：东方出版社，2011年。该文主要是关于耶稣会士对道教文化研究的一般性介绍，提供了传教士关于道教文化研究的基本材料，但并未作深入讨论。如荣振华先生文中所说："我的研究仅仅是对史料问题作一番钩沉。我们往往很难确定手稿的写作时间，这样就使试图写一部历史的计划变得复杂起来了。我们的著作最多是能让专家们研究一些可能是很重要的文献。因此……我于此引证一些鲜为人知或大家不太熟悉的史料，对我们的法国入华耶稣会传教士们的著作书目试作一番论述"。还有康志杰：《明清来华耶稣会士与中国道教文化》一文，载《国际汉学》第14期，该文基本认同荣振华教授的论述。

一、天主教传教士关于中国道教的言论和研究

明末清初天主教传教士对道教的言论并不多见,早期入华的天主教传教士利玛窦对中国道教曾经有过介绍,他论说,"在中国有三种宗教,其中最古老,中国统治者和学者信奉的,就是儒教,其它两个皆拜偶像,互相敌视,而为学者卑视。读书人多不谈超性之事,至论伦理道德则与我们的差不多,就这样藉我所撰写的书籍,称赞儒家学说而驳斥另两家宗教的思想(指佛道思想)。"①他在《利玛窦中国札记》中还对朱元璋神道设教,以儒教为主,利用佛道的政策也有所认识,他说:"本朝(明朝)的始祖洪武皇帝规定为了国家的好处,应该保留这三大教。他这样做是为了保留每一教派的信徒。然而,在为保持这三大教香火不断而立法时,他却严格从法律上规定儒家的教派应优于其他两种,只有儒家才能委以管理公众事务的行政权。这样就没有那(哪)种教可以消灭另一种。"②显然,耶稣会士对道教信仰是有所关注的,但比较而言,利氏对道教的解释比对儒家思想和佛教的理解简单得多,有时亦显示出所知不多,例如他说:"这个教派的道士们住在皇家祭祀天地的庙里,他们的部分职责就是当皇帝本人或代表皇上的大臣在这些庙里举行各种献祭时必须在场。"③这里所指居住在皇家祭祀天地的庙里的道士应是参与国家祭祀活动的神乐观乐舞生,他们仅是道教中的一部分服务人员,而绝大部分道士是在宫廷外的道观中从事其他活动,且道教信仰广泛存在于中国百姓中,利氏对此论述不多。

对于佛道二教的态度,利玛窦在他的名著《天主实义》中说:"二氏之谓,曰无曰空,于天主理大相刺谬,其不可崇尚,明矣。夫儒之谓,曰有曰诚,虽未尽闻其释,固庶几乎!"④可见,此处他将佛道二教等而视之,并极力反对,对儒家思想虽未全部认可,但认为尚可接受。他还认为,道教信奉的主神玉皇大帝不过是凡人,不能与天主教所言之上帝相提并论,其言曰:

---

① 利玛窦:《利玛窦书信集》,罗渔译,台北:台湾辅仁大学出版社、光启出版社,1986 年,第 415 页。转引自康志杰:《明清来华耶稣会士与中国道教文化》一文,载《国际汉学》第 14 期。

② 利玛窦、金尼阁:《利玛窦中国札记》,何高济等译,北京:中华书局,1983 年,第 113 页。

③ 利玛窦、金尼阁:《利玛窦中国札记》,何高济等译,第 111 页。

④ 利玛窦:《天主实义》(上卷),载朱维铮主编:《利玛窦中文著译集》,上海:复旦大学出版社,2001 年,第 15 页。

"吾国天主,即华言上帝,与道家所塑玄帝玉皇之像不同。彼不过一人,修居于武当山,俱亦人类耳。人恶得为天帝皇耶?"①《天主实义》编写于1603年,当时在范礼安(Alexandre Valignani)、罗明坚(Michele Ruggleri)等人的要求下,利氏已经开始思考在中国传教的方式问题,因此,上述说法中可能多少折射出他关于在中国传教之策略的一些考虑。

在利玛窦以后,万历末年的葡萄牙籍耶稣会士曾德昭(Alvaro Semedo)②也对中国道教有过介绍和评论。他继《利玛窦的中国札记》之后,在一部向欧洲介绍中国的书籍——《大中国志》中也谈到了中国的道教信仰。比如他论述了道教信徒的装束、生活方式,所信仰的均为肉身的大神和小神,以及他们经常参与祭祀与丧葬仪式。曾德昭这样描述,"他们生活在团体中,不结婚,把头发和胡须留得很长,服装与常人无异,只在作礼拜时略有不同。他们戴一顶小冠代替帽子,仅容纳头发的髻。他们把他们最终的幸福寄托在肉体上,以求得安宁、平静的生活而无辛劳、烦恼。这一派相信一位大神及别的小神都是肉身的。他们相信荣光和地狱;荣光不仅在来世,也在今世和肉体相结合。他们捏造说,用一种修炼和打坐的方法,有的人可以把自己变成一个孩子,并且年轻,另一些人可以成为神仙,也就是地上有福的人,因此可以得到他们期望的一些东西,能够使自己从一个地方转移到另一个地方,尽管相距很遥远,而且快速轻易地做到这一点,诸如此类的胡话。"③他还形象而具体地讲述了1622年几位道士在北京作法求雨不成,却引来冰雹,遭至戏弄的事情④。曾德昭对中国文化、法律、政治、风俗等情况的介绍,充满了好感和赞许,但讲到道教时,却流露出不屑之意,并将之描述成一种近于迷信的信仰。

明末,另一位西班牙耶稣会士庞迪我(Pantoja Didaco de)也曾在上奏朝廷的奏疏中指出:"黄白之术,世无此理。西土博物穷理之士,盖亦反复穷究,信其必无。昔年初至,或误听来问,劝令勿信,久已释然矣。恐有迷惑沉湎者,犹疑秘而不传,亦致怨致谤之端也。试思既能烧炼,又何待远人赍送邪?志在黄白而能自作,曷为冒险冒谤,受劳受苦邪?……目今奏请一应像设、经典、衣服、器用、书札等,悉进御前,备细查验,果于常用之外,有烧炼器具、金石药物,及士夫往来,寻常柬牍之外,有片纸只字,恶情可据

① 利玛窦:《天主实义》(上卷),载朱维铮主编:《利玛窦中文著译集》,第21页。
② 曾名谢务禄,后改名曾德昭。
③ 曾德昭:《大中国志》,何高济译,上海:上海古籍出版社,1998年,第105页。
④ 参见曾德昭:《大中国志》,何高济译,第106页。

者,依律究罪。"①庞迪我不仅指斥道教之无理,甚至建议对道教所倡导的黄白之术加以打击和禁止,这与明朝反对佛道二教的很多士大夫不谋而合。

耶稣会士王一元(Alfonso Vagnone)②在《推验正道论》中有关于中国之宗教信仰的问答,其中有对"文昌化书感应篇"、"南北二斗主人(管辂所谓管人生死的两位道教星君)"、"梓潼神"等道教神灵进行提问之条款,但所论较为简单,不过是三言五语点明即止③。《性理参证》中列举了儒家祭祀、佛教、道教和民间宗教信仰的多种神祇,目的在于教世人分辨真伪,择善而从,其中有关道教信仰神灵谈到了老君、玉皇、上帝、关羽、城隍、梓潼、灶神等,对这些神灵的基本态度是介绍性的,甚至是负面的④。

清初,尤其在康雍乾时期,天主教传教士关于中国道教信仰有了进一步的深入了解。法国著名汉学家荣振华教授对这一时期著名的耶稣会传教士马若瑟(Joseph Henri-Marie de Prémare)、刘应(Claude Visdelou)、傅圣泽(Jean François Foucquet)、韩国英(Pierre-Martial Cibot)和钱德明(Jean-Joseph Marie Amiot)等人的道教观点进行了介绍。

法国耶稣会士马若瑟对道教的研究主要是用拉丁文对《道德经》做了评注,现收藏于法国巴黎国立图书馆。在巴黎耶稣会档案馆中,还收藏有他用汉文撰写的《三一三》一书,该书是关于道教与基督教三位一体学说的比较研究⑤。马若瑟是天主教传教士中索引派的代表人物之一,这个派别强调的是在中国典籍中发现了基督教传统的踪迹,继而为基督教的传播寻求更早期的依据。

刘应也是法国耶稣会传教士,他在 1725 年撰写了《论出家道士们的宗教》一书,其手稿保存于教廷传信部的"中国杂稿"中。荣振华教授还在这些中国杂稿中发现了刘应神父口授巴黎外方传教会白日昇(Jean Basset)神父的一篇文字。在这篇文字中,刘应对中国道教关于灵魂、死亡、婚姻、炼丹术等的观点,以及中国道士的种类(不同道教派别的道士)进行了介绍。他说道:"他们(道教)的理论与伊壁鸠鲁派非常吻合。他们把一切都

---

① 黄白之术指道家炼制丹药、点化金银的法术。《庞迪我、熊三拔等揭利玛窦等人贡居住等项缘由奏疏》,载《徐家汇藏书楼明清天主教文献》(第 1 册),第 93—94 页。

② 王一元,即耶稣会士高一志,又名王丰肃,字一元。

③ 王一元撰,徐光启校:《推验正道论》,载《徐家汇藏书楼明清天主教文献》(第 1 册),第482—485 页。

④ 参见《性理参证》,载《徐家汇藏书楼明清天主教文献》(第 3 册)。

⑤ [法]荣振华:《入华耶稣会士中的道教史学家》,载[法]谢和耐、戴密微等著,耿昇译:《明清间耶稣会士入华与中西汇通》,第 428 页。

归咎于懒散,更确切地说是一种温和的冷漠,因为他们远没有和尚(佛教徒)们那样严格。他们似乎在灵魂也会死亡这一观点上与哲学家们吻合。道士们由此而得出结论认为,人们只应该坚持无声无息和无忧无虑地度过一生……道士们的极乐在于变成神仙,也就是长生不老的人。因为他们认为技巧可以弥补天生的不足。他们为此制订了成百种不同的炼丹术秘诀,还有多种饮食制度……在伦理方面,他们的教理在很多方面肯定会遭反对。"①虽然是介绍性文字,但字里行间却流露出刘应神父对中国道教信仰和道教徒的某种不认同。

傅圣泽神父对道教的研究主要体现在对道教经典《道德经》的研究中。他不仅掌握了两种不同版本的《道德经》,还为之作了笺注②。他还把"道"与基督教中的"上帝"等同起来,"'道'字系指我们基督徒最高的神—造物主上帝",认为"道"才是中国人最根本的信仰,并与基督教同出一源,而其中关于仁义道德的讨论更是与基督教相一致③。傅圣泽神父是少有的对于道教信仰表示好感,甚至超越了对儒家思想认可程度的天主教徒。后来,傅圣泽的这些观点受到了教廷传信部同行们的诸多质疑。

康熙、雍正年间,天主教徒李梅也指出佛道之术缘何能够吸引众多信众,他说:"夫佛老之徒,不耕而食,不织而衣。然自乐不绝于世者,以其术固人所易知易行,诱人以利,而不及于义也。修道教之术,则可以延今世之富贵寿命,而极至于成仙,人无不愿从矣。修佛家之术,则可以延来世之富贵寿命,而极至于成佛,人益无不愿从矣。"④在这里,李梅指出,佛老之术不过是以"利"诱人,于"义"则不及,所以虽然人们趋之若鹜,却并不足信。

乾隆后期的韩国英和钱德明也对道教关于长生不老的修炼功夫、催眠术,以及道教的阴阳理论表示了极大的关注。钱德明在论述道教的阴阳理论时,表现出了对道教信仰的反感,他认为,道教信仰在其发展最初是值得肯定的,后来则声名狼藉。他说,"这曾是一个出色的教派,可与儒士们的教派相媲美。但该派今天已名誉扫地,最终受到了所有高雅之士的鄙视。因为自数世纪以来,该派信徒中仅包括中华民族中最为卑劣

① [法]荣振华:《入华耶稣会士中的道教史学家》,载[法]谢和耐、戴密微等著,耿昇译:《明清间耶稣会士入华与中西汇通》,第 428—429 页。
② 在傅圣泽之前,比利时人卫方济(Jean François Noëlas)也曾翻译过《道德经》。
③ [法]荣振华:《入华耶稣会士中的道教史学家》,载[法]谢和耐、戴密微等著,耿昇译:《明清间耶稣会士入华与中西汇通》,第 430 页。
④ 李梅:《爝火集》,载《法国国家图书馆明清天主教文献》,第 7 册,第 573 页。

之徒。"①

总体来看,明末清初在华的数千名传教士中,只有少数人对道教做了比较深入的研究。以利玛窦、曾德昭为代表的耶稣会士主要是对中国的道教派别进行一般性介绍,他们的书籍多是写给欧洲人看的,以便了解中国文化,因此较为通俗浅显。随着对道教研究的深入,传教士们开始逐渐关注探究道教的教义和经典,但是更为深入的研究对于传教士来说,其实十分困难。清初传教士南格禄(Claude Gotteland)就说,"即以中国人而论,欲通文理,欲识经书,每云十年窗下。夫用此十年之工,而始能通文理,识经书,亦不得居为能事。今神父到来,欲做一二年诵读之工,尚不可得,如论云云,不免苛求太甚。"②可见,西方传教士对中国的语言文字和文化的学习尚需要一段时间,更遑论对道教经典的深入研究。

二、天主教传教士对佛道二教态度的差异

天主教传教士对待佛道二教总体上均持否定态度,但具体说来,并非完全一致,他们在反对两教的内容、程度以及方式等许多方面还是存在差异的。

明朝末年基督教大规模传入中国以前,佛教已经在中国获得巨大发展,并融合为中国最重要的宗教信仰之一。罗明坚、利玛窦等人最初来华时,对佛教徒在中国的地位并非十分了解,因此曾试图通过模仿佛教徒进行传教活动,"他们穿着佛教和尚们通行的服装,当罗明坚第二次访问肇庆的时候,副总督劝告他说,如果他希望在中国长住,就应该改穿中国式样的服饰。在那之后的一年里,正因为人们把他们当成了和尚,所以遇到了很多困难。在韶州,利玛窦的住所靠近一所佛教的寺庙,这使他能够近距离地观察和尚们的生活。他对社会上广泛流行的对和尚品行的不良评鉴做出了判断,这就增加了他对他们的厌恶之感。"③后来,他们脱掉了僧服,改换了儒装,明确表示与佛教的差异,并对佛教教义及其行为进行批判,在社会交往中选择了地位较高的儒士。

---

① 钱德明:《中国杂纂》第15卷,巴黎1791年版,转引自[法]荣振华:《入华耶稣会士中的道教史学家》,载[法]谢和耐、戴密微等著,耿昇译:《明清间耶稣会士入华与中西汇通》,第433页。

② 南格禄:《诬谤论》,载《徐家汇藏书楼明清天主教文献》(第5册),第2086页。

③ [美]邓恩:《从利玛窦到汤若望》,第19页。

天主教传教士中绝大部分人对道教信仰持排斥态度,但其所斥说的内容与佛教之侧重稍有不同。在崇拜塑像的问题上,传教士多认为佛道二教均崇拜塑像,应该加以毁撤,利玛窦曾论说,"这个民族没有多少人对偶像崇拜这种做作的、可恶的虚构有什么信仰。他们在这上面之所以相信,唯一的根据便是他们在外表上崇奉偶像,即使无益,也不会有害。"①因此,出现了多次毁弃塑像运动。崇祯年间,天主教传教士艾儒略(Jules Aleni)曾在福建展开了破坏偶像运动,"观音菩萨、关圣帝君及梓潼星君、魁星君、吕祖帝君等像,皆令彼奉教之徒送至彼所,悉断其首,或置厕中,或投火内。"②这些被毁坏的塑像中有佛教塑像,如观音菩萨,也有道教和民间信奉的神,如梓潼星君、魁星君、关圣帝君、吕祖帝君,从一般意义上说,佛道两教都是天主教徒力图努力与天主教信仰,甚至是儒家思想相区别的宗教信仰。天主教徒指斥佛教的内容还体现在对其教义的不认同,如利玛窦在南京与佛教大师三淮(即大报恩寺僧雪浪)的公开辩论,还有明末四大高僧之一莲池祩宏与天主教徒关于两教教理的辩论等,这些辩论围绕着"天"、生死、崇拜偶像、祭拜方式等问题展开。

但对道教信仰,耶稣会士对其批评的侧重点有所不同,更多集中在指斥其迷信和巫术色彩浓厚上面,并未更多涉及教义等理论性内容。比如耶稣会士刘应曾指出中国共有3种道士,"第1种不婚娶并仅仅从事炼丹术,他们认为使用仙丹就会长生不老。第2类也娶妻纳室。第3类是那些前往各家各户中进行祈祷的人。"③对第三类人称其为"最善于耍花招"的人,指他们利用巫术或其他技巧来迷惑人。

也有一些传教士对道教抱有好感,甚至将道教文化作为中国宗教文化的根基之一,或是将之作为天主教可能很早就在中国有传播迹象的证据。如前文所述傅圣泽神父有关中国道教信仰的研究和观点,此不赘述。从同一时期马若瑟对道教理论的深入研究,及其与基督教相似性的比较亦可以推断,马若瑟对道教信仰很可能也是感兴趣的,而非反感。这都与天主教传教士与对待佛教的截然对立态度不同。这种情况表明,有时候传教士会倾向于将道教以及道家文化作为中国本土文化的一部分,或是一种哲学思想来理解,而不是将之看作纯粹的宗教信仰,从这个角度上来说,道教甚至更近于儒家而远于佛教。

---

① 利玛窦、金尼阁:《利玛窦中国札记》,何高济等译,北京:中华书局,1983年,第113页。

② 黄贞:《请颜壮其先生辟天主教书》,载《圣朝破邪集》,第151页。

③ [法]荣振华:《入华耶稣会士中的道教史学家》,载[法]谢和耐、戴密微等著,耿昇译:《明清间耶稣会士入华与中西汇通》,第429页。

因此，天主教徒对待中国儒释道三教的态度是有层次区别的，比如，利玛窦《天主实义》主要反对的目标是佛教，其次是指斥道教和宋明理学，而提倡先秦儒家传统。天主教反对者称传教士们的传教策略为"排佛、斥老、抑儒"①，这一次序恰显示出对待中国宗教信仰之态度的程度差别。当传教士将佛道二教并提，且表示出排斥态度时，往往是在同时谈到儒释道三教时才做此表述的，意在突出"天主之教与儒多同，与释、道甚异"的观点②。

还应该注意到，传教士对佛道二教的排斥并非建议消除其在中国的存在，比如庞迪我、熊三拔（Sabatino de Ursis）即曾指出："释道二氏，流传既久，犹仅存之。天堂地狱之说，有助于儒术。三教争论，从古而然。天主之教，与儒多同，与释道甚异，只在信天主与否。今将明灵神不灭，及天堂地狱之永报，使人知一念一言一事，难欺天主之鉴观，难逃天主之赏罚。世间祸福，报力甚轻，身后吉凶，甚大甚久。必能使人真心为善去恶，则可以补儒家之阙。"③这是在佛道二教已然在中国扎根，不可能被忽视的背景下做出的权宜之计。值得注意的是，这一论说并非为佛道二教的存在寻找理由，而是要借助释道二教的存在，反衬天主教的真理，借以补儒家之阙，这是天主教徒反对佛道二教而赞同儒家思想的另一种策略。

三、天主教传教士对待道教态度的原因

明末清初的天主教传教士之所以会对待佛道二教持差异化的态度，可以从以下几个方面加以深入分析。首先，当天主教传教士进入中国开展传教事业的时候，这两种宗教在他们眼中是有所差异的。这一点与他们早期在日本等地的传教经历有关。早在罗明坚、范礼安到达中国传教之前，他们曾经在日本进行传教活动，从隶属关系上来看，中国教区属于日本教区领导。传教士在日本发现了佛教的重要地位，并采取了相应措施，取得了

---

① 黄问道：《破邪解》，载夏瑰琦编：《圣朝破邪集》，(基督教与中国文化史料丛刊之一)，香港：建道神学院，1996 年，第 267 页。明末王启元也曾在《清署经谈》中谈到天主教首先辟佛，次亦辟老，亦辟后儒的情况，此不赘述。

② 《庞迪我、熊三拔等揭利玛窦等入贡居住等项缘由奏疏》，载《徐家汇藏书楼明清天主教文献》(第 1 册)，第 102 页。

③ 《庞迪我、熊三拔等揭利玛窦等入贡居住等项缘由奏疏》，载《徐家汇藏书楼明清天主教文献》(第 1 册)，第 102—103 页。

一些成果，因此，在传教早期，利玛窦等人才希望借鉴日本的传教经验，即通过佛教信仰打开中国的传教通道。后来利玛窦认识到，佛教虽然是外来宗教①，但其传入中国后就被深入融合进了中国人自己的宗教信仰体系当中了，被深度中国化以后的佛教便成了中国所特有的，故而将之与伊斯兰教、犹太教、基督教等教派区别开来。但是道教不同。道教发源于中国本土，其在印度、日本并没有形成有影响的宗教信仰，更谈不上像佛教信仰那样深入融合进当地的本土文化中。因此当16世纪，天主教传教士进入中国时，面对道教信仰，其实并没有一个可以借助的范例，对于他们来说，道教信仰是新鲜的。

其次，对佛、道二教认知程度的差别还与两教在中国的发展程度有关。明末清初，在民间很多地方，佛教信仰比道教广泛得多。明朝末年，海虞天目氏钱明印曾在讨论吴地习俗中称，"今佛说盛而道教衰，民间全从浮屠作事，僧尼巧妙，因曰七月十五，地藏王开狱放鬼也。"②利玛窦也曾描述，"我们一位新受圣职的教士告诉我们，现在这一教派的道长们实在无知，居然不知道本派中亵渎神明的诵经和礼仪。他们对老百姓没有任何管辖权"③。清初天主教徒张星曜认为，道教不过是在佛教的影响下发展起来的，"自黄帝作合宫以祀上帝以来，经书之言具在，概可见矣。故契敷五教，邪说不生，圣哲挺生，风俗淳美，何其盛与！自佛氏书入中国，创说诡异，老氏之徒效之，于是中国之人心，不可问矣。"④因此佛教对天主教的威胁要更甚于道教，故与佛教之间的矛盾和冲突也最为激烈，这引发了佛教人士的不满，如在"南京教案"中，发起人南京礼部尚书沈榷就因本人对佛教有好感而反对天主教，在福建教案中，艾儒略也是受到了反天主教人士对于其"合儒排佛"策略的攻击。

再次，佛道二教本身存在明显差异，他们在宗教理论、修炼方法、崇拜对象、行为方式等许多方面都存在不同。与佛教或儒家思想相比，道教更类似于一种技术性宗教，比如强调使用法术、炼制灵丹、求取长生等等，因此，天主教对道教的批评多是对其带有巫术色彩加以驳斥，而较少对其宗

---

① 明末清初人陈确甚至将尊奉不同宗教作为区分华夷的标准，并将佛教与回回、天主教等同于外来宗教看待，他说："夫诵习周公、仲尼之道者，中国之所以为中国也。尊奉佛、回回、天主诸教者，夷狄之所以为夷狄也。"参见陈确：《陈确集》，《别集》卷3，"瞽言二"，第433页。

② 钱明印著，贾宜睦订：《辨惑论》，载《法国国家图书馆明清天主教文献》，第7册，第409页。

③ 利玛窦、金尼阁：《利玛窦中国札记》，何高济等译，第112页。

④ 张星曜：《天儒同异考》，载《法国国家图书馆明清天主教文献》，第7册，第433页。

教理论加以辨析①。而对佛教的辩论除了对某些信仰神进行辩论以外,多有关于宗教理论的论辩②;从信仰的神祇来看,道教具有多神性的特点,信仰神灵较多,很多亦流传于民间;从行为方式上来看,道教的行为有时比较个人化,注重个人修炼,而佛教则宣扬普度众生,比如佛教寺院经常在灾荒之年采取一些救济灾民的活动,这一点与基督教又有很多相似之处;从生死观上来看,道教信仰者追求长生不老,更在意对现世的延续,而佛教则关注人的来世,这也与基督教关于死亡与灵魂的基本态度存在值得辨析之处。因此从佛道二教的宗教特点来看,为了宣扬与解析教理教义,天主教徒有必要对佛教加以辨析,而道教则因与他们差异较大而没有成为天主教主要辨析的对象。

最后,从道教本身的特点来看,他们崇奉多个神灵,以至于有些神祇甚至很难分清是道教神还是民间信仰神,如前文所述关帝、吕祖、城隍等,有关于道教神灵的传说也充满了奇幻色彩,而其信仰中带有的某些巫术色彩又与民间宗教信仰相切近,道教信仰者也常常参与民间的巫术活动,这些都是道教信仰与民间宗教信仰深度融合的表现。正因为如此,天主教传教士在向西方介绍中国的道教信仰时,甚至常常将两者混为一谈,未加区分。如利玛窦在讲到某些中国人的民间迷信时,说到了两种"非常愚蠢的做法",一是努力从别的金属中提取银子,二是企图延年益寿长生不死,并指出:"在我们现在居住的北京城里,在大臣、宦官以及其他地位高的人当中,几乎没有什么人是不沉溺于这种愚蠢的研究的。"③这些内容其实来源于道教信仰,利玛窦恰恰将之作为民间迷信来理解,而非道教信仰。明末清初的普通百姓对于道教神和一些民间神祇有时候也不加区分,只要他们能够发挥庇佑功能就会信奉,并不过多追求他们所崇奉者的宗教神圣性,当时的传教士罗明坚就认为,中国人对已有宗教表现得淡漠和不恭,因此对传播天主教充满信心④。对于已经深入融合进中国平民信仰的道教和民间信仰,天主教传教士除了对其表现出的巫术和迷信行为加以驳斥以外,还曾试图借助于一些神灵事件帮助传教,这都与对待佛教和儒家思想的态

---

① 如《醒迷篇》中主要是与诸佛、道、神、术等内容进行辨析。论佛包括论释迦、观音、阎王、唐僧、禅僧、轮回、戒杀生、谈空、无为教等,论"道"包括:老君、真武、张天师、八仙等。参见无名氏:《醒迷篇》,《耶稣会罗马档案馆明清天主教文献》第9册。

② 比如徐光启《辟释氏诸妄》一书对佛教中的破狱、施食、烧纸、持咒、轮回、念佛、禅宗等行为和主张进行了辨析。参见徐光启:《辟释氏诸妄》,载《徐家汇藏书楼明清天主教文献》(第1册)。

③ 利玛窦、金尼阁:《利玛窦中国札记》,何高济等译,第97—98页。

④ 参见裴化行:《天主教十六世纪在华传教志》,北京:商务印书馆1937年,第192页。

度有所差异。

　　明末清初，儒家思想、佛教、道教是中国人的三大主要信仰，当西方传教士来到中国时，在思想层面必须要解决如何对待这三个已有广泛基础的信仰问题。张星曜在其著名的《天教明辨》当中，除了辨明天主教的基本教理以外，还着重辨析了儒家思想中与天主教相类的内容，以及佛教、道教当中的相关信仰①。明末清初马若瑟的天主教小说《儒交信》中开篇有这样一段，说的是康熙年间致仕甲科司马慎信奉了天主教，好友同县杨员外与举人李光论及此事时，颇为惊讶地说："有件大奇事，兄可知道么？老司马入了西洋天主教去了，这却了不得，你说怎么处？"李子道："兄长恁的着吓，司马老兄是个真儒，不信佛老，独从天主，我不知其意。"②当佛教和道教成为可以和儒家思想相提并论的两种最主要的选择时，弃之而从天主，就成了大新闻。对于天主教徒来说，必须要找到自己在当时中国人思想观念中的位置，才能求得立足和生存，因此，关注其对其他三种宗教信仰的态度就显得十分关键。但是，与对儒家思想和佛教态度研究形成鲜明对比的是，天主教传教士对道教信仰的认知并没有被足够关注，这一方面确实反映了当时天主教徒对道教不如对佛教重视，关注不多的事实，另一方面亦限于史料的不足和零散，也有现存文献的语言问题，即很多留存于世的明清天主教文献为拉丁文、葡萄牙文等。这种缺席应该引起研究者们的注意。

---

①　详见张星曜《天教明辨》，载《徐家汇藏书楼明清天主教文献续编》（第6册）。
②　马若瑟：《儒交信》（第一回）第5页，载《徐家汇藏书楼明清天主教文献续编》（第26册）。

清代经筵仪制的嬗变看理学的复兴

陈居渊

经筵讲论,作为古代礼仪制度嘉礼的一种,始于汉唐时期帝王为讲经论史而特设的御前讲席,它在宋代被制度化后,为元、明、清三代所沿袭。清代的经筵讲论持续时间很长,从清初顺治十四年(1657)首开经筵,至咸丰十年(1860)最后一次举行经筵大典,大约持续了二百余年。恕我寡闻,以往有关清代经筵讲论的研究,较多的是集中在经筵制度与清代的政治制度层面,而对其与学术层面尤其是传统儒学与经学层面的探索则不多见。本文对此作一些粗略的勾稽,旨在抛砖引玉,深化对清代经筵讲论与学术关系的研究。

一

就清初的学术而言,大致可以分为两种不同的学术取向:一是对王阳明心学的批评,重新恢复对程朱理学的信仰。二是修正王阳明的心学,维护其理学的价值。然而这两种不同的学术取向的起因,恰恰都缘于当时经筵对理学的讲论,从而成为清代经筵讲论与学术多变的一个重要特征。

众所周知,崛起于十六世纪初期的王阳明"心学",以其"致良知"之说鼓动海内,从而打破了明代中后期意识形态程朱理学独尊的格局,《明史·儒林传一》所谓"嘉隆而后,笃信程朱,不迁异说者,无复几人矣"。万历以后,王门后学又各以"意见掺和,说玄说妙,几同射覆,非复立言之本意"[①],终于导致王学的分化和诸流派的形成,明末也出现了顾宪成、高攀龙等人发端的"由王返朱"恢复程朱理学权威的声浪。清初批判王学,尤其不遗余力。吕留良就表示:"今日辟邪,当先正姚江之非,而欲正姚江之非,当真得

---

① 黄宗羲:《明儒学案》卷10《姚江学案》,北京:中华书局,1986 年,第 179 页。

紫阳之是。"①陆陇其要求朝廷尊奉西汉武帝独尊儒术那样定程朱于一尊,并以法令形式禁绝王学,即所谓的"吾辈今日学问只是尊朱子,朱子之意,即圣人之意,非朱子之意,即非圣人之意"②。其实,这也正是清初经筵讲论的重要内容。如熊赐履在充任经筵讲官时曾向康熙建议"非《六经》、《语》、《孟》之书不读,非濂、洛、关、闽之学不讲",王士禛在《池北偶谈》中记载说:"康熙庚戌七月,上召翰林学士熊赐履至瀛台进讲'道千乘之国'一章,继讲'务民之义'一章,上大喜,随命取经筵日讲仪注以进。"对此,康熙在经筵上也多次强调,"朕昨观《大学》,格物二字最是切要工夫,盖格物即宛转理也","朕观周、程、张、朱之书,虽主于明道,不尚辞华,而其著作体裁简要,晰理精深,何曾不文质灿然,令人神解意释",甚至认为"朱子洵称大儒,非泛言道学者可比拟也","朕以为孔孟之后,有裨斯文者,朱子之功最为弘巨"。同时,康熙又升朱熹于大成殿十配之次,明确表示支持程朱理学。可以说,清初之所以出现声势颇为壮观的批王返朱的学术声浪,恢复和扶植程朱理学,朝廷的经筵讲论起到了推波助澜的作用。

不过,清初批判王学虽然是一种学术时髦,但是在清初学术界仍有黄宗羲、孙奇逢、李颙、李绂等学者通过讲学形式,从事对王学的修正和张扬。梁启超曾指出:清初讲学大师,中州有孙奇逢,关中有李二曲,东南则黄梨洲。三人皆聚集生徒,升堂讲道,其形式与中晚明学者无别。所讲之学,大端皆宗阳明,而各有所修正③。康熙十八年十月,翰林院学士崔蔚林撰有《大学格物诚意辨》讲章一篇。康熙闻讯,于十六日召崔蔚林至宫中,在读罢讲章后,君臣之间就"格物"、"诚意"等理学范畴进行了罕见的直率讨论。在对"格物"范畴的阐释中,崔蔚林依据王阳明学说立论,主张"格物"是"格物"之本,"乃穷吾心之理也",进而对朱熹提出质疑,认为"朱子解作天下之事物,未免太泛,于圣学不切"。当康熙转而论"诚意"时指出朱子解"意"字并不对时,崔蔚林仍然由王学出发,提出异议,声称"朱子以意为心之所发,有善有恶,臣以意为心之大神明、大主宰。至善无恶。"这场臣子与皇上之间的学术之争,实可视为对清初王学家对以朱学为基础的儒学观念的挑战。当时康熙对崔蔚林的王学观并无驳议,只是以"性理深微,俟再细看"暂时中断了这场讨论。十天之后,康熙又依据程朱之说对崔蔚林进行了反

---

① 吕留良:《吕晚村先生文集》卷1《复高汇旃书》,清雍正三年(1725)刊本。
② 陆陇其:《松阳讲义》卷1,清同治十年(1871)刊本。
③ 梁启超:《中国近三百年学术史·阳明学派之余波及其修正》,朱维铮《梁启超论清学史二种》,上海:复旦大学出版社,1985年,第138页。

驳。指出："天命谓性,性即是理。人性本善,但是意是心之所发,有善有恶。若不用存诚工夫,岂能一蹴而至,行远自迩,登高自卑,学问无躐等,蔚林所言太易。"同时,康熙又就理学分野判定崔蔚林属王学系统,并指出："蔚林所见,与守仁相近。"①这样一种认识,同样也反映到编修《明史》中有关王阳明学术地位归属的争论。康熙开明史馆,各地因进所著诗文中有《王守仁论》一篇,如何处理?众说纷纭。据王士禛的回忆,他与当时担任史馆总裁的叶方蔼为此"辨论反复至于再四",最后由康熙同意"守仁致良知之说与朱子不相刺谬"②的提法才算有了公断。所以毛奇龄说:"当是时,予辨阳明学。总裁启奏。赖皇上圣明,直谕:守仁之学,遇高有之,未尝与圣学有异同也。于是众论始定。即史官尤侗作《阳明传》,其后史断亦敢坦坦以共学适道,取'学道'二字归之阳明。"③也正因此,既然朝廷意旨已明,而那些为王学争正统的学者也纷纷为王学重新定位并影响到一些著名文士。如王士禛说:"王文成公为明第一流人物,立德、立功、立言皆踞绝顶。"④朱彝尊认为:"文成先生揭良知之学,投荒裔,御大敌,平大难,文章卓然成一家之言,传所称三不朽者,盖兼有之。"⑤宋荦又说:"伯安具文武才,人鲜能及,乃以讲学故,毁誉迭见于当时,是非几混于后世。"⑥毛先舒也说:"王守仁之功名学术皆卓荦光大,表表千古,而议者多贬之,谓其成功用诈。又诋其学术为异端,嗟乎,何其甚哉。"⑦张揆方声称:"今日而论皇明儒统,以正学而兼功业文章者,必以阳明子为巨擘焉。"⑧张大受干脆说:"万里

① 《康熙起居注》:"十八年十月二十六日"条,北京:中华书局,1984年,第452—453页。

② 王士禛:《池北偶谈》卷9《王文成》云:"康熙中,开明史馆,秉笔者訾謷太甚,亡友叶文敏(方蔼)时为总裁,予与之辨论,反复至于再四。二十二年四月,上宣谕汤侍读荆岘(斌),令进所著诗文,且蒙召对。中有《王守仁论》一篇,上阅之,问汤意云何?汤因对以守仁致良知之说,与朱子不相刺谬,且言守仁直节丰功,不独理学。上首肯曰:朕意亦如此。睿鉴公明,远出流俗之外,史馆从此其有定论乎!"北京:中华书局,1982年,上册,第201—202页。

③ 毛奇龄:《西河文集》卷120《辨圣学非道学义》,上海:上海古籍出版社,1995年影印文渊《四库全书》本,集部,第1320册。

④ 王士禛:《池北偶谈》卷9《王文成》。又《王文成纪功碑》云:"文成摩崖碑,其字大如手,万古一语溪,光芒同不朽。"《蚕尾续诗》卷3,《带经堂全集》卷57,清康熙五十年(1771)程氏七略堂刊本。

⑤ 朱彝尊:《曝书亭集》卷36《王文成公文钞序》,上海:商务印书馆1929年,《四部丛刊初编》本。

⑥ 朱彝尊:《经义考》卷159《王氏守仁大学古本旁释》引语,上海:商务印书馆1929年,《四部丛刊初编》本。

⑦ 《类辑姚江学脉附诸贤小传》附毛先舒《王新建伯功名学术两论》,台湾:文海出版社《清代稿本百种丛刊》本。

⑧ 张揆方:《米堆文钞》卷6《阳明非异学辨》,清乾隆间刊本。

龙场路,斯文二百秋。良知从此辟,大业更谁侔。"①这一种对王学的正面肯定的意向持续发酵,如乾嘉时期学者马平泉、焦循、法式善、王苣孙等对"致良知"说社会价值的肯定与褒扬,性灵派诗人袁枚、孙原湘、舒位等对王学事功的认同与崇尚,其渊源同样可以追溯到清初经筵讲论对王学的评价和讨论。

二

清代学术由理学转向传统经学,是清代经筵讲论与与学术多变的又一个重要特征。乾嘉时期,程朱理学虽然仍然被定为一尊,如乾隆三年颁谕礼部,筹备举行经筵讲学,重申:"朕惟《四子》、《六经》,乃群圣传心之要典,帝王驭世之鸿模。"乾隆五年,再次倡导读宋儒之书,精研理学,认为"有宋周、程、张、朱子,于天人性命大本林原之所在,与夫用功节目之详,得孔孟之心传,而于理欲、公私、义利之界,辨之至明。循之则为君子,悖之则为小人。为国家者,由之则治,失之则乱,实有裨于化民成俗,修己治人之要。"甚至认为凡"自逞臆见,肆诋程朱,甚属狂妄","足为人心学术之害"。然而,乾隆也未必完全信从理学。如乾隆四十七年二月仲春经筵的论题为《大学》的"此之谓絜矩之道"一句,朱熹将"絜"解释为"度","矩"解释为"方",乾隆则认为朱熹的解释不确,应当解释"忠恕",这也成为后来乾嘉之学者解释"絜矩"之滥觞。如焦循认为"孔子谓之仁恕,《大学》以为絜矩,此实伏羲以来圣圣相传之大经大法"。阮元则将解释为"孔子之道皆于行事见之,非徒以文学为教也",这无疑是进一步完善乾隆经筵御论对"絜矩"的解释了。又如乾隆五十四年仲春经筵的论题为《论语·述而》"子在齐闻《韶》,三月不知肉味"一节,朱熹引《史记》"三月"上有"学之"二字。解释说:"圣人闻《韶》须是去学,不解得只恁休了。学之亦须数月方熟。三月,大约只是其久,不是真个足头九十日,至九十一日便知肉味。"对朱熹的这样一种解释,乾隆甚为不满,认为"夫子天纵之圣,何学而不能? 而必于《韶》也,而学之以三月而后能乎? 盖三月为一季,第言其久耳。而朱子且申之以九十一日知味之说,反复论辩不已。吁,其去之益远矣",乾隆讥朱熹不明夫子真谛。甚至对方苞、李绂那样的理学名臣严加训斥,从而表示出对程朱理学的怀疑。

正因为如此,乾隆虽然仍尊奉理学为基本国策,支持和扶植程朱学说

---

① 张大受:《匠门书屋文集》卷 10《阳明书院》,清雍正八年(1730)顾诒禄刊本。

外,还承认传统经学的合法地位,并通过经筵讲论的形式,鼓励和支持传统经学研究。如乾隆十年(1749)11月颁谕,责成九卿、督抚举潜心经学的纯朴淹通之土。公开表彰无锡学者顾栋高对《春秋左氏传》的研究为"绩学之功"①,以经明行修之土,授国子监司业。乾隆又曾召见吴鼎、梁锡屿面谕云:"汝等以经学保举,朕所以用汝等去教人。大学士、九卿公保汝等,是汝等绩学所致,不是他途幸进。"②著名经学家惠栋也以"博通经史,学有渊源",为两江总督黄廷桂、陕甘总督尹继善列名荐牍。对此,惠栋声称"为汉魏六朝,唐宋以来所未行之旷典"。同时,乾隆又以开四库馆整理、考订古典文献为契机,提倡探求"先圣先贤之微言大义",强调"穷经为读书根本",戴震首以布衣入翰林,一时上自名公巨儒,下逮博士学究,无不以考订经籍为己任。所谓"海内骎骎然趋实学矣"③。正是在这样一种时代氛围中,经学自然成为衡量学者才能的主要评判标准。一大批有经学专长的学者先后被选入各级政府机构。据笔者统计:从乾隆十年到嘉庆二十四年的各次会试中,所取进士中的著名经学家就有庄存与(乾隆十年)、卢文弨(十七年)、王鸣盛、钱大昕、纪昀、朱筠、王昶(十九年)、毕沅(二十五年)、赵翼(二十六年)、任大椿(三十四年)、邵晋涵、孔广森、程晋芳、孔继涵(三十六年)、金榜(三十七年)、王念孙、戴震(四十年)、章学诚(四十三年)、钱塘、武亿、庄述祖(四十五年)、顾九苞(四十六年)、孙星衍(五十二年)、洪亮吉、阮元、凌廷堪(五十五年)、张惠言、王引之、郝懿行、胡秉虔、莫与俦(嘉庆四年)、董桂新(七年)、胡承珙、马瑞辰、黄承吉(十年)、刘逢禄(十九年)、胡培翚(二十四年)等三十七人,他们几乎囊括了乾嘉时期经学研究的全部精锐。而其中的纪昀、朱筠、王昶、毕沅、阮元等不仅经学造诣精湛,而且还仕宦显达,内列卿贰外任督抚。成为当时推动经学研究的领袖人物。清人张星鉴说:"乾隆中,大兴朱氏(朱筠)以许、郑之学为天下倡,于是土之欲致身通显者,非汉学不足见重于世,向之汉、宋并行者,一变而为专门名家之学。"④后来李慈铭也有类似的观察。他说:"高宗盛时,首辟经学,荐书两上,鹤车四出。然得官者五人:顾、陈、吴、梁。"⑤这与乃祖康熙开设博学鸿儒科以网罗汉族名士,一时朱彝尊、毛奇

① 《大清高宗纯皇帝实录》卷369,"乾隆十六年八月丙申"条,第八册,北京:华文书局,1968年,第5920页。

② 《清史列传》卷68《梁锡屿传》,第17册,北京:中华书局,1987年,第5478页。

③ 李元度:《国朝先正事略》卷35《邵二云先生事略》,下册,长沙:岳麓书社,1991年,第980页。

④ 张星鉴:《仰萧楼文集》,《赠何原船序》,清光绪六年(1880)刊本。

⑤ 李慈铭:《越缦堂读书记》同治甲子四月初二日《戴氏遗书》,北京:中华书局,1963年,第1026—1028页。

龄等经学名家也纷纷入选。同时,还公开表彰阎若璩、胡渭对《尚书》和《周易》研究所作出的突出贡献,分别予以"一字无假"和"耆年笃学"的高度评价",致使当时儒者"咸以为荣"。认为"治天下以人心风俗为本,欲正人心、厚风俗,必崇尚经学"的学术理念一脉相承。可见,清代传统经学的复兴,与清初以来的经筵讲论有着直接的联系,它不仅预示了以程朱理学为主体的经筵讲论被传统经学所取代,而且会通汉宋的学术取向也将随之呼之欲出。

<h2 style="text-align:center">三</h2>

清代学术研究的汉宋兼采,同样是清代经筵讲论与学术多变的重要特征之一。乾隆提倡研究传统经学,不等于说是完全放弃程朱理学的基本国策,而在一定程度上是为了进一步强化文化统治。他在继位的第五年就谕内阁说:"今之说经者,间或援引汉唐笺疏之说,夫典章制度汉唐诸儒有所传述,考据因不可废,而经术之精微,必得以宋儒参考而阐发之,然而圣人之微言大义,如揭日月而行也……朕愿诸臣研精宋儒之书,以上溯《六经》之阃奥,涵泳从容,优游渐渍,知为灼知,得为实得。"这显然是在暗示学术研究应该会通汉宋,兼取汉宋学术的精华,汉宋之间不应有所谓的"门户之害"。其实,早在康熙年间,经筵讲官蔡世远就曾经提出"汉儒有传经之功,宋儒有体道之实"①,这可视为清初学界最早会通汉学与宋学术关系的说明。乾嘉之际,戴震也曾说"圣人之道在六经,汉儒得其制数,失其义理;宋儒得其义理,失其制数。"②王念孙称赞刘台拱的经学研究说:"盖端临邃于古学,自天文律吕至于声音文字,靡不该贯,其于汉宋诸儒之说不专一家而唯是求之。"③汉学家这种对汉宋学术不专一家的认识,逐渐转变为持汉宋学术之平。如老寿的精于校勘之学的卢文弨"笃于内行,服膺宋儒,潜心汉学,实事求是"④。钱大昕视朱熹承接孔孟的嫡传。他说:"孔孟已远,吾将安归? 卓哉紫阳,百世之师。方敬立诚,穷理致知。由博返约,大醇无疵。"⑤段玉裁就直接主张以宋学补汉学之阙漏。他说:"今日大病在弃洛、闽、关中之学不讲,

① 蔡世远:《二希堂文集》卷 1《历代名儒传序》,清《文津阁四库全书》本。
② 戴震:《戴震文集》卷 9《与方希原书》,北京:中华书局,1980 年,第 143 页。
③ 王念孙:《王石臞先生遗文》卷 2《刘端临遗书叙》,民国十四年(1925)高邮王氏遗书刊本。
④ 徐世昌:《清儒学案》第 2 册,《抱经堂学案》,第 276 页。
⑤ 钱大昕:《潜研堂文集》卷 17《朱文公三世像赞》,上海:上海古籍出版社,1989 年,第 274 页。

谓之庸腐，而立身苟简，气节败，政事芜。天下皆君子而无真君子，未必非表率之过也。故专言汉学，不治宋学，乃真人心世道之忧。"①姚文田则认为学术异同不能为狭隘固守的学术研究，他说："宋诸儒之功，无一日不在于天壤。至其著述之书，岂得遂无一误，然文字小差，汉、唐先儒亦多有之，未足以为诟病。今之学者，粗识训诂，自以为多，辄毅然非毁之而不顾，此何异井蛙跳梁而不见江海之大也。"②朱珪在《御制读皋陶谟恭跋》一文中说："理与《大学》互相发明，臣谨推演圣意，协于六经之精义者若此。"③《知足斋文集进呈文稿》卷二嘉庆十五年，阮元兼任国史馆总裁，承担纂修《国史儒林传》的重任。他在《拟国史儒林传序》中指出："两汉名教，得儒经之功；宋明讲学，得师道之益；皆于周孔之道，得其分合，未可偏讥而互诋也。我朝列圣，道德纯备，包涵前古，崇宋学之性道，而以汉儒经义实之。"又如嘉庆四年三月，阮元奉旨充经筵讲官，他在《恩授经筵讲官恭谢折子》一文中说："窃臣业荒书府，学愧经畲，慕汉、宋之先儒，景行未至，求师承于传注，空法鲜通。"这显然与乾隆一再强调会通汉宋学术的理念是一致的。

嘉庆以后，倡导经学研究汉宋兼采的汉学家遂渐增多。当时任广州学海堂学长达数十年，晚年又主讲菊坡精舍的岭南学者陈澧认为："盖百年以来，讲经学者训释甚精，考据甚博，而绝不发明义理，以警觉世人，其所训释考据，又世人所不能解。故经学之书，汗牛充栋，而世人绝不闻经书义理。此世道所以衰乱也。"而且给予宋儒极高评价："宋儒持论好高，是其狂也；立身多介，是其狷也。其过中失正，而或陷于异端者有之矣，未得圣人以裁之耳，固无愧于圣门也。近人诋宋儒者，未之思也。"④因此他不讳言自己对"汉学""宋学"的同等尊崇，认为自己的学问除汉学之外"唯详于朱子之学，大旨在不分汉宋门户"⑤。陈澧在总结清代学术时指出："合数百年来学术之弊而细思之，若讲宋学而不讲汉学，则有如前明之空陋矣。若讲汉学而不讲宋学，则有如乾嘉以来之肤浅矣。况汉宋各有独到处，欲偏废之，而势有不能者。故余说郑学则发明汉学之善，说朱学则发明宋学之善，道并行而不相悖也。"⑥郭则沄说："道咸间士崇实学，始复有通汉、宋之邮者，

① 陈寿祺：《左海文集》卷4《答段懋堂先生书》附《懋堂先生书三通》之三，清刊本。
② 姚文田：《邃雅堂集》卷1《宋诸儒论》，清道光元年(1821)刊本。
③ 朱珪：《知足斋文集进呈文稿》卷2，清嘉庆九年(1804)刊本。
④ 陈澧：《东塾读书记》(外一种)，钱钟书主编：《中国近代学术名著》，北京：生活·读书·新知三联书店，1998年，第55页。
⑤ 陈澧：《东塾集》卷4《复刘叔俛书》，光绪十八年(1892)菊坡精舍刊本。
⑥ 陈澧：《陈兰甫先生遗稿》，《岭南学报》第2卷，第3期，1932年。

番禺陈兰甫先生其著也。"①叶德辉说:"近世所谓汉宋兼采一派者,至澧而始定其名。"②事实上,晚清不仅仅是陈澧提倡汉兼采,当时浙江学者黄式三、黄以周父子非常认同阮元、凌廷堪等人主张由训诂通义理的学术取向,《清儒学案》称:"儆居博综群经,尤长三《礼》,谨守郑学而兼尊朱子。尝谓读书而不治心,犹百万兵而乱之。以周少承家学,以为三代下之经学,汉郑君宋朱子为最……东南称经师者,必曰黄氏盛矣。"③章太炎说他"为学不拘汉、宋门户,《诗》、《书》、《春秋》皆条贯大义",成就远在钱大昕、阮元之上④。其弟子林颐山、陈庆年、曹元弼皆传其学。此外如许宗彦治学"务求六经大义,持汉宋学者之平,不屑屑校雠文字辨析偏旁"⑤,金鹗的《求古录礼说》,"莫不推阐汉宋先儒诸说,辅翼群经,发前人所未发;无墨守门户之见、矜奇标异之情"。黄式三的《约礼说》、《复礼说》、《崇礼说》,"皆以为汉宋持平之书,"其子黄以周的百卷本《礼书通故》,更是以"欲挽汉宋之流弊,其惟礼学乎"。对此,黄侃曾批评为"有不分师说之病,至于笃守专家,按文究例,守唐人疏不破注之法者,亦鲜见其人也。"⑥俞樾也认为:"世谓汉儒专攻训诂,宋儒偏主义理,此犹影响之谈,门户之见"⑦。章太炎本人也认为"汉学二字,不足为治经之正轨。昔高邮王氏,称其父熟于汉学之门径,而不囿于汉学之藩篱。此但就训诂言耳。其实论事迹,论义理,均火海刀山如此。"⑧再如福建陈寿祺虽然专攻汉学,但不排斥宋学,认为汉学、宋学关系密切,不可偏废:"夫说经以义理为主固也,然未有形声训诂不明,名物象数不究,而谓能尽通义理者也。"⑨其子陈乔枞,秉承家学,亦为晚清东南经学巨擘。其门下弟子如孙经世、陈庆镛、林昌彝、王捷南、张冕在经学研究特点是以宗汉学为主,而道德修养兼学程朱。如陈庆镛自书楹语云"六经宗孔郑,百行学程朱"⑩,林春溥也是"得宋学之酉昌,而兼汉学之博

① 郭则沄:《经学博采录序》,《经学博采录》卷首,桂林:广西师范大学出版社,2011年,第1页。
② 徐珂编:《清稗类钞》第8册,北京:中华书局,1986年,第3805页。
③ 徐世昌:《儆居学案》,《清儒学案》三,北京:中国书店,1990年,第793页
④ 章太炎:《太炎文录初编黄先生传》《章太炎全集》四,上海:上海人民出版社,1985年,第214—215页。
⑤ 徐世昌:《仪征学案》中,《清儒学案》三,北京:中国书店,1990年,第302页。
⑥ 黄侃:《黄侃论学集》,北京:中华书局,1964年,第453页。
⑦ 俞樾:《春在堂杂文续编》卷7《梁蔷苫林先生〈论语集注旁证〉序》,《春在堂全书》,清光绪九年(1883)刊本。
⑧ 章太炎:《经学略说》,章氏国学讲习会讲演记录第三期,民国24年(1935)版。
⑨ 陈寿祺:《左海全集》卷4《答翁覃谿学士书》,清道光年间陈氏刊本。
⑩ 陈庆镛:《籀经堂类稿序》,清刊本。

者"①。道光中叶以后,贵州郑珍"深研许郑,不背程朱"②,黄彭年认为:"今之言学者,曰考据曰训诂曰义理。义理者,道也;考据,此道也;训诂,此道也。无考据、训诂,则义理何以出? 考据、训诂不衷于义理,则学何以成?"③江苏丁晏治经汉宋兼采,认为"汉学、宋学之分门户之见也。汉儒正其诂,诂正而义以显,宋儒析其理,理明而诂以精,二者不可偏废"④。平湖学者朱壬林认为"汉学、宋学,不宜偏重,学以穷经求道,一而已矣。本无所谓汉宋之分。"⑤安徽学者胡承珙主张"治经无训诂、义理之分,为学亦无汉宋之分"⑥。湖南邹汉勋考据力尊汉学,而谈心性则宗程朱。

道光、咸丰以后,学术研究的汉宋兼采化,已成为学术界的一种定式。冯桂芬说:"汉儒何尝讳言义理,宋儒何尝尽改汉儒考据,汉儒、宋儒皆圣人之徒也。汉古而宋今,汉难而宋易,毋蔑乎古,毋薄乎今,毋畏乎难,毋忽乎易,则学者之为之也。"⑦张之洞认为"汉宋两家不可偏废,其余一切学术亦不可废。"⑧可见,晚清宋学家提倡汉宋兼采,虽然有对当时汉学研究趋于回升态势的一种回应的动机,但是在学术路向的选项上,汉宋学者是颇为一致的,所以徐世昌在《清儒学案》中说:"道、咸以来,儒者多知义理、考据二者不可偏废,于是兼综汉学者不乏其人。"亦即导源于此。汉宋兼采,在一定程度上消解与淡化了自乾嘉以来经学研究汉宋、今古的纷争与对立,从根本上颠覆了原有的经学传统,走上经术补益于时务的经世一途。这也正是道光、咸丰以后经筵讲论的重要内容。限于篇幅,这里不一一枚举。

总之,以"研经论史"为主要内核的清代经筵讲论,常常被认为是一种御前讲席而被视为官方正学,而帝王与进讲官员对经书意义的理解和诠释,也被视为是"术"而非"学",从而被排斥在主流学术之外。其实,经筵讲论的论题或内容(包括皇帝的御论)固然与经学研究岔开歧路,但是它仍然滞留在"五经"与"四书"内寻求古代圣贤修身治政之道,所以经筵讲论本身也就具有了传统儒学与经学的双重特性,在某种意义上可以说是传统儒学与经学的一种外延和互补,所以官方正学也是一种学术的体现。它既是清

---

① 林春溥:《竹柏山房十五种》卷首《墓志铭》,清道光十五年(1835)竹柏山房刊本。
② 徐世昌:《巢经学案》,《清儒学案》四,北京:中国书店,1990年,第130页。
③ 黄彭年:《陶楼文钞·杂著》卷10《息争书杨湘筠叙交书后》,民国十二年(1923)章钰等刊本。
④ 《清史稿》卷483《儒林传》三,北京:中华书局,1996年,第13278页。
⑤ 朱壬林:《小云庐晚学文稿》卷2《与顾访溪徵君书》,清刊本。
⑥ 胡承珙:《求是堂文集》卷4,清道光十七年(1837)求是堂刊本。
⑦ 冯桂芬:《显志堂稿》卷3《阙里致经堂记》,校邠庐刊本。
⑧ 张之洞:《劝学篇》,北京:商务印书馆,1984年。

代礼制文化政策的一个重组成部分,也是清代学术多变的主要动因之一,清代经筵讲论所呈现出不同或多变的学术取向,不仅成为当时学术研究的风向标,而且直接影响到对传统儒学与经学的研究。也正因此,可以毫不夸张地说清代学术的多变,始终与清代经筵讲论密切联系在一起的。

试论近代国家制礼机构及其现代价值

张　涛　汤勤福

中国历史上"礼崩乐坏"的时期，除去春秋战国，就要数到近代时期了。晚清以降，传统国家治理体系日薄西山，面临土崩瓦解，礼制隳堕，西风东渐，风俗变易，中华传统礼制文化遭到前所未有的冲击。各类人士在思考国家社会的出路与命运，或致力于赓续传统，或尝试创造性转化，而且在国家层面，也涌现出一系列制礼机构，承担起传统礼制现代转型的历史重任。

回顾晚清、民国国家制礼机构的发展历程，分析、论定其历史地位，从晚清民国的国家制礼活动中汲取经验教训，或可为未来中国的礼制建设提供若干借鉴。

一

近代中国国家制礼机构的设立，要上溯到清末。1907 年，清廷由礼部设立"礼学馆"，原意为赓续乾隆《大清通礼》之盛，略事修补，后乃将举凡国家、人民一切礼仪制度囊括进来，大加编订，欲通行全国，以为法则。这一礼学馆本拟大张旗鼓，迅速完成制礼工作，然而开馆未久，武昌革命爆发，清王朝倒台，礼学馆寿终正寝。《清史稿·礼志》记"德宗季叶，设礼学馆，博选耆儒，将有所缀述。大例主用《通礼》，仿江永《礼书》例，增'曲礼'一目。又仿宋《太常因革礼》例，增'废礼'、'新礼'二目，附'后简'。未及编订，而政变作矣"[①]，即综括出了礼学馆的短暂历程。

在晚清社会的动荡起伏中，光绪礼学馆并未起到预期的作用，它成为了传统王朝制礼的尾声，而其开设专馆进行研礼、修礼的形式，则开启了民国时期专设制礼机构制礼活动的先声。

---

① 《清史稿》卷 82《礼志》，北京：中华书局，1977 年，第 2484 页。

民国肇始,政府也相当重视礼制建设,不论何种政治派系掌握国家权力,都曾开展形式不一的制礼活动。南京临时政府自 1912 年 1 月 1 日在南京成立,未遑制作,同年 4 月初北迁至北京,北洋军阀统治时期由此开启①。北京临时政府对礼制建设颇为用心,未几即令"博考中外服制,审择本国材料,并参酌人民习惯、社会情形从拟定国民公服、便服制度"。5 月 16 日,法制局呈送《服制》的同时也递交了《礼制》草案,呈请提出国务会议呈由大总统交参议院议决②。随后照《临时约法》第 30 条规定以"大总统令"的形式,8 月 17 日公布了《中华民国礼制》,10 月 3 日公布了《服制》。民国初年作为法令公布的礼制文件未经制礼机构编制,也未聘请相关学者进行深入考究,应当是民国草创的客观情势使然。逮政局稍稍企稳,政府便开始设立机构修礼。

1914 年 2 月,北京临时政府内务部下设"礼制编订会",7 月 1 日,礼制编订会更名为"礼制馆",同月 11 日宣告成立。礼制馆直属总统府政事堂,表明当时政府对制礼事宜的重视。礼制馆陆续颁行者有祀天、祀孔、关岳合祀、忠烈祠祭、相见诸礼及冠服制、国乐谱共七种,"余则未及公布"③。尽管如此,礼制馆的设立也已经表明,当时国家已着手从事礼制机构建置工作,而且所关注的礼制已经由民众日常礼仪上升至国家典礼层面。

这一礼制馆虽遭解散,然其已刊诸礼和未刊各项卷宗则移交内务部保管,至 1917 年夏,内务部礼俗司曾据以拟定婚、丧礼草案,并附婚书格式与丧服图,呈请施行。偏逢张勋复辟搅乱政局,事遂中辍。此次小规模的制礼活动由政府中的礼制机关负责进行,但却接受了此前制礼机构的成果,成为此后开设制礼机构的一个过渡。

1920 年 4 月,北洋政府国务院呈准于政府内附设礼制处,由内务部礼制司与国务院其他职员充任馆员,5 月 10 日,修订礼制处正式成立④,肩负制礼任务。1923 年 5 月底,众议院有议员提请加快编制公布《礼制草案》。1925 年,内务部复设立礼制编纂会,为节约经费,仅外聘两人任正副总纂及若干评议员,其余率由部员充任。唯以政治动荡之故,这两个制礼机构延续时间很短,制礼成果也不甚彰显。

---

① 学界对北洋军阀的历史阶段划分不一,笔者赞同以袁世凯就任临时大总统作为北洋军阀统治的开始,可参来新夏等:《北洋军阀史》,天津:南开大学出版社,2001 年,第 5—7 页。

② 《法制局呈报拟就服制礼制草案请国务院提出会议呈由大总统交院议决文》,《政府公报》1912 年 6 月 6 日第 37 号,第 4—5 页。

③ 冯伯华:《略述民国三年礼制馆之概况》,《礼乐半月刊》第 3 期,1947 年 3 月,第 8 页。

④ 《国务院内务部呈大总统呈报修订礼制处组织成立日期文》,《政府公报》1920 年 8 月 20 日第 1622 号,第 19 页。

1927 年,张作霖军政府控制北京,潘复出任国务总理,11 月 17 日再开"礼制馆",延聘通儒 30 余人,共议礼制。此次制礼想要在历次制礼的基础之上,群策群力,斟酌损益,"务于半载之内,竟此全功"①,而《礼制馆办事规则》更声称要"以三个月为限,全部完竣"②。然而明年 6 月,国民革命军北伐入京,距离开馆刚刚超过半年,此次制礼活动就戛然而止。

1928 年 6 月 21 日南京国民政府由内政部召集成立"礼制服章审定委员会",并由内政部部长担任礼制机关主席,而以司法、外交及军事委员会、大学院专员参与讨论表决。该会商定由大学院与内政部共同起草婚、丧、祭礼,由司法、外交、工商、交通等部拟定各自行业制服,并规定了礼制、服制原则要点。此会还制定了民国国徽、国花方案,确实兴起一番新气象。可是"时过境迁,遵行的实在不多"③。

1929 年,国民政府内政部在礼俗司与主办礼制的科室外,别设"礼制编定委员会",这又是一个内政部下属的礼制机关。11 月 13 日,内政部礼制编订委员会简章公布,12 月 24 日,会议细则公布。其成员在内政部部内指派,每周进行讨论。迟至 1930 年代后期,这一次的制礼成果仍未落地。

30 年代初,国民政府并未新设制礼机构,制礼活动则照常进行,然影响甚微。到 1934 年 7 月,蒋介石推行"新生活运动",宣称要重建"礼义廉耻"④,戴季陶则应声附和,声称"深感礼乐之制为建国要务","建国育民始于是,复兴文化在于是,愿与同志共勉之"⑤,甚至在南京考试院筑起"问礼亭",以河南出土的南朝《孔子问礼碑》置立其内⑥。戴季陶曾无奈声称"有志于礼乐而未遑也"⑦,其实蒋介石推行"新生活运动"本意并非制礼,因此当时只成立"新生活运动促进总会",并未设立专门制礼机构。

---

① 转引自《纪礼制馆成立经过》,《救世旬刊》1927 年第 4 期,第 29—30 页。案:这是江瀚致辞的记录稿,在其正式文字稿(见《礼议》第 1 期《礼制馆开馆纪事》)中没有"半载完工"的说法,故这可能是江瀚在会场的即兴发挥。

② 《礼制馆办事规则》,《礼议》第 1 期,1928 年,第 1A 页。

③ 焦易堂:《对于礼制服章的意见:二十四年十月七日在中央国府联合纪念周讲演》,《中央周报》1935 年第 385 期,第 7 页。

④ 参见温波:《重建合法性:南昌市新生活运动研究(1934—1935)》,北京:学苑出版社,2006 年。

⑤ 戴季陶:《学礼录·序》,《革命先烈先进诗文选集》第 4 册《戴传贤选集》,台北:"中华民国"各界纪念国父百年诞辰筹备委员会,1965 年,第 265 页。

⑥ 参见陈济民:《南京掌故》,南京:南京出版社,2012 年。

⑦ 戴季陶:《学礼录·序》,《革命先烈先进诗文选集》第 4 册《戴传贤选集》,台北:"中华民国"各界纪念国父百年诞辰筹备委员会,1965 年,第 265 页。

抗战时期,国民政府为提振士气,凝聚民心,于1942年底筹建"国立礼乐馆",翌年4月20日正式成立,隶属教育部。该馆分礼制、乐典、总务三组,各有职司。8月中邀请专家召开"礼制谈话会",修订1928年的《礼制草案》。10月初,因蒋介石下令限期完成《中华民国礼制》,乃复由戴季陶主持陆续约集各部人员与相关学者30余人,至重庆北碚温泉召开礼制讨论会,11月4日开始,为期约十日,对以前的《礼制草案》进行了检讨,并拟就了《中华民国礼制草案》,史称"北泉议礼"。同时,礼乐馆制乐工作也在进行,成曲20余首[①]。此外,这次制礼活动还编辑《礼乐》杂志,发表相关研究成果,并出版《北泉议礼录》等礼学专著。

虽然"北泉议礼"在当时颇受重视,《中华民国礼制草案》的若干礼制对于后人行礼尚有一定参考价值[②],但是与其初始目标相比,"北泉议礼"显然未能完成制礼化俗、建立国家统治正当性的任务。更有学者认为,"北泉议礼"的失败标志着中国传统"五礼"体系的终结[③]。

二

对于近代中国的制礼活动,原来存在一种误解,即认为:凡提倡制礼者皆保守势力,而进步势力则顺应"时代潮流",主张"新文化",国民党后期崇尚制礼,是其背叛革命的表现;制礼活动在当时和后世都遭到一些讥刺。其实,各国历代政权都有维持正常统治秩序的需要,而在中国历史上这种需要常常表现为对礼制的诉求。英国政治学者费纳(S. E. Finer)借用德国学者滕尼斯(F. J. Tonnies)的概念指出,国家形态特征之一是国内人群形成一种感情化的礼俗共同体(Gemeinschaft),而中国是为数不多的自始即具有这一特征的国家形态[④]。在中国,礼制就是这一共同体的最主要表现,每当礼制崩坏之际,礼俗共同体都潜移默化地孕育着下一次的礼制重建。礼崩乐坏与礼制重建,是一体两面。在原有礼制体系崩溃的客观条件

---

① 参见顾毓琇:《国立礼乐馆概况》,《社会教育季刊(重庆)》,1943年第1卷第4期,第16—17页;阚玉香:《北泉议礼初探——〈中华民国礼制〉的形成与评价》,华中师范大学硕士学位论文,2007年,第24页。

② 严昌洪:《20世纪中国社会生活变迁史》,北京:人民出版社,2007年,第512页;杨才林:《民国社会教育研究》,北京:社会科学文献出版社,2011年,第175页。

③ 杨志刚:《中国礼仪制度研究》,上海:华东师范大学出版社,2001年,第250页。

④ [英]芬纳:《统治史》第1卷,马百亮、王震译,上海:华东师范大学出版社,2010年,第3页。

下尝试制礼作乐,不仅在中国古代是个重要议题,也是近代中国的重要议题。

对礼制问题采取何种态度,并非是不同政治势力观点的分野。就历史事实来看,在北洋政府制礼活动络绎不绝之际,广州、武汉国民政府的确还很少对礼制有所关注。这可能受到当时国民党势力的思想倾向的一定影响,但更与客观形势有关。降至北伐成功、南京国民政府建立后,国民党立即开始着手礼制建设,这与当时政府确立统治正当性,维持正常社会运转的特定需求有关。

事实上,早在 1912 年,辛亥革命的悍将黄兴即注意到,"民国肇造以来,年少轻躁之士,误认共和真理以放恣为自由,以蔑伦为幸福,纲纪堕丧,流弊无穷。请讲明孝悌忠信、礼义谦耻,以提倡天下,挽回薄俗"。此议不但获得革命党人赞许,也得到袁世凯与黎元洪的肯同①。而宋教仁更将"厘正礼俗"视为振兴民政、巩固社会根基的重要内容,列入国民党政见之中②;孙中山也强调礼制对国家的重要意义,认为"以礼治国,则国必昌"③。重视礼制,是包括革命党人在内的那一代受传统文化浸润的知识分子的基本共识,因而与其政治取向无关。由此可以说,国家制礼是近代中国的必然选择,国家制礼机构作为一种历史现象必然会在近代中国出现。认识及此,才能理解不同政治派别的诸多制礼机构前赴后继的制礼活动为何发生。

三

既然国家制礼机构是中国近代历史发展的必然产物,那么,这些制礼活动的成效如何? 制礼机构的历史地位又如何评价?

必须承认,晚清至民国的制礼机构大多对礼制进行了认真研究,其成果不乏严肃的学术讨论与精湛的学术见解,如 1927 年"礼制馆"曾汇集一册《礼议》刊布,内容以对婚礼和冠服制度的讨论为主,如婚礼部分

---

① 袁世凯:《袁大总统书牍汇编》卷 2《通令国民尊崇伦常文》,上海:上海广益书局,1914年,第 17 页;黎元洪:《黎副总统书牍汇编》卷 5《整饬人伦道德示》,上海:上海广益书局,1919 年,第 17 页。案黄兴此电未收入《黄兴集》。

② 宋教仁:《代草国民党之大政见》,陈旭麓主编:《宋教仁集》,北京:中华书局,1981 年,第494 页。

③ 孙中山:《孙中山全集》第 8 卷《周柬白辑〈全国律师民刑新诉状汇览〉序言(一九二三年十月)》,北京:中华书局,2006 年,第 355 页。

设"草议"、"覆议"、"条议"等项,列入《昏礼草案》、《昏礼修正案》、《昏礼草案签注》等文件,多名学者贡献了各自的意见;1942 年的"国立礼乐馆"除出版《北泉议礼录》等礼学专著外,还编辑《礼乐》杂志,以供深入探讨。但是其制礼的社会效应并不彰现,不能广泛深入人心,因此制礼成功者绝少。

如果再深一步探讨其制礼失败原因,不外如下数端:其一,礼制自身的属性决定了其必应是在全国范围内统一的,而近代中国地方自治倾向要超过中央集权的总体状态,从一开始就决定了近代制礼活动很难深入到基层社会。其二,中华传统礼制与传入的西方礼制之间的矛盾也制约着部分国人的接受。虽然历次制礼活动都以向基层社会推广为重要目标,并且事实上也采取过相应措施,如早在 1912 年《礼制》、《服制》公布后,部分省的民政司就配合内务部将之"刷印多张,分发各县张贴,以期一体遵办"[①],然而正是由于上述两个原因,这些礼制往往成为一纸具文,难得施行。其三,近代政治军事"城头变幻大王旗",社会动荡,这对制礼活动的副作用几乎是致命的,就像 1927 年礼制馆开馆前夕时任内务总长沈瑞麟回顾十余年来民国修礼历程时所言,"官守之废兴无常,而礼书之作辍更迭"[②]。

然而,在评价制礼活动成效时,单纯从一时一地的社会效果来衡量晚清,尤其是民国时期制礼机构的作用,无疑是不明智的,也是不科学的。因为晚清至民国制礼机构绝不仅仅是为了稽古、复古,实际上,它与中国现代化进程中的其他应对措施一样,制礼活动也是为了实现国家治理而采取的一种尝试,而且是为了沟通传统与现代的一种尝试,尽管失败,却有其独特的意义。

与光绪礼学馆开办相后先,晚清朝廷又有修订法律馆与宪政编查馆之设,而礼学馆与前者关系尤密,法律馆所修《大清民律草案》涉及亲属、继承制度的法条皆须会同礼学馆起草[③]。法律馆在中国近代法律史上占据重要地位,礼学馆又岂能纯属反动?清廷认为,礼制与政治息息相关,预备立宪,应"据礼经以范围宪法",否则"修礼成无用之册,订律有非礼之条,即编

①　《都督朱令民政司准内务部咨送礼制服制通令所属遵办文》,《浙江公报》1912 年第 307 期,第 11 页。

②　《内务总长沈瑞麟呈大元帅为移交礼制文件结束编纂会务并将历年经过情形恭呈鉴核文》,《政府公报》1927 年 10 月 27 日第 4134 号,第 13 页。

③　可参陈煜:《清末新政中的修订法律馆:中国法律近代化的一段往事》,北京:中国政法大学出版社,2009 年,第 285—297 页。

成宪法,势必视为不能实行之具文"①。可见在当时的正统语境中,"法"仍需借助"礼"而行。此举无形中使礼制内容扩张,为礼制与现代社会的连接打开了一扇窗。

国民政府早先的《礼制草案》试图以婚、丧、祭、相见四礼来取代五礼分类,到"北泉议礼"时,又回归五礼系统。《中华民国礼制草案》分吉、嘉、军、宾、凶五篇,但内容上则进行了扩充更新,基本上包括了当时的各种礼节,如将吉礼整合改编为祭祀与纪念两类,祭祀下分国祭、公祭、家祭三目,纪念下分国父纪念、革命先烈纪念和其他纪念三目,体现出鲜明的时代特色。

当中华传统礼制遭遇到社会变迁或外来文明冲击时,其本身具有的特质有能力消化并吸收外来文化而与时俱进②,国家设立制礼机构使这一古老的传统又焕发出新的活力。可以说,民国时期制礼以探讨礼学为本职,以推广礼制为使命,兼具学术研讨与现实政治的双重意蕴,是沟通传统与现代国家治理方式的一种尝试。今天我们回顾过去,不应局限于彼时彼地的盛衰成败来就事论事,而应以历史发展的眼光对于近代中国人的这种尝试应予以深入的同情与理解。

四

当中国步入近代以后,制礼活动确实与古代中国有较大差异,有其特殊性。自晚清以降,西方文化大量传入中国,中国传统文化饱受冲击的同时,也在吸收西方文化,因此,近代中国无论在政治上、经济上乃至文化风俗上,都出现前所未有的重大变化,故而社会运作与传统中国已有很大不同。

与此相应,古代礼制原有的一些特点和具体内容必须"与时俱进",要改变以往常态,以适应新的形势。这一特征在近代早期制礼机构出现时就已具备。光绪礼学馆时值清末新政,自然也表现出若干新意,如欲将外务部、陆军部、学部等新设机构职掌融入五礼之中便是。另一个明显的例证是1914年礼制馆的制礼内容,虽以传统五礼为纲,但实际上并非严格遵循古礼,而是有所变通,不少地方在一定程度上甚至可说是富于时代色

---

① 《礼部奏遵拟礼学馆与法律馆会同集议章程折(并单)》,上海商务印书馆编译所编纂:《大清新法令 1901—1911》第 10 卷,北京:商务印书馆,2011 年,第 268—270 页。

② 汤勤福:《世界多元文化格局与中华礼制的当代位置》,《中原文化研究》2014 年第 4 期。

彩。比如祭天之礼，古者唯天子可以行之，而当局召开政治会议，议决"礼莫重于祭，祭莫大于祀天，应定为通祭，自大总统至国民皆可行之。大总统代表国民致祭，各地方行政长官代表地方人民致祭，国民各听家自为祭，以示一体"①，除国家元首外，各级官员乃至国民均有祭天资格，故《祀天通礼》内分大总统祀天仪、各地方行政长官祀天仪、道尹和县知事祀天仪四部，行仪也以跪拜改为鞠躬。这么多人皆有祭天资格，在古代是难以想见的。

从中国礼制史的总体态势来观察，近代国家制礼机构所提出的礼制方案与传统礼制相比，有两个显著区别：一是趋向简易，一是吸纳西方礼制。

简化是近代礼制的最大特色。以相见礼制中的跪拜之仪为例，古人幼对长、下对上、女对男等，为示尊敬，视此尤重，而从1912年颁行的《礼制》吸收西方礼制，规定行脱帽鞠躬礼，到民初礼制馆所制定的《宾礼·相见礼》中又强化、细化了此种主张。许多民众乐于接受这一变化，当时上海周边某高等学校的一位女青年就大加赞美道："废跪拜后概以鞠躬为通行之制，既省光阴，复节繁文，诚共和国文明之举也。其可不遵行之乎！"②虽然后来也有一种声音认为脱帽古义为谢罪，不当行之于现代中国，但礼仪趋简的态势则无可改变。光绪年间即有朝臣上奏认为"礼制宜从简易"，岑春煊更直言"请法上古，法国初，法外国，视朝则立而不跪，听政则作而不跪"云云③。就此而言，简化礼仪形式的趋势自清末始，获得了举国上下的拥护。

与简化相联系的是吸收西方礼制某些因素，上述脱帽鞠躬礼便是其中一例。就制礼机构在历次制礼所采用的分类框架而言，大致都以传统礼学的经典分类即五礼为多，但局部皆不免融入若干西方礼仪色彩。早在1914年，嘉礼中首列大总统就任礼一项，在国史上前无所承，故当时公论以为"尚需略采欧制以为编制之材料"④，民国初期所订服制也采用西式礼服，但由于关涉到经济发展、价值体系的问题，并不成功⑤，服制后来有所反复，然而服制的西化潮流已经不可逆转。

---

① 《内务总长朱启钤谨呈为遵拟祀天通礼分别规定祭礼祭品呈请鉴核事》，《祀天通礼》，北京：政事堂礼制馆，1914年，第1A页。
② 吴品仙：《论民国礼制》，《青年杂志》(松江)1915年第6期，第13页。
③ 瞿兑之：《杶庐所闻录·礼制》，载氏著：《杶庐所闻录、故都闻见录》，太原：山西古籍出版社，1995年版，第161页。
④ 《礼制馆之五礼分类》，《善导报》1914年第15期，第39页。
⑤ 参见丁万明：《民国初期服制变革的成效及其文化意蕴》，《社会科学论坛》2012年第3期。

总体来看,制礼机构对近代礼制势必受到西方影响的现实是有着清楚的认识的,戴季陶就说:"吾国自海通以来,国家既不能不成为国际间之一员,则国民亦不能不成为文明国民中之一人。固有之道德精神,自必须保持发扬,而一切人民公私生活之仪节,亦必须随世界文化之进展,而求其改良进步。"①但在实践中,礼制活动出现了如何延续中华礼制稳定性与中国融入世界文化时代性的激烈矛盾,这便是当时制礼活动所不得不面对的问题。

综上可见,晚清至民国时期制礼机构的活动,充分说明时代的变迁与礼制变化之间的必然关系,礼制建设必须在国家层面上进行操作,而当代学者对此也有较为深刻的认识,如有学者建议"成立一个专门的委员会,负责制定各项礼仪,并编撰国家的礼仪大典"②,这一提议甚为有见。而通过本文对近代中国国家制礼机构发展历程的回顾已可看出,国家设立机构专门负责制礼不但是沿袭古代设立制礼官署之成例,同时近代国家制礼机构又有所变化,即具体行政职能下降,研究、设计礼制的功能增强,这种兼具学术与现实政治的双重意蕴的机构,确实可供我们建设新时期礼仪制度借鉴。

晚清、民国国家制礼机构的活动屡屡失败,也给予我们许多启示,对今天重新考量制礼议题也有较高的参考价值。限于篇幅,此处无法作出全面、细致、深入的剖析与评价。不过,通过上文的论述,至少可以指出:没有处理好古今中西关系,是当时制礼失败的最为重要原因之一。

以此为鉴,倘若现代中国尝试重新制礼,就必须要调整好礼制传统与现代社会之间的关系,处理好传统文化与外来文化的关系。否则,非但礼制不能融入社会生活,也将远离世界潮流。纵观晚清至民国历次制礼活动,总体上是复古有余而更新不足,难以获得国人理解与认同。1937年,代理国民政府内政部礼俗司司长的陈念中发表文章指出:"礼是历史和民族的混合产物,现在订定礼制,固应适合现代潮流,但文化层的精华,也不可一概抛弃。"③就学理而言,此语并无问题,但落实在实践中便难免畸重畸轻,因而引起普通民众的反感,乃至一些专家学者的反对。大概近代以来的中国,如欲在礼制问题上有所作为,便不能不仔细体味百年前一位新

---

① 戴季陶:《学礼录》第3章《与同人论礼制服制书》,《革命先烈先进诗文选集》第4册《戴传贤选集》,台北:"中华民国"各界纪念国父百年诞辰筹备委员会,1965年,第295页。
② 刘梦溪:《礼仪与文化传统的重建》,《光明日报》2004年4月28日第B1版。后收入氏著《大师与传统》(增订版),桂林:广西师范大学出版社,2013年,第41—45页。
③ 陈念中:《中国礼制之特质与今后之趋向》,《新运导报》1937年第2期,第118页。

闻记者的顾虑。1914 年 6 月 15 日,黄远庸借徐世昌府访客之口指出,当时虽号称新旧并包,但奉行之人往往矫枉过正,窃恐"本意在注意制度,而所恢复者仅其流弊"[①],其意深远矣!

① 黄远庸:《黄远生遗著》卷 4《谈屑》,上海:商务印书馆,1924 年,第 57 页。

后　记

　　国家社科基金重大招标项目"中国礼制变迁及其现代价值研究"(12&ZD134)立项已经四年,课题组成员认真研究,取得一些成果,获得学界许多专家的关注。按计划,我们前四年分别在东南、东北、西北和西南召开一个与当地学校联办的学术研讨会,邀请该校及周边相关专家、学者参加,请他们对我们每个阶段的研究成果进行批评指正,以利我们提高学术研究的水准。

　　2015 年 4 月,在西北大学历史学院院长陈峰教授的全力支持下,我们顺利举办了学术研讨会。西北大学副校长李浩教授出席开幕式并作了热情洋溢的讲话,参加会议并进行指导的著名专家还有陕西师范大学原校长赵世超教授,西北大学黄留珠教授、王善军教授,陕西师范大学历史学院李裕民教授、贾二强教授、袁林教授等,英国牛津大学圣安学院副院长罗伯特·恰德教授、日本千叶商科大学朱全安教授也应邀赴会。会议期间,学者们进行了非常广泛与深入的学术交流,取得了预期成效。我们从会议论文中选出 19 篇,编成本论文集,以纪念这次由 30 余位专家学者参加的礼制研究盛会。

　　当然,会议能够获得如此成效,西北大学历史学院副院长张艺昆女士、副院长李军教授以及其他同志为此操心费力,周详地安排,令人印象极其深刻。他们的工作受到与会专家一致好评,在此谨向他们表示衷心谢意!

　　几年来,我们课题组取得了一些成果,能受到学界的关注,令我们十分高兴。我以为,这既是课题组成员与兼职教授们共同努力下获得的,也是在学界同仁的大力支持与帮助取得的,对此,我向曾经帮助过我们的学界诸位朋友表示由衷的谢意!也向共同奋斗的课题组全体成员与兼职教授们致以真诚的谢意!

　　最后还需要补充的是,上海师范大学原人文与传播学院院长苏智良教授多年来始终关心课题研究的进展,并给予了不少帮助,本论文集的出版便获得他领衔的上海市高峰高原学科建设项目的关心与支持,对此我表示衷心的感谢！原社科处处长、现任院长陈恒教授也给予我许多指导与具体帮助，在此也对陈恒教授表示真诚的感谢！

汤勤福

2017 年 2 月 26 日于沪西南郊寓所

图书在版编目(CIP)数据

中国礼制变迁及其现代价值研究.西北卷/汤勤福,陈峰主编.—上海:上海三联书店,2017.9
ISBN 978-7-5426-5960-6

Ⅰ.①中⋯　Ⅱ.①汤⋯②陈⋯　Ⅲ.①礼仪—制度—西北地区—文集　Ⅳ.①K892.9-53

中国版本图书馆CIP数据核字(2017)第165311号

中国礼制变迁及其现代价值研究(西北卷)

著　　者／汤勤福　陈　峰

责任编辑／黄　韬
装帧设计／鲁继德
监　　制／姚　军
责任校对／张大伟

出版发行／上海三联书店
　　　　　(201199)中国上海市都市路4855号2座10楼
邮购电话／021-22895557
印　　刷／上海惠敦科技印务有限公司

版　　次／2017年9月第1版
印　　次／2017年9月第1次印刷
开　　本／710×1000　1/16
字　　数／300千字
印　　张／21.75
书　　号／ISBN 978-7-5426-5960-6/K·428
定　　价／68.00元

敬启读者,如发现本书有印装质量问题,请与印刷厂联系 021-56475597